U0561011

时尚觉醒

中国服装业黄金十年三十问

谭 安 ◎ 著

东华大学出版社

·上海·

图书在版编目（CIP）数据

时尚觉醒：中国服装业黄金十年三十问 / 谭安著.
上海：东华大学出版社，2025.1. -- ISBN 978-7-5669-
2414-8

Ⅰ.F426.86
中国国家版本馆CIP数据核字第2024RV6467号

责任编辑：高路路
封面设计：欧阳琦　程远文化

时尚觉醒：中国服装业黄金十年三十问
SHISHANG　JUEXING：ZHONGGUO　FUZHUANGYE　HUANGJIN　SHINIAN　SANSHIWEN

作者：谭　安
出版：东华大学出版社（地址：上海市延安西路1882号　邮编：200051）
出版社网址：http://dhupress.dhu.edu.cn
天猫旗舰店：http://dhdx.tmall.com
营销中心：021-62193056　62373056　62379558
印刷：上海盛通时代印刷有限公司
开本：889mm×1194mm　1/16
印张：18.5
字数：451千字
版次：2025年1月第1版
印次：2025年1月第1次印刷
书号：ISBN 978-7-5669-2414-8
定价：158元

序 言

路的呼唤

石定寰

（国家科委原秘书长、国务院参事室原参事）

　　谭安同志约我为他的老学生作业《时尚觉醒：中国服装业黄金十年三十问》写个序，我不能再婉拒了。这不仅因为我俩有 30 多年工作关系与友谊交情，更主要因为他这本书里有来自实践的真东西，特别是自改革开放以来，我国服装行业如何以计算机辅助设计为突破口实现数字化与艺术化相融合的思考与初步实践。当时国家科委正在国务委员宋健同志指导下联合有关部门实施计算机辅助设计应用工程，服装行业被选为第一个传统行业的先导与示范行业。

　　那是 20 世纪 80 年代末，八五科技攻关前夕，国家科委正在选题，谭安同志随同纺织工业部科技司副司长来我们工业司汇报，他提出快速反应的课题攻关思路，得到我们初步确认。不久，我陪同李绪鄂常务副主任到中国服装研究设计中心去听取他们为课题的准备情况汇报，攻关的核心技术由机电一体升华为计算机集成制造（CIMS），谭安当场立下军令状"这个课题攻关目标如果拿不下来，谭安的脑袋送国家科委！"我第一次听到这样把自己的后路完全堵死的誓言。1991年初正式立项，"服装设计与加工工艺示范中心"作为国家 863 计划计算机制造集成系统重点课题中的分课题。谭安同志挑起这个课题的课题组长的担子，由他组织协调的"专家治题"工作思路，在整个攻关过程中较好地处理了六对动平衡关系（主攻目标与滚动调向的关系；主战场与主力军的关系；以产品为龙头与单元技术集成的关系；领军人物与科研规律的关系；出成果与出人才的关系；点上突破与面上开花的关系），课题组 60 多个成员意气风发，因此，本应五年完成的攻关课题，两年半就实现了初步的计算机集成，这是一个很好的开端。于是，国家科委又给他们升格为国家 863 计划第九个 CIMS 工厂（服装）。国务委员兼国家科委主任宋健同志视察了这个项目，指出信息技术改造传统服装行业已由希望变为现实。国家科技攻关验收委员会正式验收这个项目，肯定达到国内先进水平，两个子项达到国际先进水平，获得国家八五科技攻关奖。

谭安的微信昵称"老学生"，这可不是虚名。他虽已步入耄耋之年，这些年来却一直在思考、在求索——30多年前"八五"攻关的技术成果之中，是否掩盖了一条"信息艺术路线"成果？虽百思不得其解，但仍心有不甘，跟踪观察信息化新动向，反复向专家求证，虽然仍没有找到正式结论，他却认定自己的"信息艺术路线"设想，总有一天会得到证实。他曾把自己整理的《信息艺术路线猜想》送给我看，我觉得这个观点有一定道理，也很有现实价值，我曾想推荐给工信部领导参阅，后因住院把这件事搁下来了。2024年5月，谭安到山东滨州愉悦集团充电学习，正巧遇到一根幻彩纱织就的孔雀裙，找到了知音，用他的话说，当时有触电的感觉，经过与这项创新的设计工程师们深度交流，"车间博士"又帮他绘制了环向图，设计了不等式，求证的结果与他原来想定的路线图与4个核心点，基本上"点对点"。他兴奋至极，立刻又把整理的《从悬空猜想到落地开花》发给我看，我原则上同意他的判断，这条"信息艺术路线"不仅是服装业走的路线，其他的制造业包括装备制造、交通制造、航空航天制造，甚至文旅产业、体育产业，观光农业等，大都可能适用这条路线，从而放大各种产品的赏心悦目的艺术价值。这虽然是个初级版的信息艺术路线认知，却是一个崭新的观点，一个方向性课题，充实到即将出版的新书之中，或许正是这本书出版发行的重要意义之一。因此，我很愿意写这个序，也很愿意推荐这本书，非常希望今后能有越来越多的人认同这个新观点，认同这条信息化与艺术化如何相互融合的新路径，在中国式现代化建设波澜壮阔的伟大实践中，进一步充实、完善、丰富、优化信息艺术路线的机制与内涵，不断升华创新型国家更光彩夺人的辉煌形象。

谭安他们走过的路，展现了我国国民经济数字化的广阔前景。

2024年6月28日

前　言

　　在很长一段时间里，我囿于自我小格局，固执地不愿写回头看的所谓"过五关斩六将"场景纪实，后来我猛然醒悟："不对了，回头看，既是敬畏珍惜历史，又是为了新时代征程上谱写更威武雄壮的'过五关斩六将'新版。"

　　改革开放伊始，中国百万服装产业大军，迸发激越豪迈的使命担当、时代之问——"重振衣冠王国雄风，敢问路在何方？"

　　1981 年 11 月 3 日，国务院主要领导同志向轻工业部领导提出要求，为改造我国传统服装业，要建立一个全国服装研究设计中心，一所服装学院。我是一个幸运儿。就在这个攻关夺隘的时刻，我不由自主地被卷进服装产业波澜壮阔的复兴洪流之中，第一个报到参与筹建中国服装研究设计中心。使命光荣，任重道远。时光如梭，一晃儿，40 多个春秋过去了。今天，我怀着感恩的心情，追忆梳理改革开放前期，亲历服装产业复兴的实践过程与心路历程，记叙那峥嵘岁月的脚印与心声。在此，我首先想三鞠躬：一谢，改革开放的好时代；再谢，全国服装产业发展的大平台；三谢，手牵手领我走进服装大门的所有师友们。

　　细心的朋友可能会发现，如今的神州大地上，东西南北中，从城市到乡村，从东海之滨到西北边陲，56 个民族，14 亿男女老幼，几乎都穿着休闲夹克衫类的生活装，与国际时尚"休闲类服饰"大潮流，不谋而合，同步时尚世界，比西方慢半拍的时代一去不复返了。这是巧合吗？不是。其实，这是"'七五'服装流行趋势预测研究"国家级课题的研究成果之一："运动便装型"的演绎流变。

　　那是永远不能被忘记的一天，1986 年 11 月 20 日，改写中国时尚史之扬眉吐气的时空节点，在首都颇具现代感的北京国际俱乐部，中国破天荒地向全世界公开郑重发布"中国服装流行趋势"，引发国内国际舆论一片震撼。有的惊诧："赫鲁晓夫不是说中国人两个人穿一条裤子吗？怎么突然发布起服装流行趋势来了？"连一向抹黑中国的"美国之音"也高调评价"这无疑是权威发布"。

　　当时中国发布了"87 春夏服装流行"的四种类型：运动便装型、潇洒型、开拓型、典雅型。正是这个"运动便装型"，历经几十个春夏秋冬的持续流变，竟然成为今日全体国人的休闲装束。这是划时代的换装——改革开放时代的服饰符号，也是中国服饰文化外化的崭新风貌。

当年中国服装研究设计中心举行的中国服装流行趋势预测发布，与其说是科学预测，倒不如说是自觉或不自觉地揭示了运动便装型即夹克衫类休闲生活装的自由舒适的核心特质，顺应了中华"和合"文脉跳动的时代节律——既充分展示着中华民族与时俱进的文化自信风采，又彰显着全人类崇尚和平、发展、公平、正义、民主、自由的共同价值观。这是中国服装业的首次文化觉醒。这次觉醒，不是孤立的事件，而是中国改革开放前夕全国真理标准大讨论思想解放运动在服装领域的继续，也是服装业复兴黄金十年文化预热的厚积薄发。

我在这里把直接参与为改造我国传统服装工业服务的奋斗历程与系列思考，汇成《时尚觉醒：中国服装业黄金十年三十问》这本书。应该说，全行业包括亿万消费者的勇敢时尚实践是这本书的基本特质。

所谓的"黄金十年"指的是1985/1995的"七五"和"八五"两个"五年计划"时期。数百万服装产业大军和国内外后援大军，展开一场改造中国传统落后的服装产业的战略大决战，在实践中探索、在探索中前进，奋力拼搏、革故鼎新。我们把服装产业发展的点线面连接成三大极富活力的产业塑形：

第一，连成产业体系。从"不如大头针"到"以服装为龙头"，再到建成一条基本全产业链体系。

第二，连成产业路线。从"唯技术进步"说，到既靠技术进步、也靠艺术繁荣的"双靠"论，再到探路工业化与信息化融合、科学技术与文化艺术融合的"双融合路线"。

第三，连成产业雏形。把中国服装产业地位、产业结构、产业体系、产业路线等基本支点连成产业雄起的生机勃勃雏形。

"改革开放黄金十年，中国服装业迈步行进在双融合路线上，基本建成一条中国服装全产业链，成为中国制造的一张亮丽的国际名片。"这或许就是中国服装产业改革开放雄起的轮廓印记。

敬畏历史，既回头看，更要朝前走。如果说回头看那段轰轰烈烈雄起的历史场景，所有直接或间接参与者均能分享一份曾经的荣光，然而那段历史毕竟已经翻篇了，我们既要看前进脚印连成有形的"物"，更要看脚印深处无形的"文"，为谱写中国式现代化赓续文化力量。这或许就是本书又一基本特质。

在此申明一点，我很想为中国服装产业改革开放前期这段光荣岁月的纪实与思考，尽绵薄之力，终因视野局促、能力不济而心存忐忑。诚盼能得到行业同仁、相关领域的专家和学者充实、完善、批评与指正，甚至引发某个或某些观点的讨论。若如此，我的初衷便得到满足了。

谭安

2024 年 3 月 8 日于北京"老学生"书屋

目录

第一章 产业之魂（上）：擎起服饰文化先行旗帜

一、行业肯綮：筹建中国服装研究设计中心 ... 2

二、行业形象：在首都建设中服大厦 ... 2

三、自谋生路：生产经营养科研 ... 4

四、勇挑重担：中国服装工业总公司应运而生 ... 5

五、两手抓，两手硬：组织起来，武装起来 ... 6

六、厘清思路："柿子先捡软的吃" ... 8

七、喜获首肯："真像一个产业研究中心的样子" ... 9

第二章 产业之魂（中）：回放十年服饰文化先行连台好戏

一、见证"解放潮"——免收布票的全国新号型服装展销会 ... 13

二、又见"解放潮"——五省市服装展销会 ... 14

三、舆论先行——当为无冕之王记头功 ... 16

四、庙小神灵不少：《中国服装》面对面千百万大众 ... 19

五、百题竞赛："唤起工农千百万" ... 27

六、"铁路警察"：逼出"属鸡的"坚韧行业精神 ... 28

七、进京赶考：金剪奖与兄弟杯、汉帛奖 ... 29

八、设计"牛鼻子"——民族化的个性寓于时代感的共性之中 ... 32

九、两报两刊在手——专业的媒体干专业的事 ... 36

十、鉴往知来：服饰历史长河起源与流向 ... 37

十一、发布服装流行——改写中国时尚史之壮举 ... 41

十二、"沉睡时装龙觉醒"：中国国际服装服饰博览会横空出世 ... 50

十三、模特步：由一个"政治敏感点"走进城乡时尚生活圈 ... 65

十四、时装光影：传播服饰文化艺术的引擎 ... 71

十五、改代换装：换来中华民族开放自信风采 ... 72

第三章 产业之魂（下）：端正服饰产业发展方向

一、先行官必须先行：大连所长会议揭开振兴服装工业的序幕 ... 75

二、端正方向：天津所长会议引导服装行业走上振兴正轨 ... 77

三、《服饰美是大美中国应有之义》（讨论稿）摘要 ... 88

四、文化先行：可否说是一场自我服饰文化革命？ ... 90

第四章 产业模式：走进中国服装产业链生态体系

一、终有"抓手"："以服装为龙头"的由来 ... 93

二、全球重心东移：抓住服装产业外向型经济战略转型窗口期 ... 94

三、突破口：服装流行预测课题的意外价值亮点 ... 98

四、雅鹿：一条飞舞的小龙 ... 99

五、市场：由传统工业向现代产业蜕变的商家必争高地 ... 100

六、品牌：飘扬在以服装为龙头运行轨道上的旗帜 ... 113

七、山东经验：从以服装为龙头到产业链体系 ... 121

八、不忘初心：服装强国"十二五"建言 ... 130

九、职业装：亟待补强全产业链一大主角 ... 132

十、的确良：以服装为龙头的典范 ... 136

十一、三足鼎立：雄起的中国服装产业新格局 ... 138

第五章 产业探路（上）：求索信息艺术路线

一、国家服装"863"计划：中国服装数字化征程上的先手棋 144

二、科学与艺术原本一家 158

三、从纸模服装中究竟学啥 160

第六章 产业探路（中）：求解设计路线

一、设计的宝塔尖位置不是人为的 164

二、设计在中国服装业发展的三个阶段 166

第七章 产业探路（下）：求成一支宏大的设计师队伍

一、不信天兵天将神话，神州大地遍开"育才花" 172

二、事关振兴服装工业之大计 187

三、服装创作设计也是生产力 187

四、十年磨五剑 188

五、服装设计师：请补"三课" 194

六、服装设计师也要学点哲学 195

第八章 产业探路（外传） 对外开放，走向世界

一、东方明珠——中国走向世界的跳板 199

二、印象日本——首次试水西方世界的东方国度 203

三、直通巴黎——国门洞开的战略首选 207

四、三进卢浮宫——中国服装对外开放的升级版 220

五、商界老话："同行是冤家"，该翻篇了 228

第九章 服饰大家族：别样风采，同一根文脉

一、心灵欢笑：山东愉悦家纺转型升级版的启示录 233

二、名正业兴——孔子"正名说"的新解不在官场 243

三、名正业兴：服装业起步阶段的前进逻辑 247

四、传统服装工业终于光荣正名 252

第十章 原声带：试听服装产业发展时空节点上奏出的交响曲

一、20 世纪 80 年代的中国服装业 254

二、从蓝蚂蚁到花蝴蝶 255

三、中国服装"名正业兴"30 年 258

四、走纺织服装立国之路 263

第十一章 今日时尚："轻快时尚"时代到来

一、"轻快时尚"从概念到生活的前前后后 267

二、是快时尚，还是轻快时尚 269

三、从文化认知看"轻快时尚" 274

四、蒙古族时尚与世界主流时尚 278

五、脚印深处：深究和合文化"三性"根基 281

后记 285

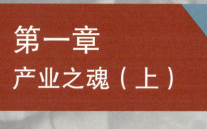

第一章
产业之魂（上）

擎起服饰文化先行旗帜

1

20 世纪 80 年代初，我们一班人领命参加中打一场我国传统服装业的翻身仗，一上阵，茫茫然，手中无硬通货，只好向老太太学习，吃柿子先捡软的——

一、行业肯綮：筹建中国服装研究设计中心

国务院向轻工部提出的建立中国服装研究设计中心的要求，切中了传统服装行业发展中的肯綮，深深地鼓舞着行业的发展。1982 年，国家经济委员会正式发文批复在北京组建中国服装研究设计中心（以下简称"服装中心"）。服装中心属于"企业性质，实行独立核算，自负盈亏"，"逐步成为中国服装工业的技术指导中心和学术研究交流中心"。与此同时，轻工业部雷厉风行，立即成立中国服装研究设计中心大厦建设领导小组，下设筹备处，分别由部二轻局史敏之局长出任领导小组组长，服装处张韵清处长兼任筹备处主任，自此展开了筹备阶段的前期工作。1982 年 11 月 8 日下午，我是第一个报到的新人，开始了"半路出家"的服装职业生涯。不久，北京鞋帽公司副经理盛中鹏报到。我们向轻工业部机关申请了两张旧的办公桌和三把椅子，租了六机部月坛北小街招待所两间简易的黄色小平房，紧张地投入筹建工作中。

服装中心辖属的《中国服装》杂志社于 1985 年 1 月 27 日成立。轻工业部任命谭安为社长兼副主编、张庆安为主编。同年 3 月 15 日，轻工业部党组决定，由朱秉臣、盛中鹏、谭安正式组成服装中心领导班子。这期间，中服大厦的建设为重中之重，但我们谨记"中心不是自封的""服务行业不能等"，确立了四条工作原则：（一）边建设，边开展部分科研工作；（二）生产经营养科研；（三）发挥弹性作用；（四）为行业基层服务。

虽然服装中心尚在租用的两间低矮小平房里办公，在蹬自行车满京城"跑地皮"之际，服装中心开始"发挥弹性作用"，于 1984 年在有一定实力的大连服装研究所大门旁挂上了"中国服装研究设计中心大连分中心"的牌子，并很快在此处开始了"西服既姓西又姓中"的"西服研究课题"。随之，服装中心陆续在天津服装研究所、石家庄衬布总厂、新疆服装研究所、总后军需装备研究所，先后建起天津分中心、石家庄衬布分中心、新疆民族服装分中心、特种功能服装分中心，初步搭建起中国服装科研网络框架的几根"桩"。

二、行业形象：在首都建设中服大厦

一位外国朋友指着高耸入云的大楼问："这是你们与哪个国家合资建的大厦？"当回答是由服装中心自建时，对方发出惊叹："中服大厦，不可思议！"

　　轻工业部确定中服大厦项目投资 990 万元，并建立中服大厦建设领导小组，由组长、二轻局局长史敏之挂帅，服装中心全力以赴。当项目走上施工正轨之后，盛中鹏副主任则挑起这副重担，带领基建办公室组织实现既定的蓝图。

　　话得从头说起。当时，摆在服装中心筹备处眼前是三件事：一是找地皮；二是上国家基建"大本"；三是提出大厦建设的蓝图。

　　几经周折，中服大厦终于选址在长安街延长线大北窑路口。虽然找到黄金地标，却必须再过"三关"。第一关，北京市人民政府要求，凡在长安街及其延长线两侧新建楼宇，不能再建"火柴盒"，必须要有鲜明的个性、高雅的品位；第二关，获得首都规划委员会的批准；第三关，获得首都建筑艺术委员会的批准。

　　我们邀请京津沪穗全国四大著名设计院同台竞标。天津设计院中标，项目主设计师陈开礼匠心独运、大胆突破，拿出了"外观一体，内分两家"（与台湾会馆合建）的高低组合案——中服大厦如纺锭的圆柱形高楼。这是北京市第一个半蓝色玻璃幕墙半白色瓷砖的圆柱形大厦。这种楼型，新颖独特、色调互补、优雅漂亮。果不其然，该方案顺利通过了首都规划委员会和首都建筑艺术委员会审查的两大关。后来，北京市市长视察时，又根据其提议在纺锭上加了一项有点巴洛克风格的帽子。

　　1983 年 3 月初，筹建处在六机部月坛北小街招待所召开专家座谈会，探讨中国服装研究设计中心大楼（简称中服大厦）蓝图。领导指定我负责记录并执笔起草中服大厦设计要求。百年大计，不敢懈怠。当时的北京，只有京西宾馆是 13 层高楼，于是我和中鹏选择去改革开放前沿的广东考察。我们在广州领略了"白天鹅"的漂亮姿色，第一次登上一座 20 几层高楼的旋转大厅鸟瞰 360° 的佛山市全景。我们又到相关部门调研，获得许多重要信息。机械工业部汽车研究院的专家明确建议："你们服装的品种肯定比汽车型号多得多，在计算机选择上一定要选内存比我院大的才好。"邮电部邮电大厦建议："你们想建大信息网，我们可代租国际卫星。"国家地震局建议："大北窑地区地下有断层，其上建筑必须可防九级地震。"

　　中服大厦建设方案贯穿两个原则：一是全国行业标志性建筑的高度；二是领先时尚潮流。经过多方求教、反复切磋，1984 年 2 月，《中国服装研究设计中心楼设计要求》（初稿）终于拟定，明确强调"传递信息是服装中心的一项天职，首当其冲，租用两条卫星讯道，要建立大、中、小三个网络，'大'即国际网络；'中'即全国省会和重点城市网络；'小'即中服大厦自身网络，还提出中国服饰艺术博物馆（当时称'博物厅'）要部分应用语音识别技术。"不但在专业上要先人一步，在通用设施配置上，我们也建议采用中央空调、进口电梯。

　　中服大厦前后历时长达 12 年之久，我们深深尝到什么叫"坚持不懈，百折不挠"的滋味，尤其在基建办公室第一线的张中彝、陈正义、罗志茹等几十位同志包括北京市第一建筑工程公司的广大职工，日以继夜，风餐露宿，艰苦奋斗，排除困难，团结协作，自筹资金 1 亿 2 千万元，终于 1996 年 2 月胜利竣工。126 米的中服大厦顶天立地，为当时的北京增添了一座"第四高度"。

　　1996 年 4 月 8 日，中服大厦落成典礼隆重举办。全国服装行业的代表们兴高采烈地进京庆贺。值得一提的特写镜头是，9 年前全国人大常委会副委员长陈慕华挥锹为中服大厦奠基，今天她又来为大厦胜利落成剪彩。时至今日，它虽然体量有限，却仍不失为京城 CBD 核心的电视秀常客。

图 1-1　圆柱形摩天大楼为中服大厦

三、自谋生路：生产经营养科研

服装中心谨遵"生产经营养科研"的政策方向。1982 年 11 月，我们向轻工业部集体财务借 20 万元作为本钱，向国家工商局注册登记，挂起了"生产经营养科研"的旗号。这部重头戏一直由朱秉臣主任主导主持，以刘玉通为经理的经营部负责组织实施。

服装短缺面料"无米之炊"的局面由来已久。我们的经营很自然是先从为行业解决"一把米"开始。我们向轻工业部和外经贸部提出正式开展进口服装面料业务的申请，获得了两部批准。外经贸部于 1984 年初春授予中国服装研究设计中心进口唛头，代号为 MU，可以从全国 108 个口岸进口面料。

国家计委理解这"一把米"对中国服装业发展的重要作用，洞察全国衣着消费从自己做衣到花钱买成衣的趋势，也看到了服装中心与海外交往多、干事行动快，决定给服装中心政策支持，单列户头，切块分配国家计划外汇额度，专款专用进口面料。1984 年，国家计委划拨的第一批外汇额度 1700 万美元，进入服装中心账户。

我们由于没有直接进出口权，于是商请中国纺织品进出口总公司和中国丝绸进出口总公司代理进口业务。这一年，我们从南斯拉夫、日本等进口面料，因为国家直拨的外汇汇率当时只有 2.8∶1。我们通过计划分配给全国各省市自治区服装公司和服装研究所进口面料，基本走上了经营业务轨道。几年中，原国家计委先后共拨给服装中心 21 659 万美元，全部用于进口面料。按照轻工部规定，供销部门可收进口原货值 3.5% 的管理费。但我们长时期只收 1.8%，让利给省市公司和企业。那些年，我们还鼓励和协助各地方公司向地方政府要政策扶持，争取计划外汇和地方留成外汇近 2 亿美元，用来进口服装机械和服装面料。

我们还积极争取国家经委的政策扶持，多方协调商业部同意发挥我们服装工业部门的优势，直接进口布料做成衣，调剂品种，丰富市场。从 1986 年起，国家经委在"112"专项外汇单独给服装中心开户，进口中国目前尚不能或很少生产、投放市场回笼货币快的面料。

几年来，服装中心直接用国家计划外汇、"112"专项外汇和地方留成外汇共计 3 亿多美元，连续进口国家紧缺的服装面料。各地服装公司和研究所，得到实惠 10 亿元，服装业活起来了、组织起来了，产业形象开始树起来了。服装中心也由于有了这项经济支持，开展了一系列服饰文化活动，直接或间接地提高了全国服装行业的整体素质和市场竞争能力，而且还调剂了面料品种，丰富了服装市场。

既然决心走市场之路，我们开始就着眼于自身运行机制的战略布点。我们先后在国内外兴办了 30 家全资、控股、参股企业。截至 1997 年 12 月 31 日，中国服装集团公司总资产 10.57 亿元，净资产 4.77 亿元。1992 年，中国科研院所第一个企业集团——中国天宫服装科技开发集团，初步形成了开发面料、开发成衣、开发市场的"三开发"框架机制，并于 1993 年获外经贸部授予自营进出口权，给予单列配额户头：OOGARGHO。出口业绩不俗，先后荣获海关通关优惠企业和出口 A 级企业之誉。

自 1995 年起，我们加大推进市场竞争的力度。凡服装中心的研究室和单位一律实行"一个机构，两块牌子"，让他们在事业与市场的两个空间中找感觉、找位置。这也就是我们预订初具规模的科工文贸一体的平滑运行机制。

四、勇挑重担：中国服装工业总公司应运而生

20 世纪 80 年代初期，服装行业走到了一个十字路口。

当时，管理百万大军的全国服装业的职能部门，只有轻工业部一个服装处。把"改革"的口号落实到自己身边，改革"服装处"，打碎"铁饭碗"，建立中国服装工业总公司。

"服装处"的自我改革，得到了轻工业部的重视和肯定。1984 年 6 月 6 日，中国服装工业总公司成立。国家经济委员会也对此表示充分肯定，于 1985 年 5 月 25 日批准成立中国服装工业总公司，明确"要按照政企职责分开的原则，逐步办成有独立资产，固定从业人员和直接从事服装、鞋帽产品生产、经营、服务业务的经济组织，实行独立核算、自负盈亏、照章纳税"。其中"逐步"二字，等于确认了"管理职能"的过渡性，奠定了"行政转企业，授权管行业"的模式框架。

1986 年 11 月 29 日，国务院决定服装行业由轻工业部划归纺织工业部管理。中国服装工业总公司和全国的 100 多个服装工业公司划归后，行业管理"实不实行""管理什么""怎么管理"的问题逐渐突出。不久，国家经委［经轻 1987 年发 144 号］文件，正式回答了上述三个问题，明确强调："经国务院同意，授权企业性服装工业公司继续实行行业管理，对行业的发展、规划、技术改造、衣料供应、信息情报等方面进行协调服务。"

至此，中国服装工业总公司的体制机制基本定型。但它与中国服装研究设计中心又经历了一系列的交互变革。

1984 年 6 月 6 日，企业性质的中国服装工业总公司成立，于宗尧、朱秉臣、王中辉组成领导班子。早三年成立的中国服装研究设计中心，隶属于服装总公司。伴随着服装工业发展依赖科学技术进步、依赖文化艺术繁荣的势头日益突出，纺织工业部党组于 1990 年 7 月决定，将中国服装工业总公司和中国服装研究设计中心分立，前者授权行业管理，后者对行业进行技术文化指导。

1990 年 2 月 13 日，国家科委批准中国服装研究设计中心为科研事业单位。伴随科技体制改革，

1990 年 12 月 13 日，纺织工业部批准成立中国服装科技开发集团。1992 年 5 月 28 日，国务院生产办公室正式确认这个集团，并更名为中国天宫服装科技开发集团。1992 年 3 月 24 日，纺织工业部批准成立中国服装研究设计中心（集团）。1992 年 9 月 17 日，国家工商管理局核准中国服装研究设计中心（集团）为中国天宫服装科技开发集团的核心企业，简称"天宫集团"。1996 年 6 月 28 日，国家工商行政管理局核准天宫集团更名为中服集团。1995 年 2 月，新一代服装中心班子组成，方玉根同志接任服装中心主任。"九五"伊始，开始进入股份制改造，服装中心进入发展壮大的第二阶段。1997 年 4 月 8 日，以中国服装研究设计中心（集团）为核心组成中国服装集团。同年 11 月 18 日，中国纺织总会决定，中国服装工业总公司和中国服装研究设计中心（集团）合并重组。一个新的"中国服装集团公司"诞生了。

五、两手抓，两手硬：组织起来，武装起来

中国服装工业总公司成立之后，开展了制定法规、质量评比、企业考评、直接组建缝纫设备公司、举办全国服装机械展等一系列工作。其中重点是行业发展规划的编制和技术改造，逐步把行业"组织起来，武装起来"，树立行业形象。

"七五"时期服装业一跃成了消费品工业的一大"重点"产业。中国服装工业总公司争取国家拨款、贷款和企业自筹共计人民币 13.5 亿元，计划改造 553 个服装鞋帽企业，开始"鸟枪换炮"，其中系统内服装企业改造和建立西装生产线固定资产总投资约 25 亿元，引进设备 38000 台，全国各个系统共引进国外先进缝纫设备 138 万台。全国"西服热"带动"西服工厂热"。截至 1986 年，全国引进西服生产线 200 条左右，"七五"期间达 300 条左右，服装 CAD/CAM 系统 30 套（其中有 CAM 系统 7 家），缝制吊挂式传输服装生产线 5 条，这些大都引进来自西德杜克普和百福公司和日本重机公司的配套设备。西德流水线由专用机 49 种共 112 台组成，年产西服 15 万套。日本流水线由 19 种专业机共 268 台组成，年产西服 40 万套。德日西服生产线综合应用电子、电脑、液压、气动技术，从而使缝纫获得高级精密的质量和高速度，每分钟 5500 转的高速平缝机在流水上闪电飞驰。总体评价、产品质量和使用寿命，西德高于日本，但价格方面西德一般高出日本一倍左右，最高相差 10 位数以上。日本靠价格竞争占了较多市场份额。应该说，国家经委于 1987 年规划的服装加工"一条龙" 36 个项目，有的开始发力。例如国产 GM1 型圆头锁眼机，每分钟转速达到 1400 转，虽然比德国日本的转速低 600/1000 转左右，但缝制质量和调节装置与德日相仿，成本不仅比德国低，比日本也低很多，成为资金不宽裕企业优先选择的机种。"七五"后期，引进设备占 20%，服装行业整体机械化程度 50% 左右。

进入"八五"，中国服装工业总公司继续争取国家扶持，安排中央专项 110 个，总投资 8 亿元，用汇 8 000 万美元，计划按统一标准建设一批"样板厂"，变"一大三低"（大路货、质量低、档次低、售价低）为"一深三高"（深加工、高质量、高档次、高售价）。

"八五"期间，实际技术改造总投资达 23 亿元，中国服装工业总公司继续引进和增添先进的技术设备。总体而言，企业技术装备又上了一个可喜的台阶。由于东部沿海地区与中西部地区发展不平衡的状况，所以企业技术装备水平呈现出中低档与中高档之分。所谓"中低档"是指以人工设计为主，

缝制以平、包、锁、钉设备为主，整烫以一般烫台为主，和以计件工资管理模式为特征。这类企业基本在中西部和东部的中小企业，CAD 的应用率仅达 1%。所谓的"中高档"是指具有 CAD/CAM 系统缝制以强制流动的吊挂传送的柔性加工系统，包括电脑控制的各类服装的专用缝制机种，多头电脑绣花机，整烫以组合烫台系列整烫为主，和以班组作业现代管理模式为特征，整个企业的现代 Mis 系统具有国内外两个市场网络连接能力。全国大中服装企业的 72% 分布在沿海地区，"八五"期间引进设备已达 50% 以上，京津沪地区超过 60%。其中少数经济实力较强的企业，已经引进并驾驭了整套中高档技术系统，实施多品种、小批量、快交货的经营模式；而相当多的大中企业引进先进的缝制段流水线，少数引进单元高新技术，或 CAD、CAM、ERS，向补强缝制前段和缝制后段加工设备完整中高档模式过渡的势头强劲。这种"东高、中西低"的技术分布状态，只是大致情况。例如，处于中部湖北的美尔雅、内蒙古的雅士和鄂尔多斯等公司的技术装备，就很具现代化水准。

这个时期，中国服装工业总公司的工作着力点是，抓重点城市、重点企业、重点产品，以创建"服装名城"为目标，加强 49 个重点城市的服装业建设。以创建"样板厂"为目标，加快重点服装企业发展步伐，组织"以名优地产品牵龙头，以骨干企业为依托"的多种形式的集团，以"创立名牌"为目标，加速重点服装产品开发。为了推动这"三个重点"的落实，中国服装工业总公司于 1991 年 3 月在全国经理会上，提出开展"全行业全面学上海、省级公司学江苏、市级公司学常州"的活动，以推动管理水平和企业素质的提高。

"九五"时期，中国服装工业总公司在前两个五年计划发展的基础上，依靠科技文化、大力创新，加大改革力度、转换机制、调整结构，积极转变经济增长方式，提高外向型经济发展水平，加快现代企业制度建设，努力实现服装行业从数量型向质量效益型发展的战略转移。两个发展重点：一是名牌产品和能进入国际市场的高附加值产品；二是有竞争力的现代企业，如独资企业公司、有限责任公司、股份公司及在此基础上建立起来的集团公司。1996 年 4 月，中国服装工业总公司提出了"名牌发展战略"，实现"九五"期间争创 100 个国内市场公认的名牌服装产品，争取 10 个以上的名牌服装产品进入国际市场的目标，对行业进入经营品牌发展阶段起了积极的推动作用。

应该说，服装工业自 1986 年划归纺织工业部管理以后，在"以增加出口产品为突破口，全面振兴纺织工业"的发展战略中，服装企业的面料瓶颈逐步得到缓解。尤其出口创汇多的西服、羽绒服、衬衫等品种的面料得到了重点支持。例如，"九五"期间就得到中高档面料 9 亿米，替代了部分进口。

伴随社会主义市场经济体制的建立、服装业的快速发展，率先成立的北京服装协会的经验启示，服装业应有更大战略部署。1989 年 10 月，纺织工业部倡议与轻工业部、农业部、商业部、经贸部、中国人民解放军总后勤部和北京、上海、四川、陕西、大连、武汉以及中国服装工业总公司、中国服装研究设计中心等 19 个发起单位组成中国服装协会筹委会，得到了广泛认同，并积极推进筹备工作。1991 年 10 月 23 日，民政部对其审查合格，批准中国服装协会注册登记。

1991 年 12 月 10 日，中国服装协会成立大会在北京隆重举行。时任国务院总理的李鹏为其题词："发挥协会的桥梁纽带作用，促进服装鞋帽行业的发展。"全国人大常委会副委员长、中国服装协会总顾问陈慕华出席成立大会。全国人大常委会副委员长雷洁琼题词："为振兴服装行业做出新贡献。"

这些年来，这个全国性的行业组织，相继成立了6个专业委员会，立足于"协调"，着眼于"服务"，发挥了协会作为政府与会员之间的桥梁纽带作用。

六、厘清思路："柿子先捡软的吃"

"改造中国传统服装业"，这9字箴言的秘诀就在"传统"二字。我们必须认识到中国服装业究竟"传统"成什么样？然后思考"破传统"的方法。经过一番用心调查，我们觉察到服装业存在以下问题。

首先是地位尴尬。服装业是中国最古老的行业之一。裁缝的剪刀、厨子的菜刀和理发匠的剃头刀曾经被视为低人一等的"三把刀"。

其次是特点模糊。在许多人眼里，服装是只要有一副老花镜、六尺布、一根针、一把剪子，老太太就能干的事。即便是服装工厂，又应当是多半设备陈旧、工艺落后，只有手艺，没有理论，只有"术科"，没有学科。

再次是形象扭曲。在外国人眼里，中国出口的服装，不能上货架，更不能进柜台，只能摆地摊、装在筐里卖。"便宜货"曾经一度几乎与"中国货"成了同义语。坦率地说，当时有的服装品种并不是档次问题，而是知名度低下。在男衬衫这一品类上，北京衬衫厂、大华衬衫厂、上海第二（海螺）衬衫厂、天津新华制衣厂、青岛海珊衬衫厂等早在20世纪80年代初，就已经加工生产伊夫·圣洛朗、瓦伦蒂诺、朗万、阿玛尼等世界级服装品牌了。例如天津新华制衣厂曾收到美国温休逊公司赠送里根总统穿着新华制衣厂衬衣的纪念镜。法国服装工业技术研究中心总经理瓦盖曾对我说出了中国衬衫质地真相。他说："我剖析了你们中国的男衬衫，质量很好，钉上法国商标就是地道法国货，价格再增加六七倍才合理。"显然，一种倾向掩盖着另一种倾向。

最后是观念陈旧。"新三年旧三年，缝缝补补又三年"的思想在当时根深蒂固。国人的衣着"远看一大堆，近看蓝黑灰"，男女难分。我曾以《中国服装》记者身份采访全国妇联副主席谭茀芸。她谈了出访外国遇到的两个故事。1980年，她率中国妇女代表团出访美国。一次会见结束告别时，主人彬彬有礼地误把一件男式大衣从衣帽架上取下递过来，谭茀云窘迫地挥了手。主人似有不解地发问："你是学纺织的，为什么不谙色调？"原来她那件大衣除了贴袋加扣子和一条腰带外，几乎同男式大衣一模一样。这也难怪主人一时分不清了。谭茀云连忙托词说："我是'假小子'，从小就和男孩一个样儿！"一句幽默，化解了眼前的尴尬。吃一堑，长一智。又一次出访欧洲，她穿了旗袍，去拜会希腊著名妇女运动领袖、国家总理的表妹。这位女士带着惊奇的眼神对她说："以前你们中国人，男女不好分辨。现在我知道了，中国妇女也是女的。"十一届三中全会以后，人们的思想观念有所解放，衣着也逐渐多彩了，但仍有不少人时不时"心有余悸"，尤其中老年人怕人背后指指点点"老来俏"。

这就是20世纪80年代初神州大地上，服装业的现实，消费者的心态。

冰冻三尺，非一日之寒。面对服装业的上述四种严峻状况，我们当时一片茫然。看得见的老办法，是对企业进行技术改造。可是买设备，我们没有硬通货。所以我们只能"柿子先捡软的吃"，选不花

图1-2 谭安（右一）、都安（左一）在月坛北小街简易平房会见法国《她》杂志社记者富尔梅斯（左二）

图1-3 1986年春联合国开发计划署希辛（右一）和顾问李企明（右二）到访服装中心与领导班子朱秉臣、盛中鹏、谭安（左起二、三、四）洽谈

钱或少花钱的事，如创办《中国服装》讨论形神兼备问题。经过一段时间的摸索，我们感到传统问题绝不那么简单。这不仅是行业内的问题，而且很可能是涉及相关行业、各级政府以至全社会的问题；不仅是现实问题，而且也是历史遗留问题；不仅是实际问题，而且也是认识问题、观念问题。

基于以上判断，我们理出了基本的工作思路：改造传统的服装工业服务，决不能目光局限，而要端正行业地位、树立行业形象、明晰行业特点、更新传统观念。换言之，从再认识服装业干起，探索服装业自身发展规律，尊重规律，适应规律，加速发展。

基于工作思路，我们理清了基本的工作路线：不当伸手派，用自己的工作争取领导的领导；不当孤家寡人，用自身的产业激情争取同道的理解与参与。

基于工作路线，我们确立了基本的工作方法：不能小打小闹、缩手缩脚，而要放开手脚、苦干实干；不能偃旗息鼓、无声无息，而要大张旗鼓、大造舆论。但制造舆论必须严守14字的守则：不做不说，做了要说，说多少，九分九。

七、喜获首肯："真像一个产业研究中心的样子"

自从1982年初，服装中心筹备处挂牌那天起，我们的全部心思就是"盖中服大厦"。进入1984年春，我们循着"大楼重中之重，兼顾力所能及地为行业服务"这样两条腿走路的工作思路迈步前进。

一分耕耘，一分肯定。1987年初，国家科委主任曾宪林听取我关于服装中心成立几年以来的工作汇报。他用心听，也听得很有兴致，对于我们服装中心组织全国服装行业的设计人员和经理们，走进巴黎和香港展览交易、收集信息情报，学习法国经验，进行中国服装流行趋势预测课题研究与发布，服务行业，引导消费……给予出乎预料的肯定和鼓励。曾主任亲切地说："你们这个中心尚在筹建过程中。虽然刚起步不久，但方向对了，真像一个产业研究中心的样子。国家科委支持你们，希望继续坚持为产业服务，多积累一些经验。"

吃了这颗"定心丸"之后，我们更不敢懈怠。国家科委工业司和计划司等有关司局对于服装中心关注与支持也增多了，并认为可以考虑给服装中心大院大所的"户口"。纺织工业部获悉，欣然行文向国家科委申报。正值春节前夕，服装中心改为科研事业单位并纳入全国大院大所序列管理，这是我们一件头等大喜事。我找到国家科委计划司鲍红处长，请他喜事快办吧，春节假期加个班，起草批复文件，力争新年迈出梦想成真的新步伐。

鲍处长果然利用春节假期赶写了文件，节后很快于 1990 年 2 月 13 日国家科委向纺织工业部发出（90）国科发计字 077 号文件。文中明确指出"同意建立中国服装研究设计中心，为你部直属科研事业单位，现予补办审批手续。该中心的主要方向任务是，进行中国服装工业发展战略研究和服装基础理论研究制订中国服装标准，开展功能防护服装和服饰配套的研究，并负责培训中国高、中级服装专业人员。该中心规模四百人……事业费自理，其他物资供应、人事调配等均纳入你部计划。"我们感到光荣自豪的同时，更加谨记自身的责任与担当。

这里记录的是服装中心从筹建到初创这十几年的过程中，我们所做的 16 件机制性事项。

——1984 年深秋，轻工业部季龙副部长率团访问法国。我国驻法使馆商务处张振昆参赞向季副部长提出"我们中国服装在巴黎应有一席之地"的建议。部领导很重视这一建议，决定派我率一个服装专业团组于 1985 年 1 月 28 日出访法国探讨如何落实使馆的建议。回国后，我们向领导报告，"一席之地"不可能是短期的目标，建议打开"中国服装业的开放之门，战略首选似当直通巴黎的大门"。经领导认可后，我们组织队伍于当年 9 月就再访巴黎。随之陆续扩大直通中国香港、纽约、东京、米兰等时尚之都。服装之国门，越开越大。

——1985 年 1 月，创刊行业的舆论阵地《中国服装》杂志，又先后于 1992 年 5 月再创办行业学术期刊《服装科技》，于 1995 年 7 月合作创办《服装时报》和《中国服饰报》。此时"双刊两报"，发挥着市场经济环境里舆论导向、积累共识的引领作用。

——1985 年我们在《中国服装》上开始组织"服装有形神兼备吗？"的大讨论过程中，不经意间，竟摸索到"服装是什么"——这个实现"改造传统服装业"历史性使命的突破口。

——1985 年 9 月，我们第一次组织"中国服装国家队"出展巴黎国际成衣展。此后连续 8 年，年年都组团到世界"时尚之都"巴黎打卡，树立中国服装的国际形象，也摸到一些"走出去"的经验。

——1986 年春，轻工业部科技局批准服装中心申请的"服装的民族化与时代感"研究课题。次年 8 月，我们在安徽黄山脚下歙县举行"全国首届服装基础理论研讨会"，终于找到了"民族化与时代感是个性与共性关系"这样一条既理性又实用的服装设计路线。

——1986 年 4 月，轻工业部批准立项"服装流行趋势预测研究"。当年 10 月，我们在北京向世界首次公开发布"中国服装流行趋势"，至今依然在发布，引导适度而文明消费，服务行业生产发展。

——1987 年初，国际服装产业开始出现由西方向东方转移的现象，我们便向纺织工业部申请"我国服装工业发展战略研究"课题立项。研究工作进展顺利，于 1988 年 2 月通过鉴定，并得到纺织工业部领导的充分肯定，开创了中国服装业战略转移外向型的先河。

——1987 年春，我们"踩着巨人的肩膀"高点起步，商得军委总后勤部有关领导批准并经总政治部有关部门同意，利用总后军需装备研究所全国唯一的高科技暖体铜人装置，建立了中国服装研究设计中心功能服装分中心。

——1989 年 11 月，在广州举办首届"中国最佳模特表演艺术大赛"。此后，连续举办数届并参与世界模特大赛。"模特"终于被正式纳入国家职业序列，名正言顺地成为"服饰文化传播者，走出去的服饰文化使者"。

——1991 年 4 月，我们承担的国家"八五"重大科技攻关课题"服装设计与加工工艺示范中心"正式启动。1995 年 9 月，挂上"国家服装设计与加工工程技术研究中心"牌子。1998 年 9 月，中心又被确立为"国家 863 计划第 9 个 CIMS 工厂"，迈出服装数字化的第一步，走上继续求索信息技术路线与信息艺术路线相融合之产业发展新路。

——1992 年 9 月 17 日，中国服装研究设计中心（集团）挂上"中国天宫服装科技开发集团"的牌子，进行"三开发"（开发面料、开发成衣、开发市场），协调全国顶尖纺织、服装企业合作组成"服装（纺织）国家队"，共创一个"中国服装品牌"。

——1993 年 5 月，为落实这张"三开发"蓝图，服装中心与美国的著名大百货公司杰西潘尼（JCPENNEY）在北京达成电子商务合作协议，尝试与中国天宫科技开发集团直接对接 JCPENNEY，联合全国纺织和服装顶级企业握紧拳头，首先打开具有突破意义的美国市场。

——1993 年 5 月 14 日，我们与国贸中心等单位联合创办服装走向世界的国际平台——中国国际服装服饰博览会（CHIC）。时至今日已 30 多年，该平台被公认处于国际同类大展的前 3 名。

——1993 年 5 月，创办 CHIC 子项"兄弟杯"中国国际青年服装设计作品大赛。迎来第 4 届五大洲 36 个国家和地区的参赛选手。自第 11 届易名"汉帛奖"至今 30 届，享誉国际著名服装设计赛事之前列。

——1996 年 1 月，当时北京第四高的中服大厦，历经十几年的艰苦奋斗、坎坷曲折，终于正式投入使用。这座全国服装业的标志性建筑，屹立在首都十里长安街延长线上。我们终于有了"归属感"。

——1997 年春，国家经委同意并拨款服装 863/CIMS 课题延伸为"服装电子商务研究"，争取用网络技术支持与美国 JCPENNEY 直接展开电子商务合作，意味着即将迈出"三开发"的实际性的步伐。

上述 16 件机制性的支柱先后创立，标志着服装中心的建设愿景——"先进的技术支持系统、优秀的文化传播系统、合理的人才结构、科工贸平滑的运行机制"已经基本实现，已由创业建设的初步阶段，进入为行业服务的技术文化枢纽的新阶段。

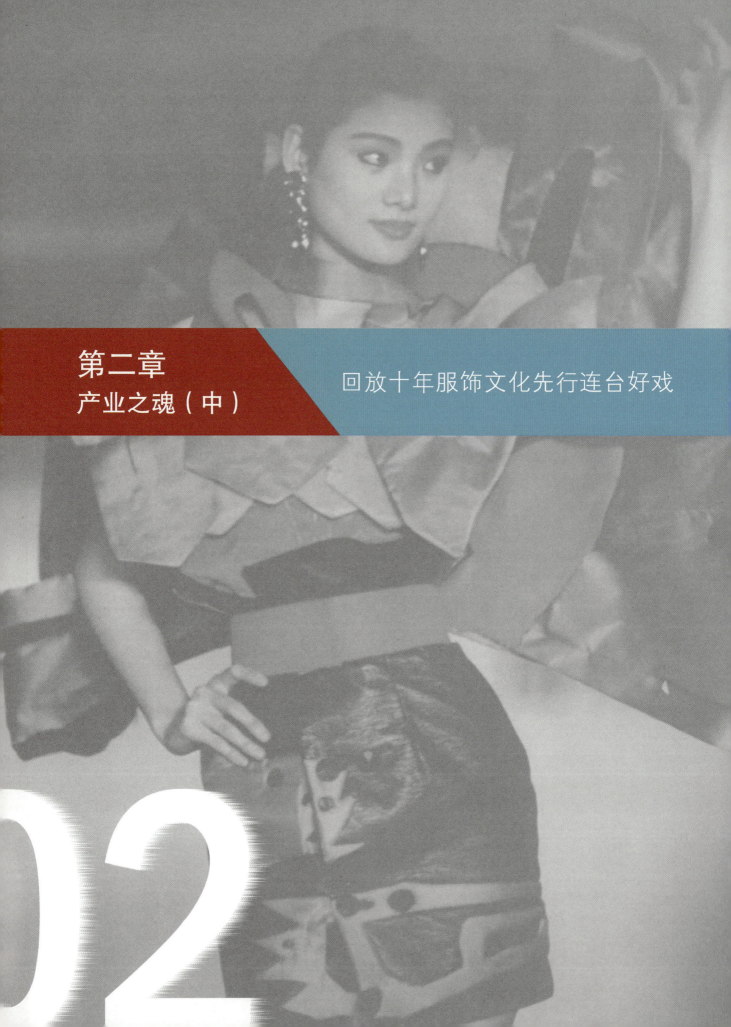

第二章
产业之魂（中）

回放十年服饰文化先行连台好戏

02

吃"软柿子"，尝到了甜头，全国的大气候也非常之好，服饰文化先行的戏，好戏连台，从中央到地方，从城市到乡村，从东海之滨到西北边陲，从国内到国（境）外——

一、见证"解放潮"——免收布票的全国新号型服装展销会

1981 年 9 月 22 日至 11 月 5 日，新中国成立以来第一次来自全国 20 个省市自治区的大型服装展销会，在北京展览馆举办。这让我第一次切身感受到国人告别破补丁、渴望添件新衣裳的"狂飙"序幕。

当下的年轻人走进商场购买新衣，早已成了家常便饭。可在当时，纺织服装业虽有了一定恢复性发展，但远不能满足人们"有没有"的基本需求，更不敢有"好不好"的奢望。1954 年，全国开始实行用布票买服装和纺织品的计划，人们连买布鞋，也要凭布票，甚至买黑白棉缝纫线也要购物本。

1953 年，国家首发粮票，次年发布票，继后扩展到粮油副食品和日用品如火柴、肥皂之类全部发票。人们买豆腐、芝麻酱等，都得用购物本。这是当时社会真实的短缺经济的"计划符号"。在苦熬"衣被甚少"的沉闷日子里，"解放"布票的新号型服装展销会喜讯传来，着实令首都市民有"近水楼台先得月"的欣喜。

坐落在北京西直门外的北京展览馆，前身是中苏友好年代建成的苏联展览馆，高耸塔式建筑的欧陆风情，为新中国第一个全国服装展销会营造一派崭新气象。从开幕第一天起，首都市民就飞奔北京展览馆。一大早，北京展览馆前就排起见头不见尾的长队。此景此情，在服装展销会持续 40 多天里，天天上演。进入展览馆内，更是一片人山人海的画面。上海、福建生产的羽绒服，第一次亮相，鼓鼓囊囊的，看起来很有趣，有人给它取了一个半土半洋名字"面包服"。我多次看到，将"面包服"抢到手的小伙子、大姑娘们，立马将其穿在身上，喜笑颜开。其实，那时塑料提袋，也是新鲜物件。不少人排队也要争取领一个。每当看到观众们手提大包小包、说说笑笑、满载而归的场面，我也顿生一缕满足情绪。

这次展览冠以的"新号型"，是轻工业部自 20 世纪 70 年代中期开始，在全国各地体测量样本量达 40 万份的基础上，制订的中国第一个新号型服装标准。"号"指的是身高，"型"指的是胸围。举办这次展销会是为了验证这第一个服装标准是否适合绝大多数国人体型，首都开个头，然后再向全国推行。它的指向意义是发出中国服装业开始发力的红色信号！

果然，11 月 3 日晚，新号型展览迎来四十多天的闭幕压轴戏。国务院主要领导参观后，针对服装业的要害，向轻工业部发出指令性要求：为改造传统服装工业，要建立一个全国服装研究设计中心、一所服装学院。

 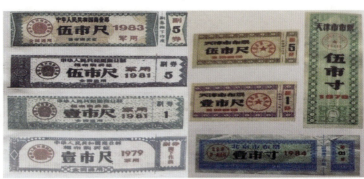

图 2-1　1984 年春夏之交辽宁农村妇女　　　图 2-2　北京、天津发的部分年份本市布票，国家商业部发的部分年份军用
　　　　　走向田间　　　　　　　　　　　　　　　　　（全国通用）布票

二、又见"解放潮"——五省市服装展销会

五省市服装展销会，与两年前的"新号型"服装展销会相比较，在掀起大众层面的解放潮的同时，又展现了领导层面的四个"第一次"的解放潮 ——

百花竞春，"五强"进京。1983 年 4 月 28 日，轻工业部将全国服装"五强"——北京、上海、辽宁、江苏、山东，汇聚首都举办五省市服装鞋帽展销会，再一次助推全国服装解放的春潮涟漪。这次展销会仍然免收布票，前后持续一个月，反响异常热烈。消费者每天如潮水涌来，又一次出现人满为患的景象，人群硬是把粗的钢管栏杆给挤弯了。

五省市展销会开始不久后，领导便向我交代，这次展销会总结由我来执笔，让我早做准备。于是我开始对展销会全面情况的观察收集，寻找这次五省市展与两年前的新号型展的异同点。直观看，两个展销会的共同点是首都市民的"解放潮"；微观看，我惊喜地发现不同的"解放潮"——各级领导层面包括中央领导身上展现了多个"第一次"。

"第一次"搭建邀请市场的擂台。与新号型展不一样，轻工业部二轻局出了两个新招，一是将全国服装"五强"省市进京办展销会；二是决定设置一个无形的竞争擂台，每天公布各省市当天的销售件数和金额。因为从全国 31 个省市自治区中被选拔进京办展，自然生发出一种强烈的荣誉感。五省市的服装一把手亲自带领大队人马在首都十大建筑农业展览馆拉开各显神通的架势。

从开幕第一天起，公布当日的销售数字，便自动形成热气腾腾的比学赶超局面。上海有个传统老大的样子，总是占据领头羊的位置。但半路竟杀出了一匹黑马。来自关外的辽宁，跃居老二，与老大较上劲了，数字咬得很紧。大连童装厂的男童金号牌和女童玉兔牌蜚声神州，大连第一呢绒服装厂来样来料生产的欧版夹克衫，一上柜台就被疯抢。闭幕前一天，数字出来了，出乎意料！黑马竟一杀到底，辽宁超过了上海，震惊了服装界！北京、山东、江苏都倍感压力，尤其上海的压力最大。其实辽宁夺魁，亦有必然性。辽宁服装工业分布比较均衡，包括钢都鞍山服装厂都出硬货，尤其号称"北方香港"的辽宁大连服装是主力军。辽宁市民爱美、敢美，成为其坚强的后盾。人们形容辽宁大连人"苞米面肚子，毛料裤子"，80 年代妇女淡妆口红，大连女性走在前列。

图2-3　1983年4月，郝建秀（中）、赛福鼎、黄华等领导参观五省市服装鞋帽展销会，史敏之局长（左一）陪同参观

图2-4　1983年4月，上海模特参加北京五省市展销会演出

"第一次"举行模特社会公演、模特表演第一次进入市场经济领地。史敏之局长邀请上海服装公司时装表演队进京，在农展馆影剧院搭起T台。值得一提的是，经原国家计委批准，模特表演售票公演，不仅国内观众熙熙攘攘，外国驻华使馆官员也纷纷赶来一睹中国模特的芳姿。

模特"第一次"走进中南海。史敏之局长率领五省市包括大连服装公司董洪令经理和上海服装公司时装表演队，于5月13日走进中南海。模特们登上紫光阁舞台，受到国务院主要领导的亲切接见。

中老年服装"第一次"受到中央关注。当时，中央书记处书记郝建秀参观五省市展销会后，她就服装尤其中老年服装，致信杨波部长和轻工业部党组。她在信中提到："我在五省市服装鞋帽展销会上，同轻工部的同志谈到，提倡穿西装、两用衫、裙子、旗袍，中老年人不满意总穿'蓝灰两色''四个口袋'干部服，希望穿得美观悦目一些。这个要求应该得到满足。"

为落实中央的指示，轻工业部商国家经委、纺织工业部、商业部联合发文，要求全国相关部门积极配合做好中老年服装工作。一场中老年服装的突击战迅速打响。尚在筹建中的中国服装研究设计中心，在服装处支持下担负起制订标准的职能，立即借用技术人员组成中老年测体组。测体先从轻工部机关开启，接着进入中央有关部委。因为已有新号型标准的经验，所以《中老年人体型规律和服装规格号型标准》很快就出炉了。轻工业部服装处立即发各省市自治区装验证试销会试行。史敏之局长亲自督阵筹备"中老年服"展。全国各地纷纷响应。不到半年的时间，轻工业部就在北京展览馆办起了首次"中老年服装验证试销会"。

我们从展销会上亲眼见到，首都中老年人对服装的追求热度，一点不比年轻人对新服装的追求热度低。生产发展了、思想解放了，中老年服装也就光荣地完成历史使命了。

进首都北京是一种光荣。五省市进京办服装展在全行业引起热烈反响。1985年金色十月，轻工业部又在北京轻工展馆举办十六省市自治区服装展销会，得到党和国家领导人的重视，受到首都人民的热烈欢迎。这次展销会上出现新的消费趋势：相同的品种看质量，相同的质量看名牌，名牌产品看创新，款式新颖看面料，面料优良看规格。一句话："名优新全"也要迎来挑战。模特表演也不再是上海一枝独秀了，许多省市自治区在展馆举办新产品展演。

图2-5 1983年11月，中央领导宋任穷（右一）参观轻工业部在北京展览馆举办的中老年服装展销会时题名留念

图2-6 时任中共中央书记处书记郝建秀（右二）参观1985年10月轻工业部在北京举办的全国十六省区市服装展销会，张庆安、陈富美（左一、二）陪同参观

三、舆论先行——当为无冕之王记头功

为服装业争地位、树形象，不能小声小气、小打小闹，一定要用足首都媒体优势，高举高打、轰轰烈烈——

现在如果有人问我，如何评价中国媒体对服装业崛起发挥的作用，我一定会拍着胸脯，道出心底的三句肺腑感言："全体国人漂亮的装束，有媒体人的笔墨之功；服装创汇的第一大户，有媒体人的呕心沥血之劳；服装业的振兴雄起，有服装产业大军无法替代之舆论先行！"

我刚进入服装大门时，面对服装人举步维艰、苦苦挣扎的局面，我曾一度感到迷茫。但是，如果说服装行业无地位，要怪首先就得怪"萝卜快了不洗泥""酒好不怕巷子深"两种保守思想在交替作祟，模糊了服装产业潜在的光彩形象。其实"免费中国服装广告"的金矿就在身边，首都庞大的媒体最容易上手。这是近水楼台的独特优质资源。我们到法国看到展会上有点心、有咖啡的"新闻中心"，就明白了——借力媒体，原来已是国际服装界的成功经验。

我有几年办两地黑板报的经历，也有不时向报社投点小稿的体验，因此我对媒体的力量有些认知，与记者们打交道也不愁没共同语言。我的口头禅是"服装工业要打翻身仗，记者与我们服装人是同一条战壕里的战友。咱们一起拼，不说客套话。"心有灵犀一点通，他们的眼界比我们宽且"毒"。在首都很快形成了一个只做战友、不做局外人的"三有"（有文、有影、有声）的"服装传媒圈"，包括人民日报、中央电视台和经济日报等在内的"战斗堡垒"。

坦白说，媒体这一块，我们没走弯路，倒有点捷足先登的感觉。

身处媒体中心的首都，那就先看看最善打阵地战的北京媒体，尤其《北京晚报》，吴汾、梁颖婕等跑"服装口"，每请必到，既勤奋尽心又出彩。模特表演刚露头，就在重要版面亮出《迟开的花朵》。1983年6月2日，中共中央书记处书记郝建秀致信轻工业部杨波部长，明确指出："提倡穿西装、两用衫、裙子、旗袍，尤其要满足中老年人的需求。"《北京晚报》便不失时机地作出连环反应，自7月22日

图2-7　北京晚报4个头版头条

至26日，先后用四个头版头条发表郝建秀的信、专访轻工业部杨波部长和外经贸部有关领导的文章。一股前所未有的"服装热浪"席卷首都，波及全国。联合国教科文组织预言"北京将成为世界服装中心"，并决定在北京举办21世纪设计赛获奖作品巡回展，《北京日报》看准先机，不惜用大篇幅突出报道。发行量特大的《北京青年报》，用头版整版做了《改革开放二十年服装金版》。

　　再看看中央电视台。我至今念念不忘文雅持重的沈力大姐。她把服装时尚第一次领进中央电视台屏幕。80年代初，沈力主持《为你服务》节目。一次，为了服装表演的画面效果，沈力骑着自行车跑几十里来到服装中心临时办公室北京布鞋厂的半地下室，与《中国服装》副主编都安反复切磋，蹬缝纫机重新修改样衣。我还要特别感谢赵化勇台长。时任央视专题部部长赵化勇，大力支持沈力的工作，后来他又全力支持韩青、赵赫等的团队工作，并促进中央电视台与中国服装研究设计中心、《中国服装》杂志社签订长期合作联合发布中国服装流行趋势的协议。为了向国人普及服装流行趋势，跟上时髦潮流，学习服装知识和裁缝技法，赵化勇决定每周拿出5分钟开辟设计师刘安主持的《每周一款》，长达两年之久，连续播放100多期。这样就把服装流行信息及缝制工艺，原原本本地直接送到全国千家万户。马叶英是当时央视新闻中心的高级记者，也是跑服装新闻的大积极分子。她在为期6天的首届中国国际服装服饰博览会（CHIC）上，马不停蹄、各处奔波。有一天，她眼前一黑，竟晕倒在地铁里，醒来之后马上爬起来，气喘吁吁地赶赴到国贸中心的新闻发布会现场。这一幕，每每回想起来，都令我动容。她在六天的展会期间，四条CHIC新闻上了《新闻联播》，留下了一段十分动人的"抢新闻画面"的佳话。

　　《经济日报》走进"一条战壕"有创举。这个中央经济类第一大报，一直把对服装的报道放在一个重要位置。记者李铁铮不仅冲在最前头，还说服范敬宜总编辑同意《经济日报》作为1985年首届全国服装设计金剪奖大赛主办单位之一，正式走进"一条战壕里"，写下了改革开放服装发展史上新生事物的一笔。范敬宜对服装情有独钟，曾发起"麻袋上绣花"轰动媒体的时尚话题。艾丰出任总编以后，对服装的宣传报道，可以用四个字概括："不遗余力。"

　　中央人民广播电台和中国国际广播电台也有上佳表现。资深记者杨青和张爱华，守住了每次服装活动都"有声"的底线。杨青负责"新闻报纸摘要"节目。首都当天出版的报纸要闻，必须在早晨7

图 2-8　中央电视台韩青采访谭安，谈论服装流行

图 2-9　1993 年 1 月，纺织工业部
政法法规司与海南省纺织工
业厅创办《中国服饰文化》，
徐志松任主编，封面模特为
叶继红

点正式向全国播出。她长年累月每天凌晨三四点钟就蹬着自行车上早班。凡有服装重要新闻，她都摘播。1991 年 3 月 12 日，第二次全国服装研究所所长会议召开。《中国纺织报》发表评论《让服装科技与艺术并驾齐驱——致贺第二次全国服装研究所所长会议》。周勇刚、李满勋与往常一样，早早把报纸送去。会议开幕当天早上，出席会议的代表正在餐厅就餐，大喇叭里传来了这篇评论的摘要，平添了一股喜气洋洋的鼓舞气氛。中国国际广播台的 40 多种语言对外广播，发挥覆盖面最广的独特优势。

施宝华、李安定、吕全成、戴纪明等都是对服装情有独钟，有思想有见地的"大号服装积极分子"。吕全成先后在新华社巴黎分社工作达十几年。熟悉他的人，都会有吕全成为人厚道，办事执着的深刻印象。1987 年 9 月 17 日晚上，第二届巴黎服装文化节开幕，吕全成一大早就赶到埃菲尔铁塔旁去抢占一个好机位。直至晚 12 点演出结束，他才离开。好在他抢下的陈珊华红黑礼服系列杰作的历史性瞬间定格，至今仍是许多重要出版物反映改革开放的上乘选择。我印象最深也最难得的是，首届中国国际服装服饰博览会（CHIC）期间，新华社全线出击，20 多种宣传渠道包括内部动态《清样》《参考消息》齐上阵！

《人民日报》全员齐上，不仅有莫新元、李和信、王谨、彭嘉陵等骨干记者倾情投入，编辑委员会编委、工交部主任艾丰，以至邵华泽社长有时也亲自出马上阵。例如，首届 CHIC，邵社长亲自到展馆参观体验，站着观看天坛"世纪风"，并亲自安排报道版面。

再如，《人民日报》于 1996 年 9 月 1 日在头版发表了《二十一世纪服装设计大赛获奖作品北京巡回展开幕》的消息，并配发了短评《让中国服装走向世界》。这篇短评明确指出："服装是一种特殊的产品，它既是物质产品，也可以说是精神产品。"

《中国青年报》的马北北、《科技日报》的谢卫烈、《光明日报》的武勤英、《国际商报》的傅莲英和李如雪、《中国民航报》的贾品荣、《消费日报》的赵燕丽、《中华工商时报》的周勇刚、刘战红等等，都是"服装大积极分子"。《中国纺织报》陈义方总编带领团队各路人马打头阵，湖北省记者站毛立辉成了一个发稿的"高产大户"，后来成为时装评论特聘教授。

图 2-10　封面人物：当时 CCTV 美   图 2-11　中国服装杂志社成立大会于 1985 年 1 月 27 日在北京人民大会堂举行
　　　　　女主持人李小玢（摄影：　　　　　　　　　　（摄影：安增业）
　　　　　汪永基）

　　首都中央媒体走在前面，地方媒体也不甘落后。处于改革开放前沿的广州电视台，1988 年 11 月初，
小爽创办的《时装荟萃》栏目开播，成为以介绍国际时装流行资讯为主的时装专题节目，备受青睐。不久，
该节目在包括北京、上海在内的 100 多家电视台播放。后来北京电视台，钱丹丹创办的《时尚装苑》
专题栏目，也颇受欢迎。20 家地方电视台，雨后春笋般先后办了自家的时尚专题栏目。许多地方报刊，
除了时装新闻报道外，也办起了时装的栏目，成为大众接收国内国际时装资讯的窗口，更成为了普及
时尚风知识点的示范平台。

四、庙小神灵不少：《中国服装》面对面千百万大众

　　《中国服装》虽规模尚小，可是其在服装业起飞阶段发挥的作用并不小，而且是不可替代的。按
编制序列，《中国服装》杂志社隶属于中国服装研究设计中心，它得到的重视，令人受宠若惊。我们
始终加倍努力，团结集体才智，始终遵循 "服务生产、繁荣设计，引导消费，美化生活，促进交往"
的办刊宗旨，虚心又勇敢地探索舆论在打这场服装翻身仗中的先行作用。《中国服装》有近 20 万册的
发行量，直接与业者、读者面对面对话。

"这么大行业，该有本刊物"

　　1984 年 11 月 25 日国家文化部（文出字〔84〕161 号）文批准轻工业部中国服装研究设计中心
出版发行《中国服装》杂志，明确指出，要 "宣传党和国家关于服装工业的方针政策……为促进中国
服装工业发展，繁荣市场，丰富美化人民生活，建设两个文明和扩大外贸出口服务"。

　　《中国服装》这个刊名，虽然略显老气，不如此前已先后创刊的《时装》和《现代服装》那样，
闻其名就有一股拂面的时代新风，但它却昭示着轻工业部主管全国服装业的责任担当，彰显着传统产
业的正宗格局。

当时，党中央总书记为《中国服装》题写刊名，并连声说，衣食住行，衣为首，这么大的行业，应该有本刊物。中共中央政治局委员、书记处书记习仲勋、中顾委副主任薄一波、全国人大常委会副委员长王任重、廖汉生等也分别为《中国服装》题词。一本行业刊物得到如此重视，既是中央对全国服装业发展的巨大支持与殷切厚望，也是对《中国服装》杂志的莫大鼓励与鞭策。

轻工业部隆重举行了《中国服装》杂志社成立大会。会场选在北京人民大会堂。1985年1月27日下午3时，全国人大常委会副委员长王任重、廖汉生、中顾委秘书长荣高棠、国家经贸委副主任马仪、轻工业部部长杨波、全国妇联副主席黄甘英和齐心大姐等首都各界人士与《中国服装》杂志社社务委员会委员、记者站站长、出席全国服装鞋帽公司经理会议代表共300多人，来到人民大会堂二楼东大厅。

杨波部长请国家领导人为《中国服装》题词，王任重副委员长微笑着说：我事前已为《中国服装》写了一篇近200字的寄语，还是请汉生同志先命笔为好。廖汉生副委员长笑声朗朗，于是挥毫写下"锐意开拓"四个大字。王任重接过笔，也题了四个大字"精益求精"，荣高棠同志提笔直书"美化人民生活"。

杨波部长发表了致辞：《中国服装》创刊，得到从中央到地方，从国内到海外的广泛支持。轻工业部副部长季龙宣布任命谭安任《中国服装》杂志社社长兼副主编、张庆安任主编。服装界知名人士白崇礼、陈富美和香港友人等先后作了热情洋溢的发言。最后，廖汉生、王任重等领导同志同大家合影留念。

白手起家，开门办刊。我们应用了一种开放式全新的管理机制，成立《中国服装》杂志社社务委员会、设立30个省直辖市自治区记者站，聘请全国各地服装公司经理兼职社务委员或站长，特聘社会名士任特约记者，搭建起组稿和发行的全国网络。张庆安由于服装处工作实在不能脱身来履行主编辑职责，于是我们商请借调上海服装研究所都安女士进京，任副主编并代理主编工作。我在和盛中鹏"跑地皮"的同时，与都安、陈风毅（借调沈阳服装研究所版型师）一起编辑《中国服装》试刊号。

我是一个服装白丁，他们两位面对面给我当老师。好在杨波部长亲笔写来发刊词，非常明确地提出了办刊宗旨方向、思路方法。我们商定，先以素有"东方巴黎"之誉的上海服装时尚出试刊号专辑的方案。上海服装公司王树塞总经理一听，爽朗地说："我这个《中国服装》社委得做点实事，我们出人、出钱、出上海专辑。"《中国服装》试刊号，终于在1985年3月问世。大家都很喜悦，我们几个人也收获了再上路的一份信心。

"自家的言论多，有点看头"

20世纪80年代初，面对服装行业的松散状态，在由计划经济向市场经济逐渐转型、政府管理职能也在转型的新情势下，怎样快速传递政府声音、怎样高效管理行业是崭新的课题。彼时，《中国服装》的横空出世，起到了不可替代的舆论导向作用。创刊之后，《中国服装》的发行量迅速扩大，最高时每期达到近20万册。

一位学者曾说，一张报纸、一份刊物，如果没有自己的言论，就没有看头。身为《中国服装》杂志社社长，我深以为然。我们应当将党和国家的大政方针精神与服装行业发展中存在的痼疾、出现的新倾向和热点话题结合起来，及时发表言论，摆事实、讲道理，引导行业不断前进。《中国服装》敢于针对问题、矛盾与困难及时发声，对服装产业复兴前期的理性导向作用不容低估。

图 2-12 张鉴奎同志在烟台召开的《中国服装》杂志社记者站长会上发言

谈及《中国服装》的评论作用与特色，我要特别感谢原海军政治部的"笔杆子"张鉴奎。张鉴奎是我尊敬的老领导，离休后却欣然接受我的请求，到《中国服装》杂志社"重新工作"。我们一起艰苦创业。初创的杂志社，租赁月坛北小街六机部简易平房做编辑部。他思维敏捷、笔锋犀利，负责撰写服装言论。他善于学习和发现问题，常以记者身份深入企业。11 年耕耘不辍，先后写下了二十几万字。其中社论、评论达十几万言之多。每每谈及这些年，他总是豪情四溢地说："这 11 年是我最有收获的 11 年，写的东西超过了过去几十年！"他把这些作品精心地汇编出版成一本书《陌生领域试笔》。特别令我感佩不已的是，11 个寒暑，张老师总是精神抖擞地投入工作，再苦再累，无一声怨言，不计较待遇，彰显了一位老共产党员的高风亮节。

《服装科技》闯进全国重点期刊之列

随着社会进步、行业发展，一本《中国服装》难挑产业与生活两副担子，开始酝酿刊物分刊。1992 年，经国家科委批准创办的《服装科技》杂志，承担着服装技术学术交流平台的光荣使命。我被任命为《服装科技》杂志社社长。主编工作开始由刘晓林兼任。后来，王晓梵挑起主编的重担。张鉴奎和袁鹤青从《中国服装》转到这个编辑部来。

创刊 7 年来的《服装科技》，发表言论共计 350 万字。它有理有据地告诉人们，服装不仅有技术，而且有高新技术；不仅是科学，而且是交叉学科；不仅是艺术，而且是综合艺术。它发挥了引导行业转型升级、促进服装学科建设的积极作用。由中国工程院院长朱光亚、中国科学院院长周光召主编的《中国科学技术文库》收录进了《服装科技》的文献。《服装科技》荣幸地进入了全国重点期刊之列。

"无心插柳柳成荫"

"国家的'传话筒''顺风耳'"，其实只是肯定了《中国服装》"庙小神通大"的一半。更应该肯定的另一半是，引导我们找到了改造传统服装业的"突破口"。毫不夸张地说，如果没有这个理

图2-13　1985年5月6日，中国美术馆，中华人民共和国文化部顾问陈辛仁为"伊夫·圣·洛朗二十五年作品回顾展"开幕剪彩，前排三人自左至右伊夫·圣·洛朗、皮埃尔·贝尔吉、陈辛仁

性的突破口，我们就不懂什么叫"服饰文化"，就感受不到"穿在身上的文化"，更不会认识到服装产业的"文化个性"，也就唤不醒中国服装产业发展之魂。一句话：我们就不会走上改造传统产业文化先行之光明大路，恐怕依然还在"落后的传统泥潭"之中无力挣扎吧！可以说，这是《中国服装》对于服装产业的历史性贡献。

这里让我们花一点时间，按下"回放键"，顺着探讨"服装是什么"系列活动的时序，浏览我们从茫然走向觉醒的路径吧。

1984年秋，我们着手编辑《中国服装》试刊号，说是"上海专辑"，其实也不全"专"。我硬是挤上了一篇关于北京的短文。为什么？因为中国服装缺乏理论支撑，试刊号不能让理论有空档。"打头炮"的文章选的是最具有常识性的"服装是什么"的问题。我约请了业内专家毋启良，请他撰写了一篇以"服装是什么"为主题的文章，题目拟定为《服装有"形"与"神"吗？》，署名"殷玉"，喻义"抛砖引玉"。文中恳切"希望能引起一些讨论，更想得到行家里手的赐教"。

果不其然，"玉"从天上来。李当歧的《也谈服装的"形"与"神"》的文章，发表在《中国服装》创刊号上。这是一篇有一定历史价值的文章，从理论上揭示了服装的文化属性，回答了"服装是什么"这个根本问题——"衣服与服装的区别在于：衣服指的是一种'物'，而服装指的是人着装后的一种'状态'。'衣服美'只是一种物的美，而'服装美'却是一种状态的美，除了衣服那种物的属性以外，还有人这个文化的社会因素"，并强调"人是一种文化存在"。这是一个良好的理论开端。

为了让服装"扫盲"这把火，烧得更旺些，我又约请了服装学者潘坤柔，请她执笔写一篇主题为"呼唤服装业理论"相关的文章，标题为《请注意一个被掩盖着的倾向》，并以特约评论员名义发表在《中国服装》创刊号上。我们希望"造成浓厚的学习和探讨服装基础理论的空气"，逐步"建立中国自己的服装理论体系"。

1985年5月，法国伊夫·圣·洛朗应国家文化部之邀，在北京中国美术馆举办"二十五年作品回顾展"。时隔3天，日本知名设计家小筱顺子应北京服装协会李昭会长的邀请，来华在北京饭店举办"中国北京时装表演会"。这是继皮尔·卡丹之后的两场很有分量的时装活动。《中国服装》创刊号用彩页报道了这两项活动。

我与伊夫·圣·洛朗公司驻中国代表塔克多先生商谈合作事宜，向他提出中国服装研究设计中心和《中国服装》杂志社想聘请伊夫·圣·洛朗先生作为我们的高级顾问，为即将创刊的《中国服装》杂志写一篇寄语。不久，伊夫·圣·洛朗就欣然接受了聘任，并寄来有点类似怀素狂草风格的法文亲笔的《中国服装》创刊贺信。我惊喜地发现，这似乎是"服装是什么"的标准答案了。可以说，这是伊夫·圣·洛朗在北京中国美术馆举办25年艺术生涯回顾展之后，又给中国时尚界送来一份服装理论厚礼。同年9月下旬，中国服装工业代表团出访法国。伊夫·圣·洛朗先生在其公司总部，接待我们一行。我赠他一份特别的礼物——《中国服装》创刊号。他看到他被翻译成中文版的贺信（见下方全文）公开发表，露出满意的微笑。

《中国服装》杂志社，亲爱的朋友们：

中国，她的文化，她的艺术，她的习俗，她的往昔，她的历史，她的手工业，她的烹饪，时时刻刻吸引着我。如果说有一个国家使人向往不已，那肯定是中国。我们的西方艺术在许多方面都受益于中国。经过中国的著名的"丝绸之路"曾在几个世纪内使西方赞叹。

30年来，我与丝绸相处，用丝绸劳作，我始终充满激情地爱恋着丝绸。因此，我感到自豪和荣幸的是向中国公众介绍我的作品，向中国朋友讲述我对他们的友情，并转达我对他们的谢意——是中国人民给予了这一切。我应该把这一切奉献给他们。正因为如此，所以我支持轻工业部创办这一本期刊。贵刊不仅向广大读者提供关于服装发展趋势的信息，指导穿着方式，并通过各种方式创造新的志趣，而且更重视世界范围的研究、创作和艺术。

当今最大的问题之一是，越来越难于找到"知其然"，又"知其所以然"的服装工作者。裁剪是而且应该是线条的尽善尽美，还有材料的尽善尽美。裁剪是加工漂亮织物的方式，是把生命赋予织物的方式。服装工作者的劳动，使服装栩栩如生并持之以恒。

贵国的公众因此懂得，男子或女子的文雅不要完全着眼于穿戴，而要寻求身体与服装的完美和谐，即精神与形体的和谐、服装与精神的和谐。这也许就是贵刊的宗旨吧。

我衷心支持你们，祝你们长寿。

伊夫·圣·洛朗

1985年6月24日于巴黎

（刘驯刚译）

日本的小筱顺子也给《中国服装》创刊发来了贺信，从战略层面强调了服装文化在产业发展中的捷径功能。她明确指出：

"关于中国服装的发展，虽然有许多意见，但我认为，服装作为一种文化，首先要其看着'活的时装'，迈出一大步，然后一步一步向与人民生活密切相关的领域推进。这将是中国服装发展的捷径。"

图2-14　1985年5月10日，北京饭店，北京服装协会会长李昭（左二）、北京市前市长焦若愚（左三）等出席观看小筱顺子（左一）的《宇宙》时装表演

《中国服装》创刊号上同时发表法日这两位服装人的贺信，让服装的"形"与"神"的讨论，引入服装基础理论核心的深处。

揭开两种被掩盖的倾向

伴随"服装是什么"的讨论向社会面拓展，我们面对新旧两种社会性倾向的交织干扰。

其一是，实用性掩盖了艺术性。改革开放以前，中国城乡居民生活水平较低，没有物质条件去追求服饰的艺术性。我们要面对严峻的现实——长期"形"禁锢"神"的现场久拖成疾，压抑着服饰文化润泽涵养的效果。

其二是，艺术性掩盖了舒适健康性。在治疗"慢性陈病"的几年生活实践过程中，侧重颠倒被掩盖的"艺术倾向"，可是又"过了头"。模特处于没有"户口"的时期，为它争名分是完全必要的。可是一旦"解放"了、正名了，又放得太开了，矫枉过正了。T台模特表演唯美女艺术而艺术，媒体为了争夺眼球，一味炒作"美女文化"，滋生"艺术性掩盖舒适健康性"的新倾向。

两种倾向、一条病根，问医求药、治标治本。1987年春，我们商得军委总后勤部有关领导同意，在军需装备研究所建立中国服装研究设计中心功能服装分中心，利用当时全国唯一能在正负50摄氏度小环境测量人体温度变化分布数值的暖体铜人装置，从人体工程卫生学角度，深刻揭示科学穿衣的舒适性，呈现服装"美化生活，舒适健康"的两大基本功能。

为了强调服装这两大基本功能，我们不仅请来首都媒体，还专门把全国县以上114位服装研究所所长都请进北京，参加中国服装研究设计中心特种功能服装分中心成立大会，目击高科技暖体铜人演示，在正负50摄氏度的环境下测量身体各个部位受热的数据，领略服饰科技文化新领域的奥妙，深入解读"服装是什么"。《北京晚报》用头版头条赫然醒目的标题刊发记者吴玢的报道《穿衣也要讲科学》。

1996年9月6日，联合国教科文组织举办的21世纪服装设计比赛获奖作品北京巡回展开幕。《人民日报》发表评论，指出"服装是物质产品，也可以说是精神产品"。这等于对"服装是什么"的群众性讨论，给了肯定的答案。

1999年11月，中国纺织出版社出版了国际著名学者"服装体系"丛书，约我为丛书写篇序言。我借势助推波涌，试图把"服装是什么"的讨论，继续深入下去。现在转印序言文字如下：

在今天的中国，曾经还不如大头针制造业有地位的服装业，终于翻身了。许多人对于服装的认知，也不仅仅停留在眼睛里的漂亮，这实在令人感奋不已。在现实中，"穿衣服是人体包装"却随着"包装"一词的时髦而飘飘然；"买衣难"与"卖衣难"似乎矛盾却又真的并肩而立，这又令人困惑费解。"服装体系"丛书，有针对性地在新的视角、新的思维方式和新的行为规范上与我们进行有深度的对话。

这套丛书中的《解读服装》和其他几本书，虽体裁不同，却蕴含一个共同的"解读"功能。它们或深入浅出、或叙事论理、或引经据典，反复解读一个内核：服装是什么，什么是服装。

服装是有生命的人与无生命的衣的结合物。它既是物质产品，又是精神产品。这种双重性决定了服装体系的构成不同于其他产业体系的构成。服装体系不但有理论基础，有产业实体，同时离不开人，离不开消费者。当今人们对于衣服的心理需求重于生理需求，个性展现重于社会表征。服装流行是对时代文明的理性认同，是大同小异的社会组合。流行是大同，个性是小异，大同的共性寓于小异的个性之中。喜新厌旧是消费领域中的一条规律。服装设计是一种创新的设计，但它不仅仅是设计师的个人行为，而是一个企业创新机制运行的群体结晶。然而设计师在这个创新机制中的主导地位也是不容忽视的。

当然，设计师必须遵循"从消费者中来，到消费者中去"的设计哲学，因为市场导向就是消费者的导向。解读服装的能力不仅属于服装专业人员，更应属于消费大众。消费者理解服装，认知自我，塑造有自我个性的整体美形象，享受既美好又舒适的衣着生活，这是出版这套丛书的宗旨。这套经典丛书的字里行间贯穿着两条主线，一条是文化，一条是市场。这两条主线恰好切中了服装界以至消费领域的要害。如果我们既用心又用功，紧紧抓住这两条主线，就可找到进入服装迷宫的理论亮点，掌握了在市场经济大潮中劈波斩浪的要领，也就穿出了时尚潮流中的自我风格。

中国纺织出版社在新千年即将到来之际，从海外引进这套具有较高水准的"服装体系"丛书，不仅能为中国服装业进入国际服饰文化的前列尽一份力量，同时也希望此书的出版，能使广大读者在21世纪里，穿出风格、穿出自我。

谭安，1999年11月

呼吁重新定义"时装""时尚"

功夫不负有心人。经过几年的讨论，"服装是什么"这个一直纠缠不清、解不开的疙瘩，终于挖出了症结根子——"为了美而美"的唯美论在作祟。

其实，美既是目的，又是手段。从根本上说，美只是愉悦生命活力的重要的形式，不是人追求的最终目的。虽然我至今尚未找到生命心理学家提供量化系数来支撑这个观点，但我们有实在的理由，深信它的真理永恒性。其实每个人都会有这样的亲身体验：当穿上适合自己的衣裳时，就会产生倍感精神、倍有自信的轻松快感。为什么？那是因为此时的你，服装的形与神兼备了，也就是人与衣裳融合为文质彬彬的健美了。请注意此处的"健美"两个字塑造的形象，准确诠释"服装美"是一种状态美，也是物质与精神和谐共生。静态美与动态美互补同在，心身愉悦与健康活力的人的生态美。它与单一的"衣服美"、一味追求瘦身的模特在T台上引导衣服架子的美，划清理论上的界限。

此时此刻，我意识到"服装是什么"应该迭代了，惊呼学术界重新定义"时装"与"时尚"。

2004年，在第30届中国国际裘皮皮革制品交易会上，我接受《中国服装》主编黄文浩专访，就裘皮时尚浅谈了我的见解。这里转述他撰写专访《解读健康时尚》的部分原文，如下：

"简单地说，爱美之心，人皆有之；爱命之心，人更有之。人们爱美更爱命，因而，是否可以说，健康才是时尚的本质。

'时尚'，尽管很多人在谈，但由于概念模糊和泛滥，使得'时尚'称谓缺少了必要的格调与品位。随着时代的进步，'时尚'的概念与内涵需要被重新定义了。

改革开放20多年来，很多人已经接受了时装概念，同时它也推动了中国时装产业发展。但在较长时间里，我们的舆论导向多半把时装概念或功能停留在'美化'的层面上，有点脱离消费生活实际吧。所谓时尚，就是在一定生产力——尤其是科学技术第一生产力水平所创造的时代文明，它既包括美化生活的功能，又包含舒适健康的功能。以这两个基本功能定义'时尚'是否更加符合实际些呢？如果一味强调'漂亮''时髦'等美的功能似乎显得有些偏颇，甚至'美化生活'掩盖了'舒适健康'。

事实上，今天人们对舒适健康最在意。尤其去年SARS对人们的影响可以说是刻骨铭心。有国外某权威杂志调查显示，21世纪全球人们关注的第一位的就是'健康'。款式、面料和色彩曾被称为时装的三要素。现在单纯这三要素已经不够了，而今国际潮流是'三多'：'一件服装多种面料组合，一种面料多种纤维织造，一种纤维具备多种功能。'比如，一种纤维同时具备抗静电、防紫外线、抗菌、吸湿排汗又防风防雨等多种功能，既美观又舒适健康，恰恰道出时尚的本质：健康亦时尚。这种'三多'潮流也流进裘皮服饰，出现"一裘多皮"组合，由贵族独尊走向平民时尚。"

再后来，2010年—2012年，我针对"快时尚"的泛滥，提出"轻快时尚"这个新概念，连续发声，试图引导"服装是什么"进入"时尚是什么"的再讨论。在中俄蒙国际论坛上，我大胆提出"当今世界三大主流时尚：绿色健康、阳光开放、简洁方便"的判断。

从纵横两轴上读"服装是什么"

几十年下来，"服装是什么"的答案，可以说，已经基本找到了。认识无止境，讨论当继续。现在从纵横两大方向对"服装是什么"进行分析概括，以此作为我这个老学生参与这场讨论前后40年的作业吧。

首先，在横向轴上可以读到四个不同层次的"服装是什么"的答案。

一是属性层。这是事物的定性核心层，即本质层。属性可分为自然属性与社会属性两种定性范畴。每种属性又可由其自身诸多因子界定，例如人的自然属性，可分性别、年龄、人种、民族，等等；人的社会属性，可分职业、党派、国籍、宗教，等等。"服装是什么？"这里我们综合应用自然属性和社会属性试定义服装的属性："服装是物质产品，也可以说是精神产品，还可以说是物质与精神相融合的产品。"

二是特征层。这是事物形态标志层。任何事物都有自身的形态，或来自大自然的天然造化的万千姿态，或是来自人的创意造型，为人类提供了多维度欣赏它的美感魅力的窗口。如果用三维立体透视服装的形神兼备，　眼便看到了一个人文质彬彬的风采。天然特征和社会特征这两种界定范畴皆适用。这里应用社会属性试定义服装的特征性："服装是一个民族的外部标志，又是不同社会角色的文明符号，也可被视为时代的一面镜子。"

三是特质层。这是事物的功能指数层。任何事物都具有天然品质，或附加人工赋能、技术艺术赋能的优质，成为人类赖以生存发展的物质能量和精神食粮。这里应用自然属性和社会文化属性双性试定义服装的特质性："服装是既要满足人们生理需求，又是要满足人们心理需求的特需产品。"

四是系统层。这是事物与环境的关联度层，即结构层。任何事物本身就是一个或简单或复杂的小系统，它不可能孤立存在，必然以相应方式相互依存链成生态系统。这里应用自然属性和社会文化属性的双性试定义服装的系统性："从具象看，人的着装就是一个小生态体系，比如布料透气性能好，就意味着小气候系统良性微循环，人就舒适，反之，人就闷汗；从宏观看，人的着装与自然环境链成多彩体系，或旧衣服分解后链成再生循环经济体系，而与社会环境则可链成装饰社群、美化家园、美化国家风貌的美丽中国生态体系。"

其次，我们再接着从纵向轴上看"服装是什么"的逻辑趣味吧。

我们具体运用"分合论"，则可以求得服装纵向细分的14个逻辑递进答案："人的需求是分（享），设计是合；原子是分，纤维是合；纤维是分，纱线是合；线是分，布料是合；布料是分，染整是合；面料是分，辅料是合；裁是分，缝是合；衣是分，商贾是合；衣是分，人是合；体形是分，精神（气质）是合；衣是分，精神（气质）是合；衣是分，生命是合；衣是分，生命的活力是合；衣是分，生命的高尚与尊严是合。"

说句心里话，这完全出乎我的预料。当初一个常识性的"服装是什么"的讨论，竟然引发服装产业的"战略性"升级。

五、百题竞赛："唤起工农千百万"

认识服装，首先是服装圈的事。但从根本意义上说，却又是社会之事。穿衣人若是"服装文盲"，哪有"服装王国"雄风重振之基？1985年7月，中国服装研究设计中心和《中国服装》杂志社策划了面向全社会大众的"服装基础知识百题竞赛"，设置了一等奖5名、二等奖30名、三等奖100名。我们与法国伊夫·圣·洛朗公司达成奖励协议，即5个一等奖获得者需再复考一次，最高分获得者将荣获赴法国留学巴黎时装学院一个完整学制的奖学金。

本项赛事共收到全国各地答案5683份。令人兴奋的是，这些答卷有的来自祖国边陲云南，有的来自戈壁滩上，有的来自松花江畔……不仅有服装行业职工，也有服装业余爱好者……为了激荡"百题赛场"外的涟漪波效应，1985年11月21日，我们把百题服装知识赛颁奖仪式安排在全国政协礼堂的"中国服装科研大会"上举行。轻工业部杨波部长首先向法国专程来京的皮埃尔·贝尔吉先生颁发伊夫·圣·洛朗先生和他本人分别担任中国服装研究设计中心和《中国服装》高级艺术顾问和高级管理顾问聘书。皮埃尔贝尔吉总裁在会上宣读并向百题赛最高得分者江苏吴简婴颁发了奖学金证书。

图 2-15 "老服装"打基础的功劳不能忘，1984 年 6 月初，江苏
省服装鞋帽工业公司邀请全国部分省区市服装鞋帽工业公
司经理赴南京召开座谈会，会议主题是探索争取工业部门
的外贸权问题，北京服装工业公司经理陈方森（左五）、
天津服装工业公司经理崔鹤鹿（左六）、上海服工业公司
经理王树塞（左七）、谭安（左八）、江苏省服装鞋帽工
业公司经理夏嘉宝（右六）和办公室主任周祥琴（右一）
等出席

接下来，时任国务院副总理的谷牧在人民大会堂会见了皮埃尔·贝尔吉。谷牧说，去年你们来京举办伊夫·圣·洛朗 25 周年展，取得很大成功，今年又赞助中国服装知识竞赛活动，应聘高级顾问，希望经常来中国看看，传经送宝。遗憾的是，因为 1989 年西方带头对中国实施制裁，吴简婴留学巴黎时装学院之事随之停摆了。但百题赛播下的文化种子，已经在神州大地开花结果。

六、"铁路警察"：逼出"属鸡的"坚韧行业精神

20 世纪 80 年代中期，在中国广袤的大地上，一股服装业突围潜流涌动着。敢于出头、敢于冒尖、敢于先人一步、敢于挑战计划经济体制（"铁路警察"）的条条框框。他们的矛头首先指向出口权。江苏省服装鞋帽工业公司夏嘉宝就是其中一个典型代表。他团结带领周祥琴等一班同事挑战企业自营出口权。他们与外资合作成立南京三福时装公司，尝到了不经外贸公司"吃过水面"又能享受国家 3 年免税、5 年减半的优惠政策的甜头。同行得知，都十分羡慕。1984 年 6 月初，夏嘉宝自告奋勇做东道主，邀请全国主要省区市包括京津沪服装公司经理到南京开座谈会，交流服装企业自营进出口的心得体会。我也应邀出席了这个富有挑战意味的座谈会，目睹了服装经理们倾诉受困之苦的慷慨激昂情绪。这预示着一场自发革命之星火，必定点燃传统经营体制机制的燎原火焰。

"服装国家队"亮相巴黎，探索自营出口路径。1985 年 9 月，我们组织全国 17 个省区市的服装公司研究所，以"服装国家队"的名义出展巴黎国际成衣展。这是新中国成立以来，服装工业部门首次走出国门，直接与外商合作对接、试图摆脱当下困境的挑战之举。

如此这般，几年以来，不仅没有遇到阻力、服装工业系统都踊跃参与，还赢得了外贸系统中开明人士的赞许。时任中国驻法国大使馆商务处一秘刘有厚，在接待我们出访参展团时，他说："你们工业部门能够自己组团来巴黎出展，直接面对客户，又直接收集市场信息，迈开这一步，很不容易啊，却是很有意义的尝试！希望你们坚持下去，我们商务处定会全力支持配合。"

图 2-16　图为第二届全国金剪奖获奖选手与领导人合影，图中中间位　　图 2-17　《中国服装》1986 年 2 月封面，
陈珊华荣获女装金奖　　　　　　　　　　　　　　　　　　　　　　　　　模特女套装为高喜林荣获金剪奖
　　　　　　　　　　　　　　　　　　　　　　　　　　　　　　　　　　　金奖作品

七、进京赶考：金剪奖与兄弟杯、汉帛奖

　　国家服装"金剪奖"，鼓舞着全国各地争先恐后搭起大大小小的擂台。

　　1985 年春，经轻工业部批准，中国服装工业总公司、中国服装研究设计中心、《中国服装》和《经济日报》主办的首届全国服装设计金剪奖大赛正式启动。这是新中国成立 30 多年来，服装业首次搭起设计擂台。我们特别把服装理论作为参赛选手的硬指标突出出来。凡参赛者必须在造型（四季服装）、裁剪缝制、绘画和论文四个方面，皆具备一定条件，方可获得参赛资格。

　　当通知下达后，全国很快形成了"地市预选赛，省级选拔赛"宝塔式的可喜局面。143 篇参赛论文报送而来。这次大赛的金、银、铜奖 23 名获得者，都有比较扎实的服装理论知识。因此，参赛要求的四项内容都有较好的表现，平均 85.6 分。

　　本次大赛爆出"冷门"，发人深省！男装、女装、中老年装三项金奖得主，没有一名出自知名的研究所，而分别来自北京服装四厂设计师张天丽、辽宁鞍山服装二厂副厂长高喜林、江苏江都友谊服装厂设计员黄元斌。

　　我们的思路是，既用力做擂台上热热闹闹的事，又要用心做擂台下的事。为了把首次全行业的服装设计赛事办得隆重体面，颁奖仪式选在全国政协礼堂。我们请来老一辈国家领导人为选手颁奖；赛事后，在《中国服装》上打了一个"金剪奖"大礼包，刊登各路高手包括两位人民日报资深记者采写的综合述评、理论述评、报告文学、论文述评、效果图述评和全部获奖作品彩照点评与裁剪图。

　　1987 年 6 月，第二届"金剪奖"设计大赛，在风光秀丽的海河畔天津举行。来自全国的设计新秀，依照首届大赛确定的作品和理论两大板块，按部就班地接受袁杰英教授为代表的评委们的评审。

　　设置"金剪奖"时，作为主办单位的规矩是：凡获奖者具有优先出国开眼界的机会。第一届"金剪奖"女装金奖得主高喜林等，就随 1986 年中国服装工业代表团赴巴黎参观考察。1987 年，第二届"金剪奖"金、银奖获得者杨一稼、王湘俐等赴法国、意大利参观访问。

图2-18　1994年5月，马可（右）在颁奖仪式上与男模合影

图2-19　日本兄弟株式会社安井义博向谭安颁授"兄弟杯"组织奖

"金剪奖"全国服装设计大赛已经举办好几届了，我们正酝酿开辟国际赛场。正在此时，飞来一条喜讯！日本兄弟株式会社驻北京办事处桥本先生向我通报，兄弟（株）社赞助10年的巴黎欧洲国际青年服装设计比赛即将到期，正物色新的合作伙伴。我俩商定在不久后即将举行的江苏常州服装节上与他的上司洽商合作事宜。

1992年，江苏常州，春光明媚，江南古城，生机盎然，人流如织。苏菜特色午宴上，我和兄弟（株）社安井义博社长如约面谈。这位号称"国际角色"的社长，给我的第一印象是健谈、爽气。我开诚布公，直奔主题："你们比捷足先登的日本重机和德国杜克夫等进中国市场至少晚了一拍。如果你能把赞助巴黎的项目搬到CHIC这个国际平台上来，我敢预言，用不了三四年，大有可能打破市场惯性。你与竞争对手至少打个平手。"安井社长也是有备而来，我们谈得很投机。我们很快便顺利达成10年赞助中国国际青年服装设计比赛合作框架协议。这项赛事简称"兄弟杯"。

我的关注点放在"兄弟杯"的定位和持续性上。实际工作交由本中心设计室主任李欣负责，朱少芳做她的助手。

"兄弟杯"定位四个关键点：在时间上，延伸连续性；在空间上，拓展国际性；在格局上，比拼创意性；在档次上，力争品位性。"国际性"的确立为全盘工作的重心。第一届"兄弟杯"只有6个国家参赛，第二届就有了十几个国家和地区参赛。这里还要多写几句后话。此时，我主张扩大，而兄弟（株）社则强调维持现状。看得出来，其潜台词是怕我们组织工作跟不上。因为我不能忘记兄弟牌缝纫机"三四年与国际竞争对手并肩同步"的承诺。第三届达到二十几个国家和地区参赛，依然井然有序。我提出第四届的宣传口径："'兄弟杯'参赛选手来自世界五大洲。"李欣和朱少芳十分努力。我说，非洲的突尼斯，我来争取补空白。果然，第四届"兄弟杯"选手来自世界五大洲36个国家和地区。

我们中国的选手出手不凡，先声夺人。第一届吴海燕的作品《鼎盛时代》夺冠。香港服装协会永久会长、长江制衣有限公司董事长陈瑞球主动赞助，捧场"兄弟杯"。杜钰洲副部长率领"兄弟杯"获奖选手吴海燕、王一扬等赴香港参加一年一度的时装节。第二届马可的作品《秦俑》，又拔得头筹。

图 2-20　2022 年 9 月 4 日，中国服装设计师
协会举办"不止于观看 – 从'兄弟杯'
到'汉帛奖'30 年展览开幕式"的
邀请函封面

　　此间可谓大地春潮，由"金剪奖"和"兄弟杯"的示范，国家有关部委、社团组织、全国几乎所有省市自治区甚至地级市也竞相举办属于本地特色的设计赛事，多达几十个之多。此起彼伏，热浪滚滚。比较有名的赛事，如大连的"大连杯"中国青年服装设计大赛、 上海的"中华杯"全国服装设计大赛、北欧皮草"SAGA"毛皮饰边设计大赛、"新西兰羊毛杯"全国编制服装设计大赛、乐腾达全国男装设计大赛、"旭日杯"真维斯全国休闲服装设计大赛、"蒙妮莎杯"职业女装设计大赛、"鄂尔多斯杯"羊绒时装设计大赛、"黎黎杯"全国少年儿童服装设计大赛、"新人奖"服装设计大赛、"博士娃杯"全国童装设计大赛等，争奇斗艳，新人辈出。

　　那是 2002 年，"兄弟杯"与日方合作 10 年的期限已到。接下来，"兄弟杯"办不办、由谁来赞助办，就成了问题。就在关键时间点，有一个浙江人站出来，表示愿意接手"兄弟杯"，但要将其改名为"汉帛奖"。他就是当时汉帛国际集团公司董事长高志伟。当时经济大环境并不太好，汉帛集团也不甚宽裕，可是高志伟站在为中华民族争气、为中国服装业发展增添后劲的高台上，毅然决定出资赞助。当"汉帛奖"一届接一届如火如荼进行时，非常不幸的意外发生了。年仅 55 岁的高志伟，突发重病，于 2011 年 3 月 12 日猝然去世。在病危之际，他仍念念不忘"汉帛奖"。他叮嘱女儿高敏，今后不管遇到什么困难，"汉帛奖"也要办下去。高敏这位"80 后"，在她母亲的坚定支持下，继承父亲的未竟事业，不仅让汉帛国际集团风生水起，"汉帛奖"这项公益事业，都持续举办了第 3 个 10 年！随着这次"不止于观看 –从'兄弟杯'到'汉帛奖'30 年展览开幕式"的启动，"汉帛奖"的第 4 个 10 年，启航了！

　　从第二届"兄弟杯"开始就做评委的李当岐教授，是这样评价这项赛事的："这是一项真正的国际赛事，因为它有来自五大洲三十几个国家和地区的选手的纪录，还因为它的评委会由 13 位专家组成，中国包括香港只占两位，其余则全是外国的高素质的专家。他进一步指出这项赛事的独到特点是，不仅涉及业界还跨入学界，一方面广泛动员国内外的青年设计人员参赛，另一方面还吸引学界的青年教师、青年学子，还有时尚界年轻的学术人士积极参与。这不仅在评比的擂台上选拔设计英才，还在评选的过程中培养学科理论人才，一举两得。"

图2-21 1987年8月，首届全国服装基础理论研讨会全体代表在安徽歙县合影

八、设计"牛鼻子"——民族化的个性寓于时代感的共性之中

民族化与时代感，这对关系实质是继承与创新过程中包括设计、戏剧、美术、文物、非遗等人文领域，以及考古学领域。黄山脚下的一次研讨会，找到"四两拨千斤"的哲学路径 ——

传统的理论阵地固然稳定，那么可否创新理论的阵地模式？我们一方面积极协调在全国大众媒体上不断扩大阵地、建"飞地"，例如央视的《每周一款》、广州台的《时装荟萃》、北京台的《时尚装苑》，以及《人民日报》的《服装专版》等二十几块"飞地"，另一方面也自主创新平台研讨会。

20世纪改革开放前后，在那个年代，这种中小型会议的传统形式叫"座谈会"。此番首用"研讨会"的称谓，在今天看来人们或许习以为常，可在当时打出这个新旗号，这可是头一家！一个"研"字，首先是它不同于传统座谈会，多了一层理论色彩；其次是规模大于座谈会的开放性；其三是有了改革开放的时代印记。

脱胎于传统手工业的中国服装产业，需要理论回答的问题很多。我们从现实需要出发，认定当务之急是"设计理论"。设计工作者和艺术工作者经常遇到一大难题是，中华优秀传统文化弘扬与传承的关系、文物保护与发展的关系。具体到服装设计领域，这就是大家习惯表述的 "服装的民族化与时代感的关系"。中国传统文化是"根"，在不同时代，开出不同的"花"。因此这对关系是设计工作者要面对的主要矛盾。当务之急便是找到正确处理两者之间的关系的"牛鼻子"。

因此，中国服装研究设计中心申请"服装的民族化与时代感"研究课题。1986年春，该课题获得轻工业部科技局批准立项。这个设计课题研究，也要用"两条腿"走路——一条是组织专业学者专家队伍，另一条是引导广大服装工作者尤其设计工作者参与。

组织弹性专家学者队伍，由本服装中心基础理论研究室主任潘坤柔具体负责。

图2-22　1987年8月，全国首届服装基础理论研讨会会场，后排左起
潘坤柔、黄能馥、李辛凯、谭安、朱遂春、白崇礼、徐志瑞

引导群众性讨论，由《中国服装》杂志负责。从1986年第三期开辟《服装的民族化与时代感》栏目。很快，令人喜出望外的兆头便出现了。参加讨论的稿件如同雪花一样飞来编辑部。有人评价"这个论题抓住了'牛鼻子'"，也有人则认为"这场讨论主题偏了"。舆论没有一边倒，这才有论头。

专栏上的"百家争鸣"持续了一年，为面对面的交锋作了相当充分的铺垫。我们酝酿召开研讨会。

会前由《中国服装》编辑部张鉴奎把一年来本杂志《民族化与时代感》专栏讨论文章和与会者送来的论文中的不同观点一一摘出来，汇编为5000多字的"百花齐放"导火索，以期直接引爆研讨会上的"百家争鸣"。

1987年8月下旬，"全国首届服装基础理论研讨会"在安徽黄山脚下歙县举行。这是新中国成立30多年来突破窠臼的服装理论之举。

会上会下、白天晚上，紧扣主题，各抒己见，观点横生。有人说："做梦也在争论。"学术气氛十分活跃，收获的结论也令人激动。尤其关于怎样处理民族化与时代感的关系这个令人头疼的问题，终于找到共性与个性这把哲学钥匙，让人脑洞大开，豁然开朗。

第一，什么是民族化问题？

针对"民族化就是中国龙、凤、虎、寿、古装、戏装、旗袍、中山装"的肤浅见识，多数人认为："民族化是中华民族在历史长河中逐渐积淀的，具有民族特有的民族精神、民族气质和民族时尚，受到本民族人民大众喜爱的服装文化。"

第二，什么是时代感问题？

针对时代感就是"外国的"这一偏见，多数人认为："创作设计的时代感，就是在一定时期内的生产力，所创造的物质文明和精神文明的统一，为大多数人接受和喜欢的时代风尚。"

第三，怎样正确处理民族化与时代感的关系问题？

针对"就事论事"的主观片面性，多数人从哲学角度的结论分析："民族化与时代感的关系，是个性与共性的关系，民族化是个性，时代感是共性，时代感的共性寓于民族化的个性之中。"

图2-23　1988年10月2日，首届北京国际服装基础理论
　　　　研讨会在北京开幕（来源：《中国服装》）

图2-24　左图：中国香港林国辉的渔网装；
　　　　右图：美国沃内·卡尔森的和服式时装

《中国服装》发表社论《事关振兴服装工业大计——祝贺首届全国服装基础理论研讨会的成功召开》。《人民日报》发表文章，给出了令人荡气回肠的评价："服装没有理论的时代一去不复返了！"

我们清醒地意识到，"服装的民族化与时代感关系的辩证统一"，是一个大题目，是一个事关设计道路的问题。这既是个重大的理论问题，也是一个不可小觑的实践问题。认识不可能一致，争鸣有待继续。因而，研讨会论文结集出版定名为《服装设计道路之争》。

在作黄山脚下歙县研讨会的小结时，我说："今年的研讨会是国内的，以后争取举办国际的！"不少同志送来支持的掌声。不放空炮，说办真办。既然我主张打"国际牌"，我就得全力以赴。

1988年10月2日，适逢祖国华诞，喜气洋洋。首届"北京国际服装基础理论研讨会"在北京饭店隆重开幕。国务委员迟浩田和夫人，应邀出席开幕式。来自法国、美国、日本和中国的专家学者，支持单位联合国开发计划署、香港纺织联合会、香港精英国际展览公司的嘉宾和首都各界人士600多人欢聚一堂。这次北京国际服装研讨会，是新中国成立近40年来，在中国举办的首次国际性的服装盛会。

本次研讨会不变的是主题，依然放大"服装的民族化与时代感"问号；变的是形式，既有论文，又有论证自己论点的实物代表作品展示。我们把学者们的代表作编组为一次国际服装代表作汇演。理论与实践结合，将逻辑思维和形象思维融通，有声有色，别开生面。可以说，这是服装理论研讨会形式的又一次出新。

开幕式上，嘉宾们饶有兴致地欣赏了120套个性强烈的国际服装代表作。我负责撰写这次国际会议的小结，综合大量的发言，又专门开小会，畅谈收获，直到深夜，我终于理出本次会议取得的主要理论成果：服装的本质是文化——服装民族化与时代感之间的内在联系的灵魂是"文而化之"，化有所依，感有所据。《中国服装》依此编发评论《透过文化去理解服装的本质——首届北京国际服装基础理论研讨会的一个重要成果》。

本次研讨会共收到法国女装协调委员会主席阿兰·萨尔法蒂、日本文化女子大学教授北畠耀和三吉满智子、美国威斯康星大学教授沃内·卡尔森和弗兰西赛恩·L·海希、中国香港时装设计师协会主

图2-25　自左汪荣泽、陈翔、谢锋、安英慧、王潮歌、贾樟柯、张荣明、 苗鸿冰、毛继鸿、周严、夏华、周胜、陈永斌、夏国新

图2-26　中国二十世纪服饰文化研讨会在武夷山举行，谭安（左四）在会上提出"辛亥革命是服饰文化由宫廷走进家庭的分水岭的观点"

席林国辉和设计师珍妮·露韦丝、袁杰英、范明山教授等人的共142篇论文，精选37篇汇编出版《首届北京国际服装基础理论研讨会文集》。

在这次会议上，法国阿兰·萨尔法蒂先生发言中，有人举手问他："法国时装为什么独占鳌头？"他回应了一句妙语："因为法国崇尚自由开放，法国时装广采博纳世界文化。"这引起我们的深思，也增强了我们服装理论建设"走出去、请进来"竞合互补的信心。

第二届北京国际服装基础理论研讨会，又在一个高层次国际平台之上拉开帷幕。1993年5月14日，首届中国国际服装服饰博览会（CHIC'93）开幕。服装理论研讨会不能缺席，于是亮出"天山杯"第二届北京国际服装基础理论研讨会。

本届研讨会的主题，连续第三次亮出"民族化与时代感"。在操作上，本届研讨会循着第一届"时代感的共性寓于民族化的个性之中"，深化到第二届"服装的本质是文化"这个原点。我认为应当着力向两端延伸扩张，以求在更宽广的时空跨度中纵论主题，故而将其定名为"服饰文化的昨天与今天"。瓦伦蒂诺、费雷、皮尔·卡丹、佐佐木·注江等国际名流与杜钰洲等国内知名专家学者相继登台，高谈阔论，畅叙观点。这让我们既开阔了视野，又深化了思想。会后，我们从中外学者提交的136篇论文中精选36篇汇编出版《服饰文化的昨天与今天》。

CHIC的研讨会连续办了三年。到1996年，为体现"争创国际名牌"主题而易名为"世界名牌论坛"，特邀法国高级成衣公会主席莫克里哀率领10个国际名牌来华"传经送宝"，集中火力攻坚"争创国际名牌"的经验与理论，大造舆论氛围。王军参与组织实施，取得预期的社会效果。后来"世界名牌论坛"又易名为"中国服装论坛"，王军挑起重担。我曾反复跟王军等交流做策划人的两条心得：一是习练战略头脑，二是紧跟新事物的学习能力。所谓习练战略头脑，即"'到天上，又回到地上'。没有天马行空的思维方式，就看不见大的、远方的战略性东西，如果滞留在天上飘飘然，那只会落得空中楼阁，海市蜃楼，必须回到地上找结合点、爆发点"。所谓学习能力，对于搞策划的人来说，如同记者，一来知识面要尽量不断拓展，二来又要特别敏锐地捉住带热乎气的新生事物。

图 2-27 1993《中国纺织报》社与中国服装研究设计中心合作出版
《中国纺织报（服饰版）》，在湖北黄石市召开创刊宣传
工作会议，左起《中国纺织报》社长栾忠信、美尔雅董事
长罗日炎、谭安

王军为此费尽心血，精心设计，精心组织，创新论坛机制，组织服装行业精英白领集团的苗鸿冰、爱慕集团的张荣明、如意集团的邱亚夫等十几位，组成中国服装论坛主席团，分别担任轮值主席，将中国服装论坛塑造为广受中外服装行业企业家、专家学者欢迎的"既在天上，又回地上"，纵论东西，火花四溅的国际服装园地。

九、两报两刊在手——专业的媒体干专业的事

照实说，《中国服装》和《服装科技》创刊以来，对全国服装产业的舆论导向作用和组织凝聚作用，得到了行业和读者的广泛肯定。但两本姊妹刊毕竟是期刊，开始为季刊，尽管后来提速为月刊，但还是制约了发声的时效性。因而，我们萌生创办服装报纸的冲动。

我们与《中国纺织报》几代领导的合作都很投缘，不仅宣传报道密切配合，还深度探索体制机制合作。陈义方总编多次邀请我到报社讨论联合创办一张服装报纸的可行性，记得他对我提议的《服装周报》的名字表示赞赏（后来的《服装时报》就是它的影子）。因为申请刊号十分困难，一直处于好事多磨的状态中。1993 年，栾忠信社长与我达成"两步走"的合作方案，先合办《中国纺织报（服饰版）》，积累经验，等待机会。功夫不负有心人，我们终于获得了刊号。1994 年 7 月 1 日，《中国服饰报》正式出版发行。

80 年代后期，北京服装协会会长就积极主张办服装报纸，派服装协会秘书长冯卫国来服装中心表达合作办报的意向。我们当然积极响应北京服装协会的倡议，经常一起开会，商讨应对办报的难题。头号"拦路虎"也是刊号。经过多年以来持之以恒的不懈努力，终于在 1994 年 7 月 1 日，北京服装协会、《经济日报》社、中国服装研究设计合股创办《服装时报》，举行隆重的创刊大会。

难忘的 1994！服装中心终于有了时间性和深度性兼得的"两报两刊"：《中国服装》《服装科技》《服装时报》《中国服饰报》。根据党和国家大政方针，服装产业发展中的新情况、新问题，我们的"两报两刊"不失时机发声、呼吁、引导。对于服装企业和从业人员来说，也因有了属于自己的多家专业

图 2-28　1992 年 10 月 25 日在香山召开备建立中国服饰艺术
博物馆第二次研讨会

舆论阵地，信息不对称的瓶颈被突破，经验封闭的硬壳被击碎，不出家门便知天下事，分享实践真经，
涵养产业链，激发竞争力。

十、鉴往知来：服饰历史长河起源与流向

"我是谁，我从哪里来，我到哪里去？"这是一道关于人生的终极问题，也是一个行业生存的必答题。

1964 年春夏之间，周恩来总理对文化部几位领导说："每次出国，我常常被邀请参观那个国家的
服装博物馆。这代表了一个国家文化发展和工艺水准。一般印象，多是由中古到十七八世纪材料。中
国历史文化那么悠久，新旧材料那么多，是否也能比较有系统地编些这类图书？今后出国时，作为文
化礼品送送人。"文化部副部长齐燕铭点将沈从文来担此重任。1981 年，沈从文不辱使命。《中国古
代服饰研究》一书出版了。

（一）筹建中国服饰艺术博物馆

1983 年，在勾画中服大厦蓝图时，我们便把实现周恩来总理嘱托放在突出位置。原国家计委也把
服饰博物厅（后称中国服饰艺术博物馆）单列出来。

当时我们有一个基本思考，支撑服装博物馆的主要靠两个关键部分：一是陈列相对完整的中国服
饰文物体系，二是一部说明中国服饰来龙去脉的历史教科书。于是我们聘请著名丝绸和服装史学家黄
能馥教授为筹建中的中国服饰艺术博物馆的总顾问，并请黄教授先动手撰写《中国服装史》和《中国
服饰艺术源流》，为中国服饰艺术博物馆奠定了史论基础。1985 年，这两部图文并茂的巨著由中央工
艺美术学院和中国服饰艺术博物馆联名出版发行。

1992 年 11 月 3 日和 12 月 30 日，国家文物局和纺织工业部先后正式批准建立中国服饰艺术博物馆。

中国历代服饰文脉陈列，既是服饰具象展示，又是穿越千年的巨大的服饰文化系统工程。所以，
我们必须敬畏历史，力求严谨、缜密地还原历史。我们聘请国内顶级服装史学家——中国历史博物馆、

图2-29　1996年1月20日在台北举行中国历代服饰展演记者会，谭安发布新闻

图2-30　台北中山纪念馆前留下纪念照，左起李光茹、王瑾、季军、谭安、史延芹、张欣、那莎

故宫博物院、定陵博物馆的孙机、王春法、黄能馥、陈娟娟、李之檀等著名学者，组成顾问班子（后来又增聘中国台湾王宇清教授），先后召开两次香山会议，深入地研讨中国服装史纲和博物馆陈列大纲。

与其说创立深厚的学术奠基很难，不如说汇集文物实体的支撑更难。因为年代久远的服饰极其丰富繁华，但由于丝绸、麻布纤维的有机质极易风化降解，颜色易失真褪色，所以真正留存下来的服饰实物极为罕见。唯一可借鉴的是出土文物的图样。沈从文教授提供了可资借鉴的资料。所以，办服饰博物馆的最大难点就在于怎样从文献资料和考古出土文物上的图式还原成服饰成品。

为攻克这个难关，我们从山东把80版《红楼梦》电视剧服装设计师史延芹"挖"来并压上馆长重担，因为她有古典服饰创意造型的悟性，尤其擅长设计制作和控制印染颜色，能够很好地协同工厂把古装复制出来。

史延芹根据已有的和新的《中国服装史》学术成果，在专家组的指导下，探索设计监制中国历代服饰代表作。她很快发现，相对来说，近易远难、宫廷易民间难，因此先制作出唐、宋、元、明、清《五朝服饰》阶段性成果，皮尔·卡丹驻京代表宋怀桂也参与进来，进行《五朝服饰》公开试演，广泛听取反映，征求修正补充意见，力争再现真实的历史。接着，她又向难度大的夏、商、周、春秋、秦、汉、南北朝时期拓展溯源，经历了反复修正、推敲完善的曲折过程，最终形成《中国历代服饰展演》的形式。

虽然，这座梦寐以求的服装艺术博物馆，后来因各种原因停止建设了。但我们相信，不仅为这座博物馆量身定制的中国服装史论会流传下去，而且专家们研究仿制的中国历代服饰代表作包括颜色（西方设计大师尤其叹服中国颜色）成果已被多种方式包括刊物、影视、网络广为传播与存储。

（二）第一次握手——半个世纪两岸业界聚首在祖国宝岛台湾

1996年1月19日，是一个值得被铭记的日子。中国历代服饰展演团飞越海峡。隔绝近半个世纪的两岸纺织服装业界，终于实现了在祖国宝岛台湾，首次历史性握手。

1993年，中国服装研究设计中心就与台湾中华民族艺术文教基金会理事会、中岛国际开发股份公司三方经友好协商达成了《中国历代服饰赴台展演合作协议书》。纺织工业部上报国务院台湾事务办公室获准赴台交流。台湾地区有关部门经历三年之久，回复同意。

图 2-31　中国历代服饰展演赴祖国宝岛台湾首场演出，在台北中山纪念馆隆重
举行，前排左起：张谢民、谭安、史延芹、郝柏村、季军、王宇清等

　　中国历代服饰展演，是筹建中国服饰艺术博物馆的阶段性研究成果。这是首次正式再现华夏历代服饰辉煌历史画卷，从洪荒的原始社会以后，春秋战国、秦汉、魏、晋、南北朝、唐、宋、元、明、清等不同朝代、不同阶层、不同身份的各种朝服、礼服、常服、舞服，以及戎装、祭服等共 360 套，由中国服装艺术博物馆馆长、高级设计师史延芹担纲总设计监制，两岸著名服装史学家黄能馥、王宇清、孙机、李之檀等参加研究，导正世俗认为戏剧服饰就是真实的历久服饰之讹传。我们还特邀著名剧作家翟剑萍、作曲家姚鹤鸣、舞台美术家梁益强，进行艺术再创作，营造 7000 年服饰恢宏历史画卷的立体效果。台湾中岛公司董事长张谢民先生慷慨赞助，保证此次文化认同之旅畅行。

　　1996 年，我们正紧锣密鼓准备赴台之际，国际舆论震荡，海峡两岸上空骤然乌云翻滚。纺织工业总会依有关精神决定，原定赴台中国历代服饰展演团改由总会台办主任、副领队季军和中国历代服饰展演团团长谭安带队前往。

　　蓝天，白云悠悠；大海，天色茫茫；飞向台湾的航班，轰鸣隆隆；我们首次赴中国台湾的心，激动又紧绷。1996 年 1 月 19 日傍晚，来自中国大陆的 14 个单位 37 人的团组，昨晚一夜未眠。凌晨的航班，由北京经停香港，转机降落在台北桃园机场（那时还未实现三通）。一张张笑脸，一束束鲜花，免检的绿色通道，安逸的五星酒店，使我们紧张的心平静了许多。或许是因为大陆 1500 万纺织服装业代表首访宝岛，台湾相关方面高度重视，高规格接待。

　　1 月 20 日上午，台湾纺拓会举行隆重的欢迎仪式，辖属 22 个专业公会会长及秘书长悉数出席。当天下午，中国历代服饰展演专场新闻发布会，被高调安排在台北中山纪念馆举行。

　　是日晚上，纺拓会举行盛大的欢迎宴会。中国台湾经济部门和贸易部门的官员、全岛纺织服装会各专业公会、台湾全岛骨干企业、纺织服装院校和科研机构的头面人物等 200 多人，欢聚一堂。

　　1 月 22 日在台湾实践大学举行"海峡两岸服装文化研讨会"，来自大陆的少数民族学者作了专题发言。我被安排作主旨发言，题目是"中国服装工业呈现由量的扩张到质的飞跃"。

　　1 月 23 日晚，真正的高潮。中国历代服饰展演，在台北中山纪念馆拉开帷幕。此纪念馆是台北的

 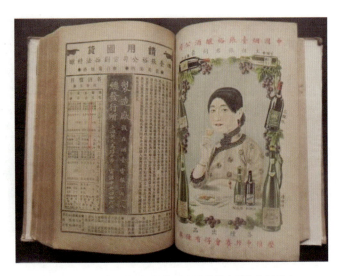

图 2-32　烟台旗源旗袍博物馆藏品　　图 2-33　1918 年《小说月刊》第九卷刊登的穿着旗袍的美女

一座地标建筑，简约庄重，雅致大气。博大精深的中国服饰瑰宝在这里再现，真可谓荡气回肠，感慨万千。2000 多席位的大礼堂早早就座无虚席。许多人只能站在两边的通道上观看。台湾前行政院院长郝柏村先生对我们友好地说，你们从大陆来台演出，是件大好事。时任台湾经济部部长江炳坤、宋楚瑜夫人陈万水、海峡交流基金会辜振甫先生等出席观看。

令人难以忘怀的是郝柏村先生的忘情表现。演出过程中，他不但没有离席，而且一直在饶有兴趣地观看，看得津津有味时，还带头鼓掌。大幕刚落下，还没等我们邀请，郝柏村先生就径直走上舞台，同演职人员热情握手，频频祝贺演出成功。看到这种情景，中央电视台记者张欣连忙采访郝柏村先生的观后感。郝先生接过张欣的话筒，不假思索，立即答道："伟大的民族，伟大的文化！让我们共同振兴伟大的中华民族！"

台北演出后，我们按计划南行，到台中、高雄巡演，处处受到热烈欢迎。在保证四场展演的同时，展演团的主要成员见缝插针，先后到台北、新竹、彰化、台中、台南、高雄等地，考察参观了远东、中兴、大东、台棉、中纺研究院、辅仁大学等 10 多个代表性机构，感受到经济技术一线上台胞骨肉情谊的合力。

（三）烟台旗源旗袍博物馆的故事

传统的旗袍制作技艺已被国家认定为非物质文化遗产项目。那么，代表民族进步和女性自立的改良旗袍（即中华旗袍）发祥地又在哪？受百年老字号品牌旗源第三代掌门人、著名设计师陈燕琴之邀，我到访烟台，看看她正在申报的其外婆宋兰芝创作的中华旗袍非遗项目。2023 年 7 月 28 日下午，我参观了坐落于烟台山顶的旗源旗袍博物馆，琳琅满目的陈列中，一件咖底小黄花旗袍和一则广告引起了我的关注，留下了烟台是改良旗袍（即中华旗袍）发祥地两个可能性根据的很深印象。

1861 年 8 月，烟台正式成为通关口岸，是中国最早一批开设通商口岸的沿海城市之一，也是北方沿海的商贸中心，并成立了中国第一个海关。与此同时，欧美十几个国家相继在烟台开设领事馆、银行、洋行、教会、学校、医院。

1897 年，宋兰芝出生在商人家庭。一场突如其来的灾难，幼年的宋兰芝和哥哥都成了流浪的孤儿。不久，宋兰芝便被西方传教士收养，开始学习英语，后来又进了教会办的培真女校读书。这是一个半工半读的学校，课程包括花边工艺等手工工艺。她在这里勤学新知，勤练手艺。基于中西文化的基础性储备，并适逢孙中山赴烟台演讲掀起革新浪花，宋兰芝开始对传统旗袍进行改造。据宋兰芝侄女宋桂兰（1940 年出生）回忆，旗源旗袍博物馆收藏的咖底满天小黄花旗袍，是姑妈年轻时亲手制作并自己穿着的，时间大约在 1912 年至 1920 年。后来姑妈不穿了，便留给她了。据陈燕琴介绍，这件旗袍虽不是立体裁剪，运用归拔传统工艺，有着不少改造因素：把清末民国初的直身长袍的长度改短，突出了收腰设计，长袖改为时髦短袖，领子的造型贴切人体脖子的造型。

据《山东省老字号志》刊载，宋兰芝于 1916 年在烟台市朝阳街，创办了"旗源旗袍"商号。

还有一件广告似可证明宋兰芝是"中华旗袍"的创造者。1892 年，烟台张裕酿酒公司建立（这是北京世纪坛镌刻 1892 年的"四大事"之一）。创始人利用法国红葡萄酒工艺，在中国开创了葡萄酿酒的崭新纪元。清末"李中堂"李鸿章亲笔签发张裕酿酒公司发营业执照。"中国烟台张裕酿酒公司"的广告，就曾选用穿着宋兰芝制作的旗袍的美女图片。

十一、发布服装流行——改写中国时尚史之壮举

算起来，从凭布票买衣服，从不知道时装是什么，到向世界公开正式发布中国服装流行趋势，前后仅仅 8 年时间。这是人类历史的一小步，却迈出改写中国服装历史的一大步。

如果说皮尔·卡丹 1978 年初春带着法国和日本模特来北京举办时装观摩会，那是向中国传输时装概念之先行者，那么，1986 年初冬中国服装研究设计中心向世界发布中国服装流行趋势，便是改写中国时尚史之壮举。

图 2-34　左起陈振山、徐寿山、谭安、林义明、　图 2-35　1985 年 9 月，再次造访法国协会协调委员会，服装流行预测
　　　　　 沈静海、张素在埃菲尔铁塔合影　　　　　　　　　专家波格娜多（左）向谭安介绍经验，签订合作备忘录
　　　　　 （摄影：高录田）

图 2-36　1986 年 11 月 19 日，北京人民大会堂举行服装流行趋势新闻
发布会，轻工业部和纺织工业部领导及伊夫·圣洛朗公司总裁
出席，左起于宗尧、朱秉臣、贝尔吉、杜钰洲、陈士能、史敏之

（一）服装流行课题的来龙去脉

法国朋友教会我们发布中国服装流行趋势预测。1985 年 1 月 28 日，轻工业部派出改革开放以来第一个服装专业团组——中国轻工业部服装设计师考察团一行七人前往法国考察，目的是探索中国服装如何在巴黎取得一席之地。这个团组来自北京服装研究所副所长高录田、天津服装十六厂副厂长陈振山、上海服装研究所设计室主任徐寿山、江苏省服装研究所设计室主任张素、武汉服装厂年届六旬的高级技师林义明、轻工业部外事司翻译沈静海，由刚刚出任《中国服装》杂志社社长的我担任团长。

自踏入法国，我心里就充满了新奇、茫然与忐忑。这是典型的"刘姥姥进大观园"的状态。走进十几万平方米的巴黎凡尔赛门男装馆、女装馆，好像漂流在时装大海中，琳琅满目，眼花缭乱。法国女装协会在展馆设置的服装流行趋势陈列和动态模特展示，成了来自世界各地观众竞相围观的热点、焦点。我第一次看泳装模特表演，心怦怦跳个不停，不敢抬头正视。模特帽子上插满青草、树叶、鲜花、香蕉，我满心疑惑地细声问身边同行的所长："模特头上弄这么多东西是怎么回事？"他不轻不重地抛出了四个字："妖魔鬼怪。"这不是笑话，就是当时我们认知时装的真实写照。

带着满心的疑问，我们专访法国女装协调委员会。这是法国女装协会辖属的专门从事女装流行趋势研究的机构。法国女装协会执行会长阿兰·萨尔法蒂兼协调委员会主席，可能因为有他的关系，所以流行专家波格娜多女士等对我们一行格外耐心细致。她介绍研究发布服装流行的四步工作流程：第一步选色彩，如摄取大自然的照片挂在墙上，看两个月，反复研究；第二步选布料与款式配套，每年要到世界各地参加 150 多个展会，广泛搜集流行信息；第三步同行研究，这属于定型阶段；第四步，把定型的流行信息交给顾客，即生产布匹和服装厂家。

尽管我们用心听，还是似懂非懂。但它却是我服装流行启蒙教育的第一课，在我的心里播下了第一颗服装流行的种子。

当年九月下旬，我随中国服装工业代表团二进巴黎，参加第 50 届巴黎国际成衣博览会。展会期间，我们又一次专访法国女装协调委员会，与波格娜多达成来中国传经培训的合作备忘录。

图2-37　1986年11月20日，北京国际俱乐部举行首次服装流行趋势发布会上的服装，左图为运动便装型，右图为开拓型

　　1986年3月，轻工业部科技局批准我们申报的"服装流行趋势预测研究"课题立项。4月，中国服装研究设计中心组成，牵头全国多地组成课题组。本服装中心李俐和郝旭东、北京服装研究所徐波波、天津服装研究所徐世启和杨越千、上海服装研究所都安、江苏省服装工业公司吴简婴、大连服装研究所战立忠、广州服装研究所李桥。都安担任课题组长，李俐任副组长。后来，1990年，服装流行预测全归入国家服装会设计加工示范中心课题GS子项由信息部苏葆燕负责，由郝旭东担任组长，继续高举"流行发布"大旗，后来吴海燕接班，坚持每年发布的惯例。从历史延长线角度看，当年信息部副主任李斌红至今仍然持续发布。

　　话还得从头接着说。1986年6月，轻工业部科技局主持了在天津召开的第一次服装流行趋势研究课题组会议。会上决定组织11个调查小组分赴全国深圳、珠海、广西、贵州、四川、湖北、辽宁、吉林、黑龙江实地调研，并在大连、北京、天津、南京、苏州、上海、广州七个城市设置观察点。

　　会后，都安组长带领课题组几位骨干全身心投入工作，"敢"字当头的创新精神，严谨认真的工作作风，换来了改写中国服装历史的服装流行趋势预测发布的果实。

　　1986年11月19日，首次中国服装流行趋势新闻发布会，在北京人民大会堂召开。11月20日，在北京国际俱乐部正式发布了"中国1987年春夏服装流行趋势"——"四个型"：运动便装型、潇洒型、开拓型、典雅型。上海服装公司服装表演队应邀专程进京展示，把流行的焦点放大，赢得了一阵阵热烈的掌声。消息传开，引发国内广泛热议。

　　1987年4月12日，第二次中国服装流行趋势发布会被安排在人民大会堂小礼堂进行。

　　出席当天发布会的境内外媒体十分踊跃。不仅首都新闻界纷至沓来，路透社、法新社、共同社等国际主流媒体几乎都来了。CNN、BBC、NHK等外国电视台就来了7家之多。党和国家领导人对服装业这个国计民生大事始终大力支持，像发布服装流行趋势这件新事，陈慕华副委员长也是有请必到、鼎力相助。

　　扩大开放，博采众长。法国男装协会主席米兹莱先生为人忠厚，格局宏大，对中国友好。他领导下的法国男装流行委员会，是国际男装界的信息源。米斯莱先生积极促进中法友好合作关系。

图 2-38 1988 年 9 月，中国服装工业代表团成员拜访法国男装流行委员会主席董凯，交流男装流行趋势，左起王占奎、谭安、董凯、苏葆燕

图 2-39 国家服装流行预测发布研究课题组于 1988 年邀请全国各地专家学者在北京召开服装流行预测专题研讨会

日本钟纺株式会社研究服装流行趋势很有成绩，既有法国的影子，也有自身一板一眼的研究特征。我们也与其建立了友好的合作关系，借鉴其研究西方为我所用的经验，纺织工业部副部长杜钰洲出席双方合作签字仪式。

博采众长，立足国内。中国的服装流行趋势研究与发布从法国舶来，但归根结底，不是图新奇，而是要扎根本土、为我所用。1988 年春，课题组邀请来自全国各地服装专家学者出席在北京召开的服装流行预测专题研讨会。本书收录与会全体人员的合影，留下了曾经参与开创性工作的记忆。

这个课题从边研究预测、边发布传播模式，后来发展到边验证试销进入消费市场的轨道，直至 1990 年 12 月顺利通过国家鉴定验收。坦白地说，服装流行趋势研究方面，法国是先行者，我们幸运地先找到法国老师，后又请了日本老师，少走了弯路。俗话说，师傅领进门，修行在个人。我们在认真学习国外优秀经验的同时，始终立足国情，探索适合中国自身的路子，最终取得了 15 项研究成果，荣获纺织工业部科技进步三等奖。

（二）喜获 15 项成果

1990 年底通过纺织工业部鉴定，肯定了 15 项研究成果：

（1）探索出了一套适合中国服装流行趋势的预测方法体系及从调研、创造（物化）、发布、推广的一整套服装流行趋势预测工作方法和程序。

（2）流行趋势推出的主题表现的是着装风貌。而这种着装风貌表现的是一种整体的形象感觉和构成这些形象感觉的基本要素与特点。

（3）在中国率先采用主题发布流行趋势。每个主题代表着特定的消费群。每次发布都有 3～5 个主题，代表着主要消费群。主题采用表现着装风貌的某些特点来命名。主题的内容包含着各要素的具体表现。

（4）在现有的条件下，探索出一套色彩信息处理方法。在课题进行期间，对色彩流行规律进行了初步量化分析与研究。

图 2-40　1990 年 12 月，服装流行趋势预测研究
课题组提供纺织工业部鉴定会的 12 份
研究报告

（5）探索了成衣面料的流行变化规律。当今款式变化相对缓慢，面料却像"万花筒"，因此，面料重于款式的倾向日益突出。

（6）摸索了服装款型方面的成果。

① 由于中国改革开放涌现出一批开拓进取的消费群体，据此特点，课题组提出了豁达干练的 H 型和 V 型。

② 在服装造型的民族化与时代感方面，弘扬中华民族的服饰文化，始终是本课题的一个重点。几年来，连续不断地推出具有民族特点的高腰型，受到消费者的认可。

（7）首创了国内着装消费意向的调查分析系统。

（8）摸索出中国服装流行机制中的流行方向问题：在国际上，从西欧特别是巴黎到亚洲至世界各地；在国内，则是由南到北，从沿海到内地，从城市到农村。

（9）初步探索、研究了有关服装流行理论观点：

① 流行的长周期与短周期的观点。档次偏高的服装包括面料，流行周期要长；而中低档的服装包括面料，流行周期要短。

② 政治因素在服装流行因素中是一个主导性的制约因素的观点。

③ 流行着装风貌的观点。

④ 滚动研究、预测、协调、发布、推广的方法论。

（10）通过课题研究与实践锻炼，形成了一支流行研究设计队伍。

（11）在全国范围内，由中国服装研究设计中心牵头，初步形成了研究、预测、协调、发布、推广的网络，服务于生产，服务于消费。

（12）在课题研究的三年半中，发布与推广销售结合，既检验阶段成果，又参与发布，单位获得直接成交 6.89 亿元。

（13）本课题的研究是从中国成衣着眼，从着装风貌着手，立足于全中国，面向全社会，宏观地推出流行大趋势。它不同于中国各地方、单位、企业、群体，甚至个体户推出流行产品，或者发布的流行趋势。后者充其量只能在微观上产生局部影响。迄今为止没有任何流行趋势发布像本课题一样得

图2-41 1992年5月1日，倪萍主持鞍山中国服装流行趋势发布会后与谭安交谈

图2-42 朱玲玲赞助90/91秋冬服装流行趋势发布会在北京贵宾楼举行，陈慕华副委员长（左六）、王曾敬副部长（左五）、陈士能副部长（左三），杨波部长（右三）朱玲玲顾问（左九）等出席

到广大企业界的积极支持和推广应用，得到国内外各大传播媒介包括电视、广播、报刊等的确认、推崇与传播，从而使本课题成果在当前中国最具权威性。

（14）本课题的宗旨是引导消费，引导生产。服装流行信息是服装在大纺织格局中发挥龙头作用的突破口，必然导致经济结构包括产品结构、生产结构等的调整。

（15）初步摸到了中国在由温饱型向小康型过渡中，人们衣着的基本模式——整体美。中国的服装流行总趋势寓整体美之中，整体美体现流行时尚。

（三）三项突破有中国特色

收获15条，功归国门打开，学西方老师先进经验，又敢于走脚下中国自己的路。其中3项成果有所突破，让我们感到欣慰。

突破之一：建立了中国服装流行趋势预测方法体系。

这个方法体系由预测系统、传播系统、协调系统和支持系统组成。其运行机制中突出研究与协调两大环节并重互动。西方则偏重研究环节，其两种传播方式有偿使用流行情报信息，和T台流行服装表演发布，充其量只能产生信息影响。而中国不仅无偿提供流行信息，更重视应用，一方面通过央视《每周一款》示范流行服装主题，让广大服装爱好学习制作流行服装；另一方面在T台上举行发布会的同时，台下同时举行对号入座的验证试销会，生产者与消费者互动，流行信息"活"了起来。自1986年11月20日在北京首次发布，命名为"北京点火，外地冒烟"的"梯次发布"。1987年4月12日，北京第二次发布会后，大连市服装研究所王占奎所长征得市服装公司领导李长宽、刘玉贤、李素珍大力支持，首次尝试"T台表演，柜台展销"的新方式。一次发布会订货就达到5000多万元。此法一举两得，令人耳目一新。《人民日报》发了消息并加编者按，赞扬 "科研成果走向市场的有益尝试"。这既是鼓舞，又是提示。

点上突破，面上开花。大连经验，推向全国。"1989年中国春夏服装流行趋势发布暨验证试销会"，主会场设在北京，分会场设在天津、大连、青岛、太原、郑州、长沙、广州、乌鲁木齐。时间

图 2-43　大连服装研究所发布的 89/90 秋冬服装流行趋势作品

图 2-44　《中国纺织报》1988 年 4 月 7 日头版刊发服装流行消息与评论

定在 1988 年 11 月 14 日。当天全国九城"同步发布"。党和国家领导人和首都各界人士出席了北京主会场。分会场所在地区党政领导和广大消费者踊跃参与。这次全国九城同一天地毯式发布展销活动，在国际服装流行发布方式史上也是罕见的。 此间倪萍先后两次义务劳动，去郑州和鞍山主持服装流行趋势发布会。

服装流行趋势发布会，有的"席卷全中国"，也有的是"百人袖珍宴"。1990/91 年秋冬服装流行趋势发布会，由霍震霆、朱玲玲赞助。他们的创意是，在坐落北京红墙内的贵宾楼举行，邀请首都 100 位名人，设 10 桌晚宴，把酒畅叙友谊，品味流行服饰韵律。朱玲玲这位中国服装研究设计中心顾问，亲自指导排练，不时给模特做示范动作。真是"一束难求"。

突破之二：首推服装流行趋势中的"着装风貌"中心论。

所谓的"着装风貌"是指一种整体的形象感觉和构成这种形象感觉的基本要素与特点。"着装风貌"是流行的核心与灵魂，也是流行学科发展的一个重要标志。发布流行就是发布着装风貌。它是直观的而富于理性的认识过程，创造美好形象的形象思维过程，以感受和体验为基础，以背景分析和消费的共性为依据，以情感为基本动力，以想象创造为主要方式。

每次发布 3—5 个主题，代表相应的几个主要消费群。每一主题代表着一个消费群的基本的着装风貌。主题以某些特征来命名，自首次至第九次共发布了 37 个主题，公布了 37 个名字，如运动便装型、强者英姿、敦煌神韵、时装畅想、都市节奏、花乡梦幻、古今中外、西域情等。这些主题名称，是课题组的专家们凭着职业的敏感性，去感知社会变革对着装的影响，去感知人民群众对着装需求变化的脉搏，去感知消费个性初步显现、消费水平开始拉开的五种消费群体：一是追求舒适方便；二是求新求美；三是讲究协调美；四是追赶潮流；五是讲究个性。运动便装型就是一个回答预测流行是否科学的典型主题，从 87S/S、87/88A/W 的"运动便装型"面世开始，到 88S/S "龙年节奏"、88/89A/W "运动情趣"主题推出，再到 89S/S 以"亚运风采"出现，几次推出，都是"运动便装型"的变种。三十多年来，国人经历了自我"换装"洗礼。神州大地，天涯海角，不论男女老幼，也不论春夏秋冬，"运动便装型"流变的休闲类服装几乎已成为同步国际最流行"着装风貌"。

突破之三：确立了中国适度而文明的消费结构。

改革开放初期，摆在我们面前的，国际服装流行模式与中国服装流行国情的矛盾。据此，课题组分析作出四个基本判断。首先，中国幅员辽阔，发展不平衡，消费水平差距显著，这种情况不可能一朝一夕被改变；其次，短短五六年的时间，中国人民的消费观念发生巨变，出现"卖衣难与买衣难"的结构性矛盾；再次，即使在农村、在边远地区，求新求变的潜在心理需求也很强烈；最后，立足于大多数，抬头向前看。因此，我们要加入国际着装流行研究与预测俱乐部，应该定位于适度而文明的衣着消费结构。这就是我们当时对中国服装消费格局的基本认知与定位。

（四）五大社会经济效益是干货

本中心流行趋势发布文件，从行业到社会，从中央到地方，从城市到乡村，从沿海到边疆，真可谓一场极具连带效应的全国总动员。轰轰烈烈的服饰文化教育运动，改变了陈旧的思想观念，优化了产业的结构，升级了国民的衣着风貌。

第一，以服装为龙头不是自封的。抓住了"着装风貌"中心论这个"牛鼻子"，服装流行就不再是一个款式、一个品种的流行，而是从头到脚、从里到外的全套行头着装风貌的流行。这就决定了纵向从纤维开始到纺纱、织造、印染、整理等工业部门"一连串"，横向直接从里料、辅料、配件、拉链、纽扣、饰物等工业部门"一大片"，都由服装紧紧"围着老百姓转"，改变过去"我生产什么，你用什么"为现在的"我用什么，你生产什么"的结构模式。尽管这种改变是艰难渐进的过程，但却是结构性的质变。服装在大纺织中的龙头地位出现拐点。

课题组首先带头实验这种颠倒过来的崭新模式。课题组每次发布的是全国大趋势，而东西南北中，各省市自治区，各有条件的企业，都结合自己的实际，推出当地流行服装。如上海，就是依据全国发布的"秋日香山、都市节奏、江南水乡、晨雾朦胧"4个主题，协调上海纺织系统开发6种新面料，设计了 H 型、V 型、X 型、A 型四种廓型，30 组共 120 件套秋冬季服装。王曾敬副部长专程出席在华亭宾馆举行的上海 89/90 秋冬流行服装趋势发布暨验证试销会专场。全市 48 家服装厂商设计生产男女秋冬装 1400 多种，三天验证试销会成交 400 多万套，成交金额 1.82 亿元。天津服装研究所和天津仁立毛纺厂，根据 89/90 秋冬服装流行趋势，推出"吉普赛呢"，江苏省服装流行课题组与苏州针织总厂，推出印涤盖棉"玫瑰园"都赢得众多消费者的青睐。

服装的龙头地位，不是自封的，而是在成功实践中自然形成的。《中国纺织报》和《中国服装》先后联合发表"以服装为龙头"主题的社论、短评达十几篇之多。1988 年 4 月 9 日，88/89 秋冬服装流行趋势发布会在北京民族文化宫进行。《中国纺织报》头版头条发消息，配发我起草的一篇短评《流行趋势是服装发挥龙头作用的突破口》。

第二，服装流行目标之树常青。第一层："树根"——服装流行趋势发布为"改造传统服装工业"的最终目标；第二层："树干"——服装流行趋势发布"引导消费、服务生产"两个基本目标；第三层："枝干"——服装流行趋势主题（每次 3～5 个）为重点目标；第四层："枝条"——每个主题的廓型（在 H、V、A、X 中选）为细化目标；第五层："末梢"——服装规格（A、B、C、D）为再细化目标；第六层："果实"——服装流行成衣（每种规格 3～8 种）为落地目标。

图2-45 中国纺织面料流行趋势发布——法国巴黎 TEXWORLD

这株六层结构的"目标树"，是在发布的过程中成长起来的。它既是目标梯次细化与策略逐级演进的过程，也是大小目标相对论的实验过程，逐步实现了引导消费、服务生产的良性互动，最终回到改造传统服装工业的根本目标上来。

第三，落后西方的时代一去不复返了。32年过去了，流行趋势预测课题收获的15项成果至今依然行之有效，并且结出喜人的新硕果。排首位的是，服装扮靓了中国的一道风景线，成为中国和平崛起的一个显著标志。当下国人与洋人站在一起，如果从时尚的视角比较，同样照着时代文明镜子，洋人不再是走在前头、高人一等了。

第四，制造大国，名副其实。中国从1994年以来一直稳居出口服装世界第一，虽然多数仍处于价值链中低端，但已由粗放走向精致，由土气走向时尚。外国消费者异口同声赞其物美价廉。中档服装进"大雅之堂"之比例也在逐年增多。波司登羽绒服销往72个国家，其旗舰店已自信满满地开在伦敦的繁荣大街了。"中国制造"这张国际名片里，中国服装成为一个重要角色。

第五，奠定由大变强的基本格局。面对信息化迅猛发展，伴随国家由富变强，中产阶层队伍不断扩大，中高档需求的巨大的磁场，加速了中国服装工业产业链转型升级步伐，加速了以服装为龙头的大纺织产业链转型升级步伐。如今我们已经清楚地看到东方明亮的曙光，仿佛听到"衣冠王国"的铿锵脚步声了。

这五大成果，虽然不能都归功于流行趋势预测发布，但它从产业"纵向一大串""横向一大片"，到服装产业链上带着百家一同"围着消费者转"，再到成为发挥服装龙头作用的突破口，加之全国亿万人民走上健美自信这服装真谛的康庄大道，我们看到了流行趋势的真实威力所在，它为改造传统服装工业打下广泛的、结实的群众基础，这是不可替代的，也是绝对不可低估的。

1986年10月20日，首次中国服装流行趋势预测发布的新纪录在北京谱写。刚告别"缝缝补补又三年"、全国取消布票才几年，这场以"服务生产，引导消费"为宗旨的追赶国际潮流之举，流行信息直接被传送到千家万户。它所产生的冲击波，对纺织产业，对服装产业，对十亿余国民，甚至对中国的国际形象，所发生的柔中有刚的巨大影响，大大超出预料。例如，第一次发布会推出的休闲风貌的"运动便装型"，至今30多年来，已演绎为全体国民包括男女老幼的基本"装束"，也成为与世界进行零距离的时尚对话。

图2-46 1986年春，广州市服装公司在广州文化公园举行首届
广州时装博览开幕仪式

时代不停步，时尚俱时进。代表中国"引导新潮流"的重任，从踏上起跑线开始就由我服装中心信息部负责，倡导流行趋势扎根于产业沃土，两三年内先后建起"八个流行点"，我要求他们每年至少再交四个大纺织服装朋友点。当年信息部副主任李斌红至今在职，现任国家纺织产品开发中心主任，在中国纺织工业联合会孙瑞哲会长亲自指导下，秉承"变世界加工厂为时尚策源地"的愿景，带领团队持续开展中国纺织面料流行趋势研究与发布工作，建立了纤维、纱线、面料、服装各细分专业领域的流行趋势研究中心，形成了全产业链流行趋势研究与发布工作机制，通过培训与咨询将研究成果用于指导企业进行产品开发，并依托 intertextile 中国国际面料与辅料博览会、法国巴黎 Texworld 面料展、中国国际时装周以及重要产业集群的专业活动进行发布，传播中国时尚话语权。

我看了李斌红去巴黎举行中国纺织面料流行趋势发布的大硕果，兴奋之余，联想伴随服装业发展过程中我们所取得几个相对大的成果，突然想运用延长线思维把"大硕果"，与三十多前我悟得的战略思维"三大"格局，逻辑延伸为"四大"格局，即"从国家发展战略'大'方向上选准'大'事情，'大事情'靠'大家干'，争夺为人民服务的'大硕果'"。

十二、"沉睡时装龙觉醒"：中国国际服装服饰博览会横空出世

毗邻"东方明珠"香港，"羊城"浸染时尚新风。1986年春天，广州不愧为中国改革开放前沿阵地，率先举办首届广州时装博览会，开创中国服装业实现由办展销会到博览会"零"的突破。

号称"北方香港"的大连，开时装节之先河。1988年8月20日，"大连国际服装节"正式拉开帷幕。虽然比法国办时装节晚了三年，这却是开了中国办服装节之先河。几十年来，大连国际服装节一直办得如火如荼。

一石激起千重浪。全国各地如天津、常州、黄石、嘉兴等城市竞相举办服装博览会（节），甚至江苏省常熟市王市镇也办起"农民服装节"。各地同仁的积极作为，既有力地推动了服装业发展，传播了服饰文化，也为创办中国国际服装服饰博览会（CHIC）打造了坚实的基础条件。

CHIC 尚在紧锣密鼓紧张筹备之中，有些项目还在协商中，高调的舆论却就早早登场预热。新华社和人民日报记者联合采访的报道的《博览会圆梦——专访中国国际服装博览会组委会主任谭安》在1993年3月5日《人民日报》发表。

（一）创办中国国际服装服饰博览会（CHIC）的思路

直到现在仍有许多朋友津津乐道 CHIC，追溯创办时的内幕。这里公开五份相关文稿，以飨热心的朋友。

自 1851 年英国伦敦万国博览会诞生以来，展会便成了市场经济的十分重要的平台。好像有一条不成文的规律：国家经济实力越发展，博览会的数量不仅越来越多，而且规模也越来越大。

1993 年 5 月 14 日，中国国际服装服饰博览会在首都北京隆重拉开大幕。

CHIC 孕育已久

20 世纪 80 年代伊始，改革开放东风化雨，服装展会破土绽芳华。1980 年 9 月，轻工业部在北京展览馆举办全国新号型服装验证展销会，起了带头作用。我作为借用人员在票务组工作了一个多月，这是我第一次受到展会启蒙教育。

1985 年 1 月 28 日，中国轻工业部服装设计师代表团赴法国考察第 49 届巴黎国际成衣博览会，在我心中便播下了办国际服装博览会的种子。同年 9 月，我们便"杀了回马枪"。中国服装工业代表团，参加第 50 届巴黎国际成衣博览会。有一月份考察的经验，加上此次的亲力亲为，我们向轻工业部提出建议："经过三五年，或者更长一些时间，我们也要举办国际服装博览会。"

进入 80 年代后期，全国许多地方，如广州、大连等地，相继举办博览会和服装节，也呼吁国家服装展出台。纺织部纺织技术开发中心褚占绪和方佩颖、中国国际贸易中心李贺田和本服装中心王小珂，一起筹划举办中国服装展。

1991 春天，国家外经贸部（1991）外经贸进出函字第 1206 号文批准，中国服装研究设计中心、纺织工业部纺织技术组织开发中心和中国国际贸易中心，联合于 1992 年在北京主办"北京国际服装博览会"。为了与"北京服装节"有所区别，征得相关部门同意后，我们将其名更改为"中国国际服装服饰博览会"，延至 1993 年春举行。

纺织工业部领导决定，由中国服装研究设计中心和中国贸促会纺织分会代表纺织工业部参与主办。成立组委会时，我提议由北京新地标建筑的中国国际贸易中心总经理冯志诚任组委会主任。冯总则强调，这是服装专业展，非你莫属，他甘当副主任。中国贸促会纺织分会陈宝玺常务副会长和中国纺织品进出口总公司赵博雅副总经理也分别任副主任。秘书处设在本中心国际合作处，下设几个专业小组，日常实际工作主要由秘书长、服装中心国际合作处长王小珂承担。

首先是确立了办展六条宗旨，其中最有分量的两条：一是树立中国服装的国际形象，二是争取北京成为"世界时装之都"。

博览会英文名称 CHIC，我们专门请了中国香港和法国朋友，分别从英语和法语的角度对该英文名称进行再三斟酌。法国朋友胡蒂诺先生回答："CHIC 这个名字不仅朗朗上口，而且很有时尚感。"展会标志设计得不甚理想，时间又仓促，只好暂时采用"兄弟杯"的标志，并以此标为会旗，还专门谱写了会歌，设计了首日封。虽然这些都重要，但毕竟都属于案头上的工作。

形象出附加值——思路决定出路。

CHIC'93 究竟办成什么模式？是如同纽约、香港的贸易式，还是像巴黎、米兰的发布式，抑或是巴黎时装节的文化式？在国际上，三种模式各行其道、各显神通。我主张取三种国际模式之长，立足中

图 2-47　1992 年 9 月，谭安在巴黎拜访皮尔·卡丹，郑思禔作陪

国国情，走自己的路，定位以服装文化为灵魂的"三位一体"的中国特色展会（CHIC）模式。

这种自信来自服饰文化十年的先行洗礼，换来了对服装产业文化个性的认知，我们也等于摸到了办 CHIC 的"钥匙"——既要展形，又要示魂。也就是说，十年的服饰文化先行孕育了 CHIC，CHIC 又是十年服饰文化先行成果汇聚集中亮相和再放大。这就是 CHIC 之魂。

考虑到首届 CHIC 举行于中国"复关"在即的关键时刻。我们把这一盛会看作复关前的"接轨实验"，希望达到的目的是：树形象，"放气球"，交朋友，做买卖，搭建一座让中国服装走向世界的国际平台。

CHIC'93 起步的最大的"拦路虎"是 600 万元的办展费用从哪来？

此刻，我记起 6 年前曾在《中国服装》上提出的"形象出附加值"的思路。如果我们都被困难吓住了，连想都不敢想，即使勉强起步了，也很可能"夭折"。于是我们谋定，策划 CHIC 大小项目，都要千方百计选择中国和世界的"顶级要件"，着力塑造 CHIC 的中国特色，树立中国服装国际形象。

这是创办 CHIC 的总思路，也是基本出路。

（二）八个亮点八条路

1. CHIC 欲立国家形象，就看能否争取党和国家领导人的支持票

首先，我们请一贯重视发展服装工业的田副总理为 CHIC 题词。很快，田副总理已经题词"发展服装工业，美化人民生活"。接着，我们又请乔委员长题词，出乎预料，乔石委员长也很快挥毫题写"美化生活的需求从来伴随人类文明发展不断迈向新高度——九三中国国际服装服饰博览会"。不久，李岚清副总理也题词"扩大交流合作，发展国际贸易——题赠'93'中国国际服装服饰博览会"。

与此同时，重中之重是，我们正酝酿争取请当时党和国家最高领导人接见来访的世界服装大师。几经周折，终于，江主席在中南海瀛台接见与外宾们并合影。留下了国家最高领导人接见服装界外宾的历史定格。

2. CHIC 欲展现文化层次，就看顶尖世界级大师能否亮相京华

法国皮尔·卡丹先生是中国人民的老朋友。我请卡丹首席代表宋怀桂女士代请。卡丹先生很快回复，非常高兴接受邀请，并表示一定设计新作来华表演。

图2-48 1994年8月29日，左起张燕红、李汉豪、谭安、
王小珂在北京回忆邀请意大利两位大师的情况

图2-49 谭安陪同瓦伦蒂诺和弗雷参观CHIC展会、
在上海摊位上与上海服装公司经理张荣申
（右一）和总经济师康志华（右二）合影

然而，邀请号称"世界八大名师之首"的意大利瓦伦蒂诺和年富力强的"大胡子"吉安富兰科·费雷，则颇费了一番周折。

这期间，我们采取官方与民间两条线公关。官方主线是外交系统，我向我国驻意邓楚白大使汇报，邓大使随即交驻米兰总领馆协同。

民间副线是以常年侨居米兰的张燕红和李汉豪夫妇代表中方直接与两位大师谈判。张燕红是来自北京的一位服装设计师，在米兰服装圈里颇有人缘。她情系祖国，有热情，又有韧性。她先后两次自米兰飞北京商量对策。经过几个月周旋，对方一直没个痛快话，各式各样的条件近乎苛刻。比如要专门为其搭建大型T台，长至少80米，宽3米以上，T台盖布不能拼幅，必须是整幅的……可当时的北京床单厂只能生产幅宽2米多。我们只好求技术人员加班加点改造织机。离开幕只有十几天，双方还在讨价还价。有时我都来不及打草稿回复对方，只好站在英语水平好的杜娟身旁，我口述，她打字。最后我们终于说服了两位大师。张燕红与丈夫李汉豪陪同大师一行来京。

两位大师的艺术造诣和职业操守，是毋庸置疑的。他们对中国悠久文明的崇拜和对中国的友好也是由衷的。首次访华的瓦伦蒂诺先期抵京，我前往首都机场迎接。从机场进城的路上，他尽显绅士风度和文人气质，但也掩盖不住他对北京的新奇，不时地问这问那。性情豪放火爆、智慧机敏的费雷，在接受CNN采访时说："我早就对中国丰富的文化着迷了，早在25年前就开始在东方艺术中吸取灵感，现在有机会亲临中国，真是求之不得。中国下个世纪独领风骚！"

CHIC开幕式之后，这场万众瞩目的瓦伦蒂诺与费雷93/94秋冬服装联袂发布会，在中国大饭店大会议厅拉开帷幕。据说，这是两位大师首次会作同台发布。由意方设计、我方昼夜连轴转搭建，创纪录造价50多万元的超大型白色T台，与墨绿色顶天立地的大幕，互补映衬，洗练大气。悠扬的乐声，梦幻的灯光，款款而行的中西名模，把两位大师新作演绎得流光溢彩、光辉灿烂、惊艳四座。一位来自日本的朋友激动地说："在日本很难看到这样高水准的发布会。"

3. CHIC欲兑现国际定位，就看多少"世界第一"写到CHIC的旗帜上

我们邀请国际大牌上CHIC这艘"新船"，作为CHIC协办单位，如领导世界服装潮流的法国男装协会、法国女装协会，与法国比肩的意大利男装协会、意大利女装协会，在国际上一家独大的国际羊毛局。

图 2-50　法国男装协会主席米斯莱（左一）、法国女装协会
总干事胡蒂诺（左二）和前副主席阿兰·萨尔法蒂
夫妇专程来华祝贺 CHIC 成功举办

图 2-51　1993 年 5 月 19 日，
CHIC 世纪风晚会在
天坛祈年殿盛大演绎

胡蒂诺率领的法国女装协会团组，除了参加静态展外，而且还带来了一台专场女装发布和一些法国模特，在国贸露天下沉花园广场搭起 T 台，每天上下午各表演一场。CHIC 六天展期共演出 12 场，每天观众络绎不绝，品味法国时尚。

4. CHIC 欲想出彩，就看"世纪风"能否打亮中国底色

法国男装协会之经可鉴。每年秋季巴黎国际成衣博览会期间，它总是轮换选择巴黎城区著名的古建筑举办盛大晚会，光彩夺目，回味无穷。1991 年，春夏服装流行趋势发布会已准备就绪在天安门广场举行，最终因为日本赞助商过分要求在天安门广场像当年在巴黎上空放气球一样，而改在亚运村康乐宫举办。天坛祈年殿虽有难度，似有弹性空间。

坐落在北京中轴线的天坛，始建于明永乐十八年（1420 年），清两度改建，是明清两代皇帝为沿袭至今 4000 多年夏朝帝王祭祀天地的场所。它是世界最大的祭天建筑群，也是一部厚重的"天人合一"古典哲学杰作。这或许就是天坛深沉厚实的文化个性底色基调。

天坛精华祈年殿，雄伟壮美，独树一帜。当年中国申办 2000 年奥运会的标志就选择了它。我暗下决心，一定争取在此举办一场大型晚会，让它成为 CHIC 一个标志性的亮点。

是年，祈年殿 573 岁，至今尚有"不夜祈年殿"的纪录。这就是我们的一个策划点。为破这个纪录，我向时任中国国民党中央主席、北京市副市长何鲁丽女士陈述两个理由：一是 CHIC 的所有活动都是在为北京建设"服装之都"添砖加瓦；二是既然定位大建"国际时尚之都"，需有大手笔争夺国际眼球。何副市长很快批复同意，并要求市有关部门积极配合。CHIC 晚会的场地定下了，底色也找到了。那么怎样设计晚会的内容和形式来释放灵魂呢？请中央电视台韩青为主组成晚会编导组。我们确定了如下编导原则：

其一，基本主题：古今文明在这里汇合，东西方文化在这里交融。

其二，点题原则：源远流长，厚今薄古。尽管整台晚会的展示服装，中国历代服装、民族服装、戏剧服装包括国粹京剧服饰、歌舞服饰占了较大比重，但主题侧重点依然放在当下。用三位世界大师和中国设计新秀的时装、休闲装、职业装、民间生活装，以及很前卫的超短海魂衫系列装，来诠释服

图2-52　日本媒体《风从中华来》

图2-53　1993年5月20日上午，瓦伦蒂诺（右）和费雷（左）重回祈年殿找感觉

饰文化"源"与"流"的关系，导引新世纪的着装风貌走向。

其三，点睛名字：基于厚今薄古，起初晚会名字为《世纪潮》，后来，稍嫌"潮"字单薄局促，缺少从容厚重感，改"潮"换"风"，晚会正式定名《世纪风》。这也为CHIC后续晚会命名留下逻辑空间。（从风起新世纪之《世纪风》，到风从哪儿来的《风从东方来》，再到溯源风从何处来的《华夏民族魂》，然后是携手前进的《走向新世纪》《共创明天》。前两届韩青、徐小平分别做策划人，从第三届起，汪潮歌上阵施展拳脚）。

其四，支点要则：国内顶尖，国际一流。国内顶尖支点，诸如大背景天坛祈年殿，中国各类服饰精选代表作包括历代佳作，模特陈娟红、周军等200多佳丽，主题歌请来当红歌手毛阿敏；国际一流支点，请来瓦伦蒂诺、皮尔·卡丹、费雷。

其五，样板目标：巴黎国际时装节。1985年和1987年，先后两次在巴黎凯旋门和埃菲尔铁塔举办巴黎国际时装节，设为赶超目标。用文化共性尺子丈量，北京、巴黎三场服装文化盛宴，各有千秋。如果用文化个性尺子丈量，巴黎追求炫目华丽，北京追求回归自然。如果用高度丈量，埃菲尔铁塔只有300米高，而祈年殿高9丈9尺9寸9分。有人说低多了，不对，9象征最大，那么四个9则象征无限高远。如果用历史厚度来丈量，祈年殿快600岁，埃菲尔铁塔和凯旋门都不到200岁。因此，从综合指标衡量，祈年殿"世纪风"似乎更胜一筹。

1993年5月19日晚8时，"世纪风"大幕拉开，祈年殿第一次在夜幕中亮出璀璨壮美的姿色。国务院副总理李岚清、人大副委员长陈慕华等2000位中外嘉宾一起，欣赏古今交汇、中西融合的梦幻画卷，心潮澎湃，如痴如醉。演出刚结束，见多识广的瓦伦蒂诺和费雷，便紧紧握着我的手，激动得几乎说不出话来。出乎意料，他俩相约第二天上午再回祈年殿找感觉，身着西服革履微笑脸庞上似乎写着"我爱中国。"

图2-54　1988年9月，法国女装协会总干事贝尔朗·董西（右一）与谭安（中）、苏葆燕（左一）在巴黎，回忆三年前升起五星红旗时难忘的一幕

5. CHIC欲释放文化魂，服装理论研讨会不会缺席

正在筹备的第二届北京国际服装基础理论研讨会，恰好顺势转到CHIC这个大平台上来。新疆天山毛纺织品有限公司赞助，定名"天山杯"国际服饰理论研讨会，主题定位为"服饰文化的昨天与今天"。具体组织工作交由本中心基础理论研究室主任潘坤柔负责。她不辱使命，沿袭了"一个项目，一本书"的传统，编辑出版了《服饰文化的昨天与今天》论文集。这个集子真实地记录了国际大师瓦伦蒂诺、费雷和皮尔·卡丹的真经传授，学者型的杜钰洲副部长和几十位中外专家学者的精彩心得。应该说这个研讨会无论是规模、规格，还是内容，都与CHIC的定位相称，不愧为CHIC一面理论旗帜，如今演变为"中国服装论坛"，受到中外业界思想先锋的欢迎与关注。

6. CHIC欲想灵动有序，非权威流行信息莫属

20世纪80年代中后期，参观巴黎凡尔赛门国际成衣展时，一进展馆序厅，冲进眼帘的是几个大橙子，下一届又换成几片绿叶。起初我以为是应景之作，后来我请教法国女装协会总干事贝尔朗·董西。他笑着对我说："序厅陈设的颜色造型，如同一张报纸的'报眼'一样，让观众进馆第一眼就抓到下个季的流行主色调。"他进一步解读："十几万平方米展会上，百花争奇，鱼龙混杂，令观众头昏脑涨，找不到北。展会主办方，要充分利用门脸、地毯、天空等各种形式传播权威流行信息，庞杂的展会就变得整体灵动有序了。"他山之石可以攻玉，CHIC也要流行信息出魂。

中国流行趋势预测研究成果首次在CHIC上亮相，接受国际检视。服装中心信息情报研究室主任方苏葆燕和副主任郝旭东主要负责。苏葆燕还请来美国杜邦公司现场演示实物功能。杜邦带来聚四氟乙烯防水户外装面料，水蒸气穿越面料细孔袅袅飘然空中，布料倒上水却透不过来。这些做法突破了T台发布流行的传统模式，做了从美化到舒适健康的有益尝试。虽然杜邦同美国棉花公司一样，主业都做纤维可是他们却从研究消费者对于服装需求的终端做起。

图 2-55　为塑造 CHIC 形象的新闻大军设立国际奖，1994 年 5 月在新华社举行第二届颁奖仪式

图 2-56　外国媒体在 CHIC 新闻发布会上左二为 欧勒萨·克伦茨

王小珂和李贺田、张烈雄、黄金戈、杜娟等国贸中心展览部的伙伴们，反复讨论地毯的时尚流行色，终于下决心铺上蓝灰色调地毯，不失国际展会风范。

7. CHIC 欲有"摇钱树"，设置 CHIC"力克杯"国际新闻奖

办 CHIC 大展，钱从哪来？请示国务院新闻办主任曾建徽批准设立 CHIC 国际新闻奖。他明确指示，可以办，但要做到三个"必须"：一是必须坚持新闻真实性的基本原则，二是必须坚持公正公平，三是必须谨慎稳妥。商得法国力克公司赞助，因此这个新闻奖冠名"力克杯"。后来，由日本胜家（株）赞助，故改名"胜家杯"。事后得知，这个"力克杯"奖项诞生了中国第一个国际新闻奖纪录。

CHIC 开幕前，新华社记者李安定和《人民日报》记者莫新元联合采访我，在《人民日报》发表《园博览会梦》，带头打响 CHIC 舆论的前哨战。5 月 14 日大幕拉开，CHIC 一时间成了首都的一个舆论焦点。国内外媒体竞相多角度的报道 CHIC。

新闻评奖会上愉悦而严肃。来自国内外 94 家新闻单位 580 件作品（只能是大约的汇集），摆到评委会桌上。评委都是首都名记，进展十分顺利。CNN《欧勒萨·克伦茨与时装》栏目用十几分钟专题片向全球 142 个国家和地区 1 亿 3 千万家庭传播了 CHIC，传播了中国改革开放的新变化。最终被大家评为一等奖，并获得奖金人民币 5000 元。请加拿大爱国华侨、CHIC 特聘外联主任韩颖华女士去《美国时代》组委会，向欧勒萨·克伦茨女士赠送奖状和奖金。

说到这里，我想特别感谢一个人：王晓梵。他是我们从青岛借调进京帮助工作的，任命为《服装科技》主编。CHIC 建新闻中心时，他当主任，林涛当副主任。创办《服装时报》时，我们又任他为副总编。这是"只干活、不拿钱"的三个官衔，他毫无怨言，甚至肋骨骨折都仍一声不吭地上班。他因有心，把国际媒体报道 CHIC 的文字摘编成洋洋万言的《CHIC'93 的国际轰动效应》。品味 CHIC 的新闻盛宴的滋味：展的是服装一个点，收获的却是和平崛起的中国。我不忍割舍，完整地收入本书下篇。一方面是想让那些对 CHIC 从不同角度关心、支持、出过力、流过汗、多少个不眠之夜的同事和朋友，了解当年 CHIC 在外国人眼里究竟是个什么样子，另一方面每当想起我没能前往青岛为这位故去的老乡送别而深深遗憾。

8. CHIC 欲突出展览主体，市场必然也必须为王

王小珂和副秘书长、国贸展览部主任李贺田主抓这个大头。记得李贺田曾向我发出挑战："国际馆，50 个国际标准摊位，可以'及格'，不赔不赚；80 个摊位则，可算'良好'，略有赚头；100 个摊位，可得'优秀'。我们没有多少国际资源，主要看你谭主任的了！"

招揽展商，国内企业还相对容易些，例如，北京曹敏的蒙妮莎、湖北罗日炎的美尔雅、江苏顾振华的雅鹿等国内知名品牌企业。他们不仅带头参展，还慷慨解囊，支持展会。我们出了个一举两得的招儿，把中国品牌挂进世界大师工作室里，设置"蒙妮莎杯""美尔雅杯""雅鹿杯"，以此作为 CHIC 纪念礼，分别赠送瓦伦蒂诺、费雷、皮尔·卡丹。

来自全国 24 个省市自治区 52 个城市的 270 家服装企业积极报名参展。号称"服装王国"的法国、意大利带动共 11 个国家和地区参展。中国也组织参展台湾。最后，共计 135 家国际知名企业参展，组成了 200 个展位的国际馆。

（三）'93 中国国际服装服饰博览会总结报告

首届 CHIC 胜利闭幕后，我们立即着手进行总结，现将这个总结报告转载如下（部分文字作修改）。这是首次公开发表。

中国国际服装服饰博览会总结报告

纺织总会：

'93 中国国际服装服饰博览会（简称 CHIC'93），由纺织部（现中国纺织总会）、经贸部批准并授权中国服装研究设计中心（集团）、中国国际贸易中心、中国国际贸易促进会纺织行业分会、中国纺织品进出口总公司四单位主办，于今年 5 月 14 日—19 日在北京举行。中国首次国际服装盛会被公认为"名副其实的国际服装博览会"，是"中国服装走向世界的里程碑"。

我们的收获是：

一、对服装工业产生了再认识——确认它是具有双功能的支柱产业

近十几年，中国服装工业有了长足进步。在社会发展中，它美化着 11 亿中国人民的生活，建设着社会主义精神文明，标志着国家外部形象的衣着发生的深刻变化，引起了举世瞩目；在国民经济中，92 年出口创汇达 167.48 亿美元，占全国出口创汇的 19.6%，居各业之首。这些已经初步显示出双功能支柱产业的地位和作用。

但是，中国的服装产品档次不高、知名度不高，其潜力还远远没有被挖掘出来。许多发达国家在其起步阶段"时装立国"的成功经验尚未引起足够重视。

这次博览会，党和国家领导充分肯定了服装的地位和作用。乔石委员长、田纪云副委员长、李岚清副总理为博览会题了词，特别是国家主席江泽民接见意、法世界著名服装设计大师说："我很重视这次

接见，我们需要外汇啊。"这既是对中国服装工业支柱地位给予肯定，又是寄予厚望。美国《国际先驱者论坛报》评论："既然费雷和瓦伦蒂诺被召去会见江泽民，那么最高层已经作出了推动这一正在蓬勃发展行业的决定。"

二、树立了中国服装的国际形象——中国服装将领风骚

美好的形象出附加值。逐步改变目前中国服装给人们的不佳印象，是举办这个国际博览会的首要目的。

怎样才能把外国人引到中国看个究竟？起点高才有吸引力。这是我们策划后的结论。

我们于1992年9月首先派人到法国和意大利邀请世界级大师参加中国首次服装盛会。一般情况下，世界级服装大师不参加成衣展。经多方努力，瓦伦蒂诺、卡丹、费雷三位饮誉世界的大师应邀，专场展示引导世界潮流新作。"世界七大时装之都"(巴黎、米兰、伦敦、法兰克福、纽约、东京、中国香港)高层次的服装企业，也云集北京。

天坛祈年殿是中国的一个象征建筑，又是北京申办2000年奥运会的标志，我们选择在此举办古今中外交融的"世纪风"大型时装晚会。外国朋友说："构思奇特。"

本届博览会以新奇的总体设计、丰富的文化内涵、空前的壮观场面，令海外友人刮目相看，在国际上产生了轰动效应。《米兰晚邮报》在开幕前评论说："北京决意要成为'国际时装中心'，而举办93年国际服装服饰博览会便是迈向这一目标的第一步。"美国《国际先驱论坛报》的文章写道："可以看作是沉睡的中国'时装龙'的觉醒"，"它标志着时装的紫禁城正式开放"。意大利《全景》杂志："从前人们曾把中国人叫作'蓝蚂蚁'，而现在他们正在变成'花蝴蝶'。"美国CNN有线电视网，用10多分钟的时间向全世界142个国家称赞本届博览会"无疑是中国最迷人的时装节""中国很快就会对国际时装产生影响"。费雷称赞中国是他的艺术故乡，"中国服装将在下个千年独领风骚"。

意大利《欧洲月刊》预言："继瓦伦蒂诺后，所有人都要到北京去，从毛泽东式的蓝色中山装走到意大利时装的这一步是多大！"事实果然如此。曾与中国中断来往多年的法国世界级服装大师伊夫，圣·洛朗最近决策再次访华，计划用百名模特展示其佳作(此举后来未实现，作者注)。意大利五名著名服装设计师也将于年内来华，在《意大利漫步》文化活动中举办时装展示会。

三、开展了一场意义特殊的经贸活动——成为"复关"前的接轨实验

博览会是市场经济的重要形式，其目的是树形象，"放气球"，交朋友，做买卖。目前中国纺织品出口创汇占全国29%，服装在其中占66%。预计复关后，在一个相当长的时期内仍将是中国出口创汇大户，我们向外"挤"，境外则来"抢"。这是来自8个国家(中国、法国、意大利、德国、美国、奥地利、日本、韩国)参展商不同的心态。我们在招展中充分利用"两种心态"，做了大量工作，虽然曲折、艰难，但终于使本届博览会设置的500多个摊位在今年四月就告罄。

法国女装协会在国贸中心这个北京的"城中城"办了一个反差强烈的"法国村"。台北纺拓会遴选62家服装纺织厂商，几乎占了2 000平方米的1号馆。国内300个摊位几乎成了三资企业的天下，国贸

中心 11 000 平方米展厅爆满，连序厅和宽走廊都用上了。国内贸易部请来全国 54 家大百货公司与海外参展商举行了两次大型联谊洽谈会，其中上海华联商厦当场订货 200 多万元，达成 8 个合作意向。江苏太仓雅鹿服装集团，湖北黄石美尔雅公司，北京蒙妮莎、顺美公司等都吸引了不少国内外客户。比照国际惯例，采取专家与消费者相结合方式，组委会评出了本届博览会中国著名商标 20 个，成衣产品金银奖 73 个，面料产品金银奖 9 个。舆论评价，这是"借此给自己的企业铺了一条通向更广阔的国际市场的道路"，中国的参展企业不出国门的"出国考察"。同时我们找出了差距，清醒地认识到复关在即，面对的将是国际服装大量涌入，靠高关税堵截非长久之策，根本的问题在于质量上的较量，不然保不住国内市场，更挤占不了国际市场。

法国女装协会的公报，毫不掩饰自己的勃勃雄心："此次参展在商业上也带来预想不到的结果，法国厂商在参展期间所签订的合同总额是法国女装 1992 年对华全部出口的 6 倍。"并准备把占领中国高档女装消费市场 5% 的份额作为努力目标。法国《费加罗报》文章的标题更醒目："欧洲时装在中国安营扎寨"。

商贸主体寓浓烈的中外服饰文化氛围中的 93 中国国际服装服饰博览会，可以说，初步形成了对外经贸部关于改革广交会为专业博览会的格局。台北《纺织周刊》报道"这是一次难得的直接交易机会"。意大利费雷公司贺电称："这次活动对中意两国之间的友好合作起着极其重要的作用。"法国《服装2000》杂志说："CHIC'93 在服装领域的中法关系史上竖起了一块里程碑。成功是整体性的。"本届博览会树起了形象，闭幕两个月来，回头客络绎不绝。七月下旬，法国工业部消费司司长率领考察小组，到北京、上海进行了市场调研。法驻华领使馆商务处也同北京、青岛、浙江等地的工厂开始了合资合作探讨。意大利呢奇公司回国后又两次来华，达成从中国进口的协议。日本清川株、意大利台克斯公司的代表几次来北京，与天宫辅料公司等达成合资意向。

这场"接轨实验"验出两个突出问题：一是海外展商认为关税太高，二是国内企业要配额。纺织工业部部长会见法国男装协会主席米斯莱，他张口第一句话就是："你们的关税太高！"法国的舆论也呼吁："法中交流正处于最不平衡状态，中国政府强加的关税实在太高，高达 120%，而法国政府对中国商品实行的关税不超过 14%。"上海的同志说："如给我们配额，博览会我们会不请自到，创汇成本工贸两家比比看。"这两个问题，虽然有难度，但是，国内外两大市场要"接轨"的现实，要求逐步地合理地处理。

四、进行了丰富生动的服饰文化交流——迈出了重振"衣冠王国"雄风的关键一步

本届博览会举办了丰富多彩的文化活动，好戏连台，令人目不暇接。法国在国贸中心露天花园举办的专场展示，等于将巴黎国际女装博览会的节目搬到北京。台北纺拓会的动态展，专门从瑞典请来编导，别具一格。美尔雅、蒙妮莎、李艳萍、徐小平也相继举办了各富特色的专场展示。世界级大师瓦伦蒂诺、皮尔·卡丹、费雷的专场展示，不同凡响。凡是看过的人异口同声："毕竟是大师，就是不一样。"由北京南洋影视中心独家赞助的在天坛举办的"世纪风"时装晚会，与祈年殿交相辉映，蔚为壮观。日本人说："中国举办了在日本看不到的时装表演"。卡丹称天坛时装晚会是一场"梦"。持有

"当代艺术家中没有一位没有受到过中国传统文化影响"观点的瓦伦蒂诺说，"这次来中国是我一生最美好的一次旅行"，是感情"第一次火焰的喷发"。

本届博览会举办了"兄弟杯"国际青年服装设计师大奖赛。这是中国首次举办国际服装设计比赛，有中国、日本、美国等 207 名年轻设计师参赛。金、银、铜奖分别被中国内地、中国香港、日本选手夺得。英国里兹大学艺术系时装部主任布罗姆说："确实是一场高水平且专业性极强的角逐。"日本兄弟株式会社长安井义博说："时装奥林匹克的希望在中国。"米兰一家报纸赞扬道："中国开放的市场经济孕育出时装界的新星。"

本届博览会举办的"天山杯"国际服装理论研讨会，中国、意大利、法国、英国、日本、中国香港等参加，三位世界大师也登台举行演讲。学者、学生、部长和农民送来了论文 136 篇，质量之高，历来罕见。我们专为中国的 133 篇论文评了奖。目前正在编辑出版论文集。

本届博览会得到了美国杜邦公司的赞助合作，发布了 93/94 秋冬服装流行趋势，这是首次在国际交流中发布推出大趋势与国际同步。

五、展现了中国改革开放宏伟壮丽的形象——认识了中国服装、更认识了中国。

有识之士指出，CHIC'93 办的是服装，但收获远超过服装。境外 40 多个新闻单位纷纷发表访华的新鲜感受。这与他们在自己国内的道听途说大不一样。美国《妇女时报》说："中国的变化不仅仅在表面，同时还有心理上和精神上的变化。"意大利电视台用 30 分钟的黄金时间，播放了题为《变化中的中国》电视片，盛赞中国的巨大成就。记者引用拿破仑名言，认为"沉睡的中国一旦醒来，将会使世界震动"。瓦伦蒂诺说，中国的发展今后确会震动世界。意大利《独立报》说："在近期人们常常崇拜以至以好奇的态度谈及中国，因为中国是唯一能够把共产主义和消费主义结合在一起的国家。"意大利《NOI 周刊》报道评价说："中国的万里长城不会像柏林墙般被推倒，然而有些东西却正在转变中。"另一家周刊赞扬道："邓小平决定了要走这一步。"日本《国际文化评论》社说："CHIC'93的成功举办说明了中国将进一步腾飞，世界必须接受这一巨大变化的事实。"

本届博览会的收获是多方面的，集中到一点：传播了中国服装的好口碑，树立了中国改革开放的新形象。它的成功最主要的原因是全国的"大气候"好，我们抓住了这个机遇。其次是靠"合力"，纺织部、经贸部及四个主办单位团结协作得好。作为一项国际活动，在动员国外商家参展，协调外交事务上，外交部、国内贸易部的支持与帮助，尤为宝贵。北京市政府为本届博览会尽了东道主之谊。这次博览会费用达 600 万元，除了外国友好人士赞助，南洋影视中心、美尔雅、蒙妮莎、雅鹿等都慷慨解囊，解决了经费不足之难。三是舆论树形象，靠美好形象出附加值。为经济这个中心服务的中国新闻界，对此博览会给予了特殊的关注。通过时装这个载体，世界看到了中国新面貌，中国人看到了世界发达国家和地区的服装与文化，对服装产生了新认识。

'94 中国国际服装服饰博览会（简称 CHIC'94）定于 1994 年 4 月 27 日—5 月 1 日在北京中国国际贸易中心举行。我们有如下建议：

一、巩固服装工业的双功能支柱产业地位。

服装双功能支柱产业的地位和作用，在认识上产生了一个飞跃，北京也初现成为国际时装中心的曙光。这是一个良好的开端。希望党和国家领导同志，中央各有关部门和新闻界，能继续给予支持，以推动中国服装工业作出更大的贡献。

二、培植中国国际服装服饰博览会成为一个专业交易会。

经贸部应根据关于改革广交会的精神，重点培植在北京举办的中国国际服装服饰博览会成为专业交易会。国际上有影响的成衣展，多半在著名的大城市或者首都。北京的条件比较理想。目前可以每年一次，逐步办成一年两次。专业交易会要解决一系列问题，重点当是出口配额问题。鉴于服装出口限数量、不限金额的现状，我们建议对外经贸部按照公平竞争的原则，对参展单位采取招标办法，分配一部分配额，对于有自营进出口权的主办单位中国服装研究设计中心（集团）给予配额优惠指标。

三、逐步解决高关税问题。

我们认为，中国的中、低档服装具有一定优势。另一方面，中国也确实有一小部分中高档服装的消费层。如果调整关税时能两者兼顾，逐步降低的税率既不会太大地影响消费者的利益，也可以在一定时期内对中国服装业的发展予以保护。为此，建议国家海关总署予以考虑。

特此报告，请予批示。

'93 中国国际服装服饰博览会组委会

1993 年 8 月 8 日

（四）世界罕见：CHIC 连锁效应燎原神州千家万户

1993 年 5 月 14 日—19 日，在北京，中国首次举办了国际服装服饰博览会——CHIC'93。中国为之一振，世界也为之一震。公论之一：名副其实高层次的国际服装博览会。公论之二：中国服装走向世界的重要里程碑。有识之士还指出：CHIC'93 办的是服装，它的收获和影响却远远超出了服装的范围。其国际轰动效应，可见一斑。我们向西方学习办国际服装展经验的同时，也大胆走自己的路。CHIC 塑造了"三位一体"的中国模式。许多省市不但借鉴，更有创新，大家一起创造了中国服饰文化传播的世界纪录。

如果说广州 1985 年开举办服装博览会之先河，大连 1988 年率先拉开国际服装节的帷幕，点燃中国服装展会的"星火示范版"。魏富海、王承敏、李素珍等一批执着务实的大连人对服装展会的情结，令我们记忆犹新。那么是否可以这样说，1993 年 5 月 14 日，在首都北京，首届中国国际服装服饰博览会隆重开幕，树起一座里程碑，标志着中国服装业站起来了，引爆中国服装展会的"加速度燎原版"，也激发许多省市竞相创办服装展会的升级版，把神州大地推向遍地开花、普及服饰文化的崭新阶段。

1. 上海：上海国际服装文化节百花绚丽

CHIC 闭幕不久，上海市政府就开始酝酿举办上海国际服装文化节。上海市政府直接牵头，筹备工

图 2-57　CHIC/95 武汉分会场

作非常给力，早早开始敲响迎接"'95 上海国际服装文化节"开场锣鼓。1994 年 10 月，提前在上海展览中心广场举行"'95 上海国际服装文化节"升旗仪式，相继推出系列活动——"天嘉爱"杯新闻奖评选活动，旨在动员新闻工作者宣传上海服饰文化近年来取得的成果；推出"今日上海人"自我形象设计比赛，旨在提高上海普通市民服饰文化修养；邀请法国大师丹纽·崔部亚来沪举行专场发布会；"东方之都"服装大汇演等。好戏连台，预热步步升温，上海国际服装文化节呼之欲出，人们翘首以待。

　　1995 年 3 月 21 日，由上海市人民政府主办、中国纺织业总会协办的首届上海国际服装文化节，在上海展览馆举行盛大开幕仪式。高朋满座，大师云集，花团锦簇，音乐喷泉，名曲悠扬，模特猫步，婀娜多姿，好一派节日风光！"有朋自远方来，不亦乐乎？"法国服装联合会主席雅克·莫克里埃和意大利时装联合会主席朱赛尔·特拉·斯基法、法国著名设计师埃曼纽·恩格罗、多浪迪、崔部亚、意大利著名设计师巴莱斯特拉、日本小筱顺子等服装巨星莅临上海。全国四面八方的服装同道云集上海滩。经过一年多呕心沥血的精心设计、精心塑造的一场服饰文化盛宴，在体育馆闪亮登台，令在场观众大饱眼福，由电视直播千家万户全市人民一起过服装文化节。

2. 武汉：CHIC 楚天民族魂分会场精彩纷呈

　　武汉市借 CHIC 之威，塑造汉派服饰品牌，是另一种有效形式。首届 CHIC 吸引了武汉的太和女装等品牌，也吸引了与上海一百、北京王府井百货大楼齐名的武商集团。武商集团主管服装板块的张秀英副总经理，首届来了，第二届又来了。她引荐我认识了武商集团董事长毛冬生。我觉得武商集团是个值得推广的典型，为解服装品牌走进大商场之难，树立了"消费者是上帝，品牌商也是上帝"的示范模式。毛董事长也有意借 CHIC 提升武商名气、联合武汉服装企业塑造汉派服饰。于是办 CHIC 分会场的想法便应运而生。1995 年，第三届 CHIC "华夏民族魂"服饰晚会主会场在人民大会堂举办。武商集团董事长毛冬生以武汉作为分会场，电视直播在武汉体育馆举办"楚天民族魂"服饰晚会。大江南北，遥相对歌，轰轰烈烈，相得益彰。

　　在汉派服饰研讨会上，武汉的朋友们纷纷希望对汉派服饰有一个肯定的结论。张肇达、聂昌硕、吴晓燕、郝旭东等专家相继发表了看法，给予了积极评价。我也阐述了自己的基本观点："艺术流派

图2-58　2001年7月27日，首届中国（深圳）国际品牌服装服饰交易会开幕盛典，中国纺织总会副会长王曾敬（左九）、许坤元（左十一）等专程从北京前往祝贺，深圳市委副书记、副市长王穗明（右十）和深圳服装协会会长、交易会组委会秘书长沈永芳（右一）在主席台上

是艺术百花园中的不同特色艺术门类。它的形成至少有三个必备条件：一是滋养'艺术之花'的文化沃土，素有'九省通衢'美称的武汉具备这一条，楚文化在中国传统文化中具有非常高的历史地位。二是创造既具时代印记、又具楚韵的服饰。湖北包括武汉的服装同道们都在积极探索，也取得一些令人欣喜的成果。怎么看这些果实？是已形成特色鲜明且稳定的汉派服饰格调，还是正在逐步形成之中？二选一，哪种更符合实际？三是不仅武汉自己认定，还要获得更广大范围的客观肯定。且不说，已走进市场的湖北包括武汉的服饰，是否已具备楚韵？仅就市场而言，这几年除了黄石的美尔雅蜚声全国，武汉太和、雅琪、隆祥、胭脂等虽也声名鹊起，但毕竟时间短、沉淀不够，市场份额也有限。因此，我建议对待服装艺术流派应持积极、慎重的态度。"

3. 南京：江苏国际服装节文化光彩照人

上海同志前脚离京，江苏省同志后脚就从南京赶到北京。记得1997年5月的一天，我的忘年之交《服饰导报》总编周建明，陪着省纺织工业厅窦钰副厅长走进我的办公室，开门见山地说，江苏省政府决定要办服装节，林庆生厅长因急事不能来京而让他俩来取CHIC的办展经验。我一听，有点发蒙，直接问两个问题："北京办了，上海也办了，我不知道你们再办的话，能办出什么不同的特色？能不能招到参展客户？"周建明说："江苏不敢与国家的CHIC比，上海展主打的是'东方巴黎'的文化特色，我们江苏的特色是全国纺织服装业制造大省之一，创造一个展览平台，先以江苏服装为主，兼顾周边各省，逐渐吸引全国其他省市，一起走向世界。绝大多数江苏企业只要能抱团参展，基本上就可支撑起一个初具规模的展会。工作的重点也是最大难点是，怎样争取境外买家来南京。"

我觉得这个思路比较靠谱，只补充了三点意见：一是栽好梧树，引得凤凰来。首先是举全省优势把开幕式服饰晚会办出特色，"六朝古都"南京似应巧借古建舞台；二是让省内企业把"名优特新"产品齐刷刷地亮"底牌"；三是发挥省市积极性，打造地方文化特色，可以考虑在苏州、扬州两地设立分会场。

1999年8月28日，首届江苏国际服装节，隆重地拉开帷幕，省电视台向全省直播开幕服饰文化晚会，全省城乡沉浸在服装节的欢乐海洋中。江苏省服装节自诞生以来，一直以旺盛的生命力传播服饰文化，

图 2-59　皮尔·卡丹 1979 年 3 月北京服装观摩会

推动服装纺织业转型升级，成功画出 20 个环套环的美丽年轮。我们有理由相信，伴随江苏经济技术强劲发展的势头，江苏服装节必会大放异彩。

4. 深圳：中国（深圳）国际品牌服装服饰交易会别具风采

说到"深圳服交会"，必须从"发动机"沈永芳说起。1988 年，首届大连国际服装节，沈永芳带着深圳女装展团来了。1993 年首届 CHIC 开幕，沈永芳又不失时机在首都亮相深圳女装品牌群体形象。也就在这次展会上，我们有缘相识。随后，她带领深圳展团以"深圳花季，春天的故事，特区冉骄阳，特区舞霓裳"每年一个主题连续到 CHIC 舞台上塑造深圳品牌的活动，抢先在首都争得深圳女装一席之地。深圳服装展团像滚雪球一样越来越大，可是 CHIC 展位连年爆满供不应求，不能满足深圳继续扩大展位的需求。于是沈永芳找到王小珂秘书长和我，谈了她想在深圳自办展会的念头，并希望得到我们的支持。我当时对她刮目相看，认为沈永芳有大志向，于是向她提了三点希望：一是高举"展会主题创品牌"的大旗，二是充分利用毗邻香港得天独厚的区位优势，三是兼顾国内外两个市场并举的服务职能。

深圳果然出手不凡，令人耳目一新。中国（深圳）国际品牌服装服饰交易会打出"一展双会"的新模式，即四天的惯例（高峰落幕的交易会）和以深圳服装批发市场与深圳时装品牌推广中心接地气支撑的交易会一开幕，就受到广泛好评，预示着强大生命力。

从 2001 年起步，生机盎然地向 22 届走来。风雨兼程、大浪淘沙，深圳国际品牌交易会依然屹立时代的潮头，不断展现改革开放"排头兵"的强大魅力！

十三、模特步：由一个"政治敏感点"走进城乡时尚生活圈

服装模特是这场服饰文化革命中一大焦点，也可以说是一个最棘手的"政治敏感点"。模特表演的坎坷曲折历程大致经历三个阶段：一是夹缝求生阶段；二是奋力正名阶段；三是蔚然成风阶段。

（一）夹缝求生阶段

这个阶段，保守落后观念与"左"的思潮交织在一起，盘根错节，枝杈横生。自 1979 年春，皮尔·卡丹带法国和日本模特来北京、上海表演西洋景，至 1989 年 12 月在广州举办首届中国最佳模特表演艺

图 2-60　1987 年 7 月，中国服装工业代表团访问香港随团
　　　　　上海服装表演队，谭莪云（左五）、施少文（左六）、
　　　　　朱秉臣（左四）、谭安（右四）、王守平（右三）、
　　　　　秦自成（右二）、陈桂涛（右一）、毋启良（左二）

图 2-61　1993 年 6 月，第三届中国最佳时装模特
　　　　　表演艺术大赛新闻发布会，宋怀桂（右二）、
　　　　　谭安（右三）等出席

术大赛前，10 年左右的时间，模特一直处在是与非的争议中，在肯定与否定的拉锯战之中求生。

上海：中国第一支模特队诞生。1980 年 11 月，在轻工业部和上海手工业管理局的鼓励支持下，"失踪"了近半个世纪的模特又重现上海滩。上海服装公司服装表演队宣告诞生。一石激起千重浪。此后，北京吕国琼发起成立了东方霓裳时装艺术团，深圳、大连、杭州等地先后陆续建立了一批模特表演队。虽然如此，但人们对模特的态度依旧褒贬不一。最大的阻力便是落后的保守观念。人云亦云，混淆视听。

1983 年 5 月，在轻工业部于农展馆举办的"五省市服装展销会"上，史敏之局长和杨波部长又一起做起了"模特文章"，请上海模特队进京，请示原国家计委批准在农展馆影剧院进行模特表演商业性演出。上海模特队受邀走进中南海，进行了一场小型表演，并受到国家领导人的亲切接见。1984 年，上海电影制片厂以上海服装公司模特队为原型的影片《黑蜻蜓》上映。在举办 35 周年国庆典礼时，模特花车在天安门广场接受国家领导人的检阅。

但是，负面力量仍在较劲。1985 年，中国服装工业代表团首次参加巴黎国际成衣展，带上中央新闻电影纪录制片厂曾上过抗美援朝战场的战地摄影师，花了很大代价拍摄了长达 7000 米的时装样片。谁曾想，回国后剪辑的小部分内容，只在大连第一届全国服装研究所所长会上"内部播放"过一次。

"走出去"，在境外办时装表演。1980 年，上海服装公司服装表演队成立不久，便先后随外贸公司出访新加坡、日本、美国、欧洲，推销上海服装。1987 年 7 月、9 月，上海服装表演队以中国国家队的名义，先后跟随中国服装工业代表团赴港香港和巴黎表演，反响强烈，尤其在第二届巴黎国际服装文化节上，被赞扬"来自毛泽东国家的时装"，轰动巴黎、传遍世界。

在这场是非争论的漩涡中，我开始也对"模特"的定义感到模糊。1982 年，在中国服装研究设计中心大厦的蓝图中，我们就把服装模特表演大厅列为建设重点之一。可我从未见过 T 台的样式，因此 T 台的高度与造型，也成了我出国考察法国、日本时的一个大问号。最终，中服大厦留下了中国第一个模特专业 T 台的纪录。

从 1986 年开始，中国服装流行趋势发布和后来模特比赛的新闻发布会上，"模特表演与选美是什么关系？"成了记者提问频率最高，也是最敏感的问题。看来我得做点功课了。我从模特的"出生"

得知，1858 年英国人沃斯为了推销服装，突发奇想，让妻子玛莉亚穿起自己设计的服装，在巴黎自己的店中，走来走去，招来了众人围观。这样既卖了服装，也赚了钱。从此，便诞生了模特行当。

实际上，模特是用美的形象推销服装的有效工具，它应该属于服装工业的一个组成部分，它是服饰美、服饰文化的传播者，而不是浮于表面的"选美"。在一次次新闻发布会上，我始终理直气壮地亮出这样的观点，让媒体广泛传播。后来，随着模特"走出去"增多，大众对模特的认知由"模特是服饰文化传播者"升级为"模特也是中国服饰文化的使者"。

1990 年，纺织工业部正式明确赋予中国服装研设计中心对全国服装业科技文化指导的职能。作为纺织工业部直属的模特管理机构，肩上的担子使我们更要为模特争取公平公正的行业地位，诠释模特作为"两使者"的魅力。1989 年，服装中心开始着手筹建模特机构。1990 年 9 月，中国服装表演艺术团成立。1992 年，新丝路模特公司成立。

经过反复斟酌，一个模特机构，拥有两个称号，一个机构、两块牌子。事业单位性的名称，确定并经纺织工业部批准为，中国服装艺术表演团。企业性的名称，确定为新丝路模特经纪有限公司。这个名字中的"经纪"二字是借用国际经验对全国模特实施在市场经济条件下进行指导管理的一种方式。虽然松散却又是一体。体现模特文化特性的"新丝路"三字，有两层内涵：一是以历史为根，二是作"新"字文章。公元前 140 年，汉武帝派张骞出使西域，联合大月氏夹击匈奴，从此开辟了国际共享的丝绸之路。甘肃省《丝路花雨》舞剧演绎经典丝路文化的创举给了我启发。丝绸是中国服装重要代名词，也是中国传统文化的代名词，模特机构取名"丝路"，既体现了两者内在贴切的文化逻辑，又令今日时尚富有厚重的历史感。一个"新"字，意味永远"在路上"。当时取"新丝路"这个名字，就是借用"新丝路"的谐音"新思路"。所谓"解放思想"，就是昭示思路在先，思路决定出路，新思路决定新出路。

中国服装研究设计中心下属的模特机构，分别冠以"中国服装艺术表演团"和"新丝路模特经纪有限责任公司"。其实就是为了给服装模特正名。孔子曰："名不正，则言不顺；言不顺，则事不成。"

（二）奋力正名阶段

这个阶段自 1989 年至 1991 年第二届中国最佳模特表演艺术大赛暨世界超级模特选拔赛。

广州：中国首届最佳模特表演艺术大赛。

经过大约 10 年的"拉锯战"，我们决定组织中国最佳时装模特表演艺术大赛，于 1989 年 11 月 30 日在广州花园酒店举行。为了确保赛事相关事宜万无一失，大赛组织工作要严格把好"三关"：第一是"舆论关"。李安定、莫新元、李铁铮、周勇刚四人组成大赛中央媒体新闻组撰写的新闻通稿作为地方所有媒体对外报道的统一口径。泳装视频和照片传播，按照指示处理。第二是"评委关"。评委的聘请，坚持两条硬标准，首先是公正公平，其次是一流专家。著名作曲家王立平、舞蹈家白淑湘、模特专家宋怀桂等，应邀远赴广州，与从港台聘请来的专家组成评委会。第三是"财务关"。收支的每一分钱，都要有账可查。

决赛之夜，纺织工业副部长何正璋、王曾敬、广东有关领导和来深圳参加全国纺织会议的二十几位省市纺织厅局长出席。来自全国二十几支表演队经过激烈角逐，最终深圳模特公司叶继红获得冠军，上海服装表演队柏青、姚佩芳分获亚军、季军。北京卢娜莎等也获得了"十佳模特"称号。大幕顺利落下的那一刻，全场沸腾了。张舰、汪桂花等一线现场工作人员和模特们，热烈相拥。不少人流下激动的热泪。

服装院校毕竟是理性园地，有识之士眼光高远。1989 年，苏州丝绸工学院开模特专业先河，设立模特专业大专班，学制三年。学生在毕业后既可当模特，又可任教练。1990 年秋季，中国纺织大学（现东华大学）开始办四年制模特专业本科班，实行全国统考招生。紧接着，北京服装学院等院校也跟上来了。直至 2015 年，全国近百所服装院校开设模特专业，陆续为模特队伍输送高素质的新鲜血液。

北京：三阳开泰中南海春节团拜会，首次外长夫人外交。

首届广州模特大赛是一次突破，但立足未稳。乘势而上，我们连续两次借势中南海和外交部，高调展示模特的艺术魅力。

1991 年 1 月 28 日下午，羊年春节，国务院在中南海怀仁堂举行"三阳开泰春节团拜会"。事前的一天，杜钰洲副部长向我传达上级指示说，希望纺织工业部能组织一次服装表演走进中南海。我深感这次演出的分量不一般，与其说是一场团拜演出，倒不如说是服装十年的一次检阅。

团拜会开始之前，国务院常务会议全体成员在紫光阁亲切接见了我们并合影留念。中央电视台新闻联播主播邢质斌应邀主持表演会。序幕拉开，首先由中国服装艺术表演团专业模特展示，1991 春夏服装流行趋势"蓝海星空、沙洲风光、花乡梦幻"三个主题的时装。然后由北京业余中老模特包括 74 岁的老妪展示风采。台上落落大方，青春再现；台下掌声阵阵，笑语连连。当时装表演进入尾声，天幕徐徐垂下，春联"家事国事天下事—三羊开泰—家福国福民族福"点缀在天幕上，18 个大字赫然醒目，令人荡气回肠。喜气洋洋的乐曲悠扬悦耳，10 位模特穿着曾在巴黎国际服装节为祖国赢得"来自毛泽东国家时装"殊荣的上海陈珊华设计的系列红黑礼服，飞动飘逸，顿时把一场别开生面的新春团拜会推向了高潮，也把人们的思绪引向美好的明天。

演出结束，国务院总理略显激动地说："我很少看服装表演，今天挺开眼。"

1991 年 5 月 10 日下午 3 时，新中国成立以来第一场夫人外交活动在人民大会堂举行。事前我与外交部礼宾司商量策划一场"外长夫人外交"，联合举办一场中国时装模特表演，邀请世界各国驻华外国大使夫人和国际机构驻华首席代表夫人出席观看。不出所料，人民大会堂三楼大厅成了 124 个国家驻华大使公使夫人 200 多位中外女嘉宾的欢乐的海洋。马王堆、兵马俑出土文物演绎的丝绸之路服饰，连着五洲四海，飘逸灵动，令人遐想。

北京：第二届中国最佳服装模特表演艺术大赛。

本次大赛策划的焦点是，为媒体报道模特表演打开"绿色通道"，争取站稳脚跟，设计了四个支点：

支点一：邀请党和国家领导人出席。

支点二：争取请 30 位中央各部委部长出席，尤其主管中央宣传舆论部门的两位"一把手"。

支点三：从广州回到首都北京。此次第二届要堂而皇之，大造模特是"两者"的舆论：一是服饰文化传播者，二是走出去的服饰文化使者。本次大赛要办出特点、办出气象。

支点四：美国福特公司举办的"世界超级模特大赛"与第二届中国最佳模特表演艺术大赛联手合作，直选中国模特参加世界大赛。这样极大地提高了本届大赛的国际吸引力。

预决赛定于 1991 年 10 月 28 日在国贸中心中国大饭店举行。这次大赛的规模和规格都远超于广

图 2-62　著名设计师吴简婴应邀于 2004 年 8 月赴拉萨做福特
超级模特大赛评委，与藏族女模特合影

州那次。21 支职业模特队选拔了 42 名选手，平均年龄 22 岁，身高 1.78 米，先复赛再预赛，最终决赛。陈娟红脱颖而出，夺得桂冠。瞿颖获得亚军，刘莉茏获得季军。

第二年，我们远赴美国洛杉矶，参加世界超级模特大赛。陈娟红不负期望，获得"世界超级模特"殊荣。这为第二届最佳模特大赛画上圆满句号。

回望中国模特发展史，从第二届中国最佳模特表演艺术大赛开始，中国模特终于得到正名！

（三）蔚然成风阶段

这个阶段实际上自 1991 年就开始露出苗头，至第二届最佳模特大赛尘埃落定之后，"模特步"早已不是职业模特专利，也不是年轻人的专利，甚至已成为一种老少都喜闻乐见的时髦，走进了城市、走进了农村、走进了影视，甚至走进了春晚。一些大牌演员像赵本山、濮存昕、包国安、周正等，都参与到模特表演活动中来。

1987 年 3 月 3 日，首都北京率先组成了一支中老年模特队。陈富美是这支业余模特队的助推器。她兴奋地告诉我，这批模特爱好者中的绝大多数都是退休的教师、医师、演员、记者、编辑、法官、研究员、工程师、统计师、博士，还有一位 69 岁的将军。到 1990 年，这支中老年模特队迎来了属于他们的高光时刻。北京电视台组织中老年模特比赛。140 多名参赛者中，这个队有 17 名获得"风韵奖"后，并进入决赛。最终，两位获得并列第一名、三位获得第二名、三位获得第三名。北京电视台《今日风光正好》被中央电视台转播。中老年的光彩形象唤起同频共振。全国各地如"奇星""紫房子"等中老年模特队相继成立，多种比赛如"枫叶杯""民族风杯"等此起彼伏。

1988 年 8 月，广西举办首届模特电视明星赛，参赛选手 600 多个。历时三个多月，决赛于 10 月下旬在南宁举行。精彩的电视镜头，传遍多民族边远村寨。

1991 年 4 月，"天府之国"四川省创造了一项业余模特巡游榕城的全国新纪录。时任省长的张皓若，亲自主持举办首届四川时装艺术节。开幕式上有 4500 名业余模特，身着盛装，载歌载舞地走在成都的大街小巷。电视画面传到万户千家，全省城乡几千万老百姓都沉浸在潮流风尚中。

1991 年 12 月 7 日，西藏拉萨首次把藏服推上 T 台。当晚七点，拉萨假日饭店里，20 多位模特身着藏族传统面料设计制成的超短裙和其他现代藏装，把民族化与时代感这个主旋律表演得五彩缤纷、鲜艳夺目。来自 17 个国家的外宾目睹了西藏与时俱进的步伐。

1992 年 5 月 4 日，共青团中央在人民大会堂，举办共青团建团 70 周年暨五四运动 73 周年举行"青春的风采"系列活动。我们组织上海模特进京参加活动。人民大会堂东大厅搭起 T 台，许多青年朋友围成一个大圈。党和国家领导人也落座观看，不时鼓掌致意。

1992 年 10 月，江苏省常熟王市镇举办农民服装节。地道的农民走上 T 台。十里八乡的农民赶来过节，三万之众的王市镇村被挤得水泄不通。上海的著名电影女演员张瑞芳也赶来过节。她感慨地说："在过去的银幕上，我们扮演农民的形象都是破衣褴褛，现在农村人的穿着与城里没有两样。"我应邀一起去过节，情不自禁地为中国农民兄弟自豪："办服装节曾是法国人的专利，如今中国农村也能办。当年毛主席说'中国人民站起来了'，如今中国人民也富起来了。这种'富'不光是物质富有，精神也富有了！"

1992 年 10 月，北京：残疾人登 T 台参加全国"自我形象设计"大赛。

20 世纪 90 年代初，虽然爱美之心人皆有之，但是，对城市居民着装不完全调查显示：以款式和色彩搭配评价大致分为"两头小中间大"三种类型——"会美者"与"不会美者"分别占 20% 左右，"又会又不会美者"（有时搭配对了，有时又弄错了），约占 60%。针对这种情况，我建议《中国服装》杂志社做两件事：1991 年第一期发表一篇文章（我出了个题目《爱美·学美·会美》供参考）；1992 年 10 月，在北京举办第一届全国百姓自我形象设计比赛——"金源杯"着装整体美大赛，选拔典型进京示范"三美"的整体服饰风貌，传播会穿衣的"四体"展开式：合体—适体—得体—健体。所谓合体，即衣服与自身的体型宽松适度吻合，达到用衣服掩盖体型的弱点，放大强点的目的；所谓适体，就是衣服不仅静态合体，更要动态合体，怎样活动却游刃有余；所谓得体，本质上是讲衣服与心里美合体，不管到什么场合都既能彰显气质自信，又不露尴尬之怯，更不夺他人之美；所谓健体，即既要形象美，又要身心健美，不做衣服架子，要做充满活力的阳光美者。这当然需要长时期的修炼与积累。

刘晓林常务副社长，与主编辑顾元、副社长张亚健一起带领全社人员积极筹备。不久，国贸中心便拉开大赛帷幕。来自全国 20 多个省市自治区经过预选的 100 多名包括工人、农民、教师、个体劳动者、退役将军等选手在首都一同登台比美。各类选手，分青年组、中老年组、农民组展示了自我形象风采。我脑海有两个形象至今依然活灵活现：一位是来自海军退休将军，脱下戎装换上便服，模特步一招一式，赢得阵阵掌声；另一位是腿有残疾男子，他的行为着实令人肃然起敬！当他在 T 台上一瘸一拐展示自我设计形象风采时，掌声四起，经久不息。

模特的"户口"问题，始终是我们关注和争取的重点。经过多年的公关交流、请示汇报、现场考察，终于在 1996 年，国家劳动和社会保障部颁布《服装模特职业技能标准（试行）》，模特正式走进国家劳动职业序列。

图 2-63　天鹅杯首届中国时装摄影一等奖《棕榈树》
（摄影：金黄）

十四、时装光影：传播服饰文化艺术的引擎

眼下，手机照相功能媲美专业相机，人人都成了摄影师。可是回头看改革开放初期，拥有一台照相机的人凤毛麟角，我们《中国服装》杂志社也少得可怜。这直接压缩了我对光影艺术独特魅力的视野，好在——

1988 年，我们回访世界闻名的法国《她》杂志社时，贝尔朗·董西友好地对我说："阿歇特出版集团专注期刊，共有 200 多种杂志向全世界发行，已向中国发行三种中文杂志。我们想与你合作，把《中国服装》改名《世界服装之苑》，在中国发行，你意如何？"我一听改掉"中国"两字，好像刀绞我的心头肉一样痛，我婉言对他说："能与你们这样的国际著名专业期刊集团联合出版杂志，是荣幸。如果我们的杂志保留"中国"二字，我现在就可立即答应你。"他说："我很遗憾，但可以理解你的国家情结。那好吧，祝福《中国服装》越办越好。作为好朋友，今天我陪同你们参观我们已制作好的、不公开对外的《她》杂志 24 期 24 幅精美封面的陈列密室。"董西介绍说："这是《她》杂志一年一度十分重要的一件预案。通过高稿酬如同大海捞针一样征召专业时尚大片，然后美术编辑们和时尚流行专家坐下来，反复对比、认真讨论、百里挑一……"听了董西先生的介绍，我真的震惊了！原来《她》成为全球五大洲众多女士们心爱读物的妙招，是引领流行的时尚摄影佳作，而不是文字！

图 2-64　《中国服装》1986 年才刊登
泳装照片

　　我们虚心直面差距。但在操盘上，你打你的"财大气粗"，我打我的"人多势众"。我始终念念不忘我们那个"时装光影朋友圈"中的新华社吕全成和戴纪明，《现代服装》杂志社伍京生、《时装》杂志社夏大统、《中国青年报》的刘占昆和《中国服装》杂志社张亚健等，对时装光影艺术那种痴情、忘我的敬业精神，是他们抓拍下形象直观、引人入胜、争相效仿的时装"示范样板"。是他们留下那峥嵘岁月里回味无穷的服装艺术瞬间，也是他们撮合了中国时装摄影艺术大赛。1991 年 2 月，在江苏省服装公司和徐州天鹅绒公司的支持下，我们组织的首次全国时装摄影大赛——"天鹅杯"中国时装摄影艺术大赛在北京举行，掀起层层光影艺术浪花。这是一次非常值得珍惜的光影艺术觉醒。

　　1995 年 4 月，又得到日本佳能集团资助，"佳能杯"中国国际时装摄影艺术大赛在北京举办。这标志着迈开"时装摄影走向专业化"的一大步。那可不只是解决了《中国服装》封面照之难题，更通过漂亮的时装摄影作品全面提高了服饰文化艺术的普及率和水准。

十五、改代换装：换来中华民族开放自信风采

　　有位朋友说，看一个国家富不富一看高速路多少，二看桥梁多少。我补充三看老百姓衣着好不好。十多年来，举国上下的自我服饰文化革命。要"革"的弊端很多。说到"根"上，还是要回答人民大众的两个问题：一是衣着观念变了吗，二是衣着风貌变了吗——

　　诚然，绽放服饰文化艺术芬芳之"花"，是我们的重大目标。但是，全体国人与时俱进的衣着风貌之"果"，才是我们的终极目的。"理论一经掌握了群众，就会变成物质力量"，就必然塑造颠覆性的、振聋发聩的宏大壮观场景。

从"人人都要穿衣服"这个朴素的道理出发，我们可以轻松预判——在这个世界上没有任何一种"革命"，像"服饰文化革命"一样，敢于把革命对象锁定在全部国人身上。尽管有些人，可能是不由自主被服饰文化革命洪流卷进来的。因此，无论是城市，还是乡村；无论是相对发达的沿海地区，还是西部落后的边陲；无论是汉族，还是少数民族……统统在进行着"无声"的总动员，进入"服装自我革命"的文化觉醒状态。

从20世纪70年代末"真理标准大讨论"伊始，至90年代初，十几年来，党和国家推进解放思想、务实改革，从高度支持中国服装工业发展入手，促进国民衣着生活逐步改善、美化，亲临第一线，指示方向，率先垂范，留下许多衣着生活佳话，鼓舞、推动着服饰文化先行的群众运动波澜壮阔地展开。

服饰文化先行，归根结底是人民群众问题。

超11亿国民也具有"好动员"的天然优势。一方面人人既是"爱美之心，人皆有之"的天然革命者，另一方面又因人人头脑中固有的"旧习保守"而成了自我革命对象。所以，全体国人经过这场服饰文化自我革命，衣着观念经历了由"不解放—半解放—大解放—真解放"渐次觉醒过程。衣着风貌因为物质水平的提升和服装产业的进步，也经历了"由俭到丰，由土气到洋气时尚"的旧貌换新颜的升华过程，从而使这场服饰文化革命的涉及面之广、规模之大、形式之多、热情之高、持续之久、影响之深。虽然我不敢预测这是"绝后"的，但可断言它是"空前"的。

就在这短短十几年的时间里，十几亿人的大国生活巨变，成衣率由20世纪70年代末的25％提高到20世纪末的80％。品种款式花色丰富多彩，从70年代末的"蓝灰黑"的单调中解放出来，换来80年代的西服、喇叭裤、健美裤、蝙蝠衫、牛仔裤等，与国际潮流同频。进入90年代后，颜色的年龄差异和性别的界限被冲破，尤其中老年人为填补青春的遗憾，大红大紫全包揽，毫不顾忌。只有少数人，尚不太会装扮，有时甚至有点露怯。整个社会由"一衣多季"到"一季多衣"的状态转变，同时开始注重品牌品位。创名牌、穿名牌蔚然成风。消费"先锋们"还勇敢地挑战服装尺度。回想1986年第二期《中国服装》刊登创刊以来第一幅泳装照片时，我和美术编辑反复斟酌几天后最终才鼓起勇气"上新"，但还是避开了"三点式"。1989年底，在广州举办的首届全国十佳模特大赛，泳装第一次上T台。为防止传播过程中"走调变味"，我们采取了控制传播范围的措施。而今，年轻人穿着一步裙、露脐装、吊带衫、半截裤、破洞牛仔裤等，走向大庭广众，泰然自信、活力十足，塑造同步国际的、崭新的、开放的青年形象。我们真是不胜感慨，自豪无比！

借用一家意大利媒体的概括评价："中国人穿着巨变：'从蓝蚂蚁到花蝴蝶'"。但我想补充意大利人评价背后的三大而微妙的但绝不可低估的最深刻的伟大变革：

变革之一：国人衣着变化的程度，意味着祖国母亲漂亮了，展现改革开放的深度，透视着国民思想观念变迁的尺度。

变革之二：国人衣着变化的程度，意味着国民服饰文化素质普及和提高的广度，打下"世界第一潜在消费市场"基础的厚度，透视着改造中国服装工业由大变强的进度、树立中国文明国际形象的高度。

变革之三：国人衣着变化的程度，意味着"改朝易服"的传统被打破了，更新为"改代易服"的逻辑梯度，彰显中华文脉的穿越时空锐度，定格伟大改革开放时代服饰符号的历史标志度。

第三章
产业之魂（下）

端正服饰产业发展方向

03

服饰文化先行的五年过去了。我们曾坐下来梳理了一次，找到了"抓手"。又过了第二个五年，我们又坐下来再梳理一次，找到了"方向"——

一、先行官必须先行：大连所长会议揭开振兴服装工业的序幕

第一次总结，与其说是对服装业发展阶段作总结，倒不如说是对服装业疲软现状的反思。在服装行业发展处于十字路口的时刻，集思广益、凝聚共识，我们提炼出唤醒 "服装工业要发展，科技必须先行"的主题警语，揭开服装工业振兴的希望序幕。首次全国轻工系统（当时服装业归属轻工业部管理）服装研究所所长会议（简称大连所长会）于 1986 年 3 月 14 日至 19 日在大连召开。这是新中国成立 37 年来第一次召开全国服装研究所所长会议，也是中国服装研究设计中心成立 3 年来召开的首次全国服装科研性会议。

来自全国 114 个服装研究所和各省市自治区服装公司分管技术的副经理共 162 人出席，轻工业部陈士能副部长到会讲话。

为什么召开这次会议？为什么在大连开会？有两个缘由。首先 "七五"计划开局之年，服装业不仅上了"国家计划大本"，还被列为发展消费品工业的三个重点之一，并被要求到 1990 年总产量要达到 28 亿件，要比 1985 年增长 65%，其中轻工系统服装要达到 14 亿件，年递增 12%，出口 4.47 亿件，换汇 24.1 亿美元。为了实现"七五"计划的各项指标，从发展科技入手，会议统一了大家的思想，落实科研项目，无疑抓到了关键。会议介绍了 13 个单位开展科研的经验，陈士能副部长讲了话，大家展开热烈讨论，最后形成了《服装工业要起飞，科学技术须先行》的纪要。与此同时，根据"七五"期间国家重点技术开发的几条包括啤酒、服装机械等"小龙"，对服装业列入的 8 个国家级科技攻关项目和一批省级课题作了部署和安排，其中有服装加工工艺新技术、服装 3（2）维 CAD 系统、辅料加工技术和服装流行趋势预测等，初步落定了 59 个课题。

其次，分散在全国各地包括极少数县设的 114 个大到上百人小到不足十人的服装研究所，技术骨干有限，设备少且落后，多数处于孤军奋战的求生存状态。中国服装研究设计中心虽然已经挂牌成立三年，但尚在建设过程中，虽然领命参与"改造传统服装业"的重任，但眼下也是两手空空。好在我们很早就从"日本名古屋服装中心只有十几个人"悟到：即使本中心将来成型了，也不能孤军奋战，依然要"发挥弹性作用"，"中心出题目，借笔作文章"。这次全国所长会议的召开，就是基于"发挥弹性作用"的初心。我们要与 114 所抱团取暖，借机组成行业服务的科技网络。

为什么在大连开会？正是"借笔作文章"的初心使然。因为大连服装研究所走"科研为主，生产养主"的发展路子，自建科研大楼和实验工厂，形成全国服装门类比较齐全的设计科研基地，被选定挂上"中

图 3-1　1986 年 4 月，轻工业部陈士能副部长在大连首届全国服装研究所所长会议上讲话，由朱秉臣主任主持（摄影：于冠文）

国服装研究设计中心大连分中心"的牌子。这是一次半现场会议，让更多服装研究所所长们实地感受"吃得饱，长得大"的魅力。

会后，轻工业部发文，将陈士能副部长在全国服装研究所所长会上的讲话和会议纪要批转全国轻工系统，并敦促其贯彻落实。《中国服装》为此专门发表评论员文章《先行官必须先行》。现将这篇评论原文转印如下：

先行官必须先行

随着国民经济的发展和人民生活水平的提高，服装工业的地位越发显得重要。"七五"计划它被列为发展消费品工业的三个重点之一。"七五"期间国家重点技术开发的几条"龙"，它是其中的一条。党中央和国务院对服装工业的高度重视和巨大支持，令人鼓舞，催人奋进！

然而，服装工业如何形成"重点"呢？这是摆在服装工业战线广大职工面前的重大课题。三月中旬，轻工部在大连召开的全国轻工系统服装研究所所长会议的结论是：服装工业要起飞，科学技术须先行。这个认识无疑是正确的。现在的问题是要在全行业的广大职工中，使这一认识付诸实践，见之于行动。

科技要先行，思想要先通。特别是领导的思想要率先端正，这已经是经验之谈。生产的发展必须依靠科学技术的进步，现在这个认识并非所有的同志都真正解决了。"说起来重要，干起来次要"的领导有之，视科技为"远水不解近渴"的"软任务"者也不乏其人。这是非常有害的。众所周知，中国的服装工业是在传统的手工业基础上脱胎而来的。现在，它面临着严峻的挑战：中国人民的生活正处于由温饱型向小康型的过渡阶段；当今世界服装市场的竞争愈演愈烈。虽然，目前的状况是无力应战的。但出路何在？首先要搬除思想障碍，把思想转变到科技先行的轨道上来。科技和生产相比，科技要先行，只有先行才能面向生产、服务于生产，在科研机构内部，以科研为主，生产为辅。检验领导对科研先行的认识，就看他对科学研究机构的建设、科技队伍的培养、科技干部的配备、科技成果的转化，做了哪些实事，布置工作是否下达科研任务，实施过程能否协调科研与生产的矛盾，总结生产成就是否总结分析科技进步的因素等。归根结底，就看在你那个单位科学技术是否为生产创造了可"依"可"靠"的条件。

科技要先行，工作要落实。概括而言，就是设计要突破，研究要爬坡。所谓"突破"，就是要有自己的名师、名牌，拿出在国内引导消费、推动潮流的代表作来，同时要开拓国际市场，多创外汇。所谓"爬坡"，就是初具规模的研究所要把工作重点向技术开发型转移，切实拿出科研成果来。这次在大连研究所所长会议上初步落实了五十九个课题，就是一个良好的开端，硬是要有股子说干就干的劲头，不能坐而论道。有人担心科研成果转让不出去，这是不必要的担心。俗话说，有了梧桐树，不愁凤凰来。有了超过工厂的高招，就一定能走在生产的前头。

科技要先行，体制要改革。要选拔配备富有管理才能和开拓精神的研究所长，实行所长负责制，要给研究所自主权，实行有偿合同制。研究所不吃国家的"大锅饭"，把分散的科研力量组织起来，也是体制的一大改革。在全国服装研究设计中心下面，选择地方有条件、有个性的研究机构作为其分中心，形成一个组织上多层次、研究上多方位的全国性服装科研网络。这是一个很好的尝试。

我们相信有各级领导的重视，又有全国轻工系统八十万职工和一百多个服装研究单位和服装院校的共同努力，中国服装工业的形势现在好，前途会更好。

第一次全国服装研究所所长会议能够取得重振"衣冠王国"雄风的阶段性胜利，科技是"先行官"的共识，不仅意味着服装人的第一次科技意识的初醒，也意味着在操作层面上摸到了"先行"抓手。仅凭这一点，从全国各地赶来大连开这个会，就值了。

更值得欣慰的是，我们终于开始苏醒：会后，我们循着"科技先行"的思路，在实践过程中，很快又触摸到"设计是科技先行中的先行，而流行趋势又是设计先行中的先行"的逻辑抓手。于是我们胆子逐渐大起来了，手脚也放开了，协同行业、纺织以至中央电视台等媒体，一同做足了"服装流行趋势预测发布"这篇大文章。这不仅让我们从"科技先行官"概念中，悟到了实在的"以服装为龙头"的根据，而且还从服饰文化概念中悟到了实在的"文"而"化"人的流行路径。

换句话说，经历"七五"科技攻关的打拼，我们开始"感性觉醒"：服装工业要振兴"光靠一个'科技先行官'不行，似乎还必须一个'文化官'结伴同行"。请注意我这里用了"感性觉醒"与"似乎"，留下潜台词：我们会继续探索下去的。

二、端正方向：天津所长会议引导服装行业走上振兴正轨

第二次全国服装研究所所长会议，原本是继大连所长会由服装中心主持召开的又一次小会。但为什么惊动纺织工业部大张旗鼓地以部的名义在天津召开大会 ——

（一）"小题大做"的底牌

人们不禁会问，服装研究所所长会议，为什么要打纺织工业部的大牌子，如此"小题大做"？

缘由之一：自1986年第一次在大连召开所长会议以来，5年又过去了。这场前后10年的服饰文化先行，全行业积累了一些新经验，收获了可喜的涉及行业发展方向的"感性觉醒"亮点，但是，既不系统，又缺乏理性升华，急需梳理和总结概括；

　　缘由之二：纺织工业部党组 1990 年 6 月决定，中国服装工业总公司与中国服装研究设计中心分置为两个直属正司局级单位，明确要求总公司为全行业管理，服装中心为全行业科技文化业务指导。俗话说，新官上任三把火。这"火"该怎么烧？

　　缘由之三：贯彻党的十三届七中全会精神，明年是国家发展蓝图"八五"开局之年，服装产业如何良好开局，迈好第一步？

　　基于上述三点考虑，时值 1990 年春夏之交，召开第二次全国服装研究所所长会议的想法萌生了。在一次服装中心主任办公会议上，我向朱秉臣主任和盛中鹏副主任提出了我的初步建议，得到他们的一致认同，并让我负责组织筹备会议工作。我们就这个议题正式向纺织工业部请示报告，得到杜钰洲、刘珩两位分管副部长的批准。

（二）会议主题"一靠科技进步，二靠艺术繁荣"的由来

　　亲历了十年"服饰文化革命"，对于这次天津所长会议主题，我已有朦胧的感性觉醒：开宗明义大声呼吁，要纠正服装工业长期以来习惯地与矿业、煤炭业、机械工业等工业部门一样，只强调依靠"科技进步"，却"天天见，看不见"服装产业自身的文化个性。我想把中国服装业发展大思路，归纳概括为依靠"两个进步"：一"靠科技进步"；二"靠服饰艺术进步"。全行业抓落实起来，就有"抓手"，易得要领。

　　但是，我对把"繁荣艺术"改变为"服饰艺术进步"的新提法吃不准。于是我把这个初步构想，向杜副部长汇报，希望得到部长把关，指点迷津。他边听，边交流，陷入思绪……最后他对我说："这个会议主题框架，大体可取。至于'靠服饰艺术进步'的提法，究竟如何表述才准确，我再想想吧！你们要进一步调研、总结，也可去向社科院学术研究单位请教。"

　　遵照部长指示，我们组成两个调研小组走出北京，寻求答案。过去我们出差多半跑沿海地区，此次安排去"老少边"地区。科技处副处长李俐带一个小组去内蒙古。我与邵健、李庆刚两个小伙子组成另一个调研小组，前往宁夏、青海。10 多天，我们不但在城市里参观座谈，还跋涉在千里大漠之中。一个又一个，类似"盼水""望水""叫水""喊水"的路牌，不断地引起我的沉思。

　　我们走进青海高原出了名的贫困县同心县的一个村庄。我们随访了村头一户农家。女主人指着院子里的水窖，告诉我们，这里一年只能两次分到黄河水引流进院内水窖储藏，必须节省用水，如果用光了，只好提着水桶向邻居去借水。我联想到，一路以"水"命名的扎心路标，令我第一次体验到"水是生命之源"的深意。我问女主人："吃水这么困难，那吃饭穿衣也困难吗？"她笑着告诉我们说："现在吃饭不愁了，天天有白面、大米。衣服虽然花样不算多，但几乎不用再穿带补丁的衣服了。中年人、老年人的衣服，自己买布缝制得比较多，我家有一台蝴蝶牌缝纫机，自己缝也很方便。我们也可以去村里供销社买衣服，但就是款式老气、不太时兴。大闺女、少媳妇和小伙子们爱赶时髦，大多自己或托人到县城里买漂亮衣服和鞋子。"她还告诉我们一个新鲜事儿——去年一个回乡大学生，在她们村里举办了一次服装模特表演。不光本村男女老少，就连周围十里八乡的不少人也赶来看热闹。这是一次关于边远贫困地区农民生活环境与衣着现状的生动补课。

图3-2　1990年8月，谭安一行在宁夏回族自治区银川市召开服装设计人员座谈会（摄影：范兰生）

图3-3　左起，李克瑜、袁杰英、杜钰洲、谭安在一起交流

我们重点走访了青海省服装研究所。这里只有十几个员工（其中有两个毕业不久的大学生）、几台缝纫机、几本服装期刊，这就是省服装研究所的十分有限的家底。我们目睹了服装起飞之路的遥远与艰难，也高兴地参观了研究所与西宁毛纺厂联合开发的当地特产牦牛绒服装产品，看到了希望的曙光。

宁夏、青海和内蒙古的同行们，在举步维艰的落后的环境里，依然有着奋发向上的创新热情和孜孜不倦的事业追求。这让我们看到了：虽然改造传统服装工业之"路漫漫其修远兮"，但只要走对路了，就一定会有希望。

会议总结报告的理性概括，已正式提到主要位置上来了。我请老干部张鉴奎去中国社科院哲学研究所，请教"艺术繁荣"可否表述为"艺术进步"？得到的回答是，"艺术进步"之说有"艺术繁荣"的意涵，艺术对社会确有进步的意义，但两者之间还是有差别的。生活中往往有不少名词或提法，是约定俗成的。大家都承认并理解其中的意思。至于两者之间的差别是什么？没有明确，留下了我继续学习的动力。

一天，我去请教中央工艺美院袁杰英教授。她解释说：艺术是有价值的，而且艺术价值都是在一定历史条件下形成的。例如青铜器，数千年来，它的艺术价值，在今天仍然被充分肯定。后来的艺术只能在它的基础上发展，是继承的关系、继往开来的关系，不是相互否定的关系。我有点明白了，衡量艺术发展，提"繁荣"比"进步"更准确些。

我再次向杜副部长汇报调研情况，最终确定天津所长会议主题的完整表述：全面提高全国服装业的整体素质，一靠技术进步，二靠艺术繁荣。杜副部长也答应自己准备会议主旨报告。用"全面"端正"片面"，这可以说就是天津所长会议的历史性贡献。

鉴于这个会议主题事关大局，我又"得寸进尺"了。我向科技司华用士司长请示，天津所长会议可否升格，由原来只是研究所所长出席，升格到服装公司主管科技文化的经理和东中部地区纺织厅局主管科技厅局长出席，并由中国服装研究设计中心召开，升格为纺织工业部召开？华司长听了这次研究所会议有端正行业发展方向的意义，立即表示赞成。但他强调需要向杜、刘两位分管部长请示定夺。杜刘两位副部长都欣然同意。杜副部长提了两条要求：一是要我去与华司长商量究竟哪些省市纺织厅局长参加天津所长会议，尽快以纺织工业部名义再发出通知；二是知会中国服装工业总公司。商得华司长的主导意见，请北京、天津、上海、山东、江苏、河南、湖北、湖南、广东等17个省市纺织局主管科技厅局长出席天津所长会议，原本的所长会议改由纺织工业部召开。

（三）七种版本轮番放大会议主题

于是，我们便紧锣密鼓地展开突出放大"两靠"主题七项准备工作：

第一，杜钰洲副部长主旨报告——昭示会议主题

杜副部长亲笔撰写的主旨报告《依靠科技进步 繁荣服饰艺术——全面提高全国服装工业整体素质》，是一篇具有方向性、针对性、实践性的好文章。

第二，五年全国服装科研工作总结——丰富会议主题

《全国服装科研五年工作总结报告》是本次会议的主要文件之一。我主持写作小组，请张建奎老干部执笔。会前我们组成两个调研小组分别赴宁夏、青海和内蒙古进行深入调研回京后，反复讨论总结报告写作提纲，最终理出服装科研为服装工业、为纺织工业服务的三条基本经验"123"：

所谓的"1"就是在大纺织格局中：发挥以服装龙头作用的有效途径，就是以科技为先导的"一条龙"；

所谓的"2"就是在服装产业中：推动服装产业发展的根本出路，一靠技术进步，二靠艺术繁荣；

所谓的"3"就是在服装科研中：服装科研院所自我发展的有效模式，具有科研设计、生产实验、经营贸易三个环节相配套的运行机制。

辅助主报告，我还就服装设计进行了归纳总结，写了《改革开放的春风，集体智慧的结晶—中国服装设计创出五条经验》：市场中求导向、造型中求突破、简练中求新颖、质朴中求高雅、系列中求实用。

第三，事实说话——彰显会议主题

举办新中国成立42年来的第一个别开生面的"全国服装科技艺术成果展"，为此，我们先在天津召开了一次专题预备会议。全国20个省市自治区包括解放军总后勤部送来102个参展项目，其中科技48项、软课题13项、服装作品30项，还有院校11项。根据科研攻关的难度、成果水平的高度、社会治理的程度三条基本标准进行评比，最终评出一等奖4项，如中国服装研究设计中心功能服装分中心（总后军需装备研究所）的"暖体假人"、上海服装研究所陈珊华设计创作参加巴黎国际时装节的"红黑系列礼服"等。这些让人领略到了服装科技的神奇、服装艺术的魅力。二等奖6项、三等奖17项，共27个项目32个单位受到奖励。有的代表感慨道："没有想到中国服装科研，虽起步较晚，但起点却蛮高，我们可以放声高呼'别了，只有手艺，没有科技艺术的时代！'"

第四，"半个现场会"——见证会议主题

中国服装研究所受制于旧体制，长期以来处于"饿不死，也长不大"的状态。天津所的转机，始于新的领导班子核心。杜印辉书记兼所长是一位师副政委军转干部，没有老框框束缚，接受市场经济体制改造的决心大。他团结热情肯干的夏乃健、诚实专业的李启昆、年富力强的刘家栋三位以及付所长一班人，分兵把口，各司其职，带领全所职工打了一场翻身仗，盖起办公大楼，建了职工宿舍，添置检测设备，先后挂上了"中国服装研究设计中心天津分中心"和"中国服装质检（北方）中心"两块大牌，初步走出一条办市场经济机制研究所的路子。这正是会议主题的一个内核，自然就成了选在天津开"半现场会"的根据。会议代表参观考察天津服装研究所的硬件和软件，让会上冷冰冰的文字总结变得有质感有温度了。

第五，续写未来——点亮会议主题

我们制订并经过纺织工业部科技司同意的《八五服装科技发展规划（草案）》，也是通过调研和初步论证而提出的服装科技和服饰艺术几十个课题，在会上专题研究讨论，提出修改意见。希望全国各地对号入座，组织协同攻关。例如，以快速反应的 CIMS 为核心技术的《服装设计与加工工艺示范中心》课题，就让代表们看看国家的决心。这预示着中国有史以来的第一场正规的服装科技攻坚战，即将打响！

第六，走进学术大门——显示会议主题

中国纺织工程学会决定在这次所长会上，成立服装专业委员会，实现了中国服装产业学术组织"零"的突破。这预示着我们将开始续写服装科学技术与文化艺术新篇章。

第七，预热暖场——烘托会议主题

天津所长会议主题之魂，怎么为会议预热暖场？我草拟的《让服装科技与艺术并驾齐驱——致贺第二次全国服装研究所所长会议召开》短文，征得《中国纺织报》同意以评论的形式发表。中央人民广播电台于会议开幕当天的早间新闻和报纸摘要节目中播报。

（四）小题大做的天津所长会帷幕正式拉开

准备就绪，只欠东风。这不仅是一次由感性向理性的升华，更重要的是不失时机将理性焦点，卡位于服装产业发展史上的转折点之上。

1991 年 3 月 12 日，天津，海河清波粼粼，阳光暖意融融。第二届全国服装研究所所长会议（简称天津所长会议）在这里隆重开幕。来自全国 114 个服装研究所所长，31 个省市自治区和 6 个计划单列市服装工业公司经理，17 个省市的纺织工业厅局长共 250 人，齐聚一堂。天津市张立昌副市长首先代表天津市人民政府祝贺会议开幕。杜钰洲副部长作会议主旨报告《依靠科技进步 繁荣服饰艺术——全面提高全国服装工业整体素质》，强调本次天津所长会议的主题。纺织部科技司华用士司长主持。国家科委工业司王宗荣副司长出席会议。《天津日报》《今晚报》立即发布了开幕消息，突出传播端正服装产业发展方向。

（五）服装业求是："基本经验 123"

朱秉臣主任代表中国服装研究设计中心在会上，作了自大连第一次全国服装研究所长以来全国服装科研工作五年总结报告。五年来，准确说是十年，在"服饰文化革命"中服装科研为纺织工业为服装工业服务方面的三条主要经验。为了便于推广，概括为"基本经验 123"。这个报告具有三个鲜明特点：一是亲力亲为的心得体会，有亲切感；二是用事实说话、用数字说话，有真实感；三是既有理性光华，又有落实抓手，有成就感。现转印"基本经验 123"原文如下：

图3-4 《天津日报》点睛服装业端正方向

基本经验123

"1"——发挥服装的龙头作用的有效途径就是发展以科技为先导的"一条龙"

服装工业在大纺织中是不是具有龙头产业的作用，如何发挥服装的龙头作用？几年来，服装科研从这两个方面做了科学论证和实践的探索。

首先是进一步论证了服装工业在大纺织中龙头地位的客观性。现在，从理论上、逻辑上，人们都承认大纺织领域的结构核心，不可能是初级产品部门或中间产品部门，只能是终端的服装工业，从其带动相关产业部门的作用上观察，也非服装工业莫属。但是在现实的经济活动中，历史形成的"小服装"在整个纺织工业中是否具有龙头产业的作用，这是必须给以科学回答的。

由中国服装研究设计中心和青岛市科委共同立项，以青岛市服装研究所为主承担的"青岛市外向型服装工业发展战略研究"课题，其中服装的龙头作用就是论证的重要内容。课题报告从以下四个方面作出了令人信服的科学论证。这里不妨简要介绍一下。

①以青岛市1984—1988年纺织工业中六个行业的工业产值为研究对象，应用灰色系统的理论与方法进行定性与定量相结合的分析，其灰关联序为：

服装	棉纺	色织	印染	毛纺	针织
0.9796	0.9627	0.9448	0.9379	0.18889	0.4929

结果说明：服装工业产值与纺织工业总产值关联度最大，是系统中的关键因子行为。

②以青岛市大纺织中七个行业从1979—1988年的10年中，百元固定资产创税利、产值利税率、吨纤维创汇、劳动生产率、吨水产值、百米厂房面积产值等12个有关经济指标进行详细调查，采用评分排队法、包络分析法进行量化分析，得出经济效益的评估为：

行业	服装	印染	针织	毛纺	纺织	复制	色织
	10.06	7.70	7.34	6.62	5.03	4.62	4.08
名次	1	2	3	4	5	6	7

结果表明：服装的经济效益居首位。

③运用包络分析法(DEA)对青岛市大纺织六个行业的投入量、产出量判断各行业相对经济效益为：

行业	服装	印染	复制	纺织	毛纺	针织
	0.87	0.69	0.52	0.46	0.44	0.36
名次	1	2	3	4	5	6

结果表明：服装的效益最高。

④吨纤维创汇的情况：

服装	纱线	印染布	坯布	针织	复制
9850 美元	1690 美元	2860 美元	3260 美元	5292 美元	3250 美元

数字表明：服装吨纤维创汇额最高，是纱的 5 倍还多。如果经过调整投资结构，提高产品档次，到 1995 年，服装吨纤维创汇还可达到 13 650 美元，提高 72% 左右。

综合上述论证，报告的结论是：服装的龙头作用，尽管由于种种因素的制约，还未充分发挥出来，但它在大纺织中的龙头地位和带头产业的作用是客观存在的。我们相信这个结论是有普遍意义的。

其次，怎样发挥服装的龙头作用，也就是如何解决龙头带动龙身的衔接机制的问题。近几年来，服装科技人员对此作了许多有益的探索，大致有以下几种形式：

①定期发布服装流行趋势，这是发挥服装龙头作用的突破口。我们的流行预测，有中国自己的特点。我们推出的是"服装风貌"，一种风貌就代表着一个不小的消费群。在一定范围上，促使大纺织的上、中游企业以至商业企业围绕"服装风貌"的需要而运行。随着流行预测辐射面的不断扩大，就会形成一个以服装为龙头的大气候。

②服装研究所与纺织、印染企业共同开发新产品，形成以科技为先导的"一条龙"。天津服装研究所依据服装流行趋势，主动与仁立毛纺厂共同研究开发吉卜赛呢系列产品，先后研制 1 个系列 20 多个花色，投放市场成了抢手货。陈慕华副委员长在接见厂、所领导时强调，这是中国纺织服装生产的方向。这次成功的结合后，寻求合作的厂家应接不暇。由江苏省纺织厅承担的部级课题"服装与面料的科研、生产、销售一条龙运行机制研究"，第一阶段开发的"波恩绉"连衣裙很旺销。北京服装研究所与日棉(株)合作开发的"凯旋爱"轻便装，在市纺织总公司的协调下，直接参与开发研究的有 11 个毛纺、印染、针织企业，先后开发 10 个系列的新面料和辅料，实现了"面料—印染—服装"的配套生产。三年来生产 21 万件，创税利 75 万元。

③以产品为龙头结成的"厂(服装)厂(纺织印染)"一条龙。江苏常熟市王市镇的工艺服装厂是这种形式的代表。这家乡镇企业设计的四个颜色绣花女西装，由张家港丝织厂提供坯布，常州印染厂承担印染。小批量的由附近乡镇纺织、印染厂承担。由于供需配套，产品畅销，资金周转加快，生产周期最短为 19 天。《中国纺织报》和《中国服装》杂志联合发表社论，推广了他们的优秀经验。

④纺织局牵头协调服装企业集团与纺织印染企业的供需关系。郑州市是一个纺织城市，他们将19个服装厂和一个印染厂组成紧密的集团公司，集团内实行合理分工，统一安排产品品种，统一对外贸。所需面料，由集团向纺织局提出计划，纺织系统定期举办面料展示会。

实践证明，不管哪一种形式，最重要的是要不断推出新技术、新工艺，开发新产品，包括新面料、新款式。"有了梧桐树，方引凤凰来"，这是许多研究所的共同体会。

"2"——推动服装工业发展的根本出路，一靠科技进步，二靠服饰艺术的繁荣

1.服装工业的发展，必须是两个"依靠""两手抓"，这是我们对服装行业基本特点的新认识

服装工业的发展到底靠什么？多年来，我们身处行业之中，却"不识庐山真面目"。

科学技术是第一生产力。服装工业的发展，同国民经济其他部门一样，需要依靠科学技术的进步。这一点是毫无疑问的。

但是经验和直觉不断告诉我们，对于服装行业来说，单靠科技进步是不够的，服装的艺术性已经发展成为一个举足轻重的因素。在法国，一套高档西服，价值上万法郎，一条领带也卖300法郎。我们第二次出展巴黎，青岛制作的苎麻面料两件套裙，卖到近40美元。不可否认，其中包含着技术等其他因素，但是应当承认，在很大程度上是艺术的魅力打开了人们的钱袋。相反的例子是，有些高档面料的服装做工尚属精细，却落入地摊，或无人问津，这从反面也证明了这个规律。在国内市场上，这类情况也不例外。随着人们生活水平逐步提高，追求个性、讲究流行已成为一种主要倾向，并且呈上升趋势。显而易见，服饰艺术的使命已越来越繁重且艰巨。

服饰艺术与其他姊妹艺术有着密切的联系。但我们也注意到，它具有的鲜明特点。

在空间上，它是立体的造型，而不是平面的油画；

在时间上，它是动态的艺术，而不是静止的雕塑；

在艺术效果上，它是双重的——既要表现穿着者的外在美，又要体现内在的精神美；

在艺术形式上，它是速变的——现在许多国家每年发布两次流行趋势。流行潮流，来去匆匆，刚奏一曲"听唱新版《杨柳枝》"，转瞬又奏起一曲"无可奈何花落去"。当今没有一种艺术形式像服饰艺术那样变化如此之快，又如此多姿多彩。

服饰艺术的诸多特点，表明了它在服装质量中的重要地位，也反映了服饰艺术创作的难度。

如果说上述认识还是处于感性的和经验的阶段，那么，我们又试图从科学研究的角度去论证和探索。中国服装研究设计中心把"衬衫质量的评估"作为课题，采用技术经济分析方法，扣除各种成本，提取其附加值，进行分析论证。结果表明，在服装这个综合体中，蕴含着技术、艺术、时效、信誉四个含量。它们各占的比例是：

技术	艺术	时效	信誉
34%	35%	15%	16%

从这个论证结果可以看出：提高服装的质量，必须从四个方面采取相应对策。这是颠覆传统的静态质量观的动静相济的新版质量观。这四个含量虽然各有自己的内涵，但又互相联系、互相渗透。新技术、新工艺可以转化或者派生出艺术性，时效在很大程度上依靠技术进步，而信誉则是前三者的总和。显然，在服装质量中起主导作用的是技术含量和艺术含量。

因此，服装工业的发展、质量的提高，从指导思想上，应该树立两个"依靠"，即一靠科学技术进步，二靠服饰艺术繁荣。在实际工作中，应该是"两手抓"，即一手抓科技进步，一手抓服饰艺术的繁荣。这是服装工业发展的出路，也是行业的基本特点。

2. "双靠"既然是服装工业发展的根本出路，这里也就成为服装科技的主攻方向

为了使中国服装工业由粗放型转向精细加工型、由加工型转向开发型，实现高质量、高效率、高附加值、低消耗、低成本的目标，服装科研在设计、裁剪、制作、熨烫、包装等各个环节上开展了研究工作。第一是设计的研究，这里有技术，也有艺术，它是关键环节。设计，包括设计思想、造型设计、款式设计、结构设计，也包括电脑辅助设计系统的应用。围绕设计思想、造型设计，《中国服装》杂志开辟专栏，连续讨论了几年。第二是制作工艺的研究，大连服装研究所以"西服结构与工艺"为课题，在吸收国外先进技术的基础上，根据中国人的体型特点，研究出一套新型西服结构与工艺，改变了"土西服"的形象。这种新型西服在市场上很受欢迎，已销售17万套，盈利110万元。第三是抓质量的检测，通过发挥现有质量检测手段的作用，中国服装的质检手段逐步由"手摸眼看"向仪器测试的科学评定方法过渡，向国际化标准靠拢。第四，在信息传递、服装功能的研究方面也取得了一些成绩，但目前的问题是配套化还不够，"八五"科技规划中在这方面有所加强。

在服饰艺术的繁荣方面，近几年来主要采取了以下措施：

按照"百花齐放，百家争鸣"的方针，组织全国和地区性的各种设计比赛和学术讨论。不同艺术风格、不同艺术流派的比较和不同学术观点的争鸣，活跃了设计创作思想，提高了设计水平，在外来服饰文化的冲击面前，中国服装始终保持了健康向上的主流。

"走出去，请进来"，积极参与国际服饰交流活动。几年来，我们"七进"巴黎，也到美国、日本、罗马尼亚等国家和地区参展。三次设计大赛金奖获得者都先后出国进行参观考察，我们也邀请国外一些专家学者来华参加学术交流活动。国外的先进设计思想、艺术风格对我们是一个有益的借鉴。"二进"巴黎时，中国服装的艺术性还比较落后，造型上以繁为美，色彩上追求艳丽。法国的同行曾告诉我们，流行未必复杂，简练未必容易，简练是高度的概括，简练才能打动人们的知觉。通过不断地借鉴和实践，我们才逐步形成了"市场中求导向，简练中求新颖，质朴中求高雅，系列中求实效"等一系列的艺术创作经验。

提高设计师的素质，特别是加强艺术上的修养。设计师是艺术家，不仅要求他们逐步掌握服饰艺术自身的规律，还要求他们懂得一些诗歌、音乐、绘画、建筑、舞蹈、戏剧等方面的知识，因为其他艺术门类的美学原理，包括比例、平衡、对比、统一、变化等在服饰艺术上都是可以借鉴的。同时，我们也提倡设计师经常深入社会，到大自然里去调查、去采风，以丰富创作的素材，引发创作的灵感。

"3"——服装工业发展的根本出路，在于服装科研所自我发展的成功模式（具有科研设计、生产实验、经营贸易三个环节相配套的运行机制）

服装科研机构多半是集体所有制，起步晚，底子薄，少数的靠有限的事业费支撑。随着拨款制度的改革，这些研究所大都已经踏上了经济自立的道路。在这种情况下，服装研究所究竟应该走一条什么样的发展路子，具有什么样的运行机制才能发展自己，担负起科研任务。在上次所长会议上，我们推广了大连研究所的"科研为主，生产经营为辅，以辅养主，自给有余"的经验。经过五年来的实践证明，这是体制改革在服装行业创造的一条成功的经验，是良性循环的模式。凡是按照这个路子走的，都取得了成功。天津研究所的例子很能说明问题。五年前，他们的日子过得也很艰难，自从学习了大连的经验，真可谓"士别三日，当刮目相看"。为什么有些研究所却是另外一番景象，甚至连吃饭问题都难以解决？我们认为这正反两个方面恰恰证明，根本的差别就在于有没有三个环节相配套的运行机制和能不能正确处理好三个主要关系。

一是相互依赖的配套关系。这就是说，科研、生产、经营三个环节是相互依赖，缺一不可的。没有科研，从根本上说，就不能叫研究所。没有生产，就不能验证科研。没有经营，科研成果和生产的产品就不能转化为商品，也无法实现养活自己、发展自己的目的。在这一点上，无论是大所、还是小所，也无论是事业性的，还是企业化管理的，概无例外。

二是主次的辩证关系。科研、生产、经营三个环节配套了，还要注意从实际出发，处理好三者之间主次的辩证关系。在一般情况下，应当是以科研设计为主，这是研究所最基本的任务，以生产实验和经营贸易为辅，这是为科研服务的手段。但是在研究所初建时期，如果一无资金，二无设备，吃饭问题都未解决，那么，三者的关系就应当是另一种摆法，即以生产实验和经营贸易为主，首先解决吃饭问题，科研设计暂居或者说只能暂居其次。在吃饭问题解决之后，又有了积累，就要不失时机地转向以科研为主的轨道上来。如果在条件成熟后，还一味去抓钱，那就偏离了科研的方向。防止这两种极端的办法，就是从实际出发确定其主辅的位置。

三是内外相结合的关系。科研、生产、经营虽然是科研所内部的运行机制，但是三个环节的活动都不能只限于研究所的范围之内，每个环节都存在着内外结合的关系，包括与院校、科研机构和企业的结合与合作的问题。

在科研设计方面，有些项目可以在研究所内进行，但不少科研项目是要走出科研所的大门，到纺织、印染、服装生产的第一线去，从生产的急需中选课题，并且同那里的工程技术人员和工人一起切磋，共同开发新产品，天津研究所就是这样做的。也可以像北京服装研究所那样，同国外的企业或研究机构合作，研究开发新技术、新产品。

在生产实验方面，少量的样品试制和多品种、小批量的产品可以由研究所的中试厂（车间）承担。但是，从这几年的实践情况来看，一个研究所只有中试厂这一点生产是远远不够的，较大批量的生产还是有必要的。它的作用，一方面可以起到示范推广作用，扩大新产品的覆盖面；另一方面，只有较大批量地生产，才能更有效地验证科研，并为发展和完善自己积累较多的资金。大批量的生产要有工厂。大连和天津研究所，以自己的技术、管理的优势与服装厂建立横向联合。在这方面，我们的步子还可以再迈大一点，像大连服装研究所那样，与外商兴办合资企业。据说，他们选的合作对手不甚理想，但是这个路子是对头的。

在经营贸易方面，研究所设置自己的经营部，以此作为验证科研、了解人们的消费心理、取得市场信息的窗口。这是必要的，但也不必局限于这一个窗口，研究所还可以把自己的产品拿到商业系统销售。这可以在更大范围内了解市场消费动向。南通服装研究所，还通过外贸搞到一部分来样加工，这也是一条路子。经营的品种也可以不限于服装，围绕着为行业服务这一方面，还可以拓宽经营范围。天津研究所除服装以外，还开办了展具厂，正在筹建打版公司。

上述这三条基本经验，用数字表述就是"123"："1"为一条龙；"2"为两个依靠；"3"为三环运行机制。

闭幕式上，刘珩副部长作了全面系统的会议总结。他高度肯定，一次天津所长小型会议，获得了可喜的大面积丰收。他要求全行业认真学习杜副部长讲话精神和会议总结的"基本经验123"，落实《八五服装科技发展规划》，为全面提高服装工业整体素质再创佳绩。

（六）经验升华：两个理性飞跃

天津所长会议收获了"两个飞跃"，具有端正产业发展方向的历史性转折意义。

1. 第一个飞跃——再认识服装的理性飞跃：

——服装既具有实用性，又具有艺术性，还具有社会性、政治性；

——服装具有两大基本功能：美化生活，舒适健康；

——服装既是物质产品，也是精神产品。这是服装的双重性特点；

——服装既有技术含量、艺术含量，又有时效含量和信誉含量。这是动静相济的新服装质量观；

——服装科学技术是生产力，服装艺术也是生产力；

——以服装为龙头是一条重要的经济发展规律；

——服装业发展的根本出路在于：一靠科技进步，二靠服饰艺术繁荣。

2. 第二个飞跃——基于对服装再认识的理论指导下的产业发展的飞跃：

——从只重视科技进步的"片面"，到认知服装科技与文化艺术并驾齐驱的"全面"；

——从不自觉到开始较为自觉地"依靠科技进步，依靠服饰艺术繁荣，'全面'提高服装工业的整体素质"。

（七）真理面前：天津所长会议成果的再认识

回过头来看，在当时的历史条件下，我把服饰文化艺术从长期被掩盖的倾向里提升到与科技进步"并驾齐驱"的并列地位，确有端正认知的指向作用。但是经过国家"863"服装CIMS课题攻关后，用今天的数字化眼光来审视，我写这篇言论，既没有写到位，又没有写明白，甚至还有误导之嫌：

其一，科技进步与艺术繁荣属性不同。二者相对独立，可以分开。科技进步，如同马车替代步行、汽车替代马车、火车替代汽车一样，是一代替换一代，"改朝换代"。而艺术繁荣，如同青铜器艺术传承石器艺术、铁器艺术传承青铜器艺术、纸上艺术传承铁器艺术，后代传承前代，"花落花开"；

其二，科技进步与艺术繁荣气质相同。二者相互依存，科技艺术化、艺术科技化，追求真理，改造世界，不应也不能"并驾齐驱"，必须也必然"融合发力"，如同一件时装、一部手机、一个网络、一台春晚、一场北京奥运会开幕式一样。

三、《服饰美是大美中国应有之义》（讨论稿）摘要

2023 年 4 月，《中国纺织报》原总编辑陈义方约我合写一篇学习党的二十大精神的《服饰美是大美中国应有之义》的心得。现摘录我草拟的讨论稿中关于服饰文化的也可以说时尚文化"四对关系"的内容如下：

宇宙万物，人是核心。"大美中国"，人的服饰美，则又是核心之美。

党的十九大作出重大判断："中国特色社会主义进入新时代，我国社会主要矛盾已经转化为人民日益增长的美好生活需要和不平衡不充分的发展之间的矛盾。""美"这个亮点，刺激我们两个老纺织老服装的神经，激动振奋之余，开始琢磨从站起来、富起来、强起来，继续走下去的问题。党的二十大又进一步强调：一脉相承的中国特色社会主义社会进入中国式现代化新时代，建设美丽中国提到重要议事议程。在深入学习党的二十大精神之际，我俩怀着感恩新时代、自豪中国人的激悦心情，结合几十年亲历纺织服装业发展的实践，试就"美"这个理性极深却又极其现实的问题，叙说点心得体会，这确有自不量力之嫌，但总觉得应尽一颗不老的爱党爱国之心。

这里要特别强调的思考点是，服装从"不如大头针"能上国家计划大本，到以服装为龙头，再到基本建一条世界最完整的产业链体系的社会实践中，从国人经历了衣衫褴褛、满是补丁的落后生活的洗礼中，从十年服饰系列活动的自我"服饰文化革命"中，感知到了服装是文化的属性，进而认知了服装产业的文化个性，最后触摸到服装工业发展的新产业路线。这是令人亢奋的首次服饰文化的觉醒。

这笔宝贵财富，来之不易。我们扎根实践，历经坎坷，从不知所措到幡然醒悟。1984 年，我们从开始组织"服装有形神兼备吗？"的大讨论过程中，"无心插柳柳成荫"，不经意间摸索到"服装是什么"这个令人兴奋的突破口，咬住不松，旋即进入纵深腹地，直到 1991/98 年国家"863"计划服装CIMS（计算机集成制造）课题攻关，实现了局域网条件下的服装初步数字化，渐次认知了服饰美的四对辩证关系：

一是服装的物质与精神的关系，结论是"服装既是物质的，也可以说是精神的，它以物质为基础，又以精神文化为灵魂"。这对关系，实质上是说，人们做任何一件具体事，究竟是就事论事、就物论物，还是就事论理、化物为美。从严格的理论意义上说，衣服与服装是有区别的，衣服指的是一种"物"，而服装指的是人着装后的一种"状态"。换一句话说，衣服是物的"静态美"，而人的气质与

人的衣着浑然一体，成为有灵魂的"动态美"，可谓一道流动的风景线，简称"服饰美"。显然，所谓的"人体包装""服装是人的第二层皮肤"之说，有误人之虞。

二是服饰文化的传统与时代的关系，结论是"时代感的共性寓于民族化的个性之中"。这对关系，实质是指传统与继承的关系。所谓的民族化，就是中华优秀的文化传统。有人简单认为，传统就是中国龙、凤、虎、寿、古装、戏装、旗袍、中山装之类文化元素符号。其实，服装的民族化是中华民族在民族发展的历史长河中逐渐积淀的、是本民族特有的民族精神、民族气质和民族时尚，是本民族人民大众所喜闻乐见的服饰文化。显然，继承传统不是文化元素符号的搬运工，而是继承、激活中国优秀传统文化基因，弘扬繁荣华夏民族艺术灵魂。所谓的时代感，有人简单认为，就是"外国的"。其实，时代感就是广角定格中外之吐故纳新，既包括国际的，也包括本民族的物质文明和精神文明的创新成果。从根本意义上说，时代感就是在一定时期内的生产力，所创造的物质文明和精神文明融合之结晶，为大多数人接受和喜欢的时代风尚。古今如是，概莫能外。

三是服饰的技术美与艺术美的关系，结论是"技术美转化为艺术美"。这对关系，实质是科学与工艺的关系。科学是一般社会生产力，虽具颠覆性能量，却不能直接赋能终端产品，还必须经过"最后一公里"的技术工程化，或"技术工艺化"，直白一点说，工艺是一切制成品的"助产师"，方能如愿以偿。诚如马克思在《资本论》的第一卷所言："工艺学会揭示出人对自然的能动关系，人的生活的直接生产过程，从而人的社会关系和由此产生的精神观念的直接生产过程。"请注意，两个"直接"的决定性分量。西方发达国家，在20世纪30年代，兴起了技术美学，提醒人们研究加工生产、技术工艺领域中的审美和物化工艺美的问题。德国包豪斯首创设计学院，标志着现代设计"大脑"的诞生。20世纪80年代末，国家科委高强度拨款"八五"攻关"服装设计与加工工艺示范中心"课题，以国际前沿的计算集成制造技术工艺，引领中国较早迈进数字服装门槛。男西装加工，理论上1200个品种可同时在线上运行，顺应多品种、小批量的快速反应的国际竞争模式。加工的西服既安帖适体，又灵动传神，令人感受到轻快时尚的时代感。

四是服装产业发展路线的工业化与信息化的关系，结论是"信息技术路线与信息艺术路线相融合"。这对关系，实质是科技与艺术的关系。就世界范围而言，长期以来，因为生产力发展水平低下，科学与艺术不好区分，也分不清。直到400多年前，意大利科学家和艺术家发起的文艺复兴，人类社会跨入科学和艺术分工的门槛。科学用逻辑和概念等抽象形式，认识并改造世界，艺术则用情感和想象的形式，认识并改造世界。二者异曲同工，相辅相成。

上述这四对关系是一个完整的逻辑递进体系，尽管尚需伴随技术进步而继续探索、完善、丰富，但本命题的生命活力的不可逆性，却是毋庸置疑的。因为它既具有深刻的哲理根基，又具有落地生根的实践特质。它给予我们一个新的重要启示，那就是：物化美不是服装业的个性专利，大有可能满足"大美中国""美丽中国"建设的各行各业发展的共性需求。

图3-5 美国《先驱论坛报》记者理查德·汤林森文章《中国的服饰革命》
刊于该报的版面

四、文化先行：可否说是一场自我服饰文化革命？

自《中国服装》1984年创刊伊始，我们就开始利用舆论平台，组织"穿衣戴帽是否要'形神兼备'"的群众性讨论，继而展开了一系列 "服饰文化教育活动"。我们陆续收获了两个巨大硕果：一是"穿在身上的文化"流动在神州大地上，亿万老百姓既是消费者，又是生产者，直接加快了服装产业前进的脚步；二是用"软刀子"切除服装业落后的"四个传统"病灶，初见成效，产业开始显现一派勃勃生机。

1990年，国家级服装流行趋势预测发布课题通过了鉴定验收。课题组根据几年的实践与观察，作出服装属性的结论："服装既具有实用性、艺术性、社会性，还具有政治性。"

1993年5月，美国《先驱论坛报》借OCHIC的轰动效应，高调发出"中国的服装革命"的惊叹。这再一次激活了我们认知服装属性的思绪波澜。

后来，中央媒体亦以"服装革命"为题，赞扬改革开放四十年的光辉成就。十年服饰文化先行，究竟是一次服饰文化普及教育系列活动，还是一场自我服饰文化革命？在此，可借用社会实践这把尺子，探索改革开放历史性变革的革命性意义，进一步感受中国人整体换装的时代风貌，彰显中华民族优秀文化外化的自信风采。

（一）中国古国名曰"华夏"，本义即指"服饰美"

"华夏"一词源于《尚书·周书·武成》，"华夏蛮貊，罔不率俾"。唐朝《春秋左传正义》对"华夏"解读："中国有礼仪之大，故称夏；有章服之美，谓之华。"遥远的历史渊源，如此深厚的文化积淀，使中国人倍有文化自信。

（二）伟大的时代造就划时代的衣着风貌

新中国历史转折的改革开放时期，一场"服饰文化革命"，既不是偶然的，也不是孤立的。它实质上是"真理标准大讨论"在服装领域的社会实践，成为全国改革开放思想解放运动一条重要的延长线。

在我看来，广大人民群众选择了"运动便装"式样，决不是偶然事件，而是改革开放时代必然的历史选择。因为"运动便装"自由闲逸的文化本质，与时代开放包容的主旋律，完全吻合，和谐互映。它深刻地呈现出全体国民既换新观念、又换新装束的划时代风貌。

（三）十亿国民百分之百换装是人类服饰史的罕见奇迹

服饰是一个民族的外观标志。文化的基本载体是社会生活，人民大众是生活的主人。改革开放之初，我们首先从"知行合一"的服饰文化教育入手，在广袤的神州大地上，自上而下，从繁华的城市、到边远的山乡，由国际到国内，最终完成了"休闲类便装"的新风貌。神州大地，十几亿人，如此波澜壮阔、酣畅淋漓、整齐划一，彰显了这次换装的彻底性、颠覆性和革命性。

（四）"自我服饰文化革命"的最大公约数

十几年来，服饰文化系列活动，是在开放的、交流互鉴的国际大环境下，广大人民群众自觉进行的自我教育、踊跃参与的自发性活动，不断探索认知"什么是服装""穿在身上的文化"……伴随着服装产业的大发展，服装花色层出不穷，人们自然而然脱掉了单调的"兰灰黑"，换上了自由开放的"运动休闲装"。这场"革命"完全出于自发革命、志愿革命、自我服饰文化革命的主动性，而区别其他任何形式的革命的被动性。

（五）"黄金十年"折射革命发展生产力的真理光华

"革命"的根本目的，在于解放生产力，发展生产力。中国服装产业改革开放"黄金十年"，由"不如大头针"的产业地位，跃居为国家支柱产业之一，产量和出口创汇双双稳居世界第一，"还我衣冠王国不是梦"。这举世公认的傲人成就，强有力地折射出"服饰文化革命"解放和发展服装产业科技生产力、解放和发展服装产业文化艺术生产力的深刻内核。

总之，中国的这场空前普及的"服饰文化革命"，实现了"理性果实"和"实践性果实"的双丰收。它不是历史虚无主义的产物，而是一场壮阔的历史现实；它不是"他式"革命，而是自我革命；它不是一场纯学术的文化娱乐活动，而是一场伟大的社会实践；它不是局部之变，而是一个产业的巨变，一个民族的巨变。

第四章
产业模式

走进中国服装产业链生态体系

04

重振衣冠之国雄风的口号喊得震天响，可是当代的衣冠之国是个啥样儿，不要说具象的模样，连一点影子都不曾见过，这可让我们犯难了——

从 20 世纪下半叶起，中国服装已跨越了三个阶段：由传统手工业脱胎到机械化生产；由机械化向半自动化过渡；由单一生产向现代化产业体系发展。在行业攀登阶梯的蹉跎岁月里，虽然如履薄冰、困难重重，但仍然步履不止。

改革开放之初，我们喊得最响的目标是"重振衣冠王国雄风"，以激励行业上下的奋斗豪情。进入 20 世纪 70 年代末，中国社会迎来了发展的历史转折点，服装产业用了 20 年左右的时间，经历了三个阶段：一是从 20 世纪 80 年代初的找不到"抓手"的茫茫然阶段；二是从 80 年代中期到 90 年代中期认知"以服装为龙头"为"火车头模式"的半理性阶段；三是进入 21 世纪"新千禧之年"交替边际，认知"服装为龙头"实质就是 "产业链"的体系性阶段。

一、终有"抓手"："以服装为龙头"的由来

围绕"以服装为龙头——全产业链"这一产业发展模式重大主题，全国自上而下开展了从理念到实践创新的系列活动。

1986 年夏天，国务院主要领导先后到青岛、天津，考察服装业和纺织业，在青岛的座谈会上指出服装厂与面料厂供求布料本来可以直接衔接，现在却需要在北京轻工与纺织两个工业部门之间周转，这种现象极不合理，提出要"以出口服装为龙头"，提高出口产品附加值的战略方针。当年 10 月，党中央和国务院在经济体制上作出了大调整。国务院常务会议决定，全国服装业由轻工业部移交纺织工业部归口管理，破除人为的"三角形"管理窠臼，理顺了纺织工业与服装工业上下游的关系，从组织体制上形成了"大纺织"格局，开始在计划经济向市场经济过渡的进程中，发挥以服装为龙头的作用。

服装业终于熬到了出头之日。"纺织厂生产什么，服装厂只能用什么"，这种长期以来本末倒置的最大难题，终于有了破解之法了。中国服装工业总公司、中国服装研究设计中心和《中国服装》杂志社，作为服装产业的领导机构，首先一同于 1986 年 11 月 26 日从轻工业部"出嫁"到纺织工业部。部领导在纺织工业部机关小礼堂，举行了热情的欢迎仪式。

我们从轻工归口纺织，在一段较长的时期里，不时听到服装同行"划归纺织，不如以前"的抱怨，也感受到纺织方面不少人对"以服装为龙头"不以为然的阻力。这使我们思考，虽然从组织体制上连

成纺织与服装一条龙的纺织大格局，但并不等于纺织与服装两家供求脱节的最大难题就迎刃而解了。主要原因有四点：其一，自上而下的认识并未完全统一；其二，纺织工业 19 个大类产品必须要随计划经济体制逐步向市场经济慢慢过渡；其三，纺织业资金也有限；其四，技术改造需要时间，不可能一蹴而就。我们从轻工部划归纺织部管理，只能在被动状态中打出两张"主动牌"：一是坚持"用自己的工作，争取领导的领导"，二是"在先干起来的过程中，用典型事实说话"。

就在这一年的年末，纺织工业部在北京八宝山宾馆召开全国纺织厅局长会议上，为贯彻落实国务院领导指示，明确提出"纺织业要以服装为龙头"的口号。我们真有如喜获尚方宝剑的感觉。可是，在纺织业系统中，认识并不一致。有的干脆明说：纺织厂一个车间比一个服装厂还大，小泥鳅怎能翻起大浪呢？从形式上看，确实如此。当时，从体制上说，纺织企业为国营，被人们比喻"属猪的"，有国家喂饼。而服装企业基本上为大集体和个体民营，只有 4% 属于国营，被喻为"属鸡的"，靠自己找食吃。在计划经济的分工机制框架里，服装工业部门被捆绑了手脚，只管服装加工，商业部门统购包销纺织工业部门生产的面料，再由商业部门批发给服装企业。

外贸部门独占服装出口权，服装企业只能拱手让外贸公司吃"过水面"。原国家计委掌控国内市场的定价权，当时无法适应季节市场的变化而浮动价格。据 1985 年原国家计委轻纺局和轻工业部中国服装总公司调查报告显示，在这样夹缝中求生存的服装工业中，服装企业有 7 800 多个，职工达 106 万人，其中技术人员包括八级工只占 0.64%。设备陈旧落后，机械化程度只达到 50%。乡镇服装企业虽然达到 7 万个，职工 80 万人，平均每个企业有 10 人。服装总产量 17.2 亿件，总产值 166 亿元，出口 24.5 亿美元。从体量上看，显然与纺织业不在一个数量级上。直到 1988 年，纺织业的年总产值为 2 061 亿元，服装业的年总产值也仅为 291 亿元。

如此势单力薄的服装工业，到底能不能舞动纺织业一条"大飞龙"？我们意识到，这不是短时间内几句话就能扯得清的问题。其实操之过急也毫无用处，因为我们既无成功事例可供摆事实，也无现成理论可供讲道理。所以，我们只有发扬"属鸡的"自力更生的精神，始终抓住"以服装为龙头"这棵救命稻草不放。"两手"狠抓，"一手"是到行业的实践中去发现典型，用"事实说话"，"另一手"开展课题研究，进行科学实验，求助理性"解惑答疑"。

这个过程历经了 20 年左右，下面就请看我们是怎样一步步走过来的吧！

二、全球重心东移：抓住服装产业外向型经济战略转型窗口期

机不可失，时不再来。20 世纪 80 年代初，全球服装业发展的重心由美欧开始向东方转移。对于中国来说，这无疑是千载一遇的良机，也是一次严峻的挑战。

20 世纪 80 年代初期，国装产业开始出现由西方向东方转移的苗头。获得这个信息后，我们很快于 1987 年初，向纺织工业部科技司申请"中国服装工业发展战略研究"课题立项，顺利获得批准。

图 4-1 "我国服装工业发展战略研究"项目评审会于 1988 年
2 月 5 日在北京召开

课题由我们服装中心牵头，青岛市服装研究所于冠文、湖北省服装工业公司赵军和长春市服装研究所吕言等人组成精干的课题组，主要承担研究工作，于冠文出任课题组长。我们特别邀请了原国家计委、纺织工业部、外经贸部、中国人民大学、中国纺织科学研究院、青岛市政府研究室等单位 30 多位资深专家学者，组成顾问团队，以便指导研究。

课题组三位同仁和许多专家顾问，立即全身心投入课题研究中，解放思想，多方实地调研。经过反复科学论证，最终确定主题发展思路是：在大纺织格局中，以服装为龙头的产业地位与运行机制的必要性和可行性，不失时机地接下国际服装产业由西方向东方转移的"大礼包"，立即大力推动中国传统服装业转型为外向型服装业，并非常大胆地提出 1988 年—2000 年的发展大目标——国内成衣率由 40％达到 80％，出口创汇由 48 亿美元增到 250/350 亿美元。

1988 年 2 月 5 日—7 日，在北京国颐宾馆召开课题组提出的《中国服装工业发展战略研究》研究报告（征求意见稿）的评审会上，大家对于立即启动服装产业转向外向型经济表示一致赞成。但对于服装出口创汇这么具有挑战性的超大目标，大家都表示出乎预料，颇感惊讶，议论十分热烈。有的振奋、肯定，有的犹豫，甚至质疑。因为当年纺织工业部编制的大纺织，包括服装在内，1988 到 2000 年的出口创汇计划总目标也只定在了 250/350 亿美元这个区间。可是这个战略规划，仅针对"服装一家"的创汇，就顶上整个大纺织的总和了。可能还是不可能，激进还是保守？这纸上的东西，难有非白即黑的结论。记得有位专家发表了颇有思考空间的见解，引导大家达成战略共识。他强调说："看待战略发展规划，不要拘泥于数字目标，就如同说地球不是圆而是椭圆一样，因为它背后代表着发展战略方向。"

纺织工业部部长在会上积极评价规划课题研究成果。她说，课题研究提出的中国服装业外向型发展的大思路，令人充满希望与信心。她明确表示，要坚持以服装为龙头的原则来发展纺织工业。坐在我旁边的《人民日报》记者莫新元立刻悄声对我说："我回去发稿，就用部长刚才的发言'坚持以服装为龙头'原话作标题。"《中国服装》也为此发表社论，题目定为"牢固确立服装业在大纺织中的龙头地位"。现转载社论，原文如下：

牢固确立服装业在大纺织中的龙头地位

被列为纺织工业部部级科研的重大课题之一——"中国服装工业发展战略研究"，由中国服装研究设计中心承担，青岛服装研究所等单位组成课题组，经过一年的调查论证，又广泛地征询了专家、学者及各级领导的意见，已于最近通过部级评议。这项重大的软科研课题的研究结果表明：到2000年，通过服装工业带动纺织工业的全面发展，中国内销服装将实现成衣化，成衣率达到80%；出口服装在纺织品中的比重将达到60%，成为中国出口创汇的一支劲旅。前景光明，令人鼓舞！

《战略研究报告》一个十分重要的成果，是详尽地论证了服装业在大纺织中的龙头地位。认识不一样，摆法就不一样，产生的效益也就不一样。在中国，提出"服装工业的龙头地位"已有几年了，但对这个战略性问题的认识，仍有待加深理解，否则，我们的发展战略就会变成纸上谈兵。

服装工业的龙头地位既不是谁恩赐的，也不是争来的，而是事物内部的客观规律决定的。

或许有人感到不可理解，或者说这是不是干什么、喊什么重要呢？我们说这些说法和看法都是不科学的。比如，卖瓜的，瓜甜不甜，是客观存在的，不管它是张家的，还是李家的，也不取决于嗓门的高低。服装工业的龙头地位也是这个道理，来不得半点主观随意性。就从大纺织内部各产业部门的关系来说吧！服装是纺织的终端产品，服装工业的发展，势必带动纺织、印染、以至服装机械等产业的发展。如果从服装工业同几十个部门及产业的直接、间接关系来看，它带动的面就更广了。

倘若不以服装为龙头，而是换成别的产业或者索性不要龙头，那会是什么结局呢？就会是我纺我的纱，你织你的布，他搞他的印染，服装行业就只能是有什么布，做什么衣。这是十足的本末倒置，削足适履。这个苦头够苦了，教训够深了。再从消费关系来看，人们讲到消费时，总是将"衣、食、住、行、用"依次排列。"衣"为何居首？据云，衣是人类文明的发端，此其一也。随着商品经济的发展，服装成为劳动密集型产业，具有投资少、见效快、增值高等优点，这大概也是"衣"为首位的原因之一吧！谁都懂得这个道理，服装在纺织业中是个增值最高的工业。通过深加工、精加工，它的价值大大超过坯布。在国内如此，在国际市场尤其如此。一件中高档服装换取的外汇可以超过它本身价值的几倍、几十倍。我们在国际市场上也尝试过，一身麻布两件套连衣裙卖到几十美元，这些都是事实，并非"自卖自夸"。

谈到服装的龙头地位，人们不免有这样的担心：势单力薄的服装工业，人不过200多万，设备落后，人才缺乏，劳动生产率不高，能够担当起龙头大任吗？这种担心不无道理。但这些并不成为它不是龙头或不能担当龙头的理由。服装的龙头地位，是由它在大纺织的链条上的"带动"作用所决定的，不以一时之大小为根据。诚然，服装厂小，纺织厂大。如果只是简单地看这大与小，未免失之偏颇。火车头不大吧，它却带着一节节车厢而奔驰。人的脑袋也算不得大，却照样指挥着身躯动静。值得指出的是，恰恰有些生产结构不合理的大厂，"大流水"的生产不能适应服装"多品种、小批量"的生产。

服装的龙头地位毋庸置疑，现时能否充分发挥其作用，自然要作具体分析。应该说它需要在改革中完善其机制，发展其实力。至于目前的落后，也有历史的原因。择其要者，一曰经济落后。新中国在一段时期内连吃饭问题还没有完全解决，哪里还谈得上穿得好、穿得美；二曰底子薄，起步晚。服装工业是 20 世纪 50 年代从手工业脱胎而来，从十一届三中全会后才开始了较快的发展；三曰体制上的弊端。服装与纺织、生产和经营长期"断层"，妨碍了服装与纺织的协调发展，影响了出口创汇。显然，服装工业的落后，主要不是服装工业本身的过错，恰恰是过去我们没有认识到服装工业在国民经济和社会生活中举足轻重的作用，没有适时地把它置于龙头地位所带来的必然后果。只要我们的认识正确了，措施上去了，"泥鳅"可以变"巨龙"，进度是可以赶上去的。香港就是一个例证。他们的服装工业，是 50 年代初我们内地一些服装业人士进入港岛才开始兴起的。到 1973 年，服装出口就跃居世界之首。几十年来，服装业一直是香港的支柱工业。"泥鳅"不是翻起大浪了吗？！再说，服装人人要穿，一万年以后也是这样。它是常青产业，没有"夕阳""朝阳"之分。光是国内市场，到 2000 年人均 6 件服装，就要生产 80 亿件，而现在只有 13 亿件，可谓任重道远。从国际市场看，偌大的世界服装市场，中国服装出口仅占世界出口额的 6%，到 2000 年，中国出口服装额将占世界出口额百分比的两位数，可谓是"摇钱树"。这些数字表明，服装工业目前的落后状况并不可怕，重要的是使前进的方向、方针正确，中国服装工业的龙头地位将是当之无愧的。

当然确立服装工业的龙头地位，绝不意味其他产业部门就不重要了。恰恰相反，没有相关工业的同步发展，服装工业仍将是孤掌难鸣。表面看来，以服装工业为龙头，似乎诸多产业都是围着服装转，实质上是围着人转，因为人要穿衣服，所以归根到底是为人服务。

以服装工业为龙头，实际上早已成为国际发展纺织工业的一条成功的经验。亚洲"四小龙"由此在服装出口上继续名列前茅，欧洲一些发达国家正力图在本世纪再展宏图，不少发展中国家服装业也发展迅速，跃跃欲试。事实表明，凡是重视发展服装业的国家和地区，都已经和正在发着大财。这样的好事，我们何乐而不为！

课题鉴定会后不久，中国服装工业总公司行动很快，在北京雅宝路空军招待所召开的全国服工业公司经理会上，重点推介外向型发展战略。于冠文在会上作了详尽汇报，引发了热烈讨论思考。纺织工业部部长会上表示，希望全纺织业进一步统一"以服装为龙头"的认识，希望百万服装大军勇敢地挑起大纺织龙头的重担。

外向型战略确定之后，那么，怎样用典型引路？我们又提出个"中国沿海城市服装发展战略研究"课题，以中国服装研究设计中心名义立项，青岛市服装工业公司和青岛服装研究所承担主要研究工作，仍由于冠文任课题组长。历经半年时间，我们在青岛召开了课题鉴定会。与会专家充分肯定，认为这个课题不但进一步明确了方向，还提供了摸得着的发展思路和操作要领。

1988 年 12 月，中国服装工业总公司在沈阳召开全国服装公司经理会议，交流服装外向型经验。课题组成员赵军应邀在全体会上发言，回答代表提出来的新的疑难问题。

令人无比兴奋的是，12 年前"中国服装工业发展战略研究"课题的预测，到 2000 年，中国服装出口创汇 350 亿美元的上限目标，竟然被超额实现了，达到 360.13 亿美元！这是大纺织以服装为龙头的重大标志性胜利，也可以说是预测科学的胜利！

三、突破口：服装流行预测课题的意外价值亮点

服装产业振兴，依然路漫漫。头绪万千、问号迭出，我们究竟该从哪里下手？

我们从 1986 年春天，开始进行"服装流行趋势预测"课题研究。当年 11 月 20 日，头一回郑重其事地"领导中国服装新潮流"，那种新鲜感、自豪感溢于言表，大写在喜悦的脸上。两年以后，我们似乎悟出了一些门道：我们原来认为"服装流行趋势研究预测发布研究"课题只有一个目标，但后来发现有大小两个目标，攻关的直接小目标是款式、颜色和面料三大要素；而大目标则是把被颠倒"我生产什么，你用什么"的供求关系，再扳回"我用什么，你生产什么"这个产业结构上来。这不正是实现"以服装为龙头"的第一个抓手吗？

我激奋地握紧拳头，仰天晃了两下。转过头来，我连忙拿起圆珠笔赶写了《流行趋势预测是服装发挥龙头作用的突破口》的短文，向《中国纺织报》陈义方总编汇报："这是我们在'服装流行趋势'课题研究过程中的一条心得，并希望能在《中国纺织报》以短评形式发表，用这个新的价值亮点，引导大纺织积累共识。可是我觉得题目太长了，请您出个标题吧。"陈总编听罢，爽朗地对我说："还是形式服从内容吧，能说明白了，长就长点。"1989 年 4 月 9 日在北京民族文化宫发布 1988 / 1989 秋冬服装流行趋势，《中国纺织报》用了几乎一个头版整版发表了消息，并配发 "以服装为龙头"的第二篇评论。现转载这篇短评如下：

流行趋势预测是服装发挥龙头作用的突破口

服装是纺织工业的龙头，这是不少国家发展纺织工业的成功秘诀。1985 年 9 月，中共中央在关于"七五"建议中明确指出：把食品工业、服装工业、耐用消费品工业作为重点，带动整个消费品工业生产的发展。这就说明了发展服装工业的重要性。

那么，服装工业如何才能发挥纺织工业的"龙头"作用呢？中国服装研究设计中心发布的服装流行趋势的阶段成果，初步显示出来：服装流行趋势预测发布既引导了消费，又引导了生产，它是服装工业发挥龙头作用的突破口。

道理是显而易见的。目前国内外服装市场的主要倾向是讲"流行"——讲流行款式、流行色彩、流行面料。服装流行趋势预测就是根据上述三个要素进行的。"市场引导企业"，消费的本质是市场。因此，服装流行趋势预测所形成的机制，一方面是直接引导纺织、印染厂和服装厂的生产，另一方面适度引导消费。随着预测精度的提高，它所带动的深度和广度必然扩大，因为"流行"出附加值，"流行"不仅产生物质产品，还产生文化艺术产品。所以，它的作用，甚至要拓展到商业、文化等领域。我们相信，只要瞄准这个突破口，扎扎实实地工作，必然会出现科研—生产—消费的良性循环，进而促进纺织工业的振兴。

四、雅鹿：一条飞舞的小龙

三年来，"以服装为龙头"的舆论，造得也不算少了。在实践中，"龙头"怎样才能舞动起来？有无运作规律可循？服装中心于 1990 年春向纺织工业部申请立项《以服装为龙头运行机制研究》课题，实验基地选在江苏太仓 ——

"以服装为龙头运行机制研究"课题由服装中心牵头。江苏省服装公司刘健经理愉快地承担本课题项目，省纺织工业厅表示鼎力支持，并在全省各地选择纺织服装企业来参与这项操作层面的研究。

市场变化如此之快，是我们意料之外的。20 世纪 80 年代初，全国尚处于"买衣难"的状态，仅仅过去六七年的时间，全国服装市场竟出现了"买衣难，卖衣也难"的新局面。这个"两难"持续至今，一直是买方市场的主要矛盾，预计还会在相当长的时间内存在。

就在"两难"交叉蔓延之际，素有"东方巴黎"之誉的上海，发生了一个"疯抢人立夹克衫"的故事。由江苏太仓西式服装厂（雅鹿）加工的上海人立服装公司的改良夹克衫，到上海第一百货公司销售。出乎意料，上柜台的第一天，夹克衫就受到消费者的热烈追捧。排队的长蛇阵，从柜台到百货公司门口，甚至到了南京西路的过街天桥上。这股热浪竟持续了 160 天之久。"服装流行趋势预测"课题组骨干成员吴简婴，发现了这个典型，立即将其推荐为本课题和以服装为龙头运行机制研究课题组的双重实验基地。我和课题组一行人迅速赶到太仓，进行一场现场的观摩调研。

太仓西式服装厂（雅鹿）的前身，成立于 1972 年，当时是由 6 名裁缝组成的手工作坊。"三驾马车"组成强势互补的领导班子。俞荣生书记善于团结用人、顾振华厂长精于经营管理、副厂长兼设计师黄鼎其是个既对于衣着消费潮流看得清，又会设计打版，明白面辅料理化性能，还会计算成本的高手。他们协调上游太仓化纤厂、吴江工艺厂，从纤维、纺纱、织布到印染，以至辅料、里料等都按"我需要什么，你生产什么"的原则，实行一对一的定织、定染、定产、定销，形成 "只此一家，别无分店"的局面。从 1987 年起，雅鹿只用了三年半的时间，不但扭亏为盈，固定资产还由 81 万元上升到 800 万元，年产服装 90 万件，销售额达 4100 万元，利润达 800 万元，流动资金 400 万元，银行存款 550 万元。

雅鹿为什么能形成良性一条龙运行机制？本着公平交易的市场原则，"不吃独食，有饭大家吃"，依据产品链合作各方花费的成本，以终端服装的利润总额为蛋糕进行合理的再分配。比如他们与吴江工艺厂共同开发的一款 20 万件的 T 恤面料，雅鹿厂盈利 60 万元，吴江厂盈利 50 万元，出厂每件定价 90 元，零售商在市场上卖一百几十元，也很有赚头，皆大欢喜。他们终于找到了一条服装小龙良性运转的润滑剂。

经过一段时间的再实验，是推广这条小龙经验的时候了。但是能否在 1991 年的全国纺织厅局长会议上公开推广，第一关是能不能说服部长的"智囊团"和"笔杆子"。于是我先后拜访部办公厅主任兼《中国纺织报》社长吴鹤松和总编辑陈义方，以及"大笔杆子"周鹏年处长。我开门见山地说："怎样看'以服装为龙头'，在机关里总很难扯得清。但是如果能到江苏太仓看一个典型，保准你们一看就明白了。"吴鹤松主任满口答应，要亲自前往江苏看看。江苏省纺织工业厅林庆生厅长是一位思想活跃、说一不二的领导，接到我们的邀请后，立马表示亲自参加调研组。服装中心朱秉臣主任，也决定亲自陪同前往。

调查组一班人走进工厂，实地观察、刨根问底、立体调研、综合分析……吴鹤松主任兴奋地说："雅鹿确实是一个'以服装为龙头'的好课堂。"调查组写出调查报告《一条飞舞的小龙》。部长等听取了调查组的汇报，同意雅鹿作为唯一的基层代表，在即将开幕的全国纺织厅局长会议大会上，介绍"以服装为龙头"的经验。他们也同意我们的建议，举办一场"雅鹿：一条飞舞的小龙"展览，让出席会议的嘉宾们观摩。

全国纺织厅局长会议，如期在京西宾馆举行。部长的大会主旨报告，加大了"以服装为龙头"的分量，辅以雅鹿服装厂顾振华厂长的典型发言和"雅鹿：一条飞舞的小龙"展览，再加之《中国纺织报》大篇幅舆论报道的烘托，有如芒刺触及了"以服装为龙头"的行业神经。会上意犹未尽，会后竟然出现了一次连带高潮——全国许多省市、自治区的人们，络绎不绝地奔向"鱼米之乡"江苏太仓，向雅鹿取经。

1992年2月，中国服装总公司召开全国服装公司经理会议，其主题确定为八个字：三年翻身，当好龙头。动员全行业奋发打一场"龙头飞舞"的翻身仗。

就在部长正式同意把这个厂作为典型向全行业介绍之际，我才想起俞荣生书记说的话："你们这个'太仓西式服装厂'，夹克衫是拳头产品，有点名不副实之嫌。是否趁这次上全国纺织厅局长会议公开推广的机会，更改厂名？不花广告费把品牌推向全国。"俞书记兴奋地回应："好是好，可是我们厂领导都已进京了，没法回太仓工商管理部门办更名注册。"此时，一同进京的太仓鹿河镇乡镇工业局孙炳元局长，拍着胸脯说："现在就改名吧，回太仓补办登记注册的事我包了！"俞书记忙说："太好了！谭主任，你帮助给个名字吧。"我便说："借你们家乡的鹿河之美，就叫'雅鹿'怎么样？"他们两位都连声说："好，好。"2018年6月20日，雅鹿品牌以186.26亿元价值，位居中国500个最有价值品牌榜第266位。

五、市场：由传统工业向现代产业蜕变的商家必争高地

1995年CHIC期间，我们组织的压轴戏"面向二十一世纪中国服装市场走势"研讨会，来自国内和境外专家学者言之有理、言之有据、言之有物的高见和预见，引发海内外业者积极反响，也唤起迈进"以服装为龙头"建设的战略腹地大门——

传统服装工业向名副其实的服装产业的过渡转型，实质是由计划经济型的体制向市场经济体制的转型迈出了可喜的一大步。简单讲，就是服装业通过市场这只看不见的手，把消费者装扮得漂亮些，最终检验服装产业是否具有兑现使命的真本事。

中国服装市场的现状与走向，事关中国服装业能否当好龙头，事关能否顺利解决十亿国人的穿衣问题，事关纺织业的发展壮大。因此，在1992年的春天，我与中国纺织经济研究中心主任程振华博士商量，想要推进两家单位合作开展相关调查研究。我们一拍即合，迅即展开工作。

图4-2　1992年10月13日，中国服装研究设计中心和中国纺织经济研究中心联合举行开发农村服装市场研讨会

　　四月的北京，春风拂柳，百花争宠，CHIC梅开三度。1995年4月27日—28日，由本中心苏葆燕和中国纺织经济研究中心张任光，负责具体组织的"面向二十一世纪中国服装市场走势"研讨会，以此作为CHIC的压轴大戏，并将该研讨会定在北京中日青年交流中心隆重举行。海内外资深专家学者，发表了有理有据的研究报告和实践真经，引发热烈的反响。国内外商企纷纷寻求相关报告资料，最终，我们筛选出13篇论文，并组稿成集《中国服装市场的现在与未来》。

　　回头看，虽然提出市场建设重大问题还为时较早，但我们在后续的实践中缺乏市场渠道尤其是国际市场网络建设有力举措。这在很大程度上，影响并制约了"走出去"和创名牌的发展进程。这是一个教训。

　　下面转载四篇关于市场的文章。

（一）中国服装工业呈现由量的扩张向质的飞跃态势

中国服装工业呈现由量的扩张向质的飞跃态势

——在面向二十一世纪中国服装市场走势研讨会上的发言

谭　安　1995年4月27日

　　伴随着社会进步，中国服装工业有了较大的发展。尤其是改革开放17年来，国内外两大市场的强劲拉动，服饰文化艺术的欣欣向荣，把传统的中国服装工业推向了呈现出"由数量的扩张到质的飞跃"态势的历史性转折新阶段。其主要标志有三点：一是现代化服装工业体系基本形成，二是以服装为龙头的"三开发"运行机制进入轨道，三是"四个含量"的服装质量观变出了规模经济群。

一、现代化服装工业体系基本形成

中国服装工业起源于手工业，40多年来发生了三大变化：由手工业作坊变成机械化生产；由机械化向半自动化过渡；由单一生产发展到基本形成现代化体系。

（一）中国已成为世界第一的服装生产大国和出口大国

几十年来，中国服装工业原来由城市老企业"独霸市场"的局面变成了乡镇企业、"三资"企业和城市老企业"三足鼎立"的格局，以集体所有制为主，多种经济成分、多种经营方式并存，开始走上社会主义市场经济道路。

目前，中国已成为世界第一的服装生产大国和出口大国。中国服装产业有小、中、大之分。所谓的"小服装"是指梭织服装，从业人数达370万人。近年来，梭织服装产量和出口创汇情况见表1。所谓的"中服装"是指梭织服装、针织服装、皮革服装、羽绒服装以及鞋帽等。1994年，服装总产量78.16亿件，总产值1516亿元，居世界第一，出口量40亿件，占全世界出口总量12.8%的份额，出口金额237.21亿美元跃居世界第一，占全球出口额的16.7%。1995年出口额达239亿美元。所谓"大服装"是指以服装为龙头的全部服饰产品生产以及与之配套的30多个相关行业和商贸业的产业链。"大服装"产业体系共有81578家从业人数达900多万。服装产业概念的外延不断扩张，反映着服装产业现代化配套水平的提高，也反映着服装市场经济向纵深发展的尺度。

表1　1990-1994年中国梭织服装产量、出口创汇情况

年份	1990	1991	1992	1993	1994
产量（亿件）	31.75	33.84	42.66	63.68	78.16
出口量（亿件）	9.64	13.00	26.11	30.50	40.00
创汇（亿美元）	39.52	54.15	100.30	115.43	150.19

（二）科技教育成果转化为生产力

1.高新技术改造传统的服装产业，开始起步。中国出现了一些可喜的新趋势，包括中科院和清华大学等研究服装科技的项目，相继取得了服装CAD、服装流行趋势预测、中国服装号型标准、服装柔性生产系统等一批成果。中国服装研究设计中心承担的国家"85"科技攻关课题——国家服装设计与加工工艺示范中心，同时也是国家服装工程中心和国家"863"服装CIMS应用工程。现已取得阶段性成果，是当代跨世纪的高新技术计算机制造集成系统。英文书写CIMS。现在全国县以上有100多家服装研究设计中心（所）。一批企业也建立了服装研究设计开发中心（所）、质量检验站35所，其中国家检测中心2个。这些单位都推动着行业技术进步和服饰艺术的繁荣。

2.大规模技改促使重点地区、重点企业初步实现了装备现代化。据统计，中国东部和中部地区的13个省市的服装产量，占全国服装总产量92%。改革开放以来，全国各种渠道投入服装工业的技改基建资金，达上百亿元。"七五""八五"十年，通过中央几个渠道投入的36亿元资金，用来更新设备、改造厂房、电刀裁剪、高速缝纫、蒸汽熨烫、专业设备配套的梭织服装生产线，这些都正在普及的基础上进一步提高。

3 服装教育事业蓬勃发展。全国有79所大专院校开设了服装系或服装专业。中国纺织总会直属院校8所,服装专业的在读学生2450人。从1983年至今,服装专业毕业生3300人。各地都办了一些服装专业技校和职业高中。以上种种,初步形成了从技术工人到设计师、经营管理专门人才培养体系,中国服装行业中技术人员超过1%。

(三)服饰文化空前繁荣

这些年来,中国的服饰文化热点最多。一是服装博览会、文化节之"热"。大连、上海、四川等10多个省市,先后办起了服装文化节和博览会。大连连续办了7届,向国际服装文化节的模式发展。去年,上海国际服装文化节内容丰富,水平很高。服装中心等在北京主办的中国国际服装服饰博览会(CHIC),到今年已是第4届了,吸引了21个国家和地区的同行,包括瓦伦蒂诺等。二是服装设计大赛之"热"。凡有服装节和博览会,就有赛事。服装中心主办的"金剪奖"全国服装设计大赛,"兄弟杯"中国国际青年服装设计师作品大赛、中国(大连)青年服装设计大赛等,推动着各地服饰设计大赛,促进服装设计师队伍茁壮成长。三是服装模特表演之"热"。全国现有167支服装模特表演队,逐步形成一个自然行业。四是办服装报刊之"热"。全国现有专业服装报刊和电视节目专栏20多个,服饰文化提高了人们的审美情趣,引导了消费,反过来消费又刺激了服装生产。

总之,服装生产经营体系、科技教育体系、服饰文化体系,相辅相成,配套发展,基本形成了中国服装现代化工业体系。

二、以服装为龙头的"三开发"运行机制进入轨道

在长达30年里,中国服装工业的成衣加工与面料生产、成衣加工与经营贸易,严重脱节。"我生产什么面料,你就用什么面料","会做衣服的,不能卖衣服",这是对规律的扭曲,对关系的颠倒。这不仅制约了服装工业的发展,也影响了纺织工业相关工业以及商贸业的发展,自然也牵及消费者的选择。回顾历史,品味甘苦,我们终于理出一个头绪:"以服装为龙头"是一条重要的经济规律。它捅破了面料生产、成衣加工,市场营销都必须围着"人"有序转动的窗户纸。不少服装企业开始走上"开发面料、开发服装、开发市场"的"三开发"之路,尝到了甜头、提升了实力。

(一)以服装流行趋势为导向来开发面料

目前成功的方式有三种:一是定织定染,垄断销售;二是兼并承包租赁纺织厂;三是纺织厂办服装厂,提高市场占有率。

虽然开发面料的路子走开了,但因整理不过关或档次不高,所以部分中高档面料还需要进口和来料加工服装。1994年进口面料30多亿美元,高档衬布等辅料也是一个瓶颈,1994年进口尼龙绸即达十几亿美元。

(二)以技术艺术为导向开发中高档服装

中国服装虽然在出口数量和金额上居世界前茅,但其定位还是世界加工基地。1994年,加工贸易

出口服装 107.6 亿美元,自行设计的比例不超过 10%。但是大批企业集团依然坚持走自行设计的路。他们办自己的设计室,甚至服装研究中心,设置首席设计师或总设计师,不仅重视创意设计,而且加强造型设计。自行设计产品的市场占有率在 70% 以上,有些品牌已具有与海外品牌争雄的实力。1994 年,全国市场产品竞争力排行榜中,有 50 种中外产品,其中有西服和衬衫。详细数据见表 2。

表 2 1994 年全国市场产品竞争力排行榜

产品名称	心目中的理想品牌排名			实际购买品牌排名			95 购物首选品牌排名		
	第一名	第二名	第三名	第一名	第二名	第三名	第一名	第二名	第三名
西服	杉杉	皮尔卡丹	仕奇	杉杉	美尔雅	仕奇	杉杉	皮尔卡丹	仕奇
	29.957	28.245	9.275	31.593	10.934	8.627	35.441	15.482	9.602
衬衫	开开	乔士	金利来	乔士	金利来	开开	开开	乔士	金利来
	24.377	12.610	10.764	18.845	14.860	10.229	17.666	14.734	11.826

从表 2 中可以看出:一是这两个品种款式设计虽然变化不大,也在紧紧把握流行趋势;二是这两个品种的结构设计,特别是西服要求很高,既有姓"西"(西服的基本风格)又要姓"中"(适合中国的人体结构规律);三是这两个品种在工艺技术上要求既高又严;四是消费者,无论是心理因素还是实际行为因素,中国品牌都占了优势,这里不排除因为价格因素影响了消费者购买行为。

(三)以中高档产品为基点开发国外服装市场

"八五"以来,国家赋予 646 家服装纺织印染企业集团自营进出口权,克服了"隔山买老牛,隔山卖老牛"的弊端。旧企业变成了小批量、多品种快交货、高附加值的快速反应的新企业。1994 年,全国服装创汇额比上年增长 28.7% 的幅度,价格提高 19.3%,占 2/3,数量增长 9.4%,占 1/3。梭织服装平均单价提高 14.65%,针织服装平均单价提高 26.68%。

(四)以中低档服装产品为基点开发国内市场

1987 年,国内服装商品成衣率不足 25%,到 1994 年,就提高到了 50%。1994 年,国内市场衣着类商品零售总额达到了 2617 亿元,为 1978 年的 9.4 倍,衣着消费占总收入的 15% 左右。国内服装商品零售额超过 1350 亿元,比 1978 年增长了 18 倍。目前国内低档服装市场已饱和,中高档服装市场还不成熟。据统计,中国城市居民家庭收入 10 万元的富豪型占 1%,富裕型 3 ~ 10 万元,占 6%,小康型 1 ~ 3 万元,占 55%,温饱型 0.5 ~ 1 万元,占 34%,贫困型 0.5 万元以下的占 4%。全国有 335 家经营中高档服装的大中型零售商店,中国服装市场已出现国际化趋势。据不完全统计,自 1978 年以来,已有 50 多个国际品牌服装,在中国稳住了阵脚。中高档服装市场占有率呈上升趋势,到本世纪末,实现现代化建设第 2 步发展战略目标,12 亿中国人民达到小康水平,市场潜力巨大。城市居民中高档服装消费量估计将会达到 1/3 左右,可见中低档服装从现在起,在相当长的时期内,仍将是中国服装市场的主角,特别是 9 亿农民的农村服装市场的主角。全国服装纺织品主营或兼营集贸市场超亿元销售额的,共有 114 个,其中超 5 亿元的有 6 个,他们面对的主要对象是农村市场。

三、"四个含量"的服装质量观，生出规模服装经济群

科学技术和市场经济汇合的浪潮，冲击着"实用、经济、美观"的传统静态的服装质量观，发人深省、令人思考。就现代服装而言，这种既属于物质产品又属于精神产品的特殊产品，不管是静态因子，还蕴含着有时效动态因子、信誉度无形因子，当代的动静态服装质量观（技术含量，艺术含量，时效含量，信誉含量）正在逐步形成。技术含量包括管理技术含量。

物质变精神，精神出财富。崭新的"四个含量"服装质量观，被一批思想前卫的企业家接受了、并实现了。于是乎，在4.4万多服装企业中，一批鹤立鸡群的集团涌现出来，并初步显示出他们在服装工业中的中坚地位，主要有以下3个主要特征：

（一）把建立"快速反应系统"摆在首位

世界衣着消费个性化的总倾向，强劲地拉动衣着服装生产"多品种、小批量、快交货"的模式升级。众所周知，实现这个模式的核心是建立快速反应系统。然而中国应用电子等高新技术起步较晚，在部分服装企业中已应用的技术，基本上只是"技术孤岛"，并不成系统。全国现有400家服装厂使用了CAD，也有一些企业尽量采用先进技术，以至土洋结合，突出一个"快"字。如浙江嘉兴市的一个农村，有个茉织华实业（集团）有限公司，员工4 000多人，1994年实现产值8.5亿元，利润1.27亿元，其"绝招"就是集团内部实现计算机网络管理。他们可以只用两个星期的时间，就让日本客户完成从订货到交货的全流程。

（二）实施名牌战略

中国的服装企业与工业发达国家的服装企业，有两个基本差距：一是产品档次不高，二是产品知名度不高。缩短这两个差距的关键，是创服装国际名牌。因为名牌既是企业综合素质的结晶，又是社会诸多因素的结晶，也是一个国家服装工业国际形象的主要支柱之一。目前，名牌战略热浪席卷神州大地。从政府到社会、从企业家到职工，他们正把响亮的口号变成实在的行动，甚至敢于向国际名牌挑战。

前年岁末，内蒙古自治区呼和浩特市的青松制衣有限公司，在全国性的大报上连发广告，郑重宣布他们生产的"仕奇牌"西服，向在中国市场上销售的海外品牌提出挑战："在同等价格上，质量高于对方；在同等质量上，价格低于对方。"这一"高"一"低"，气势不凡。全国有53个服装品牌荣获"95金桥奖"。这个大奖是国家经贸委、国内贸易部、电子工业部、中国轻工总会、中国纺织业总会、国家技术监督局、中国消费协会联合举办的"95全国畅销国内商品展销月"活动中，经全国335家大中型零售商业企业和30个地区组委会联合推荐，由当地公证部门公证，评审委员会审定才推出的。见表3。

表3 荣获"95金桥奖"45个服装品牌

类别	品牌
牛仔服	威鹏、斯特兰、波顿、依人、FUN(奋牌)、古树、高尔普、比利、牛头、剑龙、蓝灵顿
男西服	杉杉、仕奇、美尔雅、仙霞、大维、潇翔、红都、木兰、胜龙、响铃
女西服	爱之如、梦妮莎、Π牌、太和、雅琪、大维
衬衫	富绅、开开、好来西、雅戈尔、舒乐、虎豹、乔士、琴曼、绅士、红豆、早冠、海螺
夹克	雅鹿、大永日、精工、骏马、人立
羽绒服	鸭鸭、美尔姿、冰川、老鸭、南极峰、伊里兰、天歌、上羽
童装	一休、红孩儿、小霸王、鲁花、圣诞树、野豹、志兴
T恤衫	康赛
运动服	李宁

（三）一业为主，多元经营，大投入，大产出

国际服装工艺的规模经济、规模效益的企业，对中国企业家诱惑力很强，启迪也多。他们迅速摆脱了传统观念的束缚，采取"大投入、大产出"的经营策略，一业为主、多元经营，组织联合"舰队"参与到国内外市场竞争中去。浙江宁波雅戈尔集团股份有限公司，是在青春衬衫厂基础上采取"以服装为龙头，以贸易和房地产为两翼，生产经营、金融、内外贸易兼容"的发展策略，一年之内就组建了中冠纺织（宁波）制衣有限公司、南光（宁波）房地产开发有限公司、雅戈尔西服厂等五家中外合资企业，年经营额一下子达到了4亿元的水平，现在已经是利税过亿元的集团。

中国纺织业总会四个部门联合发出通知，表彰了1994年工艺、技术、设备先进、年创利税5 000万元以上的8强企业。其中前4名为亿元以上，他们是浙江茉织华实业（集团）有限公司、宁波杉杉集团有限公司、宁波雅戈尔集团股份有限公司、浙江雪豹集团有限公司、四川天歌股份有限公司、天津津达制衣有限公司、浙江兽王集团公司、南通三友时装有限公司。江苏省服装总公司公布了1994年全省7家利税2 000万元以上的企业集团：南通三友股份集团、常州远东服装有限公司、江苏红豆制衣集团、江苏康博集团、江苏雅鹿股份有限公司、江苏秋艳制衣总厂、江苏晨风企业集团。这些企业集团已初步形成规模经济，产生了规模效益，从而使自己符合国家"扶强择优"政策，富则更富，顺了"水深养大鱼"之理，超越了创业阶段线性发展速度，进入加速发展阶段，快则更快。这批实力派的崛起，将改变中国服装工业发展格局。

中国服装工业经过17年改革开放的洗礼，驶入快车道，势头喜人。这种势头能维持多久？这是大家关心的问题。据研究，中国的服装工业永远是朝阳工业，不是夕阳工业。90年代中后期，中国服装工业市场基本走势，可以树立我们必胜的信心。见表4。

表4 1994年全国市场产品竞争力排行榜

产品名称	心目中的理想品牌排名			实际购买品牌排名			95 购物首选品牌排名		
	第一名	第二名	第三名	第一名	第二名	第三名	第一名	第二名	第三名
西服	杉杉	皮尔·卡丹	仕奇	杉杉	美尔雅	仕奇	杉杉	皮尔·卡丹	仕奇
	29.957	28.245	9.275	31.593	10.934	8.627	35.441	15.482	9.602
衬衫	开开	乔士	金利来	乔士	金利来	开开	开开	乔士	金利来
	24.377	12.610	10.764	18.845	14.860	10.229	17.666	14.734	11.826

上述预测是有着充分根据的，主要有七条：1.现代化服装工业体系已经基本形成；2.丰富而低成本的劳动力资源；3.以占世界人口1/5的最大国内服装市场为依托；4.以丰富的棉麻丝毛等天然纤维为基础；5.以历史悠久的服饰文化为底蕴；6.海外同业包括港澳台在内的全世界中华儿女的热情参与和合作；7.举国上下正在实现两个"根本转变"，即由计划经济体制向社会主义市场经济体制转变，由粗放型经济向集约化经济转变。可以预言，正像联合国教科文组织在1995年6月所宣称的那样，"北京将成为世界服装中心"，中国将重振"衣冠王国"雄风，跻身世界服装大国之林的理想，定能实现。（本文由香港《中国纺织及成衣》、台湾《纺织周刊》编发）。

（二）中国服装市场再向成熟迈大步

中国服装市场再向成熟迈大步

——在江苏无锡市服装市场研讨会上的发言

谭 安

（1998年4月）

中国服装市场已呈现出需求活跃、平稳发展的态势，同时，市场容量中"总量供给有余、有效供给不足"的商品结构矛盾突出。这透露出机遇与挑战并存的局面。

买衣难、卖衣难的现象并存

买衣难者，首先是中老年人，抱怨买不到合体的衣服；其次是一些文化层次较高的人，多半买不到得体的衣服；再次是儿童，买不到适体的衣服。卖衣难有一组数据可以为证：1997下半年，国内贸易部商业信息中心对全国主要商品供求情况调查显示，92种纺织品中，供求基本平衡的品种59.6%，比上半年减少35%，供过于求的品种占40.4%，供不应求的品种为28种，针棉织品在上半年供求还是基本平衡的，而到了下半年供过于求者竟达到57.1%。

中低档服装仍居主导地位

与近年来国际服装市场出现大众化的倾向类似，中国市场的中低档服装依然是主导商品。1997年，全国社会零售额26 843亿元。其中衣着零售额达3 400亿元，占12%。这一年，全国销售服装46 700多万件，与前年同比增长 0.5%，针织内衣裤 22 512 万件，同比下降 5.7%。女装售价 500 元以下的占 80% 左右，800 元以上的只占 3% 左右；男西装售价 500 元以下的占 40% 左右，500～1 000 元的也占 40% 左右，1 000 元以上的占 20% 左右。

中高档服装呈上升趋势

据上海 1997 年上半年员工薪资抽样调查表明，目前上海"三资"企业高层管理人员的月薪 1 000～25 000 元，平均 4 690 元，中层管理人员为 650～8 000 元，平均 2 798 元，秘书和刚参加工作的大学生月薪为 600-4000 元不等，平均为 1 600 元。经济基础拉开了衣着档次。服装支出，最高收入户分别比高收入户、中等偏上收入户、中等收入户，高出 25%、48%、80%。地区差距也拉开了，服装支出较高省市主要是北京、辽宁、黑龙江、上海、浙江、山东、湖北、广东和四川。农村居民生活费支出较高地区为北京、上海、浙江和广东，而衣着支出较高的主要是北京、上海。

"三资"企业生产的服装，成了中高档服装市场的主角。其次是进口服装，1997 年达到 11 亿多美元。进口服装主要为四大类：针织服装占 18% 左右、梭织服装占 78%、皮革服装和裘皮服装占 4% 左右。进口服装前 10 位是日本、中国香港、韩国、中国台湾、意大利、德国、法国、澳大利亚、巴西，其中日本达 40% 以上。上述品牌服装基本上占领了中国中高档服装市场，加速了中国服装市场的国际化进程。

服装消费结构变化明显

服装消费结构变化表现比较明显的有 3 点：

一是盛行休闲。当今世界衣着消费的总趋向是自然、随意、舒适。中国实行的每周双休日，加快了人们的衣着生活方式汇入世界衣着消费这股主流。休闲西服以其既注重仪表、又强调舒适，既保持西装的基本原型、又潇洒自如，备受男士们的喜爱。在休假时间里，人们更是"新面孔、新形象"，到处一派无拘无束的气氛。

二是突出环保。在中国，"绿色衣服"也提上日程了。人们喜欢穿天然纤维的服装，尤其内衣，不但要求天然纤维，而且还要经过技术整理具有保健功能，同时还要注意染料里是否含有偶氮等有害物质。全国生产纯棉免烫衬衣有 20 家工厂，很旺销。可许多消费者对经过化学整理的衬衣是否对皮肤有伤害这一问题，提出异议。甚至有媒体大声疾呼，关于免烫衬衣的助剂甲醛树脂这一问题应尽快制定国家标准。

三是功能细分。穿着不仅区分工作、生活、礼仪等不同功能，而且又在展示消费者的个性。就以工作装而言，涉外工作的上班族，有的在一天内根据不同场合，竟需要换两三次装束。套裙，既典雅庄重、又展示女性的妩媚多姿，成为白领族的主要选择。1997 年比 1996 年上升了 72%。社交礼服，也开始受到重视。女性讲究时装，男士西装注重高档。男士和女士们均注重衬衣、围巾、领带、皮带等服饰配套，讲究整体美。生活装发展很快。家居、旅游、休闲等不同季节服装品种，大不相同。内衣、沙滩装也发展很快。大城市中 20-40 岁的女士内衣的需求，增长迅速。高档套装内衣、超薄型羊毛内衣俏销。这些服装突出了应季、应时以至专用。中国幅员辽阔、民族众多，精明的企业家在激烈的市场竞争中，不仅在老品种上"开拓"市场，还在"无中生有"的新品种上"开发"新的市场，从而赢得大批消费者的青睐。

市场建设喜忧同在

我们已不乏堪与国际一流商厦相媲美的大型商场。但总体看来，"软环境"建设还是跟不上。不少大商场是"同胞兄弟"，服装从品牌、陈列到销售方法、服务几乎"一个面孔"。消费者到这家店买不到，到那家店也空跑一趟。店铺经营无特色，商品也无特色，这导致有的商场只是昙花一现，有的也只好惨淡度日。服装专卖店、连锁店发展很快，软环境也不错。但一般多以海外大牌名牌来支撑，但价格定位竟高于海外，于是有人质疑："这样的专卖店，还能支撑多久？"

经营本来是工商共同的事。有些商家误认为，目前买方市场对商业有利，一味地采取代销方式，回款视销售情况而定，卖得好就回款、就继续卖，卖得不好就退货。经营风险完全由服装生产厂家承担。这样的代销就是个问题。服装企业由生产体制向生产经营体制转化，自产自销的绝非少数。但自己办商场，也只是一个窗口，多数还是通过商业渠道。现在有一个倾向——有些中等甚至小服装企业，也盲目追求市场覆盖率，追求大商场，认为只要能进大商场就有地位了。其实服装多品种、小批量的经营模式，早已成为国际服装市场的主流。一种品牌想要占领全国市场代价，相当高，也相当难。区域市场，倒是品牌生存发展的良好空间。

总体来看，中国服装市场的销售数据会有所增长。但大类品种之间发展仍不平衡，产品结构性矛盾不可能很快缓解。中国买方市场当属初级阶段，即使经过一定时期后，也仍属市场常态。优胜劣汰将进一步加剧。

（1998 年 4 月 15 日《华东信息导报·市场透视》）

（三）市场的要害：怎样看待消费者

市场的要害：怎样看待消费者

——在第二十九届裘皮革皮制品交易会论坛上关于贵族化与平民化之辩展开讨论的建议

谭 安

（2003 年 1 月）

细心的朋友可能已觉察到，在本届裘皮革皮制品交易会上，出现一个十分可喜的切中要害的讨论。这就是本届交易会中的皮草时装表演、展览展示、论坛研讨等整个过程，都深刻地揭示了"裘皮消费领域里高级享受掩盖平民消费"的倾向——成为专家、学者、企业家、商界老板、媒体包括网民们关注和议论的焦点话题。两种观点，仁者见仁、智者见智，各执一词、理直气壮、火花四射、发人深省。

尽管这场讨论才刚开始，却是切中要害的开头。说它切中要害，究竟切中了什么要害？我认为，市场的"要害"一是怎样"看"消费者，二是怎样"待"消费者。这些合成七个字就是，"怎样看待消费者"。

有人不禁会问，裘皮消费者和其他服饰消费者不都是消费者吗？不错，凡消费的人都当称为消费者，但问题在于裘皮服装的典型性，由于它在历史上曾经显赫的价值地位，伴随时代步伐走到今天，它又把两个不同层次的消费群体区分得十分清楚。如果我们能从这个典型产业入手进行剖析，广泛而深入探讨，不仅对于裘皮产业发展意义非凡，而且对于中国广大消费者走向全面小康的生活规律的认知与把握，也十分有益。

有人会进一步问，"怎样看待消费者"为什么是"要害"？世间任何事物都呈链状形态，裘皮产业也不例外。就裘皮产业链粗略地看来，从选种、育种、养殖、生皮硝染、流行信息、时尚设计、服饰加工、广告宣传、经营、销售、消费等诸多环节组成，包括国外的经营要素，如海外的优质毛皮、市场等，不难看出，消费处于总"出口"位置。在整个链环上，各个环节都不可少，但如果"出口"不畅，甚至堵塞，整个裘皮产业链环必将瘫痪，甚至完全停止循环、死亡了。这个本属于常识的问题，其背后的硬道理是：市场说到底就是人，没人哪有市场，没有消费就没有市场，没有消费也就没有产业。诚如芬兰的国际裘皮协会代表齐微尼女士上午发言用"从农场到消费者——真正的裘皮国际贸易"作为点睛标题，可见她在市场经济的大海中"泡"透了。我想试解齐微尼的完整产业链观点的内涵：进入小康社会，消费者是裘皮产业链中最关键的、决定性的一个环节，生产者看起来也非常关键、却不是决定性条件。为什么我们国家发展经济把"启动内需"作为一项基本策略？想必其中的道理与根据，也就在此吧。

许多朋友就这个要害问题，相继发表了很多、很好的见解和观点。这里我也简要地谈谈如何"看"、如何"待"裘皮消费者，与大家交流思想。

首先，怎么"看"消费者？从个性来看，消费者是多层次的。严格来说，在今天，一人一个样，一人多衣，一季多衣，甚至一天多衣。成功的生产企业，实行多品种、小批量的经营方略，品种越多越好、批量越小越好，直至批量等于1。个性消费是今后的基本消费走向。有句老话，"同行是冤家"。

现在仔细分析，这句话有一定的历史局限性。在高新技术的条件下，今天的服装企业完全可以自由地细分专业特色，创造出差异化的产品，满足消费者的个性需求。这样一来，就组合成一个"小错位、大发展"的完整的裘皮产业链。所以，同行是亲家，"同样"才是冤家。

事实上，在裘皮产业链里，谁家能一手遮天？"只此一家，别无分店？"

从共性看，"喜新厌旧"是消费者的权利，也是一条消费规律。"新"的本质特征是时尚性。所谓时尚，既是一个文化概念，又是一个技术概念。不同的时代，是由不同的主导技术决定它的时代特征。任何产品的时尚性，首先都被深深地打上了时代的烙印，从根本上说就是打上时代的技术水准的烙印。在相当长的历史时期，皮草依然是贵妇们"裘皮大衣"的老模样。20世纪70年代，裘皮印花时兴了一阵子，慢慢地便暴露了"刷色"的拙劣技法，于是就退出了时尚舞台。直到90年代末期，新的裘皮印染技术令裘皮锦上添花，征服了众多消费者。第29届裘皮制品展，色彩带来裘皮业的革命。色彩是最大的亮点，琳琅满目，美不胜收。这证明本届论坛以"裘皮革皮消费动向——技术变革引发新趋势"为标题是相当准确的。因此，关于消费者的消费共性，我们始终要睁大眼睛，盯住他们"喜新厌旧"的消费心态的变化，哪怕是细微的苗头。因为世间事物，恰恰都是由小变大的。

再说，怎样"待"消费者？主要有以下两条：

第一，华贵典雅也时尚。高级裘皮消费者们追求雍容华贵、经典优雅，追求显示自身的地位、财富和价值观。但凡是消费者，都跳不出消费者心态的共性——喜新厌旧。今年冬天是少有的"寒冬"。年前我们访问欧洲，大街上穿全裘皮大衣者，比比皆是，但多是中老女性。仔细观察西欧穿裘皮大衣中老年女性，一些看上去穿的是压箱底的裘皮大衣。事实上，这类的高档材料，虽然也讲究流行，但要遵循长周期流行规律。相当多的穿着者的裘皮大衣，色彩不同，纹样迥异，款式有别，很有个性。这说明，时代不同了，华贵典雅也时尚。

第二，平民消费也精致。中国的广大消费者与改革开放初期比较，最大的不同点是，正在走向成熟。大多数消费者的眼界宽多了、审美眼光高多了、服饰文化水平也高多了，口袋里的钱也多了。在这样一个走向全面建设小康、平民百姓生活质量显著提高的今天，如果认为平民化消费就可以马马虎虎、粗制滥造，那显然是一种误解，也损害了裘皮高贵典雅形象。其实，平民百姓也要求产品精致、物美价廉，偶尔也要求高贵典雅。如今参加典礼、婚礼、节庆等正式场合，人们也都穿起了礼服。所不同的是，他们享用的是如同北京元隆公司李庆元总经理的精彩警句，"有分寸的豪华优雅"。会不会把握"分寸"是衡量消费者是否成熟的一条基本标志。比如，如今年轻姑娘"露"，是一种讲究分寸的时尚。如果中老年女性也跟着"露"起来，恐怕就有失分寸了。适应"场合"，也就是讲分寸，有分寸才得体。平民化的裘皮服饰的款式显著特征——多种材料的组合。这恰恰应验了当今"一款多料"的服装流行一大趋势，既吻合时代节奏，又符合消费者物美价廉的价值取向。

既然裘皮服饰具有揭示服装消费规律的典型性，那么我建议中国国际裘皮皮革制品交易会主办单位和各种媒体，继续展开深入讨论，不断加深对"什么是市场"的导向，特别是如何"看"与"待"消费者的理解，从根本上推动裘皮产业链乃至整个大服装产业链的升级与迭代。

（四）中国服装业与国外同行业差距明显

CHIC'97 期间，《北京日报》记者孙小杰采写的评述，刊登在该报《内部参考》上，不久被《人民日报》选用并编发在该报内参《情况汇编》上。

情况汇编

（人民日报编印，1997 年 5 月 26 日）

中国服装业与国外同行业差距明显

——生产工艺和技术落后，服装出口吨创汇不到发达国家的 1/3

本刊讯（北京日报记者孙小杰）在最近举行的北京'97 中国国际服装服饰博览会上，记者采访了中国服装研究设计中心副主任谭安和中国服装协会有关负责人，了解到当前中国服装业与国外同行业之间的主要差距。

中国服装出口一直以加工为主。这种做法至今还没有大的调整和改变；服装出口数量大，服装的吨创汇水平很低。1981 年中国服装出口的吨创汇为 8 625 美元，到 1993 年达到 12 605 美元，平均年增幅仅为 3.2%，低于同期服装出口额增幅 17.8%。而世界一些服装业发达的国家，他们的出口服装则在设计、创新上下功夫，以服装的花色品种、款式和质量取胜。1993 年，德、法、意三国的服装吨创汇分别为 50 544 美元、43 750 美元和 38 419 美元，分别是中国同期服装吨创汇的 4 倍、3.47 倍、3.04 倍。中国服装出口长期以量大取胜，竞争的结果是缺少自己的品牌、自己的市场份额。

生产工艺和技术落后是中国服装业的主要弱点。国外的一些服装生产大国技术设备、生产工艺先进，对市场反应灵敏、快速，他们可以小批量、多品种生产高质量服装，在短期内投放市场，满足不同的消费需求，因此经济效益很高。而中国由于技术设备落后，服装只好大批量、少品种生产，产品投放市场的速度慢，经济效益难提高。

与服装生产相配套的行业，长时间形不成系统。目前，中国的服装面料、辅料、服饰配件以及服装机械的开发水平仍不能适应高附加值生产的要求。其结果是，在中国的出口服装中，来料、进料的加工比重占到 52%，服装附加值很低，仅获较少的加工费。中国的国产面料一般仅用于大路货及中低档服装；国产服装辅料品种不全、不成系列，质量档次没有保证。

多数服装企业仍存在品牌意识差的问题。国内服装市场发育尚不健全，缺乏规范化有序管理。80 年代，中国服装出口基本上以一般贸易为主；进入 90 年代，服装加工贸易占中国服装出口的比重逐年上升，1994 年，服装出口加工贸易额达 107 亿美元，占当年服装出口额的 45.3%，而绝大多数加工贸易服装是国外的品牌、商标。中国国内自己生产的时装则较少到国外注册商标，打入国际市场。在国内服装市场，生产企业不是针对市场需求，努力开发适销对路产品，而是一味跟风，看到什么服装畅销，便一窝蜂地照搬生产，结果是产品供大于求、严重积压，造成社会资源的极大浪费。

（北京日报供稿）

六、品牌：飘扬在以服装为龙头运行轨道上的旗帜

中国服装产业长期徘徊在国际价值链低端，原因是多方面的。其中重要的一条经验教训是，虽然服装品牌居全国各业之首，但创国际名牌未形成"拳头"——

20 世纪 80 年代初，我们就把争创名牌当成大事。1985 年，我们开始与法国伊夫·圣·洛朗公司探索合作方式，达成"伊夫·圣洛朗设计、中国服装研究设计中心监制，共创一个嫁接品牌"的协议，我们真正的心思是先傍世界大牌，积累经验，树立形象，逐步创立一个属于我们中国自己的名牌，也为行业起点示范作用。双方合作已在北京友谊服装厂试制出了女装样品，也已印制了商标。但是非常遗憾，后因政治原因，"十月怀胎"的国际高端服装嫁接品牌已到临产期而被迫地"流产"了！

1994 年，《服装科技》开设《创名牌与穿名牌大家谈》专栏，发起征文活动，以推动中国服装名牌事业健康发展。《服装科技》编辑转载艾丰《名牌系列谈》一文作为开场锣鼓。其间，我在济南的山东省服装公司经理座谈会上，交流心得，鼓励争创名牌，还提出"品牌消亡论"的观点。我认为，在相当长时期的初级阶段里品牌仍会很"热"，从长远看，消费者认清了服装的本质，做衣裳的主人、不当衣裳的架子时，品牌就会消亡。但现阶段，品牌是一件大事。企业要积极争创名牌，消费者要冷静对待"穿名牌"，尤其不宜倡导儿童穿名牌。继续观察思考，针对我看到创名牌、穿名牌的八种倾向，写了一篇综述文字《创名牌——企业该全力以赴，穿名牌——消费当量入为出》，发表在《服装科技》上。

数据显示，品牌的注册数量，服装业居于全国各行业之首。许多服装企业创立名牌的力度也很强势。例如，不少中华老字号依然历久弥新，如北京"红都"给国家领导人定制西服和中山装，上海"培罗蒙"香港分号的高级定制蜚声海外。体操明星李宁 1990 年率先创立运动服李宁牌，郑永刚率先聘请张肇达和王新元两位年轻有为的设计师，一起塑造"杉杉"品牌，都在全国起了带头示范作用。直至 90 年代前期，李宁、杉杉、雅戈尔、波司登、美尔雅、蒙妮莎、长城、红领、海珊、耶莉娅、仙霞、新朗、雅鹿、海螺、鸭鸭等一大批服装品牌，已分别基本确立了各自在国内市场的地位。在这大好形势之下，许多有识之士为中国服装的"大而不强"，至今尚无国际名牌的一席之地而倍感焦虑。

审时度势，我们把 1996 年第四届 CHIC 主题确立为"争创国际名牌"，组织安排"中国服装创国际名牌系列活动"，并以中国纺织业总会名义向各省市自治区和计划单列市纺织厅局总公司及服装院校、研究中心（所）发文，要求进京观摩 CHIC，收获"未参展的参展，不出国的出国"的效益，引导全国服装行业实施名牌战略的重点，由国内向国际转移。我把 CHIC 的研讨会改名为"世界名牌论坛"，邀请法国高级成衣公会主席莫克里哀，率"法国十大名牌时装展演"来中国交流示范，在论坛上介绍法国创名牌的宝贵经验。在 CHIC 新闻发布会上，我发出了"2:0 的尴尬"呐喊：从 1994 年起中国服装产量和出口额双双夺得世界冠军，可至今尚没有一个在国际上叫得响的牌子和设计师，引起首都媒体的强烈共鸣，有 10 多家首都媒体大作"2:0"文章，掀起了一股争创国际名牌舆论热浪。《中国服装》为此专门写了一篇《国际名牌 志在必得》社论（征求意见稿），已送《中国纺织报》审定联名发表。当时，我出门有事，车行进在长安街上，仍觉得这篇社论题目主动挑战的气势不足。于是我立刻联系陈义方总编，建议把"志在必得"改为"志在必夺"，他欣然同意。现转述这篇社论全文如下：

（一）国际名牌 志在必夺

国际名牌 志在必夺

——祝贺'96中国国际服装服饰博览会开幕

"以争创国际服装名牌"为主题的'96中国国际服装服饰博览会，在4月9日开幕了！我们预祝本届博览会取得圆满成功。集前三届的成功经验，本届博览会主题更为突出，内容更加丰富，既有高层次的名牌理论探讨、有形象的名牌服装静态与动态的展演、有中外名牌服装同台起擂，还有多彩的服饰文艺活动……我们相信，这次博览会一定能进一步唤起国人的名牌意识，瞄准国际名牌去探索、去拼搏！

改革开放以来，中国的服装工业发展迅猛。我们已经取得了产量、出口额两个"世界冠军"，照理说，我们大可自豪一阵子。但是冷静思考，尽管中国已有了一批在国内享有盛名的服装品牌，但至今还没有一个国际服装名牌。这是一个严峻的"2:0"问题。形势的严峻还在于，随着中国与世界贸易的逐步接轨，中国的服装市场与国际服装市场日趋融合。这种趋势是机遇、也是挑战。它向中国服装业提出了这样一个尖锐的问题：你靠什么去占领国内市场？拿什么到国际市场去竞争？结论只有一个：名牌，世界名牌。有了它，就能赢得两个市场主动权，就能发展民族工业。甚至可以说，有了它，中国才称得上重振"衣冠王国""世界服装中心"。CHIC'96把创国际名牌的必要性、迫切性尖锐地提出来，切中要害，抓到了纲上。抓住这个"纲"，无疑会带动整个纺织服装业素质的提高，增强企业的竞争力。

现在，"名牌热"已在神州大地兴起。一批品牌已经脱颖而出。但是无论是认识上、还是实践上，都有些问题亟待解决。

认识有待提高。"创名牌"的意义谈起来是命运攸关的头等大事，做起来又变成纯属企业的事。这种认识颇有代表性。这是认识的偏差，至少是一种误解。诚然，名牌是从企业里生产的，是企业诸多因素的结晶，却不是单纯的企业行为。它是社会乃至国家的共同责任，是社会诸多因素的结晶。"创名牌"本身就是一项系统工程。它需要政策扶植、法律保护、物质保障、舆论宣传……没有这些方方面面的支持和配合，企业创名牌的难度是很大的。

人才亟须培养。没有高水平的设计师，就创不出国际服装名牌。这就是国际上的经验。中国已经涌现了一批有作为的青年设计师，但同国际著名设计师相比，还有很大差距。缩小这些差距的最好办法，是把他们推向市场、推向国际。我们应当为他们创造条件，去开阔视野、增长才干。CHIC这个国际舞台不断地发掘和推出新人，无疑是一个有远见的平台。

要抓好"一条龙"。服装是大纺织最基本的终端产品，必须以服装为龙头，上中下游配套生产。这不是谁高谁低的问题，而是经济规律的客观要求。1990年前后，我们曾就此连续发表三个社论。但今天看来，上、中、下游脱节的问题，依然在不同程度上困扰着服装档次的提高。可想而知，没有名牌的面辅材料，就不可能创出国际服装名牌。

名牌战略要实。企业创名牌应该有个可操作的战略规划。这个战略规划应当包括战略思想、目标、方向、要点、阶段、措施等等。据说，现在企业都有了名牌战略的规划，但是按要求细分一下却相去甚远。

"重质重名"者有之，这是高明的企业领导，值得大力提倡；"重名轻质"者也有之，虚劲多于实劲，到头来自然是"赔了夫人又折兵"；那些"重质轻名"者，虽然注重质量的精神可嘉，却不舍得在塑造企业形象上投资，这"一手硬一手软"令人惋惜；至于那种只停留在口头上的"名牌战略"，虽然为数不多，却也需要认真反思一下。现在，许多国际乃至世界名牌已经或正在进军中国市场，中国的服装业起而迎战，力创国际名牌。时不我待。我们在战略上要有紧迫感，在战术上要有韧劲功夫。如果措施得力，创名牌的周期是可以缩短的，但不可能一蹴而就。博览会是窗口、是桥梁，它可以帮助企业借鉴经验、掌握信息、探索市场……但大量的工作在平时。不怕"千里之行"，重在"始于足下"。我们当继续奋力，坚持不懈。我们有理由相信，目标离我们不会太远了。

（二）名师出名牌

在大连服装节、国际名师名牌的论坛上，点出名师与名牌的因果关系——

名师出名牌

——热烈祝贺第九届大连国际服装节、'97 大连国际名师名牌论坛开幕

中国服装研究设计中心（集团）谭安（1997. 9. 6）

第九届大连国际服装节的一场重头戏"'97 大连国际名师名牌论坛"今天隆重举行。我谨代表中国国际服装服饰博览会组委会、中国服装研究设计中心（集团）、中国服装设计师协会，表示诚挚的祝贺！

大连市开中国服装节之先河，"'97 大连国际名师名牌论坛"又抓住了大连乃至全国服装业发展之关键。

名牌是企业的旗帜，也是国家重要经济标志；名牌是企业诸多因素的结晶，也是社会诸多因素的结晶。而今"创名牌热"席卷神州大地，"两个诸多因素"中至关重要的因素是设计。

"名师出名牌"，没有名师难出名牌，甚至可以说，没有名师就没有名牌。没有名师的情况下，即使企业在一个时期得到了名牌，这个名牌也是"短命"的。这是国际上公认的规律性的经验。中国有些品牌生机勃勃，但也有几个品牌是"昙花一现"，这也从正反两方面做了有说服力的证明。

服装设计是以人为本，充分调度科学、技术、艺术、织物和辅料，再创造既具物质性又具精神性的服饰产品，融入相应的生活方式，并与社会环境和自然环境相协调，成为时代的一面镜子、社会进步的一个尺度。

服装设计也是生产力。中国改革开放 19 年来，伴随服装业的迅猛发展，社会主义市场经济体制的不断完善，服装设计的地位和作用被越来越多的人认识。设计开始有"价"，"设计师是摇钱树"。一批设计新秀正茁壮成长，但是，中国至今尚无一位享誉国际的服装设计师，也无一个在国际上叫得响的牌子。这与中国服装产量和出口额"两个世界第一"，与中国曾赢得的"衣冠王国"美誉，以及与即将来临的 21 世纪的挑战，都是极不相称的。

显然，目前中国服装界最迫切、最首要的任务之一是造就一代国际名师。

时势造英雄。国际名师不可能孤立出现，更不可能一个晚上从天而降。这些年来，国际、国内大环境，有利于中国培育国际名师。首先，中国服装业取得了举世瞩目的进步，呈现出由量的扩张到质的飞跃态势，逐渐实现升级转型。中国人民生活水平包括衣着水平不断提高，国内外服装市场强劲拉动。这既对高层次的设计师的迫切需要，又为设计师的成长提供了良好环境。其次，中国服装历史悠久，服饰文化艺术博大精深、光辉灿烂，是设计师成长的得天独厚的沃土。再次，中国的改革开放、世界经济一体化的加速、中西文化的交融碰撞……有助于设计师开阔设计视野、更新设计观念、提升设计思维。第四，中国服装行业的品牌之多，难以计数，居各产业之首。目前有一批已成为公认的中国名牌，正在向国际名牌发出挑战。第五，中国已有一支数以万计的年轻设计队伍。70多所大专院校设置的服装专业，正源源不断地向服业输送新鲜血液，为大师的崛起奠定了深厚的组织基础。第六，中国各种级别的服装设计比赛，此起彼伏。其中国际级、国家级的赛事如"兄弟杯""金剪奖""新人奖""中华杯""大连杯"就达五项。我们还组织一些设计人员参加了巴黎、罗马、东京、大阪、香港等的比赛，为设计新秀的脱颖而出筑起擂台。第七，服装节、服装博览会、展销会、交易会接二连三，规模不断扩大、层次不断提高，"海派""京派""粤派""汉派"服装竞相媲美，沉淀风格，塑造"服装名城"，呼唤国际名师。第八，"世界服装中心"东移。有学者预言，21世纪是"亚太世纪"，东方文化包括中国文化将受到空前的重视。联合国教科文组织预料，"北京将要成为世界服装中心"。

但是，事在人为。在同样的客观条件下，设计师主观的条件和努力的程度就成了决定性的因素。要想成为跨世纪的国际名师，设计师需要具备一些基本条件：一是具备孩童般的好奇心；二是具备惊人的创作天赋；三是具备既为主观、又为客观所接受的审美意识；四是具备熟练的设计技巧；五是形成独特而鲜明的作品风格；六是具备在服装领域引起革命性飞跃、产生国际影响力的代表性作品；七是最重要的，具有海纳百川、吐故纳新的胸怀。这里既有个人的天赋，又离不开后天的奋斗，特别是要接受市场的考验与检验。

十年树木，百年树人。一代国际名师的培育和造就，是一项系统工程，既需要个人奋斗，也需要各方面乃至全社会的扶持。

我们面临历史性的机遇，新世纪的挑战。机不可失，时不我待。我们当奋起应战。国家扶持、社会支持、设计师奋力"三结合"，创造条件，给予机会，组织大赛，进入市场，促使服装设计师成长、成才、成功、成名，为重振"衣冠王国"雄风奠定人才基石。

愿大连国际服装节为中国服装业作出更多的贡献！预祝第九届大连国际服装节圆满成功！预祝名师名牌国际论坛圆满成功！

武汉太和集团冠名《服装科技》发起的"创名牌穿名牌大家谈"征文活动，截至1998年，画上句号。《服装科技》编辑部从四年来已刊发服装相关的文章中评选18位获奖作者。艾丰和我的文章被评为一等奖。我的这篇文章《穿名牌与创名牌的八种倾向》，综述了当时创名牌与穿名牌中的经验及存在的倾向性问题。在如今的中国，"洋商标""假洋鬼子"充斥市场，"洋牌"服装比国产服装受到偏爱。有人称此现象为"文化殖民主义"。尽管如此，似有"上纲上线"之嫌，但是，从保护与发展民族经济、振奋与发扬自力更生民族精神、弘扬与繁荣悠久的中华文化艺术来看，这一点颇值得冷静思考、严肃认真对待。现将原文转载如下。

（三）穿名牌与创名牌的八种倾向

而今，穿名牌服装、创服装名牌，出现了什么新倾向？人们的行为准则又当如何？

穿名牌服装——个人当量入为出

创服装名牌——企业该全力以赴

19世纪中叶，欧洲出现了服装商标的雏形。英国人沃斯于1858年在巴黎，第一次把"沃斯女装订制店"商号绣在出售的成衣上。这与他夫人玛丽当服装模特的勇敢尝试一样，收到了满意的效果。一个半世纪以来，商品经济的大潮把林林总总的服装商标推向世界各地。一批鹤立鸡群的世界名牌，甚至在一定程度上左右着世界服装潮流走向，推动生产，引导消费，积累财富。处在世纪之交，名牌服装的生产、经营与消费，出现了世界服装中心。半个世纪前，世界服装中心都集中在欧美。法国取代西班牙成为世界服装中心，已有300多年历史了。英国在19世纪成了男装世界中心。1851年，美国人辛格发明了"胜家"缝纫机，服装业也迅速发展，成为服装工业化的先河。意大利服装业以古罗马深厚的文化底蕴为基础，并随之崛起。这些国家的中心城市，如巴黎、伦敦、纽约、米兰等，成为了世界服装中心的代名词。其中巴黎实力雄厚，地位显赫，相继出现世界服装大师、顶尖服装商标，逐步建立了高级时装公会。而今，以莫克里哀为主席的法国高级时装公会，由迪奥、伊夫·圣·洛朗、皮尔·卡丹、朗万、卡芬等21家拥有世界著名商标的公司组成，每年都不惜重金举行高级时装发布会，吸引世界各地的服装设计师和企业家们云集巴黎，以巩固其世界服装中心霸主地位。二十世纪六七十年代，日本、中国香港、联邦德国开始加大发展服装业的力度，名牌服装琳琅满目，于是东京、香港、慕尼黑相继加入了世界服装中心行列。今年是联合国成立50周年，联合国教科文组织和日本费里西摩公司联合举办"21世纪服装设计比赛"以志纪念，并决定将50名获奖者的作品于明年，到巴黎、纽约、东京、北京巡回展示。理由是这4座城市都是世界著名大都会，前三座已是世界服装中心，北京将要成为世界服装中心。这便加重了世界服装中心东移的天平砝码。

其一，靠高档名牌时装保"名"、中档服装赚钱。国际经济形势尤其是发达国家经济的不景气，给膨胀的衣着消费欲望泼了冷水。中档服装与大多数消费者的需求相匹配，而高级时装令人"望衣兴叹"，遭到冷落。于是这些顶尖大师的公司，纷纷调整营销策略，千方百计地维护几十年以至上百年营造的名牌盛誉，少量生产高档时装，而大批量生产中档成衣。一般这些公司都拥有相对固定的包括第一夫人、王公贵族、世界名流等高价值客户群。皮尔卡丹与伊夫·圣·洛朗男西服，同时在北京中国国际贸易中心服装商店亮相，每套标价前者5 000多元、后者8 000元。问津者寥寥无几。精明的卡丹公司把价位调至3 000多元，于是销量陡增。卡丹产品在中国年销售额达6 000多万美元，它在全世界110多个国家和地区组成的"卡丹帝国"，唱主角的产品不是高档的，而是中档的。意大利世界级名牌瓦伦蒂诺、阿玛尼、维尔萨切等，近几年在既保持高档商誉的同时，又都相继创立了所谓"二线产品"中档服装商标。德国以汽车、电子设备、光学仪器著称于世。可他们取了中档服装的路线，获得了巨大的成功，年出口额跃居世界第四，超过了法国。

其二，既穿名牌服装，也讲究实惠。名牌不仅是企业综合素质的结晶，也是国家诸多社会因素的结晶。名牌是企业的旗号，也是国家经济发展的重要标志之一。因此，如同摇钱树一样的名牌，企业珍视它、发展它；国家保护它、扶持它。自然，其质量一般都是上乘的。名牌的高品质虽是重要因素，但还因为它的确有一种显示身份、象征地位的功能。一些贵妇人，不仅是发达国家的，即使发展中国家的，哪个没有数不清的高档名牌时装，和与之整体美配套的名牌服饰精品？有时，为了一袭高级晚礼服，服装大师不仅亲自出马，而且从量体、设计到试样，多次"空中来往"，修改细节，其成本是可以想象的。在发达国家，穿名牌西装的大致为三种人：一是政府官员，二是社会贤达，三是企业老板。他们总给人以庄重的形象、可信赖的感觉。但是，名牌服装对多数人来说，因囊中羞涩而在流行高峰时期少买或只看不买。他们打潮起潮落的"时间差"，买刚落潮的名牌服装。发达国家一般每年都有相对固定时期的大减价，什么"甩卖""清库""跳楼""出血"，吸引顾客。许多人就是这样，既穿名牌，又离潮流不远，既保持了身份，也很实惠。

其三，做美的主人，不当衣服的奴隶。

服装具有实用性、艺术性和社会性，实现人的美化与舒适两大基本功能，满足人的生理和心理的需求。在不少发达国家里，消费者素质越来越高，也越来越聪明了，认清了服装上述基本属性，从衣饰的基本功能出发，辩证地把握了"人究竟为什么穿衣"的问题。在美国，衣着以随意、自然和舒适为基本特征。在那里，散发着时代文明气息的天然纤维的成衣，受到众多消费者的青睐和追捧，夏天这里几乎是"T恤王国"。当然在纽约著名的华尔街、洛克菲勒大厦等处，进入眼帘的多半是穿着西装革履的人们。在百老汇、帝国大厦等处的社交活动中，晚礼服则令人眼花缭乱。但是，伴随着时代的发展，传统衣着观念也在发生改变："我穿衣服，不是衣服穿我"。在美国、日本，甚至在典型绅士风度的英国，不少人不迷信名牌服装，不固守传统衣饰规范。笔者有一次访问英国，陪同考察的国际服装信息权威公司总裁英格雷姆先生穿的非名牌戗驳头西服。按常规穿法，他当扣上一粒纽扣才是，可一周的时间里，他几乎天天敞着怀，我问他为什么。他回答："这样舒服。"伊夫·圣·洛朗本人，几年前就在《费加罗》报公开发表文章说："再过十年，人们就不会崇拜我的商标了。"

其四，国际名牌服装抢占中国市场的势头迅猛。世界服装市场已被名牌服装公司瓜分得差不多了。不少经济学家关于"21世纪将是亚洲世纪"的预言，已经露出了端倪，初步得到证实。世界外汇储备十强中，中国跃居第4位，前四名中亚洲占了3名。中国改革开放17年来，经济大发展，思想大解放，实现温饱、奔小康，这世界上最大的潜在服装市场正在向现实市场过渡。1983年，中国取消了布票，服装和纺织品敞开供应，由卖方市场变为买方市场。服装市场日趋繁荣，花色品种日益丰富，消费档次步步提高，衣着类商品零售总额逐年上升，1994年达到2 617亿元，为1978年的9.4倍，预测到2000年将比1994年增长1.7倍。面对这座"大金山"，众多的名牌服装商垂涎欲滴。有眼光的皮尔·卡丹早在20年前就探索进入中国市场。他的成功鼓舞着众多的名牌，进军中国市场。近两年的势头令人吃惊。这些海外名牌服装挤占中国服装市场的办法，一是合资办厂、办店；二是独资办厂、办店；三是卖商标专利；四是参加中国主办的博览会、做广告，甚至做捐赠等公益，树立其商标形象，准备进入中国市场。法国女装协会在参加 93 中国国际服装服饰博览会（CHIC）后，回国立即作出"占领中国中高档女装市场 5%份额"的雄心勃勃的计划。美国虽是服装的进口大国，但最近也作出挤占国际服装市场的"两步战略"，第一步是南美，第二步是亚洲。其实，美国的"苹果""比利"等商标，已经在中国许多大中城市，包括首都北京银街，开设了专业店。稍稍留意上海的南京路、北京的银街，海外知名商标服装的专业店比比皆是。至于在大商场和宾馆饭店设专柜的，更是难以计数的。意大利的瓦伦蒂诺和费雷，破了世界著名服装大师"一般不参加成衣展"的国际惯例，积极参加 93 中国国际服装服饰博览会，专场发布佳作，并毫不掩饰地说，希望他们的服装早日进入中国市场。如果中国能迅速把关税降至发展中国家的平均水平，海外名牌服装抢占中国市场的势头，将会更猛。我当有充分的准备和有力的对策。

其五，中华大地名牌战略"热"。素有"衣冠王国"美誉的中国，改革开放 17 年以来，服装工业发展势头迅猛，总产量已取得全球"五连冠"。1994 年达到 70 亿件，出口 40 亿件，出口额达 237.21 亿美元，也一跃为"世界之冠"。"两个世界冠军"足以令我们自豪一阵子。但冷静下来去比一比，中国服装与发达国家的服装有两个主要差距，一是服装档次不高，二是服装知名度不高。中国至今尚没有在国际上叫得响的服装牌子。只要中国一天没有国际服装名牌，就一天不是真正的服装大国、更不是世界服装中心。这的确又令我们十分惭愧。当然，我们也十分不甘心、不服气。中国的服装饰品不是一律都不如海外，如中国的男衬衫"海螺""海珊""天坛"等，早在近年出现的"雅戈尔"等之前的四五年，就达到了国际水平。法国服装工业技术研究中心总经理瓦盖先生，曾对我说："你们中国的男衬衫，我们做过测试，质量达到国际水准。价格再加七八倍才合理。若法国订购中国衬衫，最好不钉你们中国商标，待货到了，在法国钉上法国商标。谁也不会怀疑，这不是地道的法国货。"

我们吃了大亏的原因很多，主要是历史的原因。伴随社会主义市场经济体制的建立，"创名牌"已成为举国上下的共识和共同的行动。名牌战略的热潮席卷神州大地，给人们以希望和信心。但是，如果细分这股热潮，可以看出 3 种类型企业并存的格局："重质重名""重质轻名""重名轻质"。一手抓质量，一手抓名气的美尔雅、杉杉、蒙妮莎等"两手抓，两手硬"的方式很奏效。商业企业的探索也有新的突破，如武汉商场"两个上帝"（消费者是上帝、服装工厂也是上帝）的观点，不但使消费者得到实惠，也推动了"汉派"知名商标的崛起。该商场的"服装大世界"创造了全国服装销售利税最高纪录。不过，有一部分受传统经营方式束缚的企业，的确重视质量控制，这固然是名牌产品的基础和前提。但他们不舍得在塑造企业形象上投资，如此"一手硬、一手软"，就制约了社会效益和经济效益，也的确令人惋惜。也还有相当数量的企业，停留在"名牌战略"这句时髦口号上。谓之"战略"，其实本企业创名牌的战略思想、战略目标、战略方向、战略要点、战略阶段、战略措施等，却不甚了了，很可能连"纸上谈兵"都没有，更无"战役""战术"行动可言，这似乎应叫作"两手都不硬"，实在是十分值得警惕的倾向。

其六，所谓的"文化殖民主义"很有市场。眼下，在中国，"洋商标""假洋鬼子"充斥市场，"洋牌"服装比国产服装受到偏爱。有人称此现象为"文化殖民主义"。尽管此议似有"上纲上线"之嫌。但是，从保护与发展民族经济、振奋与发扬自力更生民族精神、弘扬与繁荣悠久的中华文化艺术来看，颇值得冷静思考、严肃认真对待。这种现象的出现不是偶然的，它是社会主义初级阶段商品经济的产物。这是因为，首先，在相当长的时期内中国处于相对封闭状态，人们对"西洋牌"包括洋货、洋味等，有一种好奇心理，一种神秘感；其次，洋牌服装从面料、花色、款式到制作工艺，一般来说的确比国货好；第三，"三资"服装企业已成为中国中高档服装生产的主力，出口转内销备受青睐，加之中国进口服装迅速增长，1978年尚不足百万美元，1994年则达到5.7亿美元，"走私"进来的服装数量也不会太少，众多消费者从中得到满足或实惠，正是这些消费者的衣着形象刺激和影响着更多消费者的消费心理和消费结构；第四，中国的改革开放只有17年，许多消费者还来不及了解服装名牌的沿革，在名牌潮中随波逐流。在中国服装市场中，名牌大致上是四个档次，一是世界名牌、二是国际名牌、三是中国名牌、四是地方名牌。须知绝不是"洋货"就等于名牌，也绝不是所有国货都不如"洋货"。真正的世界名牌只占少数；国际名牌较多一些，但也绝不是"凡洋则名"。一批富有民族英雄主义精神的中国企业家，勇于竞争、冲锋陷阵，缩短了创中国名牌服装的周期，正在向国际名牌挑战，向国际市场进军。可以预期，有文明古国的深厚底蕴，有改革开放的划时代新貌，中国国际名牌服装诞生的日子，不会太遥远了。12亿消费者走向成熟的步伐正在加快。

其七，**假冒名牌服装泛滥**。越是名牌假冒越多，几乎成了一条不该成规律的规律：本来不是名牌，硬吹成名牌；本来是区域名牌，硬扩张为国际名牌；本来最多是国际名牌，硬拔高为世界名牌。如香港一个牌子，在祖国内地有一些名气，有一定市场覆盖率。就这个商标，在相当长的时间里，在北京的商店里，以至在北京首都国际机场的广告牌上，竟赫然醒目冒出八个中文大字："世界名牌""领导潮流"。这里是国际机场，只用中文、不用英文的个中缘由，不得而知。不久前，笔者发现这触目的八字广告语不见了。不管这家公司的主观动机如何，其客观效果似乎是冷静了些，对消费者、也对自己负责了些。这是一个好的兆头。假冒名牌的路越来越窄，领地越来越小，乃是不可逆转的潮流。"南京到北京，买的不如卖的精"，今已不可信；不可不信的是，"聪明反被聪明误"，愚弄消费者最终害自己。创名牌，对企业来说，是命运攸关和长远发展的头等大事，该踏踏实实，当全力以赴。

其八，**穿名牌要因人而异，具体分析，区别对待**。虽然"穿衣戴帽，各有所好"，但"量入为出"是必须把握的一条消费准绳，谁也不能逾越经济条件决定消费水平的守则。我们还须把握一条文化准绳：随着服饰文化的普及，大众审美情趣的提高，对服装功能的全面理解，消费者趋于成熟，穿名牌的"潮"会逐步回落到它应有的位置。在当前，更不能让"穿名牌风"刮进校园，特别是中小学。据报载，有人主张"皮尔卡丹"校服。除非中低档价位，不然不要说学生，就是卡丹服装对于工薪族中的绝大多数来说只能是"眼福"罢了，更何况学生！衣着不仅仅是生活问题，它既是物质的又是精神的特殊双重性，会影响学生的心理素质、道德情操，事关国家和民族发展大局，不可等闲视之。其实，就是在资本主义国家里，学生就是学生模样，不能与小姐、老板攀比，何况我们社会主义中国。（本文刊于《服装科技》1996年第1期）

回头看，创造一个国际名牌，谈何容易。当年我们造"创国际名牌"的舆论不算少，但嫁接国际大牌，却半途夭折，再无续作，始终也没能拿出适应国情的举措，组建国家队创服装国际名牌的举措是否可行，这种遗憾的心绪至今仍萦绕脑海。

图4-3　自左至右为山东省服装协会副秘书长万进、《中国服装》前执行总编丁镇、桑莎集团副总经理贺志芳、谭安、中国服装协会副秘书长周绍宁、山东省服装协会工作人员薛金亮、山东省服装协会副会长兼秘书长游希雨、山东省纺织工业办公室工程师顾险峰

七、山东经验：从以服装为龙头到产业链体系

十几年来，以服装为龙头，在大纺织格局中基本形成，认识也大致趋于一致，但是理性认识还停滞在"火车头带动"的浅层次上，捅破窗户纸，升华到"以服装为龙头"就是产业链（产品链、产业环）的"闭环链动"，那还真要好好感谢他们——

2001年春，山东省常务副省长韩寓群和省经委主任王仁元（不久即任副省长）专程来京参加CHIC，我们一见面，韩省长便对我说，你这山东老乡，帮助咱们省做做第十个五年服装发展计划规划策划吧，我荣幸地接受了这个义不容辞的重托和实践学堂的学习机会。

当时中央发展经济的基调是：调整结构，转型升级。山东的服装业十五调整什么结构，又怎样转型？

带着这个大号问题，我约请中国服装协会副秘书长周绍宁、《中国服装》前执行总编、创育纸模服装文化公司董事长丁镇一起赴济南。山东省纺织工业办公室（原省纺织工业厅）赵传香主任鼎力支持，省服装协会刘建国常务副会长也大力支持，委派副会长兼秘书长游希雨、副秘书长万进等与我们几个人组成调研小组，司机薛金亮全程开车兼后勤保障，开着一辆小面包车赴烟台、青岛、潍坊、淄博、滨州、临沂、济南等地，调研了23个代表性企业。游希雨像是"一盆火"，在她带领安排下，我们走到哪，就热乎到哪。在地上，开座谈会，进车间考察。一次，在诸城市新郎集团的座谈会上，王桂波董事长"干货"很多，话匣子打开，你来我往，一直谈到半夜，我们回宾馆大门都关了；坐在小面包车上，开"消化会"，梳理看法，交流观点，你一言，我一语，有的想打个盹，也不困了。

我们山东省十五服装规划调研组一行七从东到西走遍全省23个代表性企业，到诸城市重点调研新郎集团和桑莎集团，忙里偷闲，应约参观诸钺恐龙博物馆，留下调研组成员唯一一幅集体合影。

这半个多月，过得很快，也很快活，更高兴的是山东服装纺织企业的老师们，教我们收获了向省领导交作业的两个新认知点：

第一，认识到以服装为龙头原来是产业链环。因为它以"人"为出发点转了一大圈，又回到了"人"这个原点上重合。当时，南方沿海浙江、广东等地兴起了扎堆的马赛克式产业集群，媒体炒得挺热闹，经过分析对比，我们认为产业集群确实是一种经济实体，但我们不跟风，力推产业链，认定产业链（产品链）是更具有成长逻辑的经济体系。实体是一个点，体系是一个环。

第二，"产品结构调整"是企业一切结构调整的牛鼻子，以产品为中心形成一条完整的产品链（企业内一般不称产业链为宜）。当时，产品链建设过程中相当普遍存在着"重有形要素，轻无形要素"的倾向，本质上还是"服饰文化"没有到位。可见，所谓的企业转型，就是转到建设完整的产品链轨道上来。

因此，我们向山东省人民政府送上转型："有""无"双重型产业链—关于山东省服装业十五发展的思路与建议（简称"山东十五服装纲要47条"）。山东省纺织工业办公室在即墨召开全省服装企业代表大会，赵传香主任让我就上述向省政府的发展思路与建议在会上作个说明，我把发言题目定名为《以链为纲，双重图强》。我发言开场第一条："四比浙江长短"，请山东老乡跳出山东看山东，思考"综合症的病根"。现转述这第一条原文如下：

四比浙江长短

不要说与港台对比，这次调查一路上，不时地听到一些企业家把山东与南方特别是与浙江对比起来，说得是那么激动，那么引人深省。这里的"四比"就是他们的观点汇集。

（一）比思想观念

处在80年代初，浙江人在搞民营原始积累，山东人谈私色变。

进入90年代前期，浙江人开始打品牌，山东人还是传统经营模式。

再进入90年代后期，浙江人开始资本运营，山东人原始积累才起步。

浙江人，小钱不嫌，大钱能赚。山东人小钱不愿赚，大钱赚得难。浙江人凑在一起谈赚钱，山东人凑在一起闲扯淡。

浙江人看面相小胆，干起来却胆大。山东人看似武松打虎的大胆，骨子里胆小。浙江人喜欢扎堆，山东人爱讲义气。浙江人喜欢创新，山东人比较守旧。浙江人聪明，山东人坦诚。

浙江人有韧性，山东人倔强，一旦转过弯来，九头老牛也拉不回来。浙江人利益驱动的味浓，山东人内在驱动见长。浙江的税轻，山东的税重。

这些对比，不一定准确，需要看的，只是一个倾向。

（二）比经营管理

请先看一张男衬衫价格构成表。

图4-4 王仁元（左一）深入坦博尔服饰股份有限公司调研十五规划落实情况，与公司总经理王勇萍（中）交流，山东省服装协会副会长兼秘书长游希雨（右一）随行

男衬衫价格构成表

	平均人工费	单机产量	管理费	制造费	财务费	销售费	单件加工
山东	2.43	17.0	1.55	1.51	0.81	0.35	6.65
浙江	4.41	22.4	1.11	1.24	0.54	1.40	8.70
上海	3.65	17.3	0.99	1.83	0.35	0.92	7.65
江苏	3.79	19.5	1.84	1.58	0.46	0.52	8.19
四川	3.75	10.4	1.41	1.45	0.44	0.98	8.03
山西	3.05	11.0	1.45	1.91	0.00	0.30	6.71

可看出几点：

★山东平均人工费最低，浙江高于山东81%：

★山东销售费用数第二，仅相当浙江的25%；

★财务费用山东居第一，相当于浙江的150%；

★单机8小时产量，浙江比山东多5件；

★管理费用山东居第二，山东高于浙江近40%；

★对比结果为山东该高的不高，不该高的则高了。

（三）比名牌效应

（四）比经济实力

四比浙江和山东的差距显而易见。若是，要找出每一"比"背后的观念滞后，还需要费一番心思。其实，承认差距，正是迎头赶上去的开始。何况山东的长处也是明显的，如山东人坦诚赢得了广泛的好

图4-5 赵传香（左）率山东展团进京参展 CHIC 在展台上与谭安（右）亲切交谈

图4-6 自左至右为王淼（山东省服装设计研究开发中心主任）、刘建国（山东省服装协会常务副会长）、马塔里奥、谭安、游希雨（山东省服装协会副会长兼秘书长）

口碑。再如，山东人一旦转过弯来，九头老牛也难再拉回去。就物质基础看，山东纺织的综合实力超过浙江。我们此番调查发现了咱山东几位给人印象深刻的中青年老板，他们的思想观念、思维方式、运作方式以及企业的发展势头，令人信心十足。就他们综合素质而言，至少不在浙江目前势头正旺的一流老板之下。

我们郑重向省政府的建议把"以链为纲，双重图强"，作为山东十五服装发展规划的基本思路。现摘要原文如下：

这次调查的23个企业在产品链建设中，对待有形要素和无形要素的状态可分为四种类型：一是"有""无"并重发展势头强劲，占少数；二是发展好或较好的，组合有形生产要素很顺手，可是运作无形生产要素却欠火候，往往还被计划经济惯性缠绕，占三分之一左右；三是发展中等的，重视有形生产要素的组合配置，对无形生产要素天天见看不见，即使运用部分无形生产要素也显得传统守旧，甚至有所恐惧心理障碍，也占三分之一左右；四是停滞不前的，有形生产要素不良，无形生产要素更是稀松，至今还在市场经济概念中徘徊，也占少数。可见后三类企业的转型，首先要由重"有"轻"无"向"有""无"双重转型。

十几年来，以服装为龙头的思想在山东逐步深入人心，收获了一批可喜的成果：山东名牌面料11个品牌，涌现即墨即发为龙头的针织服产品链、潍坊以新郎、仙霞和耶莉娅为龙头的西服产品链、淄博兰雁为龙头的牛仔服产品链的脉络，虽然离完备有序的服装产业链还有很大距离，但这毕竟是迈出合乎发展逻辑的一大步。这既是"十五"全省服装产业调整结构的基础，又是"十五"全省服装产业结构调整的目标。

据此，我们向省政府建议：大目标—建设山东省服装产业链；小目标—建设八个服装产品链：针织服装链、男西服链、牛仔服链、色织衬衫链、女时装链、职业装链、休闲服链、环保功能服链。抓住了这"一大八小"，也就意味着抓住了调整结构的纲，逐步实现八个小目标构建山东服装产业链大目标。

对于一个企业来说，重头戏是产品结构调整。操作要领的是，从人的消费需求出发、设计、流行信息、纤维、纱线、布料、辅料、加工、广告、营销、品牌等直接的（不包括间接的农业、机械、化工、金融等）诸多有形生产要素和无形生产要素优化匹配，再回到人的消费需求这个原点，形成一个闭合的产品链环。环环相扣，循环跃升。这就是产品链（产业链、产业环）的形成的机制，也揭示了"以服装为龙头"就是"以人为龙头"的本质。反之，如果某一环节（中间产品）脆弱，或发生失误，就会掉链子，全盘皆输。

我们还建议，分别立项八个产品链的市场研究，例如，"2005牛仔服国际市场暨国内市场研究""2005针织服国际市场暨国内市场研究"等，从定性和定量两个基本因素上进一步确立或修正产业政策、配套扶持政策。

山东省政府采纳了我们的关于建设山东服装产业链建议思路。

王仁元，山东省常务副省长，高度认可产业链体系建设的大方向，把服装业纳入山东省"十五"8条产业链建设之首。

省经委作出《关于抓好服装产业链，重点扶持其成为新的支柱产业的决定》。山东省纺织工业办公室主任赵传香组织落实。山东省服装协会2002年工作总结中，继续强调："山东服装由大变强，抓好服装产业链是重中之重"。

赵传香高度认同以链为纲的发展思路，他当年曾站在东平县抗洪堤坝上指挥全县抗洪大军十五天不下火线的县委书记，而后调任山东省纺织工业办公室主任、山东省服装协会会长，挑起在省政府领导下直接组织指挥全省纺织服装产业大军转型建设山东服装产业链的重担。

全省服装产业链建设全面铺开，对外开放大门更加敞开。意大利男装专家毛里齐奥·巴达萨里应邀出席2002山东国际纺织服装创新·时尚论坛，与省服装协会领导合影。

为了进一步推动山东以至全国产业链、产品链建设，2004年3月在济南"东亚国际服装博览会"上，我以《打造全新产业链》为题发言，综述了三年来山东省服装产业链、产品链的实践经验体会，会后《中国服饰报》和中国服装协会《服装界》全文发表，向全行业推介山东关于产业链体系建设的经验。

下面转载刊登于《服装界》2004年第8期我的发言《打造全新产业链》的原文：

三年前，山东省纺织工业办公室和山东服装行业协会制订的《"十五"山东省服装业发展规划》，把建设山东服装产业链作为全行业发展之纲。山东省人民政府在批复这个产业规划时，把建设服装产业链作为全省重点抓的八条产业链之首。去年，省委、省政府又作出建设山东制造业强省的战略部署。所有这些，都有力地推动着山东服装产业链向广度和深度发展，积累了许多宝贵经验。就我所接触到的山东省服装产业链创新与运行情况，试作简要分析。

链长环节多的产业链

服装产业链是诸多服装产品链的总和。服装产业链的突出特点是链长环节多，必然带来很多矛盾多，常见的主要矛盾主要有如下几个：要素组合宜不宜的矛盾、前后链接顺不顺的矛盾、利益分配均不均和产品牌子响不响的矛盾。

（一）要素组合宜不宜

常在四种情况下出现产品要素组合宜与不宜的矛盾：一是有，但不知哪里要；二是要，但不知哪里有；三是既有、也要，或因质量档次不适用，或因价格比它高，成不了交；四是本来就没有。

（二）前后链接顺不顺

产品链上每个物流环节围绕着均衡与连续常出的顺与不顺有七种状况：一是，进得来，出不去；二是，出得去，进不来，三是，进得多，出得少；四是，出得多，进得少；五是，进得快，出得慢；六是，出得快，进得慢；七是，个别环节尚通，总出口已不畅，或停滞不前。每个环节都是做"接合部工作"，从形式上看是前接口或后出口，但决定顺与不顺的是总出口。

（三）利益分配均不均

由多个主体参与的产品链的润滑剂，是利润合理的再分配。实质上是最终产品有多大的"利润蛋糕"可以合理地切给链上的各个环节多大一块，往往是切得不合理，就影响参与的积极性，甚至一锤子买卖。

（四）产品牌子响不响

加盟产品链，谁都想傍大牌。其实各个要素环节都有自己的品牌，组成一条产品链，既共同创造一种产品，又共同塑造直接面向消费者的最终产品品牌。可往往会在某一环节拉了后腿，甚至抹了黑。

服装产品链模式探究

服装产业链条的打造主要有自主式、主配式、复合式等几种模式，这几种模式是我国服装行业产业链发展的重要内容。

（一）适合于大企业的自主式

这种模式的基本运行过程都是由一个主体操纵的，一般适用于大型企业。

青岛即发集团股份有限公司，2003 年销售收入 23.88 亿元，出口金额 2.01 亿美元，实现利润 1.47 亿元，税金 1.73 亿元，分别比 2000 年增长了 127.42%、79.78%、178.45%、85.21%。据中国针织工业协会排序，即发居全行业首位。即发为什么会这样快速发展？答案有许多个，而且个个都紧紧围绕着针织产品链展开。即发针织产品链是相当完整的。从纤维、纺纱、织布、印染、后整理、设计、缝制、检测化验、包装印刷、销售出口、经营管理到创立名牌等，各个环节比较均衡，其中新纤维应用研发、技术装备、印染后整理、经营管理、国际营销网络、中国驰名商标等环节尤其强势。国际上新纤维出现不久，即发就敏锐地抓住它组织应用研发，试制新产品，不失时机地抢先进入市场。三年来先后形成有专业个性的产品链 28 条。

最有代表性的产品链当属甲壳质纤维针织内衣产品链。1999 年即发集团向青岛市科委申报甲壳质纤维产业化研发项目，攻关的关键技术难点是甲壳质纤维的可纺性。经过一年的反复研制，获得的成果与国际上唯一的德国 TITK 研究所取得的成果在同一条水平线上，先后获得国家发明专利和国家科技进

图4-7　即发集团领导班子齐心协力抓从纤维到纺织再到成衣的针织全产业链建设，自左至右为周遵琳、范大龙、战波、
　　　　王珍琳、解珍香、陈玉兰、杨卫东、孔祥娟、张海云、于希超、万刚、潘为胜

步奖二等奖的殊荣。因为甲壳质是第一天然抗菌除臭、护理皮肤、抗静电、对过敏性皮肤有辅助治疗的
材料，又是环保材料，所以，备受海内外消费者青睐。

兰雁是又一种典型。本来只生产牛仔布，1992年开始延长牛仔产品链到最终产品牛仔休闲服装，
目前年产已达1 000万件，成为主导产品之一。值得指出的是，2003年牛仔服装实现产值20 540万元，
占企业总产值的23.53%，实现利润1 802万元，却占了企业总利润的50%。事实雄辩地证明，服装产品
链有多大的潜在价值空间。

（二）上下连接的主配式

主配式，也称单环式。

这种模式是最普遍的产品链形式。为何把这种形式称之为"主配式"呢？因为表面上看，它只是独
立的生产一种中间产品，可从内在的联系上看，它却"首先主动"地与上家和下家找好接口与出口，自
觉不自觉地上了产品链并一起链动。山东省委、省政府通过强化产业链建设制造业强省的战略，就是要
把"自觉不自觉地上链"中的"不"字改为"更"字，即"自觉更自觉地上链"。这是山东制造业希望
之所在，根本出路之所在。

滨州基德集团是一个纺纱的专业企业，但它上服装产品链和家纺产品链的功夫不凡，经验具有普遍
意义。2000年，他们找奥地利兰精公司摩代尔纤维，进行工艺研发后，认为适用于品位较高的品牌做
T恤衫，于是选择了青岛豪门代理的皮尔卡丹品牌，形成了两种相对稳定的弹性的长期供求关系和战略
合作关系。所谓的战略合作关系，就是供求关系建立在信息对称和开发互动的基础之上的弹性合作关
系。基德公司每年至少一次赴兰精公司一起交流新纤维发展趋势和全球市场信息，共同策划中国市场推
广；基德公司与皮尔卡丹代理公司每年定期两次分别研究春夏和秋冬T恤衫的流行趋势，并指导他们
染色和后整理。

（三）以品牌经营为主体的复合式

这也是一种最常见最有效的模式。这种模式的主体持有品牌，以品牌经营来组合产品链，山东省女装品牌烟台的舒朗和男装品牌诸城的新郎·希努尔的运行，可以说富有成效。

1999 年诞生的舒朗女装品牌，2003 年销售收入达 8 000 万元，利润 1 800 万元。目前，已经覆盖长江以北各省市自治区，成为一个知名女装品牌。舒朗运作女装产品链的经验，吴建民总经理说是三句话：市场定位是关键；不同时期突出不同点；始终抓紧两个点。舒朗女装定位：爱美，但不事张扬的 28—48 岁知识女性。几年下来，这个定位较准，30 ~ 40 岁的女性占了 60% 以上。适应女装变化多，变化快的最大特点，整个舒朗产品链上各个大小环节都依据需要有所侧重地随之变化，但始终狠抓新产品开发和经销网络两大环节不放松。舒朗的新产品设计开发中心 2002 年从烟台迁到北京，现有设计师 12 名。设计人员把在国际大都会里亲身感受到捕捉到的流行信息放在十分突出的位置，从而进行舒朗女装的材料新组合，艺术再创作。现在舒朗的营销网络由 58 家自营店和 50 家加盟店组成。正在加快扩展，北京今年将由 9 家增至 15 家。

新郎·希努尔，在西服产品链中的"有""无"两类生产经营要素中抓住了六个关键：一是市场定位，中档西服（一件上衣，两条裤子）针对的是工薪阶层消费者；二是质量策略，用高档质量夺中档市场；三是诚信经营；四是售后服务，终身免费干洗，卖到哪洗到哪；五是市场扩张，在全国 16 个省市自治区已建立 600 多家专门店，像新郎职工一样要求加盟商，不断培训，提高素质，形成"紧密层"的营销网络；六是品牌文化，对正式员工和加盟商的企业文化教育紧紧围绕品牌展开，一招一式塑造品牌，同时，每年投入 3 000 多万元广告费树立品牌形象，今年 2 月 25 日被国家工商管理总局确认为中国驰名商标。

新郎产品链物流山东属地化之势趋强。2003 年西服用 600 多万米精纺毛料，其中一半由省内上游环节供货，其中南山集团 200 万米，潍坊二毛 50 万米，如意集团 30 万米。口袋布 150 万米，全用诸城中纺金旭。衬衣面料与鲁泰集团建立主供货商弹性合作关系，年供 100 万米。全年用 60 万米衬布则是由日本进口的。2003 年新郎服装总产量达 497 万件，销售收入 11.8 亿元，利税 3.37 亿元，其中利润 2.31 亿元，发展速度令人刮目相看。

打造产业链八大法宝

上述三种模式，运作方式虽然不同，但是内在运行的基本规律却是共同的，它告诉我们可借鉴的八条经验：互利共赢，各尽所能；产品为头，品牌最重；门当户对，弹性联盟；放眼全球，开门组链；环环重要，出口居首；专业细分，方有席位；切中要害，加强弱环；共性环节，中介承办。下面作简单介绍。

（一）互利共赢，各尽所能

世间一切事物的生存与发展都是链的循环，只是链的形态不同，循环的方式不同罢了。组成链的每个环节，从根本上说，都不能独立生存与发展。服装产品链的各环节要素，也不能超越这条规律。然而，产品链不是要素凑合，必须是结合。那么要素之间靠什么结合？怎样结合？首先的前提是要有"互利共赢"的物质利益预期目标，才会有"各尽所能"的动力。

（二）产品为头，品牌最重

以服装为龙头是一条发展规律，产品链接有形生产要素，而品牌既链接有形生产要素，又链接无形生产经营要素。只有链上各个环节共同塑造以产品质量为基础的品牌知名度和美誉度，才能不断扩大可分配的"利润蛋糕"空间。

（三）门当户对，弹性联盟

产品链组合不靠行政"拉郎配"，而靠市场这只无形的手配置，其做法有三条，一是各个环节都要明确本产品链的"市场定位"；二是以相应的品质档次和成本水平进行供求匹配；三是自愿加盟，浮动上下。

（四）放眼全球，开门组链

开门不仅是打开企业之门和所在地区之门，也要打开市门、省门、国门。从交易成本看，建设产品链就地配置要素，当是首选。事实上不太可能，运作的经验有二，一是哪里质量好，成本低，交货快就选哪里；二是哪里技术先进，用得上，成本低，就与哪里合作。打开国门的更深的要义是，站在国际创新水平线上，寻求链上国际伙伴，开展国际贸易。

（五）环环重要，出口居首

链上所有环节都不可缺少，但"总出口"最重要。不管那个环节离最终产品有多么远，都必须一只眼看自己眼皮底下的事，另一只眼看本链上的最终产品，大事小事都盯住链上能不能、好不好销售这个总出口。

（六）专业细分，方有席位

过去说"同行是冤家"，现在看"同样才是冤家"。许多企业在激烈的市场竞争中，适应国际包括国内服装消费趋势的"三多"，即一种纱线多种纤维，一种布料多种功能，一件衣服多种面料，用高新技术向"三多"的专业领域研发细分，越细越容易找到自己不与别人撞车的一席之地。

（七）切中要害，加强弱环

一些成功的企业特别重视"服装流行信息"和"技术创新"这两个要素环节，恰恰切中了全省全行业带普遍性这两大薄弱环节的要害。对于服装流行信息，基本上还处于"不系统、不理解、不会用"的阶段。面对市场的挑战，不讲流行，寸步难行。对于设计创新存在着"纸上要求多，实干的人才少；模仿的多，自己设计少；展品多，成为商品少"。经验证明，没有设计，就没有创新，就没有品牌也就没有生路。

（八）共性环节，中介承办

服装产品链上的公共功能，如信息、标准、检测、认证等，由研究机构、协会或协调更权威的机构提供服务。经验证明人们常说的与市场接轨，与国际接轨，首先是信息接轨和标准接轨。服装产品链各个环节只有首先接上这"两轨"，才会运行自如，畅通无阻。

八、不忘初心：服装强国"十二五"建言

中国服装产业链"由大变强"，已成为全行业上下一致的共识与行动，也取得了举世公认的进步与成就，如何"强起来"，我尽一家之言——

2011年1月，中国纺织总会提出搞"服装强国战略"，我为之一震。这是一个具有超前挑战意识的大手笔！"服装强国"的思路是"科技强、品牌强、人才强、可持续强"。我既赞同这"四强"的高大上，又觉得它像是一切产业的 "公共药方"，似有扩容、强化服装产业个性的空间。正巧《中国纺织报》约我为"老纺织建言'十二五'"栏目撰稿，我写了《服装强国"十二五"建言》一文，抒己之见，于2011年3月31日见报。略有删节，转印如下：

服装强国"十二五"建言

出于对行业的感情，应《中国纺织报》之约，对"十二五"服装发展谈点个人不成熟的想法，谨作为向领导和同行的汇报与交流。

中国服装业"大"起来，始于何时？成因之首又是什么？时至今日，"十二五"要"强"起来，成因自然颇多，何者居首？我认为纺织总会发表的《"十二五"纺织科技进步纲要》中强调的"发展现代产业体系"，切中主题。在这里，我想从简要回望中国服装业体系建设的历史轨迹中，试着进一步探讨上述两个"何者居首"之问。

中国服装产业"大"起来始于20世纪80年代，时至今日在服装产业体系发展之路上大致经历了四次飞跃。

20世纪80年代，由手工作坊脱胎而来的中国服装业，地位一直低下，直到"七五"时期，服装业不仅被纳入了国家发展计划的"大本"，而且还成了消费品"重点产业"之一。当时国家"大本"中明确提出，"以食品业、服装工业和耐用消费品工业为重点，以此带动整个消费工业更好发展"。这是服装产业发展思路在认识上的第一次可喜飞跃。

1986年9月，国务院提出了"以服装出口为龙头"的观点，随后决定把服装由轻工业部划归纺织工业部管理，从体制上理顺了产业的上下游关系，并把上述观点概括为"以服装为龙头"。这个比喻形象地表述了国家"大本"中"重点"与"带动"的关系。然而，受传统工业观念的严重束缚和当时服装业

确实势单力薄的影响，许多人并不认同这个发展纺织业的大思路。所以，我们只能在坚持"以服装为龙头"的实践中，让事实说话，用经验渗透，逐步取得共识。我们根据国际产业由西向东转移的大势，经纺织工业部先后批准立项了《中国（1988/2000）服装工业发展战略研究》课题，并把出口创汇目标定为由 1987 年的 37·49 亿美元发展到 2000 年 250 ／ 350 亿美元。1990 年，我们又申请纺织业部立项《以服装为龙头运行机制研究》课题，以江苏雅鹿集团等为试验基地进行研究，并把两个课题的研究成果先后在全国服装公司经理会议和全国纺织厅局长会议上介绍并推广。此间《中国纺织报》和《中国服装》杂志，先后联合发表了"以服装龙头"的言论 10 多篇。经过上下游齐心努力，1991 年服装出口创汇额终于首次超过了纺织品，1994 年中国服装出口创汇达 237 亿美元之多，跃居世界首位。自此"以服装为龙头"的发展思路基本确立。这是在更大范围认识服装产业地位的第二次可喜飞跃。

1991 年 3 月，纺织工业部在天津召开第二届全国服装研究所所长会议，总结十年"服饰文化革命"经验，时任纺织部副部长杜钰洲在上作了《依靠科技进步，繁荣文化艺术，全面提高中国服装工业的整体素质》的主题报告，《中国纺织报》也专发《让科技和艺术并驾齐驱》评论。这才开始端正服装行业发展"只重科技进步而忽视服饰文化"的倾向，找到了一条既适合国情、又适应服装产业个性的发展之路。这是深入认识服装产业文化个性的第三次飞跃。

进入新世纪，建设完整服装产业链的发展思路在全行业相继出现，2004 年山东省人民政府批准的"十五"服装发展规划，确立了"以链为纲"的思路，把建设山东服装产业链作为全省 8 条产业链之首，我们认为"产业链"和"以服装为龙头"是一回事，只不过"产业链"的表述更科学、更符合发展逻辑。这与中国"十二五"规划强调的发展现代产业体系是一脉相承的。这是产业体系发展思路认识上的第四次可喜飞跃。

回顾"七五"和"八五"中国服装"大"起来的 10 年，四次飞跃的经验概括说来，就是我们终于找到了"服装为龙头"即"建设完整的服装产业链"行业发展机制。因为世间一切事物都是闭合循环的环形，所不同的，只是链环的形态或链环的构成元素有所不同而已。这是事物的生态规律，服装产业亦概莫能外。

30 年来，相对完整的中国服装产业链是中国与世界各国相比最大的优势，而今迈进"十二五"的服装行业要由大变强，我认为最重要的是"以链为纲"，把相对完整的中国服装产业链中不够完整的部分填补起来，把薄弱环节加强起来，使之成为平滑运行的生态产业链。

那么，中国服装产业链中不够完整的部分和薄弱的环节，主要有哪些呢？

"十二五"纺织强国要"科技强、品牌强、人才强、可持续发展强"，是具有普遍意义的导向大思路。但从服装产业个性出发，我建议在这个"四强"的基础上，还要突出"三强"：即国民消费强、营销渠道强、服饰文化个性强。个中理由，简陈己见：

其一，国民消费要强。只有国民消费服装的水平和能力强了，服装强国才有根基。为什么说消费是服装强国的基础，有三个主因；第一，服装是一个民族的基本标志之一，也是一个国家的基本形象之一；第二，服装产业链中，消费是加工、营销、消费三大基本环节之一；第三，"名牌"说到底就是"民牌"。这是国家的事，也是服装强国建设的题中之义。

其次，营销渠道要强，尤其国际营销渠道。"要想富，先修路"是一条普遍真理。中国与世界服装强国比，最主要的差距是渠道和品牌。中国雅戈尔、波司登、新郎希努尔等一批强企，强就强在国内渠道强，随之品牌也响起来了。反之，国际渠道是他们的相对弱项，品牌也就黯然失色。所以，我们应明白品牌渠道双重要、渠道建设更重要，国内国际双重要、国际渠道更紧要的道理。国家应该在这个点上多给予一些扶持政策，比如组建"国家队"，推动企业尽快建立起国际渠道，否则我们"创国际品牌"的目标只能停留在纸上谈兵阶段。

其三，服装文化水平要强。从产业个性角度看，服装业的发展既靠科技进步，又靠艺术繁荣，但文化艺术的产业个性愈来愈突出，如果把服饰文化置于从属地位，那就意味着服装产业失去灵魂。眼下，懂得科学穿衣的国人越来越多，但还有被积极引导的空间。试想，如果中国服装企业不能突出服装的文化个性与时代时尚潮流融合同行，如果我们的国民不继续提高服饰水平而不能与国际潮流齐步，那中国跻身世界服装强国之林的梦想就会缺失根基，弘扬中国优秀传统文化走出去的使命就会成为口号。正确处理中国"母文化"与国际主流时尚的关系，这始终是一对主要矛盾。我认为，进入信息化时代的当下，国际主流时尚的内涵至少有的三大亮点：绿色健康、阳光开放、轻捷方便。谁能把这三大国际时尚亮点与中国优秀的传统文化融合好，谁就会赢得消费者的理性共鸣，赢得市场的持久主导权。

九、职业装：亟待补强全产业链一大主角

十几年来，中国服装产业链大家族，虽然人丁兴旺，但尚未进入"全家福"境界，有一种产品绝不应该缺席——

2002年9月初的一天，香港朋友陈经纬，打电话跟我说，全国工商联要成立纺织服装商会，宋鸽女士约他一起组建这个商会。经纬先生说，这是件好事，办起来也有难度，但是如果你出马，咱们就一起干，如果不"出山"，他也就不揽这瓷器活了。

开始我很犹豫，因为我已经退休近5年了，完全可以不必再掺和这些事情。

可是，陈经纬和宋鸽又进一步给我"解扣子"，让我解开了心结，开始动摇了。

于是我住进上海宾馆，前后一周时间，商会成立的文字筹备和对发起会员单位的邀请工作等就基本就绪。陈经纬和我一同飞往北京，当面向中华全国工商联汇报，很顺利过关了。2002年11月，在广州正式成立了全国工商联纺织服装商会。陈经纬当选会长，贾路桥，刘有厚、赵传香、陈玉兰和我等选为副会长。在第一次会长会议上，我提出了一条工作原则，即中国纺织业总会已经开展的业务，我们决不再去碰，只能在纺织服装系统尚未开展的领域"闯自己的天下"。

我仔细查看了中国服装协会已经成立的专业委员会名单，其中就是没有职业装专业委员会。此时此刻，我眼睛一亮，重新点燃了20世纪80年代，创建中国服装研究设计中心特种功能分中心时，就开始研发各类职业装的未了情结；想起了以中国服装研究设计中心的名义，参与天津方圆广告公司发

图4-8　职业装

起承办的中国职业装博览会的场景；想起了武汉赵军情愿把"下海"几年办职业装的几千幅珍贵图片，汇编成六册的中国职业装系列经典丛书，得到全国人大前副委员长陈慕华等题词鼓励出版发行的一幕幕……我顿时增添了推动这个有巨大潜力的制服业发展的信心。

我心情轻松了许多，终于找到中华全联纺织服装商会与中国纺织业总会"不撞车"的工作思路：首先握紧拳头打职业装这"开头炮"，成立职业装专业委员会，并具体组织实施。陈经纬会长同意，我也愉快地戴上本商会第一块"专业委员会"牌子——"职业装专委会"主任头衔。

2003年9月，在广州中国饭店召开全国工商联纺服商会年会，同时举办中国职业装企业家峰会暨高级论坛。来自全国26个省市的60多家职业装生产企业和职业装面料知名企业，包括杉杉集团宁波西服公司总经理于树军、江苏飞达制衣董事长马金芳、福建晓星纺织印染公司总经理林辉阳等负责人，全国工商联副主席瞿怀明、刘敏学、中国香港著名设计师文丽贤、中国台湾服装学者于范等，出席了会议。与会者纷纷肯定全国2万多家职业装企业，既是一个新兴产业，又是我国服装业的新增长点，着重针对职业装产业链不健全和职业装市场竞争失序等热点问题，展开深入探讨，取得许多共识，酝酿来年工作要点。

会后，我们积极投入策划职业装展会。2004年8月，首届中华国际职业装博览会在上海举办。中华全国工商联主席黄孟馥和副主席王以铭一起从北京专程来上海给职业装这个冷门加油鼓劲。由于众职业装品牌奉献了上乘佳作，论坛主题设定为"破解职业招商失序之道"。所以首届中国国际职业装博览会，既隆重热烈，又接地气，风生水起，有声有色。接下来，国务院原副秘书长阎颖亲自参与指导，2005年第二届"职业装展"更上一层楼，同时还举办了首届中华国际职业装设计大奖赛，在事前锁定民航、铁路、银行三大行业制服设计展开激烈角逐，异彩纷呈，初步形成像攻城略地那样，向职业装纵深腹地"进军"的新格局。

第一个站出来的是，中国家用电器维修服务协会掌门人刘秀敏。2005年，她率先举起"用职业装塑造职业素质"的旗号，别出心裁地确定了"加强服务有形化建设"主题，成立家电职业装专家委员会，制订《家用电器维修服务各类从业人员行为规范》行业标准包括各类从业人员着装要求，并报经国家发改委批准实施。不久，她又成立家电职业装推进委员会。全国家电企业纷纷积极响应，落地有声，例如，海尔专门进京召开6万套职业装招标会。2005年11月29日举办家电职业装研讨会，我在会上发了言，现将发言提纲转印如下：

图4-9　职业装

国际化企业需要国际化和标准化职业装

中华全国工商联纺织服装商会副会长

中国家用电器维修协会职业装专家委员会委员　谭安

一、职业装——一种国际化的形象语言

1. 职业装与社会角色分工

——社会分工是社会进步的标志；

——社会越进步，专业分工越细化；

今日的人们需要两种国际社会语言，一种是文字语言，二是形象语言，职业装就是典型的形象语言。

2. 职业装的功能

——标识性：规范功能；

——功能性：专业功能；

——时尚性：人文功能；

——实用性：适体功能；

——科学性：理性功能。

以上"五性"对于不同职业，各有所侧重。

3. 职业装的基本种类

——职业制服；

——职业工装；

——职业防护服；

——职业时装。

4.未来职业装走势

——专业化

——高档化

——国际化

二、国际化职业装的本质特点——当代主流时尚与本土化的结合点

1.职业装国际化的焦点不在物质上，而在精神上即文化上。

2.文化：文而化之——时代感的共性寓于民族化的个性之中。

3.民族的本土文化包括国家、行业、企业"三位一体"的文化。

4.文化焦点是塑造职业形象。

案例一： 国航职业装 1956 年，中国设计师设计

案例二：1988 年，法国设计师皮尔·卡丹设计

案例三：2003 年，法国设计师拉皮·杜斯设计。空姐装名曰：国韵

——创意：东方美的精华与西方先进制作技术结合，表现中国文化精髓。

——色彩：中国红、中国蓝，源自明朝瓷器。

——风格：东方的女性柔美，干练的职业风范。

案例四：家乐福职业装

——色彩：蓝、白、红（黄）。

——款式：管理层——西服（非统一制装）；服务人员——衬衫、马夹、裤子、领结。

——风格：洒脱干练的法国风味。

——规范："黄马夹"不能进仓库。

——细分：20 多种，门口汽车疏导员、义务服务员等。

三、中国家用电子电器服务维修行业职业装

——中国家用电器维修协会的一个创举

1.用"标准化"——《家用电子电器服务维修行业从业人员职业装订制指南》，树立中国家用电子电器服务量修行业形象。这在全国众多行业中开了先河，抓住了塑造行业品牌形象的关键一着。

2.海尔用"第一速度"响应，新一代的海尔服务维修人员职业装已招标定夺。

3.新老海尔职业装的简单对比

—颜色：同属蓝色系，新装选用藏蓝色。

—面料：工程外服装采用警用面料，抗静电，手感柔软，透气性好等。维修人员服装采用纱卡，平展挺括，吸湿透气，易打理等。

—功能：增加了上臂上侧兜和裤子侧兜；胸前袋子增加可别胸卡的开口设计等。

—款式：造型简洁，线条流畅。

—标准：按国家号型标准。

4.上述改进，有升华，也有遗憾，招标时间紧迫，中标单位坦承"还不是很完美"，尤其在体现海尔文化这一点上尚显得不足。

5.两点建议：

第一，海尔换装后，似可在一个适当时候再在更大范围、更充分地招标设计，力求完美展现世界海尔的形象。

第二，中国家用电器维修协会下力气找准本行业的本质特征及其行业文化，力求整体地树立中国家用电器服务维修行业形象。

谢谢大家。

十、的确良：以服装为龙头的典范

20世纪60年代中期，谁若能穿上一件的确良衣裳，那么就算出人头地了。这件事情惊动了高层，演绎了一出的确良大戏——

"的确良"的横空出世，是诠释"以服装为龙头"的典型案例。2023年4月26日，我登门拜访96岁高龄的著名纺织工业史学者陈义方。出乎预料，他风度依旧，身体健朗，精神矍铄，思维敏捷，谈吐睿智。他侃侃而谈，全程用三个半小时口述历史，并提供了资料，让我厘清了"的确良"的源流轮廓线。

"二战"以后，美国原创聚酯纤维（的确良）学名为POLYESTER FIBRE，商业名DCRON。其发展晚于尼龙和人造棉（粘胶纤维）。但后来居上，其商业价值已远超其他各类合成纤维。20世纪50年代初期，开始进入亚洲市场，主要是日本、中国香港。50年代中期，其成品开始小量进入中国市场。当时香港市场将其商业命名为"的确凉"（粤语），进入中国内地市场后，转化为"的确良"。

棉麻丝毛是中国的优势原料，但随着人口日益增长，远远不能满足消费需求。20世纪60年代，纺织工业部开始向化纤领域找出路，将聚酯纤维定名为合成纤维，分别定名丙纶、腈纶、维纶和涤纶。

图 4-10　陈义方（左）与谭安交流的确良
的来龙去脉（摄影：周宝英）

涤纶可分长丝和短丝两种，的确良是涤纶短丝产品，它具有"免烫"和"洗可穿"特性，即既挺括、还耐磨，又易洗、快干的优越性能。

中国国产的确良始于军服改革。长期以来，军服是棉布，不耐穿，也不保色。战士的单衣，有的穿上两三个月后，就打补丁了。1962年3月，驻山东部队给国务院总理寄去一条棉裤。这条棉裤用麻绳串起来，面目全非，棉花只剩下不到四两，补丁无数，什么颜色都有。这条棉裤被挂在他的会议室军服改革迫在眉睫。总理下了决心，说："一定要在很短时间之内，解决军服问题。"总后勤部第一次军服改革失败，第二次又不尽如人意。总后勤部从香港杂志上看到日本有关石油化工涤纶的报道，立即派人拿着资料到大连石化研究所，联合成立涤纶纤维研究小组，并拨款一万元作为研究费用。三个月之后，石化所不负所望，研发成功了可以抽丝的涤纶纤维，立即进行试织。这是由两股涤纶纤维线、一股棉线合股织成的布料，当时给它取了一个"三元布"名字。十几套军服样衣，让全训部队试穿。十几次水洗后，这些衣服的"毛病"暴露出来了，由于棉涤对颜料的吸收程度不同而产生像麻布的色差，但质地性能很好。石化所继续攻关，不久便研发出涤纶纤维和棉花混纺成纱。很快，"混纺"布诞生了！接着染色做成衣服，让工厂搬运工人试穿。这些衣服下水三十几次，颜色仍无多大变化。大家都无比振奋。总后勤部立即组织全国各类专家三十多人进行讨论鉴定。专家认定：涤棉"混纺布"是一个创举，开创了我国纺织史上的新篇章。总理听了总后勤部的汇报、看过试穿过的军服后，高兴地祝贺："三元布很好，我向你们祝贺！"1967年秋冬开始，三元布军服逐渐在军队普及。毛主席看到了，赞扬说："这是总后勤部鼓足干劲鼓出来的。世界上任何一件事，没有几分劲头，能办得好吗？"

纺织工业部从1953年开始筹划发展化学纤维。1968年夏秋之交，国务院业务小组李富春副总理，指示纺织工业部要"要抓革命，促生产"两不误，抓化纤生产。纺织工业部军代表毛洪祥派陈义方和李百长，去上海推动落实事宜。但由于上海当时工厂无法进行正常生产。于是他俩改去全国形势比较稳定、化纤也颇有点基础的江苏常州市。他俩在常州化纤厂偶然发现该厂已经研发出年产100吨的"小涤纶"的确良，做成的男女衬衫，尤其女连衣裙，手感滑爽、挺括有型、条格雅致、花色绚丽、漂亮诱人。纺织工业部立即在常州召开"抓革命，促生产"现场会，推动"的确良"加大规模生产，但因"小涤纶"

厂规模有限，特别是当时中国尚不能生产涤纶原料而需要依靠进口，所以小批量的的确良一经上市，就被哄抢一空。

毛主席时刻关心人民衣着问题。1966年3月，他明确要求："国家积累不可太多，要为一部分至今口粮不够吃、衣被甚少的人民着想。"1971年，毛主席在巡视上海期间，派工作人员上街了解社情。这位工作人员排长队，买了一条的确良裤子。回来后，他向毛主席汇报说："买一条的确良裤子，辛辛苦苦排了半天队。"这年底，正值召开全国计划会议之时，毛主席特地向周总理讲起这件事，他说："上次在上海，听娃娃们讲，买了一条的确良裤子排了半天队。太难喽！可以多搞点嘛。"

这的确良真的成了发展纺织工业的一个引爆点。原国家计委布局了上海金山、辽宁辽阳、天津、四川长寿"四大化纤"基地，从此中国化纤工业进入快车道。

由于化纤工业的大发展，到20世纪90年代中期，棉麻毛与涤纶的各种"混纺"布料包括薄型的确良，大批量进入市场，不仅解决了棉粮争地的矛盾，也解决了纺织与服装脱节的矛盾，极大地缓解服装"无米之炊"的困境，充分显示了国家决策"以服装为龙头"的体制改革的优越性。数据显示，中国人均布料，1978年为11.54米；1990年为16.63米；1995年为21.59米；2007为51米，遥遥领先全球各国。全国城乡成衣率超过80％，九百六十多万平方公里大地上划出一道气贯长虹的流动风景线。

"以服装为龙头"的展开式，就是"产业链"。就全国而言，20世纪90年代中期，中国服装全产业链已经基本形成。这就是服装产业的发展逻辑，也是稳定的运行机制。

十一、三足鼎立：雄起的中国服装产业新格局

本章记述了中国服装产业链建设过程中的十几个主要环节，结尾之处似应用体系逻辑的视角，喜看伴随改革开放的春风吹拂神州大地，中国传统的城市服装工业蜕变，应运而生的乡镇服装产业与"三资"服装产业崛起，从而形成"三足鼎立"的产业结构新格局、拔地雄起的产业发展新态势——

党中央始终把人民群众的衣着问题，挂在心上、抓在手上。1981年2月4日，中央领导就纺织工业部党组《关于贯彻调整方针，争取今年纺织生产持续增长的报告》，致函纺织工业部："我对今年应如何满足人民生活能更大幅度增长的需要，在你们的这个报告中批注了一些话。请研究。有些问题，如果你们不能定，请向计委请示。"他对这个报告前后有五处批示，要求"拿出办法"，找到"路子"，树立"观点"，总结"经验"。当年7月22日，他又约纺织工业部郝建秀、胡明、寿汉卿几位部领导到中南海汇报工作。领导希望，明年的纺织工业产品多丰富一些。

为了解决服装行业长期以来的供需矛盾，中央提倡大力推动招商引资，大力发展"三资"企业和乡镇企业，双管齐下促进服装。

1983年2月7日至9日，中央主要领导到深圳特区视察。他看到与会干部几乎全部穿着深色卡其布做的四个口袋干部服，交流中提到："你们的衣服怎么还是老样子没有一点变化？你们经常出场，

图 4-11　1985 年 9 月 24 日，步鑫生带着工厂的模特队抵达北京站

图 4-12　皮尔·卡丹加盟津达后，于 2011 年 5 月 13 日专程到天津津达制衣公司交流指导，当晚参加了在基辅航母上举办的 PEACE CAR—RIER 和平方舟大型时装世界发布会"，继续打造津达合资西服品牌的辐射影响力，受到热烈欢迎（摄影：刘增凯）

要同外商打交道，人家第一观感就是你们穿着的服饰还是过去的老样子，他们就觉得你这里还很落后，没有什么变化。来你这里做投资、担风险，不放心。"

考察江苏、广东、浙江等东南沿海地区时，看到蓬勃兴起的乡镇企业，中央领导同志感触道："我们应该如何把地方工业，特别是社队企业搞上去，从而促进整个国民经济高涨。看来，我们还只是大喊大叫，大力发展、切实整顿，还远远没有抓住要害。"

1983 年 11 月，新华社浙江分社发表了《一位有独创精神的厂长——步鑫生》。党中央领导批示，"步鑫生解放思想，大胆改革，努力创新的精神值得提倡。对于那些松松垮垮、长期甘于当外行、'做一天和尚，撞一天钟'的企业领导来说，步鑫生的经验当是一剂良药，使他们从中受到教益。"

轻工业部党组贯彻落实党中央领导的批示，立即组织了轻工部和北京、浙江等有关省市联合工作组，深入海盐衬衫厂展开调查研究，进一步总结步鑫生办乡镇企业的经验，随后在海盐召开全国服装鞋帽工业现场会，大力推广步鑫生经验。

后来，抓住典型不放，中央领导再次就步鑫生的材料作出批示，把步鑫生这个典型的深刻内涵再放大。他明确指出："抓住这个指引人们向上的'活榜样'，对干部进行十一届三中全会以来建党路线、方针、政策教育统一思想，推动经济建设和建党工作。有力地推动乡镇企业向全国蓬勃拓展。"

看过步鑫生为代表东南沿海地区乡镇服装业状况，再请朋友们看看《中国服装》（创刊号）发表的河北记者站的乡镇服装业调查报告。

河北丽华服装总厂是个县办服装厂，位于晋县城内。党的十一届三中全会以后，晋县农户家用缝纫机增长到 38 000 多台。起初，这些缝纫机多是用于家庭缝补。从 1980 年开始，农民自发地搞起了家庭服装生产，以此作为商品出售。但是，技术水平低、产品质量差、销售价格乱、市场信誉低的问题相当突出。县政府提出了以县丽华童装厂为"龙头"，以乡镇服装厂为"龙身"，以个体服装专业户为"龙尾"的服装生产联合体——河北丽华服装总厂，诞生了。总厂联合了全县 11 个乡村小厂、35 个加工厂、300 多个服装专业户，从业人员达到 83 000 余人。总厂实行统一管理，分厂和加工点分散经营，独立核算，自负盈亏。

在经营上，总厂统一办理业务往来、质量检查、技术指导、财务结算、商标管理、平衡调配生产。总厂业务人员和加工户共同承担业务。总厂根据加工厂和专业户的特点和生产能力，协调分配生产任务、批量大、难度高的由县厂承担：批量小、工艺简单的由加工户承担，必要时组织生产协作、共同完成紧急加工任务。为了巩固联合，总厂切实抓了六项重点：一是供应面料、辅料、按总部价格从优供给；二是配备部位加工设备，帮助各专业户克服加工难点；三是提供技术服务；四是为加工厂、农户培训技术人才；五是信息传递服务；六是代销产品，代订业务合同。

由于个体服装生产实行专业化协作和城乡联合的做法，适应了生产发展的要求，在不扩建厂房、不增添设备的情况下 1984 年完成产值 1 200 多万元，利润达 124 万元、分别比联营初期的 1982 年翻了四番多。不但为国家节余市建设资金额 1 600 万元，还增加税金 129.7 万元、参加联营的农户每年获利 35 万元。

有了中央领导层对服装行业发展的大力推动，仅仅 10 年左右的时间，到 1994 年，全国乡镇服装企业达 7 万个，产量 5.5 亿件套，约占全国服装总产量的 50%，产值达 30 亿元。

让我们再看看"三资"服装业。这是改革开放的新生事物，一支新的强大的主力军，它同雨后春笋般的乡镇企业一样，也是得益于世界服装产业重心由西向东转移的历史机遇。

20 世纪 80 年代，全国先后成立"三资"服装企业 129 家（所谓"三资"企业，一是中外合资企业、二是中外合作企业、三是外商独资企业），多半诞生在沿海各市侨乡，广东、福建、浙江居多。后来随着沿海 14 个开放城市，以至全国全面开放，"三资"企业由城市到乡镇，由沿海到中西部地区，星罗棋布，遍地开花。截至 1994 年，全国有"三资"服装企业 12194 家，位居行业老二，占据全国中高档服装市场，也成了出口大户。

以下是天津的一个中外合资企业的典型案例。

1987 年，天津纺织集团和意大利的最大服装厂商 GFT 成立于天津第一家合资的津达制衣公司，在全国也是跑在最前列的。说来也巧，我于 1987 年 9 月带"金剪奖"获奖服装设计师团组，赴意大利前首都都灵，参观了这家一著称于世的西服 GFT。那是我第一次惊讶地开眼——火车支线竟直接修进 GFT 服装工厂大院，用集装箱吊挂西服，运向世界各地。流水线上先进的生产加工工艺技术，也令我们大开眼界。津达合资公司成立伊始，虽然由于技术工艺保密的原因，但我还是有幸先睹为快。后来，皮尔·卡丹中国首席代表宋怀桂，征求我对卡丹与津达合作的看法，我自然顺水推舟、积极撮合。1990 年春，在北京马克西姆餐厅，皮尔·卡丹、GFT 老板、天津服装集团公司董事长崔鹤鹿，商定卡丹加盟津达，授权生产销售"皮尔卡丹"牌男正装。我应邀见证津达合资西服升级版的时刻。卡丹先生以正宗的马克西姆风味的法式西餐、法国红葡萄酒，为中法意三国合作干杯。合资企业"借梯上楼"，学习意大利技术和管理经验，引进意大利按人体结构、部位独特设计的领子、驳头、前片等版样和钢制模具及专用冲压设备等，再加前道工序的蒸气预缩立型机、电脑验布机和成品自动传送装置，做出来的西服像模子刻出来的一样，件件质量相同，外观柔而不散，造型美而不俗，各部位平而不板，穿着轻而不浮的风格。津达西服，曾一度风靡大江南北，成为众多社会名流竞相追捧的欧风装束。津达升级版也进入欧洲、美国、日本、澳大利亚等国的高档市场，当年就出口西服 10 多万套，每件售价高达 2 000 美元。

城市服装企业，是中国服装业的先驱，也是发展的基础。1995 年 2 月，原国家计委轻纺局和中国服装工业总公司，联合各省市自治区服装公司，对全国服装工业和服装市场情况调查的数据显示：截至 1984 年底，全国共有服装企业 7 800 多家（区、街企业不包括在内），其中轻工系统 6 650 家、占 84.7%，纺织系统 427 家，占 6.5%，商业系统 236 家，占 3%，全国服、装职工 106 万人，生产能力 11.7 亿件，工业产值 136 亿元。服装机械化程度只占 50%。1983 年底，全国人均衣着消费 2.6 件，其中成衣 1 件。西服、羽绒服、衬衫的需求增长很快。

上海服装业是中国城市服装业的骄子。上海服装公司总经理王树塞、金长顺、顾行伟、王守平、康志华、张荣申、顾冠林、金九如等一班人，带领上海市服装员工走在改革开放前列。请看《中国服装》（试刊号）发表的上海服装公司总结改革开放"五年五变革"的经验：

上海服装公司拥有好多个"中国第一"：中国第一支服装模特表演队、中国第一张服装报《上海时装报》、中国（与天津并列）第一的全国服装质量检测站、中国第一服装高地：1984 年市属服装鞋帽工厂 67 家（不包括区属街道厂和郊区乡镇工厂），当年生产各类服装 1 亿 1 千多万件，总产值达 14 亿多元，实现利润 1 亿 4 千万元。

改革开放五年取得了体制机制的五大变革

变革之一：由政府主管开始变向企业自主管。过去企业的婆婆多，束缚手脚。1983 年初，在 3 家集体企业中，实行联利承包经济责任制，出现了"八仙过海，各显神通"的热烈竞赛局面。如，第二衬衫厂实行厂长"组阁"、干部聘任制。年轻厂长王炳君组阁后，以著名的"海螺"商标命名，开展"一主多制"的 10 项生产经营活动，闯出衬衫外衣化、时装化的路子。一年来，开发出女衬衫、西装、领带、领夹等新品种。1984 年，总产值达 3 800 万元，比上一年增长 23.6%，净利润 340 万元，约增长 9%。企业职工真正成了主人，出现"三多"现象：全勤的多，出谋献策的多，管"闲事"的多。

变革之二：由生产型开始向生产经营型转型。过去，服装工厂是"铁路警察"，只管生产加工，既无内销权，又无出口权，更无定价权。企业被困在笼里打转转，后来虽然可以内销，但无权改变定价。其结果，畅销品赚不到钱，滞销品压着钱。因此，市服装公司决定对产品实行浮动价格，对优质名牌产品，新设计、新面料、新工艺或名设计师设计的产品，实行优质优价，并允许在一定范围内浮动；对一般产品实行薄利多销的政策；对季节性较强的产品，适令时向上浮动，落令时向下降；对滞销积压产品，企业有权自行削价处理。市场杠杆，一用就灵。

变革之三：由"找米下锅"开始向联合纺织企业开发服装面料转向。多年来，服装厂过的是"无米之炊"的日子，因为在商业流通体改革之前，面料是由商业部门统购包销，再由商业部门批发给服装企业加工，数量有限。服装厂只能四处"找米下锅"。有人形容服装工业是"属鸡的"，找不到食的时候，只能吃沙子。市服装公司成立了联合开发组，开发纺织印染基地，与 57 家原料生产厂家和原有协作加工点接触，已达成协议的有 20 家。仅上海时装厂与山东济宁毛纺厂的联合经营，即年供精纺毛料 80 万米。目前，部分厂正在筹备开设联合开发公司、联合股份有限公司和贸易中心等。

变革之四：由开发产品开始向培育设计师转向。市服装公司认为，抓院校培养人才，无疑是一项战略性的任务。但是如何调动现有新老设计师的积极性，则是一个不容忽视的新课题。1983 年 8 月，市服装公司首次举办著名设计师叶德乾、蒋海良、钱士林三人作品展览，还同妇联、文汇报、上海电视台等分别举办服装设计"天琴奖"、大舞台节目"84 夹克新潮"等活动。展销会上展示设计师肖像、服装表演时请设计师登台亮相……鼓励他们成名，以此提高设计师的社会地位，这些推动了服装设计的新突破。1984 年，服装新花色品种增至 9 500 多种。

变革之五：由陈旧落后开始向技术改造转向。多年来，服装生产沿袭传统工艺，手工操作，费工费力。有的厂还在使用很旧的设备，18 家工农联合企业有的竟然还在使用家用脚踏缝纫机。一件新产品的样衣，制作时间需要 1 个多月，出口交货期一般是 6 个月，不仅效率低，质量也难保证。市服装公司努力扩大服装出口，利用留成外汇、开展补偿贸易等方式，先后从国外引进各种专用设备近 9 000 台，着重"武装"了西装、时装、衬衫和牛仔裤等生产厂，形成先进的生产流水线。令人欣喜的是，微电脑也开始进入了服装工业领域，部分工厂已运用微控高速平缝机、多头绣花机、CAD 辅助设计系统、信息储存等管理系统，敲开了生产现代化、管理科学化的大门。

纵览 20 世纪 80 年代初至 90 年代中期，中国服装工业不负"改革开放"好时代，实现了产业主体"鲤鱼跳龙门"的目标：城市企业从开始的孤军奋战，到扩大主力军，与乡镇企业、"三资"企业，形成了"三足鼎立"的世界第一服装大国格局。1994 年，全国共有服装企业 4.4 万家，从业人员 370 万人，服装总产量 78 亿件，国内的成衣率达到 50%，出口 40 亿件，出口额 237 亿美元，占全球出口额的 16.7%，总产量和总出口额双双跃居世界第一。

这就是中国服装产业的新生主体，也是中国实体经济的一大支柱产业。

第五章
产业探路（上）

求索信息艺术路线

05

从发展逻辑上说，先有目标，后有路线。这是教科书的结论。可当时的事实是，本书第四章记述的建设什么样的服装产业模式，与要走什么样的发展路线，却是同步交织、探索前进的。要确立产业模式这个目标，难；可是要找到实现目标的合适路线，更难！它格外捉弄人。天津所长会议端正了服装产业发展路线方向，确实值得庆幸。但是，问题远未了结——

2012 年举办的首届信息化与工业化融合博览会（简称"两化融合展"），确有与时俱进的指向性意义，但也似有受制于传统工业思维惯性之嫌：工业发展之路，究竟是"信息化与工业化"之单融合，还是再加一个"科技与艺术"融合之双融合？

一、国家服装"863"计划：中国服装数字化征程上的先手棋

1991 年 3 月 12 日，纺织工业部在天津召开第二次全国服装研究所所长会议，总结改革开放十年振兴服装产业探路经验——服装产业不能像采矿业和冶金业那样，单靠"技术进步"就行，而要两条腿走"双靠"之路：一靠技术进步，（初步触及"信息化与工业化相融合"）；二靠艺术繁荣，（初步触及"科学技术与文化艺术相融合"）才行。尽管囿于历史局限性和认知的相对性，当时只从重要性之地位出发，把"双靠"界定为平起平坐的"并驾齐驱"，尚未能认清信息化与工业化融合与科学技术与文化艺术融合之"双融合"路线。但我们始终认为，这是非常值得庆幸的端正方向的首次产业觉醒，也为"再探路"提供了极具指导意义的基础思路。

（一）滚动升级：国家"863"服装 CIMS

多少事，从来急；时不我待，只争朝夕。天津所长会议刚刚吹响"进军号"，我们马不停蹄，于 1991 年 4 月，正式启动国家"八五"重点科技"服装设计与加工工艺示范中心"攻关课题，开始聚焦"双融合"的再探索。可以说，这是一着服装数字化"先手棋"。

国家科委于 1990 年底批准以"快速反应"为主题的"八五"国家重大科技攻关项目。经过认真论证、综合对比，确立了"八字"攻关总思路：硬件引进，软件研发。

回忆科技攻关岁月，首先令我万分感慨的是，30 多年前，国家科委在高新技术领域，以惊人的魄力，决策部署传统产业向信息技术转型的技术攻关与示范点。令人难以置信的是，服装课题竟是"八五"国家各传统行业，包括汽车、电子业科技攻关投资强度最高的课题，没有之一。这是我难得的幸运机遇，是它把我带上科研高地，见识神奇景观，感悟工业发展走"双融合"必由之路的无限魅力。

图 5-1　1996 年 9 月，宋健国务委员兼国家科委主任
（左四）由国家科委工业司司长石定寰（右二）
陪同视察北京佐田雷蒙服装厂的合影

　　那是 1990 年深秋的一天，纺织工业部科技司华用士司长给我打电话说："国家科委正在征集项目做'八五'攻关计划，你明天跟我们钱言信副司长和李青一起到国家科委去争取服装课题的立项。"

　　第二天，我们三人急匆匆赶去国家科委工业司。没有想到的是，钱副司长让我先向汪宗荣副司长和徐珊华处长汇报。仓促上阵，我只能临时组织语言，长话短说："进入 90 年代，就国际范围来看，整个服装市场竞争的焦点是'快速反应'。服装个性化强度已出现了'批量＝1'的苗头。现在一般意义上的'多品种、大批量、慢周期'的生产模式已远远不够了，而我国服装工业尚处于大流水线上'小品种，大批量，低效率'的状态。因此，我们迫切希望'八五'攻关'快速反应'，探索构建'多品种、小批量、高品质、高效率'的生产模式。处于弱势地位的我们，才有可能在国际市场激烈的竞争中与强手，扳一扳手腕。"汪副司长边听边点头，他与徐处长低声交换了几句后，对钱副司长说："我们初步认可'快速反应'这个攻关思路。你们尽快提出课题的可行性研究方案。"当时，我喜出望外的心情难以言状。

　　起初，这个课题实现"快速反应"的技术路线设想是机电一体化。说到这里，我还想穿插一个巧合的小故事。有一天，我对我夫人周宝英说起我们要搞"机电一体化"攻关课题时，没料想到，她马上说，她的一位朋友叫曾庆宏，曾在新加坡当专家帮助研究机电一体化服装生产线，可以请他指点。国家科委基本同意了这个课题框架，与此同时，也在物色国家一流多学科的专家。其中推荐的专家组长，正是一机部机电一体化专家曾庆宏！真是巧合了！有了这双重关系，我对曾庆宏的依赖和交流就更加踏实了。

　　在课题方案调研过程中，我与曾庆宏几乎形影不离。在车上，我俩坐一排，安排住宿，我俩同一房间，随时沟通，解惑释疑。有一天，在上海调研，曾组长向我提出一个新的设想，他说："搞机电一体生产线，在新加坡已经投入使用，技术比较成熟了，咱们再搞也就等于上了'保险'。可是那仍然还是跟在别人后面爬。目前，国际上只有美国、英国在进行服装计算机集成制造（CIMS）的探索研究。CIMS 是个计算机集成概念，也可以说是一种哲理。国家科委已在清华大学搞机械 CIMS 研究，北京机床厂是实验基地，已经研制出一台机床 CIMS 样机了。这可间接提供服装 CIMS 研究思路参考。这种国际前沿的高科技，不仅难度大，风险也大呀。找时间，咱们一起去清华看看如何？"我第一次听到这个全新的技术概念，倍感新奇。

图 5-2　1992 年 9 月，国家服装 CIMS 课题部分成员
赴欧洲考察，专家组组长曾庆宏（左）与谭安
在英国泰晤士河铁桥上

我们去清华看机床 CIMS，可真是开眼了！几位像医生一样穿白大褂的研究人员，坐在计算机面前，敲几下键盘。机床加工中心便刀具飞转，小机器人乖乖地把刚加工完的齿轮运就送到仓储架上了。我向曾组长表态说："只要你们专家组有信心，我们就有决心。"于是我俩初步达成"用 CIMS 替换机电一体化"的共识。我向服装中心领导班子和上级有关领导汇报，准备冒点风险实施服装 CIMS 的新设想，竟然进展很顺利。出乎预料的是，国家科委常务副主任李绪鄂，竟要亲自来我们服装中心还在工人体育馆临时租赁的办公地点听取汇报。

显然李副任一行是有备而来，听完我们的汇报之后，立刻发表果断而严肃的四条意见：

（1）同意服装课题为国家"八五"重大科技攻关项目，国家拨款 800 万元，前提是你们自己必须配套 900 万元；

（2）国家科委派遣 10 人专家组，给予直接技术指导；

（3）国家科委工业司跟踪检查指导；

（4）项目采取滚动方式，进展好，就滚动；如不然，则刹车！

四条意见当下的焦点是自筹配套资金 900 万元。朱秉臣主任立刻拍了胸脯。我则一开始就立下了把退路堵死的军令状："誓与大家一起拼搏，如果拿不下这个课题，谭安的脑袋送国家科委！"

国家科委为我们选配了曾庆宏、闻力生、冯世庸、马影林、李庆云、张兆璞、肖惠等各学科知名专家，组成课题专家组。曾庆宏任组长，闻力生任副组长。反复论证课题攻关实施方案中，我也是在其中被科普，第一次听到"平台""局域网""格式""电子信箱"等信息化名词。

这个课题由服装中心牵头，中国科学院的系统科学研究所和计算机科学研究所、清华大学、中国航天总公司 710 所、第一机械工业部自动化所、西北纺织工学院、武汉大学等 16 个单位、67 名科技骨干，组成课题组，决定由我任课题组组长。课题组下设 5 个子项专题组：服装信息系统（GIS），先由钱立平（后由苏葆燕）任组长；服装计算机辅助设计系统（CAD），由宋玉贤任组长；服装计算机辅助裁剪系统（CAM），由金宁任组长；服装计算机辅助工艺系统（CAPP），由王文胜任组长；服装计算机辅助管理系统（MIS），由刘海阳任组长。课题组再配置了一个实验工厂（FMS），薛宾任厂长、姜一涛任副厂长。

图 5-3 1993 年 1 月 5 日在美国格柏（GGT）公司考察，自
　　　左至右为钱立平、王文胜、钟漫天、安迪、徐珊华、
　　　陆宗源、闻力生、艾力森

　　我们也仿照机床 CIMS 设立服装 CIMS 办公室，由特聘的服装中心总工程师闻力生教授任主任，金宁工程师任副主任，负责 CIMS 日常工作。另外，CIMS 课题还设立了三个后勤保障小组，服装中心办公室主任毋启良兼任 CIMS 行政小组组长、人事处处长翟虹兼任 CIMS 人事小组组长、财务处处长崔维斗兼任 CIMS 财务小组组长。

　　准备工作基本就绪，为了鼓舞士气、激励斗志，1991 年 4 月 3 日，我们在北京工体召开国家"八五"重大课题"服装设计与加工工艺示范中心"启动大会。纺织工业部杜钰洲副部长、国家科委工业司汪宗荣副司长和徐珊华处长出席，并先后讲话，提出要求，给予鼓励。在会上，我以课题组长的身份，从本课题面临的国际竞争的大环境，从我们这代人肩负历史责任的视角，向大家作了慷慨激昂的决心表态：我们全行业几百万大军一直以来憋着一口气，那就是一定要重振"衣冠王国"的雄风！科技攻关是过五关、斩六将的第一雄关，我们课题组正是崎岖山路上破关夺隘的尖刀。人生能有几回搏？此时不搏更待何时！我又郑重重申了我给李绪鄂副主任下的"如果课题攻关不成，谭安脑袋送国家科委"的军令状。攻关课题的专家、科研骨干和实验工厂的员工共 200 多人出席大会，热情高涨，跃跃欲试。课题启动大会仿佛变成了誓师大会。

　　挑战者的哲学是，压力越大，动力更大。60 多位攻关成员，目标一致，团结协作，日以继夜，争分夺秒，忘我工作。课题攻关如火如荼进行，国家科委看在眼里，也寄希望这个项目再提升技术含量，先后于 1992 年 1 月 11 日发文批准将这个项目列入"国家工程技术研究中心"计划，于 1993 年 3 月 10 日发文批准将这个项目纳入国家新技术"863/CMS"计划，作为国家的第 9 个 C1MS 工厂。这一次次对攻关队伍士气的激励，课题按计划滚动前进。

　　我们实行"开门攻关"的策略，闻力生教授和我分别率领团组，先后前往美国、日本、法国、英国、西班牙考察，实地参观拟引进的硬件设备和运行状态，也希望能从蛛丝马迹中捕捉软件自主研发的灵感。关于实验工厂 FMS 设备硬件的引进，我们确立的原则是，既要国际先进，又要尽量省钱。服装全加工系统（FMS）共计引进 6 个国家知名牌设备。其中裁床（CAM），我们瞄准了法国力克公司的新型号。一天晚上，我和金宁在北京与法国力克公司总经理洽谈引进合同。力克公司公开的市场报价是 37 万美元。事前有人预测，如能 20 万美元如能拿下，就是最好的心理价位。我心想，技术人员在攻关中练技

图 5-4 　1992 年 9 月，服装 CIMS 课题组部分成员访
问英国曼切斯特纺织技术学院，前排专家组长
曾庆宏（右一）徐珊华、宋玉贤（右三、四）
后排（右二）起英格雷姆、谭安、刘海阳

能，我也应从攻关中练才能。力克总经理颇有法国绅士气质，我暗暗下定决心，这次要直接对谈国际大公司老板，以此来锻炼我的谈判能力。讨价还价，很是艰难。实在进行不下去时，我就建议休息一会，各自再商量一下。对方让价到 17 万美元时，强调这已是他做总经理的最大授权范围了。此时已过深夜零点，我依然坚持地说道："你们力克公司的裁床卖给我们服装中心的示范中心，就等于把一台样机放在世界最大市场的最高平台上展览。你们甚至要把省下来的大把广告费，分点给我们才是！所以，我们最后出价是 12 万美元。"对方马上提高嗓门："这可连成本都不保了啊！力克公司历史上从没有过这个价位。"我接着回应："一台样机摆到一个大国市场的顶级示范平台上，恐怕力克公司历史上也未曾有过吧？"这位总经理开始有点动摇了，说道："现在正是波尔多的下午，我只好打长途电话，请董事长下决心了。"我和金宁一边静候，电话通了，我们终于等到对方同意 12 万美元了。

经过两年半的拼搏，扫除了一个又一个拦路虎，服装信息系统（GIS）、服装计算机辅助设计（CAD）、服装计算机辅助裁剪系统（CAM）、服装计算机辅助工艺系统（CAPP），服装加工系统（FMS）五个单元技术，都先后达到了攻关目标。攻关战士们都有发自内心的喜悦。可是实现五个单元技术集成这副千斤重担，却全部压到提出计算机集成制造概念的专家组组长曾庆宏身上了。一天过去，两天过去……曾组长带领他的几位弟子反复调试，还是屡次失败。此时，不用说，没有人比曾组长更焦急。我知道此刻再多的话也无济于事，便拍拍他的肩膀，只说了句："相信你一定行。"坦白说，集成技术对曾组长也是全新的挑战。但好在，皇天不负有心人。他们终于胜利了，实现了局域网的初步集成！多品种的西服可在一条生产线上同时加工生产，并将企业整体运行效率提高了 10%~20%。国家科委收到这个可喜的消息之后，决定提前进行阶段鉴定验收。

经过不懈努力，我们攻关的服装 CIMS 系统最终通过了国家鉴定委员会的验收。他们给出的结论是：五项单元技术都居于国内领先水平，其中服装 CAD 综合设计环境和服装 CAPP 系统达到当今国际先进水平。

阶段验收的成果显示：我们原来确立的 "硬件引进，软件研发" 攻关思路，是完全正确的，大大缩短了攻关周期。我们终于有了自主知识产权。引进法国力克公司的 CAM 系统，我们此次攻关实现了法汉兼容。通过国家阶段验收的半个月后，就有境外商人登门要求代理我们的服装 CAM 法汉兼容软件。

图5-5　国家科委组织专家对"八五"攻关课题进行验收，课题组
专家组副组长闻力生教授（中）和课题组组长谭安（右）
向验收专家陈家训教授（左）介绍吊挂生产系统FMS生
产运行情况

1995年，国家验收委员会验收"国家服装工程技术研究中心"，真可谓既严肃又庄重，一切都有严格的规范程序。

国家验收委员会，首先直接派出著名的计算机专家王雨生，率领国家验收小组进入本课题现场。他们用了一周时间，听课题组和五个子项专题组汇报，反复询问，走进实验室和实验工厂观察与测试，综合分析，最终给出评价意见。

1995年8月22日，中国工程院副院长潘家铮院士等27位专家组成的国家验收委员会开始验收"国家服装设计与加工工程技术研究中心"。验收会议由国家验收委员会副主任黎懋明主持。我先做课题攻关简报，时间限定12分钟，然后播放攻关录像8分钟，接着，国家验收委员会专家组组长王雨生对现场检查结果提出评价意见，之后进入答辩环节。记得两位评委先后提出两个问题：第一个问题是怎么评价流行色的科学性、又怎样在集成中应用流行色？第二个问题是服装柔性加工系统是否完全数字化了？

我首先回答，流行色、流行面料与流行款式，组成了服装流行三要素。它是具有科学性的，不是商人的阴谋诡计。因为服装流行趋势的预测，是建立在对消费者的消费心理和消费需求调查的基础之上的，进而对影响消费者心理的政治、经济、文化和环境因素进行分析，再结合专家多方面的经验而制作的，就像天气预报一样具有科学性。至于流行色的集成应用，那是设计师到上游的纱线或印染中找结合点。

GS、CAD、CAM、CAPP都实现了局域网数字化，FMS也基本上实现了初步数字化。服装柔性加工系统能够让多品种西装上在吊挂装流水线平滑运行，但有一道平缝工序尚需人工操作。因为柔软的布料比坚硬的钢铁还难对付，这仍是目前一个世界性的难题。

最后，黎懋明副主任郑重宣读了国家验收委员会的评价结论：服装设计与加工工艺示范中心课题"达到了预期的目标，形成了集研究、开发和工程化配套的综合体系"，并肯定课题"滚动开发，系统总装，辐射服务"的运行流程。

1995年9月7日，国家科委发文批准建立"国家服装设计与加工工程技术研究中心"，并由宋健主任亲自授牌匾。服装CIMS工程是全国第9个进入国家863/CIMS应用工厂。在此前"两项国家技术帽子"

图5-6　1995年9月26日，国务委员兼国家科委主任宋健（左二）
在中国纺织业总会刘珩副会长（左三）陪同下视察位于北
京潘家园童装二厂的国家服装CIMS工程

的基础之上，企业总体数据库管理系统研究将继续进行，以实现人、技术、管理三要素和物流、信息流的优化集成运行。

1995年9月26日，国务委员兼国家科委主宋健视察服装计算机集成工程（CIMS），他兴奋地说："今天看到信息化高新技术改造传统服装工业实验工厂，它不仅是希望，而是势在必行。"

1998年9月1日，国家科技部高新技术及产业化司和国家863/CIMS主题办公室联合主持验收会，肯定了课题由第一阶段的五个单元技术的"初步集成"上升到"网络集成"，形成了以企业MIS系统为核心的服装CIMS技术应用工程。石定寰司长和吴澄主任充分肯定了课题取得的新成果。本课题终于正式戴上了"第三顶高新技术帽子"，排国家CIMS工厂第9位。此前，1996年11月1日，国家科委批准成立"国家服装行业生产力促进中心"。这实际上是"第四项技术帽子"。

1996年11月12日，在人民大会堂举行的"八五"国家科技攻关重大科技成果颁奖大会上，服装CIMS技术工程获得了"国家奖"，该项目专家组副组长、服装CIMS办公室主任闻力生教授获得"先进个人奖"。

八年攻关奋战，一个"服装设计与加工示范中心"课题，一项863/CIMS技术"核心"，四项国家级"帽子"，成就了中国服装研究设计中心成长史上的一座里程碑，它标志着中国服装工业化向信息化迈出了可喜的重要一步。

（一）动平衡：正确处理科技攻关中六对关系

我们是怎样完成国家"863"计划"服装设计与加工工艺示范中心"攻关任务的呢？回头看，国家服装863/CIMS课题攻关过程中的关系，错综复杂，且又不断冒出新矛盾。其中有六对主要动平衡关系，尤其值得重视。

1. 主攻目标与滚动调向的动平衡关系

国家"八五"服装攻关课题的主攻方向是"快速反应"。起初目标被设定为"机电一体化"，并设定"服装设计与加工工艺示范中心"。可是随着时间的推移，先后又冠之以"国家服装工程中心""国家 863/C1MS 服装工厂""服装生产力促进中心"共四项名义，技术跨出两大步。在此基础上，国家科委同意"滚动"为女装 CMIS。石定寰司长说，许多新项目要启动，但是因财力有限，所以国家科委只能再投 100 万元推进女装 CIMS 项目。

1997 年春，国家经委轻纺工业司李荣融司长，听了我们拟把服装 863/CIMS 课题向"服装电子商务研究"延伸，而且已与美国著名大百货公司 JCPenney 在北京草签了直接开展电子商务的合作协议（该美国百货公司"二把手"带着营销和财务副总来京谈判）。我们的基本框架思路是，拟由服装中心的中国天宫服装科技开发集团公司牵头，与全国纺织工业上中游的纤维、纺纱、织布、染整等佼佼者，强强联合，共创、共享一个"中国服装品牌"，类似国家队进入 JCPenney，开启美国市场电子商务直通车，为全行业作示范。听完汇报后，李司长兴奋地说，这个电子商务项目很有前瞻性，国家经委可以从有限的专项费中拨款 200 万元给予支持。一个多小时，第一次与素不相识的司长对话，就收获了意料之外的立项资助。

2. 主战场与主力军动平衡关系

实话实说，"主战场"这个问题还是比较明确的。我们就是为了改造传统服装业，才成立服装中心的，不然也不会在筹建中服大厦之初，就确立"边建边为行业服务"的工作原则。我们正是在尽最大力量建大厦的同时，打响以"快速反应"为主题目标的"服装 CIMS"课题的攻关战役的。事实证明，"主战场"事关事业的大方向、事关信念的坚定性。至于"主力军"，当时服装中心人才队伍建设刚起步，还难堪此任。但我们不放弃高举"主力军"的帅旗，用"发挥弹性作用"的工作思路，从五湖四海招贤纳士，"中心出题目，借笔作文章"。10 位顶级专家发挥了"专家治题"的关键作用。60 多位"攻关战士的后盾，诸如中科院、清华、一机部、航天部等，默默释放的能量是不可低估的。

3. 以产品为龙头与单元技术集成动平衡关系

科技研究与经济实体分家，说到底就是研究与产品分家，如同打枪不知弹着点在哪，弯弓无的放矢一样。终端产品就是弹着点，当然也就是科研攻关的最终弹着点。其实，就像一棵果树若想结出硕果，就需要多种元素滋养一样，终端产品需要集成本产品必需的单元技术，以凝结体现技术价值、艺术价值、时效价值、信誉价值之诸多价值要素。

例如，服装 CIMS 就由信息 CIS、计算机辅助设计环境 CAD、计算机辅助裁剪 CAF、加工 FMS、工艺计划管理 CAPP 和全程网络管理 MIS 六个单元技术集成。各个单元技术又由多个小的技术单元构成，如 CAD 作为设计环境，包括中国标准人台数学模型、美国人台和 3D 设计软件等。其实凡是悟性高的企业家，构筑于自己的品牌帝国，无一不是"两手玩家"———是自己手里一定握有原创核心技术，同时向全球"集成"他人的单元技术成果；二是推出自己的核心技术支撑的产品，进入激烈的国际竞争市场。我们的结论是：核心技术是竞争力，集成力则是竞合力，而竞合力更具竞争力。

4. 领军人物与科研规律动平衡关系

如果领军人物是专家型的学科带头人，又具有较强的组织能力和执行力，当然最为理想。若不然，领军人物若具有与时俱进的学习力、较高的掌控方向的判断力、百折不挠的意志力和团结协作的组织力，也是可取的。

领军人物不是一种荣誉称号，而是攻关的第一责任人。有职必须有权，有责必须有担当。"领了军令状，便把令来下。"我在担任服装"863"课题组组长时，自我约法三章——其一，实行"专家治题"策略。凡本课题的重大技术问题，各子项专题重大技术问题，都由10人专家组论证，集体定夺。其二，接受"上级跟踪"。国家科委工业司和纺织工业部科技司分别派徐珊华和马丽处长作为本课题的联络人，列席本课题会议，参与科研活动，上传下达，成了本课题的"调向仪"。其三，"一支笔"。课题组组长是执行官，实行"技、人、财、物"一揽子的运行机制。我们还设立了服装CMS公室，以便处理日常工作。基于此，五年攻关计划，在半程就完成了初步集成的目标。

5. 出成果与出人才动平衡关系

服装863/CIMS五个专题组长，只有四位有中级职称、一位是助理工程师，一般成员多为出校门不久的应届生。经过几年的拼搏与磨砺，我们不仅收获了技术成果，而且收获了"在战斗里成长"的一批技术骨干。后来，他们相继晋升为工程师、高工、教授。这只是本中心的人才成果，还有参研的16个单位中的60多位科人员，同样都在攻关中增长了能力与才干。这使我进一步明白了"见物要见人"的道理。

攻克了这道国家"863"服装难关，我们基本可以交出中国服装研究设计中心建成的三大目标"先进的技术支持系统、合理的人才结构、平滑的科工贸运行机制"的答卷了。基于此，我有两点建议：第一，"出人才"应被列为科研攻关的成果之一；第二，凡参与课题的攻关成员，如果课题获得集体奖项时，应论功行赏、人人有份，至少有个参与科技攻关纪念证书。

6. 点上突破与面上开花动平衡关系

石定寰司长一直强调：课题出了成果，就要拿出一定的精力推进成果转化。国家阶段验收后不久，我们就邀请杉杉集团郑永刚、美尔雅集团罗日炎等西装企业老板进京参观服装CIMS，探讨课题成果应用的可行性，播下了服装业现代化种子。从当时看，服装CIMS还有一定超前性。全国多数服装企业不太可能应用CIMS全套技术，而单元技术、多层面的咨询服务，则会有许多大中小企业需要。杉杉的郑永刚总裁，慧眼识珠，捷足先登，仅用了几年的工夫就成为服装业的佼佼者，起到了典型示范作用。茉织华集团、美尔雅等都不同程度地采用了CIMS技术，对企业进行二次创业的技术改造。服装CIMS课题通过国家鉴定验收之后，逐步发挥行业示范作用，通过中国服装科技成果转化促进会等渠道，进行单元技术转化。

服装CMIS课题最先"面上开花"的是GS子项内的服装流行趋势预测的发布，因为自1986年服装流行趋势预测研究课题时，就进行全开放式的发布，就已通过CCTV形象地把服装流行信息直接送到了千家万户，等于开通了"全国服装新潮流电视课堂"。

动平衡是唯物辩证法宝库中的宝中宝。我们运用动平衡思维处理科研攻关中的六对关系，喜获国家"863"服装CIMS攻关果实，对于动平衡法宝艺术的兴趣更浓厚了，放开视野、细察环球巨细的运动状态发现：原来世间大大小小事物的存在，皆因都有属于自身的平衡点，然而它们的平衡点都不是在静止状态下就能够实现的静平衡，而均是在运动状下才能实现的动平衡。

（二）信息化怎样"化"：信息艺术路线猜想

我们经过几年的"八五"课题攻关，从 CIMS 新哲理概念，到实现 CIMS 技术工程，我们从一个非常繁杂的大系统中，可以简洁地看到这个课题的 6 个单元技术，经由五种接合部界面结构式地交织连接，实现了人、技术、艺术、管理、信息流、物流的局域网络集成逻辑：企业总体管理系统 MIS 统帅——发端于（设计 CAD ＋流行信息 GIS）——经由裁剪 CAM——再经工艺管理 CAPP——进入加工系统 FMS，终端制出成衣。

这个信息逻辑运行框架，尽管 CAD 还只能实现衣片设计与款式设计之间的创意艺术联系，无法实现两者之间的数字连接，CAM 裁剪衣片与 FMS 吊挂缝制之间尚不能自动输送，甚至还只在局域网络环境下运行，但我认为它不应也不能束缚我们，为探讨"计算机集成制造"内在运行路径的大胆猜想：这 6 个单元技术"孤岛"，虽气质不同，但目标相同，在局域网中形成一分为二、又合二为一的信息技术路线和信息艺术路线两条相融的路线。

为了更方便地探讨复杂问题，我们可以用"分合法"，试看它们的运行逻辑。

先看分开的逻辑，也可称"想定逻辑"：

一条是信息技术路线——即实现"快速反应"的信息化与工业化的融合，它在过程中发挥数字化加工成型、动态质控、传输、熨烫、仓储功能，进而融合成完整的生产加工流水线。这是一条空间相对小而短的实体加工工艺信息技术路线。

另一条是信息艺术路线——即技术美转化艺术美的科学技术与文化艺术相融合的产品设计系统，它始于诸种美和功能的元素的凝结，再进入实体加工系统，最终凝结于终端服装产品之中。这是一条空间相对宽而长的虚实结合的信息艺术路线。

再看它们融合的逻辑，也是实际运行逻辑：

一条由硬件设备组合和软件连接而成的设计造型流水线，即信息技术路线与信息艺术路线融合路线。它们既不是单道运行，也不是双道并行，而是虚拟与实体双道融合运行，最终集合而成一件漂亮的成衣（时装）。

这或许就是 CIMS 新哲理定义的"计算机集成制造"的写真与奥妙所在。

从形式上看，信息技术路线与信息艺术路线，是一条叠加的路线。但这只是人们对工业化实体加工工艺的惯性认知，而忽视了具有换代性的虚拟加工工艺，即计算机集成制造的神奇力量。若从属性上来看，两者不是一个类别，可分为一"短"（实体）一"长"（虚拟）两条路线，诚如"工业和信息化部"名称的并列表述。更重要的是，这条虚实相融的信息艺术长线，正是实现"满足人民日益增长的对美好生活需要"这个最终目标最有效的信息化手段之一。

这个猜想，我自认为不是心血来潮。在经历了十年"服饰文化先行"的实践，认识到了端正服业发展的"一靠技术进步，二靠艺术繁荣"的新路线之后，我一直急切地期盼能找到实现这条路线的技术工艺保障措施。"七五"期间，那种落后装备是不具备这种条件的。直到"八五"攻关服装 CIMS863 计划，这才有了借助高新技术翅膀，实现"异想天开"的信息艺术路线猜想的可能性。在我看来，课题攻关的关键技术是分秒必争的，急于求成的是"计算机集成制造"的"单元技术"，尤其是"集成"的网络成果。至于怎样实现集成的系统过程（路径）问题，或时间局促、或技术局限、或格局制约，我们还不能把这个未知的新路径排到必需的位置上来求证。更主要的原因是，对于"计算机集成制造"（CIMS）为什么被定义为一种"新哲理"这个科技全新理念，我们可能还处在对概念的神秘感中，未能跳出点状思维的传统科技攻关模式而换上全新的系统思维。回过头来，静坐默然，至少我当时就是这种状态。这种点状思维模式与系统思维的对峙，不是偶然的，而是传统实体工业思维、惯性的顽固延伸。

不争的事实是，信息艺术化已远不止工业、制造业范围了，其他新兴实体，以至虚拟产业、文化产业、体育产业、文旅产业、观光农业等，也都在积极追求属于本产业特质的信息艺术化。成果累累，别具一格，美不胜收，醉人陶然。

略感遗憾的是，虽然今天已经进入人工智能制造、万物互联的时代，但公开发表的"信息艺术路线"相关的言论仍尚未发现。然而，这不只是技术学术问题，而是深入信息化的"探路"，进而放大信息艺术路线实用价值的重大现实问题，它远比与当年攻关取得集成成果的意义重大得多、现实得多、迫切得多。

我多次征求本课题亲历者和相关专家对于《猜想》的意见。下面公开我与课题专家组组长曾庆宏、副组长闻力生交流的两则对话内容：

曾庆宏组长："关于工业信息化两条路线的说法，我是回头总结思考的大胆吐露。俗话说'无知者无畏'，我就属于此类。那我就如实向您汇报我在当年课题攻关时的再思考过程吧。我凭直觉猜想，信息技术用在裁与缝制加工、整型过程中，吊挂装备上的衣片和成衣传输，动态质量控制、成衣仓储的流水线有序运行，就是它的工作常态。这其实也用不着再节外生枝，玩什么花招，只靠信息技术来完成的。总之，这一切纯技术环节的动作都是在过程中逐一实现的。于是就给它个系统性表述名称，叫作'信息技术路线'。

关于'信息艺术路线'，它不同于加工传输过程，而是始于发端款式的谋篇调度，凝聚美的元素与功能元素，包括选择面料的花色质感与辅料的塑身功能，齐步进入机加工系统缝制与工艺技术，从而实现局部装饰与立体造型、并止于终端的适体而漂亮的成衣，即技术美转化为艺术美的完整过程。显然这是个有头有尾的长而繁的工程系统。鉴于顶层设计的不可替代的统治功能，也鉴于现实生活中审美艺术的主导地位，还鉴于艺术与技术的不同属性，所以，我觉得冠它个'信息艺术路线'名称，似乎还算符合实际，站得住脚，至少把它提到桌面上讨论的时机已成熟。

然而，这两条路线不是并驾齐驱，而是深度融合。这或许就是信息化的"新哲理"的奥妙之处吧。所谓的信息'化'，怎样'化'？似乎就是循着这样的奥妙逻辑——'化'出两条内在分而合的运行轨道，最终收获既轻便舒适、又富艺术价值的成品。这就是我凭直觉猜想的结论。我还是个老学生，真心想听听您的意见。"

曾组长虽然患病在身，但支持"探路"。

虽然80多岁，但至今还常到服装产业第一线，"要把后半辈子都交给服装强国"的闻力生教授，明确强调：

"这个课题对示范和带动中国服装产业向现代化发展、企业'两化'深度融合向数字化的转型，都是一个基础工程，怎么评价它都不为过……发展要依靠工业化和信息化的融合、靠科技与文化艺术的融合，对于你的这个提法，我没有异议。"

（三）关于传统制造业转型未来产业的"双黄蛋"思维参考建议

当今世界新一轮科技革命，正在加速产业变革的新挑战——传统产业转型之路在何方？在我看来，还得走融合之路。传统产业与谁融合，怎样融合？关于大方向思路，我认为似应与方兴未艾的未来产业融合。因为传统产业也好、未来产业也好，虽然有许多差异点，甚至是代际之别，但它们依然有两个共同点：

其一，两者都以人类生存和社会发展需求，作为出发点和最终目标落脚点。这个共同点，不管技术进步程度如何，甚至到了颠覆性的地步，它都是亘古不变的主题、不可逆转的规律。

其二，两者都是以造型美与功能好的双核产品，满足人类物质与精神生活需求为终极目标。产品则始终处于产业结构模式中的核心地位。任何一项新技术的突破，尽管它可能是全新的，但都必须由技术成果转化到产品的社会价值点上，不可能、也不应仅仅停留在学术的象牙塔里。然而，凡是产品，尤其消费品，都要满足人类追求造型美与功能好这个"双核"需求，这就是定义"美好生活"的两条基本根据。这才是制造业最根本、也是不变的终极目标。请君细察"双核"功能，在产品技术同质化的时期，若两个同类产品，虽然功能都处于相同的水平线上，品质也相当，只因品相逊色，却沦落至无人问津的可怜、尴尬境地。然而，同质化时期，一般是相对长的时域，各大商家在同一层级技术平台上，展开焦点对决，争夺创意审美、时尚个性的制高点。谁家的产品更具时代审美个性，谁就会在市场竞争中先声夺人，更胜一筹。这是一个既现实又残酷的时代课题。

"十四五"规划纲要提出：在类脑智能、量子技术、基因技术、未来网络、深海空天开发、氢能与储能等前沿科技和产业变革领域，组织实施未来产业孵化与加速规划，谋划布局一批未来产业。令我们激动不已的是，未来产业不仅已正式进入国家议事日程上，也已着手筹划实施"孵化"样板了。我怀着一颗不老的拳拳爱国心，冒昧地提出一点参考建议：要实施"前沿科技与产业变革"的"孵化器"，首先似应甄选良种"蛋"，进而优选"双黄蛋"，排斥"单黄蛋"。这是"孵化"的前提与基因。

何谓"双黄蛋"？从改造传统服装产业几十年，尤其工业互联网数字化改造转型的实践经验看，所谓的"双黄蛋"，就是走信息技术路线与信息艺术路线双融合的产品链路线。尽管技术上尚未全要素实现数字闭合回路（这正是需要前沿技术攻关的目标）。但其轮廓线轨迹似是一条贴近人类理想需求可行的、越走越宽的产业发展路线。

从这个意义上，引申视角，可以说，新技术催化传统产业蜕变为未来产业，或者说"未来产业式传统产业"。因为无论在什么技术时代，人类都绝对离不开消费品，比如服装。所谓的传统服装产业的改造转型——那只是应用未来的前沿新技术与艺术工具，加工样式新、质地优的衣服而已，其他消费品产业亦同理。显然，只有树立"双黄蛋思维"，才能从容走上双融合的产业路线，才能不断演绎双黄蛋衍生人民生美好生活的新故事。

图 5-7 一根纱织就万紫千红

（四）从悬空穷理的猜想到落地开花的现实

人们的认识总是落后于实践的，在信息智能化时代的当下尤其如此。

我有个 20 年前山东滨州发展家纺三八战略的情结。2024 年 5 月中旬，应愉悦集团董事长刘曰兴之邀，进行一次学习充电之旅。出乎预料，我带着十几年来冥思苦想"信息技术路线与信息艺术路线融合之路猜想"的问号，在参观过程中，一袭孔雀裙让我眼睛发光，惊喜地找到"一根纱线织就万紫千红"——幻彩织物及其时装的"信息技术路线与信息艺术路线融合"的真实答案。

在 6 000 愉悦人一浪高一浪的创新热潮中，愉悦集团家纺研发设计工程师刘立霞勇立潮头，于 2017 年联手江南大学薛元教授创新了第一块幻彩织物。她向传统印染发起挑战，过去设计床上用品、窗帘等家居饰品的圆网印花面料一般不超过 16 套色。她借助高超显示技术释放三原色的无限魔力，从源头纤维染色开展创新，采用数字幻彩纺纱技术，选用具有无限颜色的色纺纱线设计了孔雀裙，从而实现既要颜色渐变的无限秩序美，又要层次丰富的梦幻意境。她又借助专业织物结构设计软件，把纤维的天然质感、手感、亲肤感，人工织造线密度的雕塑感、曲线美感，小造型大组合和谐感，科技赋能的防护安全感，绿色底色的拥抱地球感，心身健康的呵护感，集织物于一炉，令人幻觉神奇美好的幸福感。换言之，这条双线融合的流程上承载着两个可视可感的"两幻"大亮点：一是颜色一幻彩；二是纤维（神奇功能）一幻觉。这就是①+②+③＞4 不等式，也可以说是技术与艺术美美共生的生活艺术哲学。

她几年探路实践，走出一条幻彩织物及其时装设计制造工作路线，即信息技术路线与信息艺术路线融合之路线。这条产品链的逻辑链环步骤如下：

步骤 1， 以消费者需求为导向，反复构思满足其需求的产品效果图。

步骤 2， 幻彩织物的花型设计：设计花型大小及颜色。

步骤 3， 幻彩纱线设计：根据面料花型的色彩分布规律，倒推幻彩织物所需的经纱和纬纱。

步骤 4， 纱线纤维色彩的设计：确定幻彩纱线纤维基纱颜色与纤维的混纺比例，设计需求色彩的比例与长度，纺出一根沿经向不断变化的色彩斑斓的纱线。

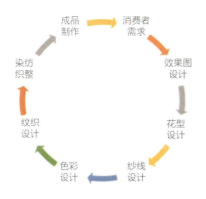

图 5-8　幻彩织物设计制造信息艺术路线　　　　　图 5-9　信息技术、信息艺术与产品开发的有机融合

步骤 5，　纹织结构的设计：根据花型的整体效果，设计不同的纹织结构，结合纱线色彩，最终实现整体花型的布面效果。

步骤 6，进入"染色、纺纱、织造、整理"环节：纤维→染色→清梳联→并条→粗纱→细纱→络筒→浆纱→整经→穿综、穿筘→织布→烧毛→退浆→拉幅→整理。

步骤 7，进入终端产品生产流水线：裁剪和缝制。

步骤 8，进入销售渠道，走了一个螺旋环，回到消费者原点。这就是环向思维的路线图缩影。

上述八步走出一个产品链（环），可以换成如下四种表达方式：

第一，语言表达式：产品开发、产业发展走信息技术路线与信息艺术路线相融合之路。

第二，图形表达式：信息技术、信息艺术与产品开发的有机融合。

第三，数学表达式，即图 5-9 的不等式演示：

（1）1＋1＞2，即①＋②＞2：信息技术与产品的融合，提升了附加价值；

（2）1＋1＞2，即①＋③＞2：信息艺术与产品的融合，增添了附加价值；

（3）1＋1＋1＞4，即①＋②＋③＞4：信息技术与信息艺术融合共生产品，进一步创造了附加价值。不等式（3）不是 >3 而是 >4，这就是信息艺术路线的魔力。

第四，实物表达式：家纺与时装。

具体可参看刘立霞设计织造的孔雀裙图。

回望我当年"猜想"的想定原文："所谓的信息'化'，怎样'化'？似乎就是循着这样的奥妙逻辑——'化'出两条内在分而合的运行轨道，最终收获既轻便舒适又富艺术价值的成品。这就是我凭直觉猜想的结论。"它内含四个核心点：其一，设计是企业的大脑，不是流水线上的一个环节。其二，信息艺术路线是虚实结合，线上线下结合"源远流长"的环向流水线，而不只是实体的线下"短而单向"的流水线。从属性表述当分为信息技术路线与信息艺术路线，而实际运行时两条线融为虚实一体的信息艺术路线，其实前述幻彩织物及其时装链环的每个环节皆蕴含"信息技术路线"。其三，放大物化价值量，尤其放大情感价值量，赋予织物、时装以生命，以文化灵魂，而非见物不见人，见物不见文，见物还是物。其四，紧紧与时代生产力同步，建立产业链（环）和供应链（环）的"快速反应"平台，最终聚焦为生命的活力、高尚与尊严服务。

图 5-10 孔雀裙实景图　　　　图 5-11 孔雀裙局部放大实景图

面对愉悦模式活生生的现实，对照"猜想"的四个核心基本点，定格今日愉悦的幻彩织物及其时装链环，可以说，已基本上达到"点对点"。这次现场见习，被誉为"车间博士"的刘尊东积极参与，并为我的"猜想"在愉悦找到的真实答案，创作图形表达式和数学表达式，直观形象，理性昭示，一目了然，毋须赘言。

位于黄河入海口附近的愉悦集团的一块幻彩织物与时装焦点成功案例，却令我们欣喜地收获一举两得—既富理性又具巨大实践意义的发散型两个宝贝：第一个宝贝是从猜想到现实的"信息艺术路线"；第二个宝贝是环向思维硕果，它透视了一个客观存在的伟大生态：宇宙间一切存在，外在状态千差万别，内在的形状却只有一个，那就是奥妙的头尾相接重合的周而若环，螺旋循环，生生不息；它揭示了一条人们必须遵循的伟大真理：凡环则生，非环则殁。环向思维的路线图是—思维决定观念、观念决定思路、思路决定出路、出路决定活路。其实，这个环向思维路线图也是头尾在实践这个原点上重合的周而若环。

二、科学与艺术原本一家

新技术与文化艺术融合的思想，既是一门高深的学问，又是实践中的一道永恒课题。我一直在关注、学习与思考，其间也写过一点学习心得，比如《科学与艺术原本一家》。现将原文转印如下，谨供参阅。

科学与艺术原本一家

—— 在黄能馥、陈娟娟巨著《中国丝绸科技艺术七千年》出版座谈会上的书面发言

（2003·1·20）

科学与艺术的关系，近十几年来成为国际上备受关注的重大课题。许多中外大家都潜心研究，试图从更广阔的领域开展更深入的探讨。李政道曾把科学与艺术形象地比喻为"一个硬币的两个面"。《中

国丝绸科技艺术七千年》这一鸿篇巨著的问世，为我们讨论科学与艺术的关系问题提供了跨度七千年时空的典型论据，也是作者黄能馥教授、陈娟娟研究员的巨大贡献。

今天讨论《中国丝绸科技艺术七千年》的特点，可以从许多角度切入。我想从中国一句老话"言为心声"切入，用作者的特点来探讨本书的最大特点。大凡著书立说者，有三类人：一是学者，二是学者型专家，三是专家型学者。黄能馥教授和陈娟娟研究员，在我看来属于学者型专家。他们两位从事丝绸研究四十余年，不用"顺藤摸瓜"而采用"摸瓜顺藤"的研究方法，依他们的原话说，"选择最具代表性的丝绸实物材料，从纹织学、图案学和机制学的角度，对中国古代传统丝绸科技艺术展开研究探讨"，进而达到对照织绣文物照片，绘制出织物组织结构图和纹样复原图，并提供翔实的数据文字说明，甚至可以进行工艺复制。这不仅表现了作者治学严谨的学者风范，也表现了作者务实求真的专家品格，这是十分难能可贵的。

正基于作者"学者型专家"的突出特征，他们能从漫漫的历史长河中，逐一定格技术工艺里程碑，选择最具代表性的传世丝绸织物，剖析技术含量和艺术价值，图配文，文解图，反复论证，深刻揭示：丝绸技术转化艺术的历史规律——丝绸技术与艺术和合同生。不同时代、不同水平的技术，转化出相应的丝绸艺术，集七千年之大成。书名《中国丝绸科技艺术七千年》有画龙点睛之妙，既凸显"丝绸王国"的非凡气势，也透视出令人信服的学术权威性。

《中国丝绸科技艺术七千年》的出版具有现实重要意义。它生动鲜明地回答了科学与艺术的互补关系问题。有位美国学者预测，21世纪的消费趋势——柔性科技。我看这个所谓的"柔性科技"与"科学与艺术"有异曲同工之妙。一定时代的科学技术，决定一定时代的文化艺术；有什么样水平的科学技术，就有什么样水平的文化艺术。然而科学技术与文化艺术原本就是一家，比如殷商时代的青铜器皿和丝绸刺绣，既可显示赋能铸造（织造）的科学技术，又极富艺术价值，宛如"一个硬币两个面"一样，一体两面，不分离。后来我们人为地对其进行"分"，那是为了证实认知事物前进的时代尺度，但最终还是为了回归于"合"。当然它却是高于原本之"合"的更新状态。合盈必分，分缺必合，循环不止，环环新生。这似乎就是"科学与艺术"的内在逻辑。消费品包括丝绸品，消费者既要享受技术结晶，又要分享艺术价值，如分享舒适、轻盈、保健等功能，但最终的价值取向还是文化认同，也就是必须适应消费者的民族文化习俗、心理气质，如若不然，技术含量再高，也如同对牛弹琴，难以产生同频共鸣。

文化艺术的精髓是情感价值。这一点在《中国丝绸科技艺术七千年》中，有精彩的图文记叙，如东汉的"长寿光明""万事如意"，清朝的"图必有意，意必吉祥"，等等。当今消费品的设计生产，谁如果能敏锐地抓住并放大"情感价值"，谁就能赢得消费者的心，谁也就能赢得市场的主动权。

三、从纸模服装中究竟学啥

丁镇手里有一项纸模服装专利。智者见智，仁者见仁。我有一孔之见 ——

日前，朝霞似锦，天空如洗。我应约来到北京师范大学附属实验中学，走进三层灰白教学楼，冲入我眼帘的"会做人，会求知，会办事，会生活"12字校训，立刻再现了我9年前的记忆。那时我的同事苏葆燕曾告诉我说，她女儿王淑扬考入了有独特"四会"校训的北师大实验中学。我也是看着王淑扬长大的，如今她已经是大学二年级的优秀学生，于是我心中对"四会"校训创立者的眼光、胆识和责任感的敬佩之情，油然而生。我问袁爱俊校长，"四会"校训是什么时候提出来的？当时情景怎么样？她微笑着答道："'四会'校训是20世纪90年代中期提出来的。当时我们还对"会做人，会生活"意见不一。因为那时对德育、民生的认识，不像今天这么深刻啊！"

落座以后，我看着LED演示的活动主题，心想，北京市教科院基础教育研究中心和世界遗产青少年教育中心，选择"四会"校训已开花结果的北京师大实验中学，作为首届北京普通高中纸模服装设计活动展示场地，正切题中之意，相得益彰。

在有关领导的致辞、在主办方的介绍文字中，都一再强调这次纸模服装设计展的主题"文化遗产与文化繁荣"的辩证意义，强调培养学生的艺术细胞，强调培养学生的动手创作能力。这无疑是十分需要的，也是必须充分肯定的。

但是，如果我们既要就事论事，又就事论理。丁镇专利纸模服装的宗旨中，尚有深层优质"富矿"。我觉得有两点值得在教学中积极探索，值得被不断深挖、再放大，争取"丰产丰收"。

其一，走工与艺融合路线。

服装的本质是文化，服装的形象是艺术。然而，服装不是一般意义的文化艺术，而是工艺美术范畴的文化艺术。顾名思义，工艺品即是"工"与"艺"的融合物品。所谓的"工"就是"工具"，就是一定时代的生产力基本要素，在当今最主要确指高新技术。所谓的"艺"就是艺术，就是一定时代的文化形象，在今日就是世界主流文明时尚。显然，一定时代的工艺品均是那个特定时代"工"与"艺"相融合的结晶。在中国这个文明古国的历史长河中，伟大的中华民族创造了无数的工艺瑰宝，为人类文明作出了卓越的贡献。如源自商朝的"四大名绣"，就是极其典型的工艺品，它穿越漫长的时空隧道，至今仍呈现着当代高新技术与文明时尚精髓的有机融合，折射出崭新的时代光华。再如，长沙马王堆出土的汉代初期长沙国丞相夫人的素纱禅衣，轻若烟雾，薄如蝉翼，仅49克重，堪称"工"与"艺"融合的巧夺天工之杰作，个中的工艺奥妙，至今尚难找到准确答案。

我们不妨把服装个性的视角推向广角，探索诸多领域的共性之路。人们可能还会记得，2011年5月23号，清华大学第4教学楼挂上一家服装企业品牌名字"真维斯楼"的招牌，引起了一场轩然大波。许多人认为，真维斯服装只是大众工艺品类的东西，何以相称清华？这里我不想纠缠清华该挂与不该挂真维斯牌之争，只是想把清华此前办的几件"工"与"艺"相融合之事，与真维斯的"工与艺"串起来，从中理出点什么值得深思的东西。

早在 1999 年 11 月 20 日，清华大学把中央工艺美术学院并入自己的版图，命名为清华大学美术学院。又于 2001 年 5 月 30 日，清华大学依据李政道提出的"科学与艺术是一枚硬币两个面"的理论观点，创建了"清华大学艺术与科学研究中心"。

清华这一系列的举措告诉我们，清华大学的决策者不会是心血来潮之举，而应是深思熟虑的远见卓识。他们不仅看到其示范意义，而且似乎已经看到了相当多的学科，至少涉及制造业各学科的最终落脚点，都是不同的"真维斯式"产品。试想如果没有产品，社会将是什么样子？如果不走"工"与"艺"相融合的科技路线，社会将会走向何方？

我还想借用苹果电脑创始人之一乔布斯为例，说明这条路线的重要性。为什么"苹果"好卖？又为什么一个食指点点鼠标，就能实现上传下载、打电话、发微博、做设计、玩多媒体的目的，几乎什么事都可轻轻松松地办了？乔布斯有句十分到位的答案："科学与艺术融合，让人们心灵欢笑。"那么乔布斯过人的艺术细胞又从哪儿来的？他动情地回忆说，因家境穷困，从大学退学后选择了一个书法班，捕捉到了充满美感、历史感和艺术感的微妙东西。10 年后，他在设计第一款电脑时全派上了用场。回望当初这一因缘际会时，我真觉得生命非常神奇。

我们更盼望中国制造业各领域，都能认真审视转型升级的起跑线，自觉选择"工"与"艺"相融合的路线。我们也盼望更多的学校，能够培养德、智、体、美全面发展的后备人才。

北京走在前面。参加本届纸模设计展示活动的，北京 40 所中学，有清华附中、北师大附属实验中学等名校。据悉，北京四中等名校也都相继开了纸模服装设计制作课程。人们不约而同地议论着，将来清华美院、北京服装学院等服装专业的生源，不会只是艺术生了。是的，我们确实从这次纸模服装设计展示中看到了未来人才素质新的希望。

其二，学思维方式。

展示会结束时，评委们点评作品。清华美院肖文陵教授说："每个作品都是学生自己的想法，能把自己的想法用纸模服装表达出来就是成功。不好一一点评。"我也补了一句："这里展示的作品评价的第一标准。不是服装专业，而是独立的思维能力，确实不应本末倒置地只进行专业点评。"

记得 10 年前，在丁镇与北京教科院基础教育研究中心联合举办的纸膜服装展示会上，一件作品的主题是"福"，前衣襟上为正"福"字，透视到后背上为反"福"字。当时我的第一感觉是，服装由灵感到实物，由二维平面设计变为三维成衣，前后左右、从头到脚的整体形象都要考虑周到，甚至还要考虑与周围的环境相协调。因此，纸模服装课的直接目标是培养学生动手创作能力，培育审美情趣与能力，或者叫作培养艺术细胞。间接目标当是培养学生独立思考能力，培养立体的思维方式。

直接目标可以叫小目标，间接目标可以称之为大目标。从操作程序上说，先直接、后间接，先小、后大，先获感性之果，再取理性之实。从大小目标的分量上看，当然两个目标都要，但更要大目标。其实凡事都是有两个目标，我们应培养学生的一举两得的能力。这里需要指出的是，大、小目标的关系是相互依存、相互转化的。只有在既动脑、又动手的实践中，我们才有可能悟出思维方式，才能收获大、小目标。反过来说，学生只有养成了独立思考的习惯，逐步形成自己良好的思维方式，才可能有所创新、有所斩获、有所作为。

思维决定观念，观念决定思路，思路决定出路。如今网络时代，每一个人可以是独立的社会主体，都可以在家工作，都可以参与各种场合的竞争，以至于国际竞争。我们把这种个体状态，叫作"个人化"。我们已生活工作在个人化时代。显然独立生存能力、独立创造能力越发重要。然而这种能力的培育和成长，其前提和基础是科学的思维方式。只要不满足于小目标，心里始终装着大目标，纸模服装里就会出现这种立体思维方式。

（原文刊登于《服装时报》，2012 年 5 月 12 日）

第六章
产业探路（中）

求解设计路线

06

第五章用了不少笔墨讨论"单融合"与"双融合"的主要区别——在于把设计摆在什么位置上。但为什么非要如此处置不可？设计是方法，还是路线？有必要展开更深入的讨论——

一、设计的宝塔尖位置不是人为的

不能否认，工业与信息化"单融合"确已包含了 CAD 设计。我想说的是，"单融合"虽无贬低设计在制造过程中发挥作用的意思，但充其量，它只是把设计与其他加工环节并列，并没有把设计摆在制造过程的中心位置之上，并未将其当成加工制造系统的"统帅大脑"。这就是要害。

设计的至高无上的地位，是人为设定的吗？否。它是在人类漫漫文明历史中自然而然形成的——如果我们稳坐下来，回眸遥望，静静思考，面前仿佛出现一座人类攀登的"四层四中心"宝塔：一是人自然而然始终处于宇宙的中心位置；二是制造业自然而然始终处于人类社会发展的中心位置；三是直接服务于人的产品自然而然始终处于制造业体系中的中心位置；四是产品制造成什么样式讨人喜欢，设计自然而然始终处于产品制造全过程的中心位置。

四个阶层的"宝塔"之喻，让我们体味到"自然而然之所以然"——人类进步的每个台阶的格局是不变的，唯有时代的技术、艺术内涵融合的水准之分。也就是说，人类文明史就是这样一座时代宝塔连接另一座时代宝塔的创新历史。

回头看，"八五"国家服装重大攻关课题"服装设计与加工工艺示范中心"，在这里"设计"与"加工"的关系看似并列，实则"设计"被前置于领帅地位。我们不得不由衷地敬佩国家科委的科学技术涵养与精准定位。这既为我们技术艺术攻关指明方向，也提供了探索服装产业信息化之路的开放思维空间：

第一，信息化与工业化融合的本源是一体性制造。

常识告诉我们，世间任何事物皆是具体的、实在一体的，只有天然的与制造的之分。人类祖先懵懵懂懂地开始击打石块，以此作为打猎物的工具，逐渐发现了火种，开始吃熟食，应用多种工具进行生产劳动，进而促进了大脑的发育。正是这些基于生存的原始制造的简单工具包括骨针，孕育着人类技术性萌芽和艺术性萌芽，尽管它粗糙、幼稚、微弱，却是美好的、伟大的、有光明前途的。从根本上说，迄今为止的人类社会发展史，就是一部制造业发展史、一部产品更新换代史。这正是今天为什么全球包括欧美发达国家一度放弃又回过头来要重视发展实体经济的根本缘由。

第二，科学与艺术由于属性不同，不仅可分，也当分。

只是因为生产力发展水平低下，科学与艺术不好分、也分不清。直到文艺复兴时期，人类社会跨入科学和艺术分工的门槛。科学用逻辑和概念等抽象形式认识世界，艺术用情感和想象的形式认识世界。这是人类发展历史上一座光辉的里程碑。"单融合"的问题就出在，模糊了科学与艺术的界限，矮化了艺术的灵魂地位。

第三，科学与艺术的"分"是手段，"合"才是目的。

尽管科学技术与文化艺术的形式不同，层次也不同，但这两者"融合"，也只有巧妙地有机"融合"，人类才可能源源不断获得更美好的新品种、新花色的生活、生产用品。那么问题来了，科学与艺术的融合，首先由谁来"合"呢？

我们回答：第一是设计，第二是设计，第三还是设计。

20世纪初，德国包豪斯创立了设计学院，标志着现代设计的诞生。20世纪30年代，西方发达国家兴起了技术美学，细化科学技术与艺术的互动关系，提醒人们研究加工生产、技术工艺领域中的审美和创造物化工艺美的问题。手工业生产逐步拓展到建筑、运输、商业。汽车工业就是活生生的典型。自德国人卡尔·本茨1886年设计研究出世界上第一辆三轮汽车的100多年来，汽车前后经历了马车型、箱型、流线型、船型、楔型、鱼型、子弹头型等，变得越来越安全、舒适、快速、美观、时尚。人们自然不会忘记，这期间先后兴起的空气动力学、人体工程学、信息化、智能化科学技术为此作出的突出贡献，而设计在汽车加工系统中的中心地位所释放技术美的灵魂作用，也是不可替代的。有"第一汽车专家"之誉的媒体人李安定告诉我："设计部门在德国汽车企业里的地位数一数二。"

第四，设计是什么，三种定格试界定。

从美学角度定格：设计是美的三次共鸣—消费者与设计师共鸣、设计师与消费者共鸣、消费者与社会自然环境共鸣；

从工艺学角度定格：设计是科技艺术化，艺术科技化；

从哲学角度定格：设计是时代感的共性寓于民族化的个性之中。

设计，从表面上看，它们似乎只属于方法之列。其实设计的本质，不是运用什么方法，而是走什么路线。唯有路线正确，才既能大跨度整合集成，又能环向系统生成；既能面向今天，又能面向明天，也能面向未来；既能激发人的生命活力，又能崇尚生命神圣、高尚与尊严的造型美，又功能好的新产品。

设计的大脑统率作用是必须肯定的。

法国是全球公认的时尚国度，那么，设计在法国的地位如何？老牌的朗万公司给设计师的定位，最有代表性。1985年9月，中国服装工业代表团访问朗万公司，我向年迈的朗万夫人询问朗万公司长盛不衰的经验。她斯文且幽默地举起左手，用食指指着自己的金色头发说："设计师是朗万的大脑。设计师的工作室就设在朗万大厦的顶层，让他们每天都有高高在上的感觉。"此访给我留下最深刻的印象："设计师是企业的大脑"。

或许由于"中国服装研究设计中心"的名称中有"设计"两字的硬核规定性吧，在筹建中心伊始，我们还是把"设计"摆到重要位置。1987年，我们开展第一次服装研讨会，并将其主题定为"设计的

图 6-1　第二届全国金剪奖获得者赴法国考察　　　　图 6-2　1993 年 11 月，服装设计师徐小平（左一）与陈娟红
　　　　　　　　　　　　　　　　　　　　　　　　　　　　访问意大利归来，谭安（中）表示欢迎，听取访问感想，
　　　　　　　　　　　　　　　　　　　　　　　　　　　　中国纺织报记者朱遂春（右一）现场采访

民族化与时代感——事关设计道路"。1990 年 6 月，中心添置的第一件专业设备是当时用 10 万美元购买的当时世界唯一的美国三维软件，后来也成为 863/CIMS 服装攻关课题的一个基础软件。

　　毋庸讳言，设计在中国尚没有得到应有的尊重与地位。比如，一个时期以来，模特被推崇为服饰文化的传播者，无可厚非。但如果让设计师不如模特有名气、有地位，那就有本末倒置之嫌了。1993 年 CHIC 期间，国家主席接见意大利和法国三位国际服装设计大师，至今尚有人不解其"为设计正名"的初衷。时至今日，我们依然在积极推崇制造业走"双融合"发展之路，从操作要领层面说，依然出于"为设计正名"的初心。当然，从根本上说，它是涉及中国工业化之路的本质的重大问题。

二、设计在中国服装业发展的三个阶段

　　设计的地位有其历史渊源。粗略地看，中国服装设计的地位演变，几十年来大体经历了三个阶段：

　　第一阶段：产品设计阶段。

　　从新中国建立之初的手工作坊，到半机械化，以至机械化的 80 年代末期，这一时期，就属于产品设计阶段。相对而言，这是一个较封闭的阶段。

　　当时的社会生产力水平低下、产品品种单一、供给严重不足、国民收入有限。首先我们要解决的是"有没有"的难题，"美不美"的问题还提不到日程上来。因此，对于服装产品的要求以实用为主，美观大方只能摆在其次，对设计的要求自然也就不高。于是在加工生产系统中，设计与加工被混合安排，设计的主导地位自然而然也就很难被突出。这个时期，设计人员在服装工厂中被称为"师傅"，在社会中则被称为"裁缝"。只有极小数在文化艺术圈（如图中的徐小平发迹于西安电影制片厂），才有一项"设计师"的桂冠。

　　第二阶段：生活方式设计阶段。

图6-3　左起刘洋、谭安、吴海燕相聚在1995年4月河南郑州首届"裴蒙达杯"服装设计大赛

图6-4　1995年4月25日，武汉武商集团为推动汉派服装举办CHIC武汉分会场，推出"楚天民族魂"与北京主会场"华夏民族魂"遥相呼应，嘉宾云集，聂昌硕（左二）、谭安、张肇达、郝旭东（左四、五、六）、吴晓燕（右二）

　　进入20世纪90年代，一部分设计师例如张肇达、王新元、刘洋、徐小平、吴海燕、陈红、丁俐等，开发出设计师独立品牌，举起"生活方式设计"的旗帜。这虽是一大进步，但仍处于由封闭到半开放的设计阶段。

　　所谓的"生活方式设计"，指的是在一定社会制度里，人在物质和文化生活方面各种活动的总和，包括劳动方式、消费方式、社会交往方式、道德价值观等。其实这种生活方式的表述，是教科书式的，与现实生活总有一定距离。生活方式由生产方式决定，它亦反作用于生产方式。

　　改革开放十几年来，虽然生产力得到了一定程度的解放，生活水平也得到了相应提高，但是"GDP政绩观"被少数人不自觉地扭曲。市场经济效益最大化的诱惑，招致资源的大量消耗。因此，这期间理性的生活方式设计理念，虽然"开花"很多，"结果"却稀少。所谓的时尚生活方式设计，良莠不齐，甚至有些不良设计还会误导社会大众的健康生活。面对如此蔓延的负面倾向，马可痛心疾首地发文质问："时尚——到底是人类的毁灭还是救赎？"

　　第三阶段：生活生态设计阶段。

　　生活生态设计阶段，这是一个完全开放的网络化设计阶段。

　　细心的人可能都会从日常生活大课堂，尤其经过新冠疫情的严峻考验中觉察到，如今的中国社会已经产生了令人无比振奋的三种"新意识"：其一，环保意识；其二，健康意识；其三，家国意识。我们既为国民素质的提高而激动不已，也为生活生态设计思想的群众基础之深厚而倍感自信、自豪。

　　人们的前进脚步，刚刚跨进"新千禧年"大门。中国设计行业的一大批青年才俊，不再局限于对含有偶氮染料等有害健康的布料的抗拒，而是以更开放的视野、更系统的思维探讨新的设计理念。马可便是这样一位有代表性的年轻的女设计师。2008年，马可在巴黎高级时装周上推出新作《奢侈的清贫》。她对这一设计主题作了如下阐述：

　　"'清贫'并不是一般意义上的贫穷，而是通过自己的思想和意志的积极作用，最终实现的简单朴实的生活，是一种对物质世界的主动的叛离和节制，追求富足的精神世界的行为。它包含着最低限度的对物质的占有、最为充实和自由的生活；不执着于一切世俗的欲望，如权利、利益、名誉等；以上诸项

图6-5　2018年10月27日，在"北京无用生活空间《生活在何处》展"开幕式上，马可（中）与中国台湾《汉声》杂志创始人黄永松（右）、谭安（左）在一起交流

图6-6　2005年4月，北京服装纺织行业协会在人民大会堂举行"中国服装设计金龙奖授奖大会"，谭安荣获"终身成就奖"

均源于自身的主动选择，而非出于被迫或无力改变的现状。"她在接受媒体采访时说："今天，真正的时尚不再是空洞的、漂亮的衣装，而应该是回归平凡中再现的平凡。我相信真正的奢侈不在其价格，而应是其代表的精神。"

法国《世界报》评论："马可重新定义一直被大牌所主导的'奢侈'"。

马可的力量，不单是设计理念的脱俗深刻，还在于知行统一的韧性。2006年，马可"第二次创业"，创立"无用"品牌。十几年来，"无用"人执着地一次又一次攀登在践行"生态生活设计理念"的崎岖的羊肠小道上，一次又一次坚守并宣扬"奢侈的清贫"的生态内涵。

2018年10月，我去参观"时尚北京暨国际时尚生活博览会"，迈进大门，一组"牛仔大象"，十分抢眼。梁明玉和牟群夫妇告诉我，他们到南非旅游，看到许多被干旱困死的大象，在悲愤中灵感迸发，于是就有了这组"牛仔大象"。设计师梁明玉从20多年前的"南国魂"到如今的"牛仔大象"，我们清晰地看见了她"生态生活设计理念"的喜人飞跃：从亲近自然到融入自然。

走进展览大厅，我又遇到设计精英张肇达、王新元、吴海燕。他们热情地陪同我参观各自的陈列作品。从他们的作品和设计过程中，我欣喜地感受到他们几位都有构建"生活生态设计理念"的积极倾向。张肇达走进大山，扎根少数民族村寨，力图复原华夏生态文明璀璨夺目的奇葩。王新元还热情地邀我去浙江安吉参观他参与设计的天使小镇。这个江南小镇的功能是"享受简单的欢乐，让纯真绽放"。王新元华丽转身，与其说是跨界，倒不如说是回归。

我和刘洋先后三次进行对话，他对中国已进入"生活生态设计阶段"的判断，表示完全赞同。他撰写了《关于从一个服装设计师角度对当今生活生态设计的一点感想》一文。其中表示："中国改革开放的四十年走完了西方工业革命的二百多年。中国人的生活方式越来越国际化。中国已经从产品设计阶段发展到生活方式的设计阶段，再进入了生活生态设计阶段。这是国人的物质文明到精神文明的体现，也是国人当今对环保的意识觉醒的必然！在九年前的中国国际时装周上，我们行业的前辈谭安主任就前瞻性地提出了关于'中国服装设计已开始从生活方式的设计进入了生态生活设计'的观点，我表示认同！"

图 6-7　刘洋于 2006 年获中国国际时装周最佳女装设计大奖《黛》，梭织麻和棉针织混搭风格

图 6-8　刘洋于 2009 年获日本"旭化成"中国服装设计师创意大奖

图 6-9　1986 年，《中国服装》第四期封面选中吴简婴的作品

后来，我又先后与韦荣慧、赵玉峰、李小燕、吕越、吴简婴、吴晓燕、张继成等设计名人交流看法。他们都赞同中国已进入"生活生态设计阶段"的判断。

坦白地说，"生活生态设计"，具有广泛的现实基础。其实在如今的中国，不仅城镇居民，就连农村农民，虽然收入还有限，但因为有自家小菜园和得天独厚的田园清新景色，早就突破"生态生活"的概念，而已经迈进实在的"日常生态生活"圈了。

再让我们一起看看"居者有其屋"的两个现实场景。第一个场景，我们在改善家居时，既要考虑面积、朝向、交通，又要考虑周围的绿色环境，甚至还要考虑空气清新度，比如北京人就推崇西北方向，认为这是上风头，为宜居之所。第二个场景，建筑设计师向空间要面积、向地面要绿化，一改过去"火柴盒式列阵"为"黄花鱼溜边式花园"的社区设计，放大了绿色空间。这让老百姓有天天生活在名副其实的花园生态圈中的感觉。看来，建筑设计师已先走出一步了。

我们推出的"生活生态"概念，不是炒作词藻，而是为了澄清"生活方式"与"生活生态"的本质区别，与以牺牲环境和人的健康为代价的生活方式划清界限。"生活生态设计理念"，既不等于产品设计理念，又不等同于生活方式设计理念。它丰富的内涵，需要在今后的实践中不断被充实、完善、丰富。目前我们已经感觉到它至少有以下四个"硬"内核：其一，以人为本——形神兼备的观点；其二，系统思维——"活"起来的观点；其三，物质至简——可持续的观点；其四，天人合———竞合共生的观点。这正是今日之服装"美化生活，舒适健康"两大基本功能的"优质时尚版"。

如果把美好生活的原点与"生活生态设计"这四个理论内核的逻辑关联理顺，我们可以绘制出一幅走得顺的路线图：一个中心、三条回路、两个乐园——即以人类生命的神圣、高尚与尊严为中心，走技术回路、艺术回路、绿色回路，建设人类生活生态乐园和心灵欢笑乐园。

这是生活生态的顶层初步框架设计，又是一个复杂系统的简略描述。一件衣服可以使你健美自信，一种食品可以使你健康安全，一部手机可以使你快捷方便，一件日用品可以使你舒适省力，一首音乐可以使你心生愉悦，一部影视可以使你情感共鸣……凡此种种，皆是人与物的良性互动。心灵家园中的花儿绽放了，生活也就自然而然变得有生机，"活"起来了。生活的哲学，就这么简单，美好简单，简单美好。

当然，"美好生活"是一个历史范畴的概念。从人类消费史的视角看，大致已经走了三大步：第一，基本满足人类生存需求或生理需求的阶段，人们求得使用价值的"满足感"，就是彼时的"生活美好"了；第二，基本满足物质文化生活的生理与心理需求的阶段，人们在满足使用价值的同时，争取享受尽量多的欣赏价值，就是"美好生活"了；第三，欣赏价值重于使用价值阶段，人们对"美好生活"的价值取向是，满足人性对于真善美的需要，自生心灵欢笑。

中国是一个幅员辽阔的国度。但由于种种原因，目前多数地区仍处在第二个消费阶段中。只有4亿中产阶层消费群体，呈现出了第三阶段的许多特征。进入新时代以来，中国人民由站起来、富起来、强起来开始向"美起来"进发。它不仅意味着从现在起"美好生活"已是我们一切工作的转折点，也意味着"设计"在服装行业中被提高到最核心的位置上了。

回顾往昔，其实我与"设计"算得上有缘。踏进"服装大门"——成为中国服装研究设计中心的一员开始，我作为服装业的"白丁"，从筹建中服大厦绘制蓝图到服务行业发展的过程中，反复思考"设计是什么"，反复探索"设计在行业中的地位"，反复感悟"中国"二字的分量与意义……我始终不敢懈怠，边干边学，投身于推动全行业繁荣设计的实际具体工作中。我自知自己所为，尚有许多不足与进步空间，可是行业还是给予我不少肯定与鼓励。上海服装行业协会和中国服装设计师协会先后为我颁发"行业成功人士勋章"和"荣誉勋章"。2005年，北京服装之都·北京服装纺织行业协会授予我"中国服装设计终身成就奖"。这确实令我诚惶诚恐，忐忑不安。

服装产业几十年探路——它令我们对未来充满着期待：现代信息技术的高度集成，已不只是单路集成具象生产加工产品，而是双路集成美好生活用品，包括"适合我的衣裳"的艺术灵魂的精准个性；尽管科学技术一定会从20世纪90年代初，我们从局域网络环境跃进到当下万物互联网络环境那样，一代一代地发展下去，但我们明白了一条永恒的真理：可变的永远是技术，不变的是人们永远对个性化的心灵欢笑乐园的无止境追求。

服装产业几十年探路——它把我们的信息化视野与思考引向更多的领域：不只是消费品工业，而且涉及其他更多的工业门类，包括交通工业、国防工业的产品，甚至包括文化产业、旅游产业、体育产业、观光农业的产品。当下，人们既要求产品功能好，还要求产品造型美、颜值高。这"美"与"好"两个核心内核，相辅相成，把"美好生活"的概念融合为"美好生活"的实在消费品和日常用具。昨天如此，今天如此，明天更如此——永不停歇地、螺旋式地升华着人类对美好生活的夙愿。

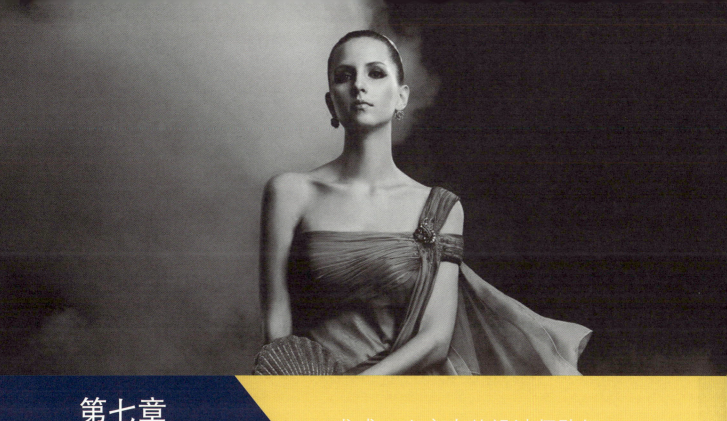

第七章
产业探路（下）

求成一支宏大的设计师队伍

07

有人会问，设计师队伍建设，为什么放到产业探路章节里？从形式上看，设计人才培养是个战略问题，似应专题谈论，但这个问题的实质是设计师走什么样的设计路线，这不正是一并深入讨论的题中之义吗——

一、不信天兵天将神话，神州大地遍开"育才花"

改革开放的春风吹醒了我们：推进传统服装业走向现代化，必须把建设一支强大的服装科技人才队伍，尤其设计师队伍，放在战略支点位置上。

在培育一支中国服装设计师队伍的十几年里，我们的工作始终围绕"造就什么样的设计师队伍、怎样造就设计师队伍"这个主题展开的。

在天安门城楼中央，那举世瞩目的毛泽东主席像中，毛主席那身庄严、高雅、端庄、得体的中山装，就是由北京红都服装公司的田阿桐亲手设计制作的。由田阿桐首创的"毛式制服"，流传至五洲四海。平时人们都亲切称他为"田师傅"，本厂则给他的专业职称为概念相对模糊的"高级服装师"。

看过电影《黑蜻蜓》的人，大都会记得影片中那套丝绸女装。当女主角身着漂亮的披风，迈着轻盈的舞步款款而行时，忽然手一抖，披风落下，变成了华丽多姿的连衣裙。接着她绕场一周，解下衣裙，衣服又变成一件新颖别致的直身开襟旗袍。这令人眼花缭乱的、一衣三款的、魔术般的"蝴蝶衣"，出自在"丝绸王国"驰骋四十多年的具有高深造诣的顾培洲之手。然而这位上海服装研究所的顾培洲的头衔，竟是"工艺师"。

饮誉大江南北的两位大师级的人物，并未拥有正式的"设计师"称号。这就是全行业技术人员地位的传统写照。至于中国服装业中，千百个能工巧匠们的境遇，便可想而知了。他们只好被统称为"裁缝"。这种不公平的行业现象，一直延续至二十世纪六七十年代，直至80年代，服装设计师仍没有正式"户口"，尚未被列入国家正式的职称序列。如果他们要考评设计师职称，只能参考工艺美术师的考评条件。

当时，全国服装业科技人员，包括八级工的比例，仅占百万职工总数的0.64%，实在是为数太少！虽然他们是行业"命门"，但其中的绝大多数人都是从工人成长起来的，文化水平偏低，而且缺乏正规的专业培养。

国际上的成功经验，启示我们：服装工业要发展，设计必须先行。发达国家的服装工业之所以崛起，并长期居于领先地位，与其拥有雄厚的服装科技人员，包括强大的设计师队伍，尤其与名气大、牌子响的服装设计大师是分不开的。例如，法国巴黎被誉"世界服装中心"，就是靠拥有沃斯、夏奈尔、迪奥、朗万、伊夫·圣·洛朗、皮尔·卡丹等这样几十位享誉全球的大师支撑。后来跻身"世界服中心"之列的日本东京，也是因为有了森英惠、山本宽斋、高田贤三、山宅一生、君岛一朗等一批服装设计大师。

历史的经验值得借鉴，"他山之石，可以攻玉"。说干就干，多措并举。

（一）开门办校，源源不断，永续服装设计人才

中央工艺美术学院，开中国服装高等教育之先河，于1980年设立了中国第一个服装大专班。这可真是星星之火，大有燎原之势！据不完全统计，全国250所各类大专院校设有服装专业，不断输送产业发展的生力军。进入中国服装研究设计中心的第一批人才，就是中央工艺美术学院（现清华大学美术学院）这第一期大专班的吴亚平、魏书强、白湘文、张云等5位毕业生。

1981年11月，国务院决定要建立一所服装学院。当时轻工业部杨波部长和分管科教的陈士能副部长等领导同志，积极高效地贯彻落实这项任务。北京、大连、青岛等许多地方政府，也竞相争当办校地点。仅在北京办学的，就有三个方案：一是新起炉灶，新建学院；二是扩建中央工艺美院；三是改建北京化纤学院。最终后一种方案被选定。1987年5月1日，北京服装学院举行建校典礼，我好像自家办喜事一样兴高采烈，早早赶到学院，自告奋勇当迎宾的工作人员。我也高兴地接受学院之邀，为全校新生讲了服装第一课，介绍全国服装工业的发展现状。

当时服装中心积极创造条件，开办职业教育，培养实用技术人才。1984年，中国服装研究设计中心还和北京服装研究所，联合开办中国服装函授教育中心，面向全国招生。陈富美所长、徐波波副所长和李大宏等，挑起了教学重担，自编8本教材，采用日本登丽美原型设计教学，连续几年共计为全国培养了近1000名学员。1986年，经甘肃省人民政府批准，中国服装研究设计中心和甘肃省服装鞋帽工业公会，联合创办兰州服装职业大学，学制三年，大专学历，面向全国服装专业人员招生。

伴随着全国"服饰文化热"的不断升温，服装业已由"冷门"变成了"香饽饽"。全国各地的大专院校，纷纷设立服装设计专业，形势喜人，真可谓神州大地盛开服装"育才花"。例如，江西省南昌市就雨后春笋般地冒出服装院校群——江西服装学院、江西东南职业进修学院、江西纺织职工大学等10所服装院校，每年培养6 000名以上的技工和大学生。服装院校招生报考，很是火热。有一年郑州纺织工学院服装专业只招8名新生，但报考人数却超2万人之多。

院校增加，教师队伍扩大，令人振奋的是，理论队伍也在茁壮成长。黄能馥、李当岐、袁仄、缪良云、史林等一批服装理论学者，不负众望，硕果纷呈——《中国丝绸科技艺术七千年》《服装概论》《百年衣裳》《中国衣经》等专著相继问世。天津美术学院华梅的学术成果很具代表性。《人类服饰文化学》是她的服装学术成果的集大成之作，洋洋洒洒150万言道明人类服饰文化的真谛。本书的结语更是高度浓缩了人类总体文化形象——"人类服饰文化总特征，是人同自然的历史结合，并倾注了社会文化观念的积淀物。服饰以其自身所具有的功能性（即物质性）和装饰性（精神性）双重性，特别是与人共同构成的整体形象性，全面、准确、完整、清晰地反映和记录了人类的总体文化（包括风貌和内涵）。"我认真拜读了此书，心情也很振奋，于1997年8月18日致函国家新闻出版署，呼吁对这部"具有开创性和综合性的硕果"巨著，给予"应有的肯定、一个客观的评价。这不仅仅是一个出版社、一位作者的事，它至少关乎中国服装业"。

图 7-1　1986 年《中国服装》第一期刊登来自全国 17 个省市自治区参加 1985 年 9 月第五十届巴黎国际博览会获轻工业部奖励的部分作品

（二）组合平台：创建设计师脱颖而出的机制

1985 年，《中国服装》首先成为设计师的园地，各种栏目紧扣主题，扬设计师之名、传设计经验，推波助澜，放大影响。《中国服装》创刊号就特设"名师新秀"栏目，老一代名师，如田阿桐、顾培洲、李克瑜、钱士林等，"金剪奖"金奖获得者张天丽、高喜林、黄元斌、杨一稼等设计师新秀，都先后借"名师新秀"平台，传播创作真经。

让设计师走出去，见世面。改革开放后，第一个出访的中国服装专业团组，就是设计师。1985 年 1 月 28 日，"中国轻工业部赴法国服装设计师考察团"从北京飞向"时尚之都"巴黎。时隔半年，同年秋天，中国服装工业包括设计师在内的代表团，带着来自全国 17 个省市的 94 件（套）设计新作，代表中国第一次亮相在第 50 届巴黎国际成衣展上。我们首次在巴黎"试水"，终于开张了，虽然只获得小批量订货。法国电视台却惊叹"巴黎多了一个竞争者"，这给我们带来坚定试下去的信心。

回国后，轻工业部在全国政协礼堂，隆重举行首次参加巴黎国际成衣博览会暨首届全国"金剪奖"授奖仪式，设置了金、银、铜牌及对应的奖品、奖金，授予 98 名获奖者，还特别向获得进军巴黎的一等奖获得者——上海、北京、天津、大连、青岛等 13 家单位，授予"繁荣设计，走向世界"的光荣锦旗。出席大会的领导人高兴地赞扬道："进军巴黎，一炮打响！"

紧接着，我们先后组织了四项颇有层次的全国性的和国际性的服装设计赛事：1985 年开始举办全国服装设计"金剪奖"大赛，1988 年联办中国（大连）青年服装设计大奖赛，1993 年创办"兄弟杯"国际青年设计大奖赛，1994 年举办"中华杯"（上海）国际服装设计大赛。1995 年，中国服装设计师协会开始组织全国"十佳设计师"的评选活动和"新人奖"青年服装设计师大赛。此间，全国大多数省市自治区包括黑龙江的"设计创新"、宁夏的"春燕杯"等，服装设计比赛活动，此起彼伏，轰轰烈烈，陆续涌现一批又一批青年设计才俊。

（三）名师工程：设计师成才扬名的跨世纪战略

1996 年初春，设计师协会主席杜钰洲对我说，让我把工作重心向中国服装设计师协会这边转移，把协会日常工作抓起来，将来退休之后就全力干吧。经杜主席这么一说，我才如梦初醒，我离退休竟只有一年了！ 1996 年 4 月，服装设计师协会发生"封门事件"，杜主席让我来处理此事。同年 8 月，杜钰洲以设计师协会主席身份召开主席会议，增补我为副主席，调整协会领导分工，并确定由我主持协会日常工作，我也就一只脚踏进设计师协会大门了。不久，我觉得实施服装名牌战略重点在于出名师，尤其是出国际名师。设计师协会的工作重心，应该被重新定位。于是我提出"名师工程"计划的建议，征得杜主席同意之后，于中国服装设计师协会常务理事会一届二次会议通过并推进实施，并确立本协会工作"以名师工程为纲"，以培养"国际名师"为重点。

我们循着名师之光环背后的国际成功经验（一靠实力，二靠平台，三靠舆论的），展开了日常工作布局。"名师工程"分阶段落地实施，第一阶段逐步建立专业委员会，建立一批知名设计师工作室，每年举办一次"中国十佳服装设计师"评选活动、"新人奖"青年服装设计师大赛、中国服装设计博览会等八条举措。由中国服装设计师协会举办的"中国十佳服装设计师"评选活动，推选出了一大批优秀的服装设计师人才——1995 评选出刘洋、吴海燕、王新元、崔游、罗亚平、刘丽丽、张肇达、陈红、于泽正、马可；1997 年评选出吕越、杜和、舒弘、吴海燕、郭培、韩力、陈珊华、刘晓刚、赵伟国、赵王峰；1998 年评选出武学伟、武学凯、乔以以、计文波、宋昕、方敏、唐炜、陈闻、刘薇、吴简婴……他们中的绝大多数人，都成了行业中新生代设计师的佼佼者。至今，"中国十佳服装设计师"评选活动依然在发挥着不容小觑的影响力，有力地推动着中国服装设计师队伍的成长壮大。

1998 年，中国服装设计博览会（次年演变为"时装周"）正式启动，为设计师展示才华、走向市场搭建新的平台。这也是"名师工程"的平台项目。这里需要指出的， 鉴于"名师出名牌"的国际成功经验，也鉴于"2:0"即中国服装产量和出口创汇荣获两项世界冠军却无一个在国际上叫得响的牌子、无一名有国际声誉的设计师的严酷现实，1996 年 4 月，全国服装行业经理会议发出"名牌战略"的号召。同月，CHIC 组委会确立当年展会主题为"争夺国际名牌"。此时，服装设计师协会又提出"名师工程"。"名师工程"的一个核心目标是，选拔几个"希望之星"，逐步将其培育成为"国际名师"。第一个进入我们视野的是张肇达。他的工厂散落在广东梅州一座小山的舒缓半坡上，车间流水线条理有序。这让我直观感受到了张肇达扎实的思维根基和不一样的行事方式。"名师工程"的号召，得到积极响应。经纬集团陈经纬拟出资设立"名师工程基金会"、杉杉集团郑永刚斥巨资"聘名师创品牌"、新丝路模特经纪公司李小白资助、三利集团资助、益鑫泰集团设立中国服装设计大赛基金……回头看，为纪念中国服装设计师协会成立 20 周年而出版的《足迹》一书中，这样评价道："'名师工程'是中国服装业具有战略意义的举措，是跨世纪工程。"

（四）巨人肩膀：国际名流传真经

世界服装大师的影响力，不言而喻。改革开放政策为我们走近大师，创造了前所未有的机遇。中国服装研究设计中心和《中国服装》杂志社，先后聘请了法国、意大利的世界服装大师伊夫·圣·洛朗、

图7-2　三吉满智子（左二）参观CHIC，谭安（右二），人民日报记者莫新元（右一）、沈冬（左一）翻译，陪同参观

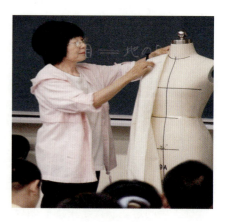

图7-3　日本文化服装学院佐佐木·注江教授向中国学员传授立体裁剪版型技艺

图7-4　佐佐木第一期立裁研修班结业式上，中国服装设计师协会副秘书长兼培训中心主任乔宝琴在做结业小结

图7-5　三位日本女教授之一：佐藤典子

皮尔·卡丹、瓦伦蒂诺和费雷，任高级服装艺术顾问，并聘请日本知名教授佐佐木·住江、佐藤典子等，任高级服装顾问。他们从不同角度、以不同的形式，向中国传经送宝，发挥了独特的示范作用。

1. 三位日本女教授

几次前往日本考察访问，我们也交了几位服装产业界和教育界的朋友。日本文化服装学院三位女教授的敬业精神，令我十分钦佩。第一位女老师，学院教育长三吉满智子，已年过古稀，是服装工程专家。她不仅精通工艺，而且主持研发第一、第二、第三代计算机测体系统。我每次出访这个三代测体系统实验室时，她都毫无保留地亲自向我详细讲解。

另两位佐佐木·住江和佐藤典子教授，在职几十年，养成了"早晚上下班都不见太阳"的习惯。两位老教授共同的学术专长是服装版型和工艺技术，并且都有着深厚的中国情结。佐佐木不止一次对我说，"一到北京机场，就觉得比在东京还兴奋"，佐藤典子说中国是她"热爱的第二故乡"。我们聘请佐佐木为中国服装研究设计中心高级顾问，她在服装中心的一次会议上直奔关键点，提醒道："中

图 7-6　1986 年 9 月，伊夫·圣·洛朗在工作室接待
中国服装工业代表团，左二起于宗尧、孙锁昌、
谭安

国服装产业就总体上看，与国际上没有多大差距，其实就'差一点点'。"她道出了细节决定成败的"要害"，那这"一点点"表现在哪些方面？她回答："版型技术是中国的'一点点'短板；服装流行趋势预测虽然发布了，可是不少设计师不会利用，这也是'一点点'……"佐藤典子与佐佐木英雄所见略同，抓住"版型设计"这个要害，在中央工艺美术学院授课，还到中国各地办班、讲学。

三位日本女教授，既在课堂上授业解惑，也在中国各地传播版型工艺技术。这正是中国设计队伍的要害所在。这得感谢一直以来极为重视版型技术的李当岐教授的积极引荐，和乔宝琴对开办版型技术学习班的坚持。1995 年，佐佐木·住江先后在中央工艺美院、中国服装设计师协会培训中心开设立体裁剪课，同时兼任中国服装研究设计中心顾问，整天忙得不可开交。她却总是说，要把一切献给中国。我曾陪佐藤典子教授，先后去过沈阳、烟台的服装企业，为设计人员开"小灶"、实地示范演示，面授版型技艺。佐藤典子耐心真挚，令人感佩不已。

2. 伊夫·圣·洛朗的中国情结

1985 年，伊夫·圣·洛朗来北京举办"25 周年设计生涯"展。他说："中国一直吸引着我，吸引我的是——中国的文化、艺术、服装、传奇、历史、手工艺和厨艺……什么国度这样引人遐思呢？只有中国吧。我们西方的艺术受中国之赐多矣。那影响是多方面的且显而易见的。没有中国，我们的文明决不能臻于今日的程度"。正是在这次展上，我们达成了口头合作意向。

当年秋天，中国服装工业代表团访问法国。伊夫·圣·洛朗在公司本部，以高规格接待中国代表团，包括设计师陈富美等远方客人。他还特意安排娜奥米·坎贝尔等超级模特，展示他的新作，并邀请我们参观他的工作室。伊夫·圣·洛朗深情地对我们说："咱们的友谊其实早就开始了。虽然从中国回来后，时间已过去几个月了，可我的心仍有一半在中国，如今仍然陶醉在中国艺术之中。"他提出可以选择两个青年设计人员到他工作室实习。可惜由于语言障碍，一时找不到合适人选，这个提议被暂缓了。这次，他和号称"欧洲角色"的公司总裁皮埃尔·贝尔吉，愉快地接受了中国服装研究设计中心和《中国服装》杂志社的聘任，即"高级服装艺术顾问""高级管理顾问"。此后，伊夫·圣·洛朗与中国服装设计师面对面交流，成了我们一年一度出访巴黎的常规节目。

图7-7 伊夫·圣·洛朗设计北京友谊服装厂制作的女西装和女衬衫

图7-8 皮尔·卡丹与中国驻法使馆商务处官员合影，左起谭安、米兹莱夫妇、皮尔·卡丹、刘显铭、张远生夫妇

1985年9月，我们首次拜访伊夫·圣·洛朗工作室，并赠予其刚出版的《中国服装》创刊号，其中刊登了他亲笔致信祝贺《中国服装》创刊的全文。在这封贺信中，他深入解读了"服装是什么"，指出"剪刀赋予织物以生命"的真谛。

20世纪80年代初，中国服装业工业刚刚起步，"创立品牌"尚未被提到议事日程上来的时候，作为国家的服装研究机构的服装中心，有责任先行一步，力争起到示范作用。我们瞄准了伊夫·圣·洛朗公司。合作的初衷是，"分两步走"，创立中国服装研究设计中心的服装品牌——第一步，借巨人的肩膀登高，学设计、学工艺，积累经验、积累人气；第二步，通过市场的历练，利用在消费者心理（既然中国服装研究设计中心能"监制"出YSL世大牌来，那么它自己创立的品牌含金量自然也很高），中国服装研究设计中心便水到渠成、顺理成章地推出自己的服装品牌。

1985年9月，我们在巴黎伊夫·圣·洛朗公司总部，与伊夫·圣·洛朗和皮埃尔·贝尔吉会见，初步表达双方的合作意向。在轻工业部外事司精通法语的刘驯刚处长的帮助下，我们几经友好协商，终于达成了一个由双方"共同创建嫁接品牌"的协议，并正式确认设计和工艺由伊夫·圣·洛朗公司负责，并投资15万法郎，监督制造和市场推广由中国服装研究中心承担。

不久，我们选在北京友谊时装厂试制由伊夫·圣·洛朗设计的女装。服装中心的设计师们，也都尽量赶到现场学习。女西服和女西裤样品已陆续出来了，以中国服装研究设计中心名义监制的"YSL"商标也已印制好。合资公司的名称双方商定为"中国伊夫·圣·洛朗时装有限公司"。此时，我们仿佛看到了一个嫁接世界大牌的中国服装品牌的影子。

1986年，伊夫·圣·洛朗公司赞助旨在普及服装知识的全国"百题竞赛"，前五名可获赠一套原装YSL牌时装，其中一位可获得进入巴黎时装学院深造的全额奖学金。终因各种原因，选派留学生吴简婴和嫁接国际名牌的两项合作，均遗憾搁浅。

3. 速写皮尔·卡丹

皮尔·卡丹作为高级顾问时发挥的作用是，带着时装设计以另一种模式进入市场。皮尔·卡丹与伊夫·圣·洛朗风格迥异，一个偏向动，一个喜欢静。卡丹是艺术大师，也是商业奇才。他对中国市场的战略演进，是以舆论先行，商业随机。从 1979 年至 1989 年，10 年时间内，他在中国社会打造"卡丹形象"，然后水到渠成，进入中国市场，赢得满堂彩。卡丹作为中国服装研究设计中心高级顾问，并不局限于课堂，还更广泛地进入市场，从而发挥示范作用。

自从 1979 年 3 月卡丹在北京、上海举办"服装观摩会"，直至 2010 年 5 月，上海世博会开幕之际，卡丹在上海完成了"马可·波罗最后的使命"。30 年来，卡丹来华期间，我们热情地尽地主之谊；他在中国举行各种专题活动时，中国服装研究设计中心都积极参与配合……若他本人不在活动现场，我们便配合卡丹首席中国代表宋怀桂，落实卡丹的"中国计划"。我们曾合作举办模特赛事、五朝服装、卡丹访华 20 次纪念等活动。

当然，我们与卡丹的交流是双向的。卡丹巴黎工作室和香榭里榭街心绿地上的马克西姆，是中国服装界人士，包括设计人员，参观访问期间的常规项目。总之，在改革开放之年，中国服装业收获了一份意料之外的大礼——"卡丹效应"。在上海，我曾在卡丹专题研讨会上发言，概括介绍了卡丹在中国服装振兴时期发挥的独特作用与贡献。下面转述这篇发言的原文：

速写皮尔·卡丹

——在共同开发皮尔卡丹品牌中国市场的战略研讨会上的发言

（2009 年 8 月 25 日·上海）

关于卡丹先生的话题很多，我就在这里为他作三幅"速写"吧。

印象卡丹：一位知行合一的政治经济学大师

我认识皮尔·卡丹先生快 30 年了。在交往中，我有许多感受。其中令我印象最深刻的有几次：

——1979 年春天，北京民族文化宫。皮尔·卡丹带着 12 名法国模特在这里举办服装观摩会。中方接待单位分别是轻工业部服装处（中服集团的原始起点）和外贸部中国纺织品进出口总公司。正巧，我在服装处帮忙，也蹭到了这次服装"西洋景"。这是我第一次与皮尔·卡丹握手。

此时此刻，改革开放才刚刚开启几个月。皮尔·卡丹带着法国模特来到中国。在当时，中国民众对"模特表演"这一新生事物的接受度很低。而且在大街上的老外，甚至会被围起来当猴看。这需要多么大的勇气、多长远的眼光？卡丹曾说："我是一个资本主义者，但可以与共产主义者交朋友。"

——1989 年春天，中国受到了西方国家的全面封锁和制裁。同年秋天，我出访巴黎时，中国驻法国周觉大使，专门召见我，并郑重交代说："皮尔·卡丹决定去北京，参加北京十一届亚运会，并举办时装表演。在西方包括法国，向中国发难的乌云压城之时，卡丹如此的举动，实属难能可贵。你回京后要全力配合卡丹，办好时装表演。"皮尔·卡丹来北京之后，我们在北京太庙、北展剧场和首都宾馆，将其时装表演连续举办了三场，均获得圆满成功。卡丹还应邀出席了亚运会开幕式，并高度评价亚运会入场式中国队礼服（由服装中心从毛料开发到款式设计），是亚洲三十几个国家队中最出彩的。在这个政治敏感时刻，卡丹来中国，似乎光有眼光和勇气还是不够的，更需要的是坚定啊！

图7-9　2010年5月，上海，中国纺织工业联合会会长王
　　　　天凯会见皮尔·卡丹，图左起，谭安、皮尔·卡丹、
　　　　王天凯、孙茂盛

图7-10　2010年5月，陈良（右一）党炳兰（左一）
　　　　夫妇设宴欢迎皮尔·卡丹访问上海，谭安周宝
　　　　英夫妇出席作陪

——1992年9月6日，法国男装协会主席米兹莱在巴黎郊外古堡，举行盛大晚宴，为了庆祝男装国际博览会的开幕。皮尔·卡丹、中国驻法使馆商务处官员与我合影。

——2003年秋天，巴黎，"中国法国文化节"在这里举行。我配合中国民族博物馆组织的"多彩中华"走进卢浮宫。不巧，正在此时，皮尔·卡丹先生因身体不适，住进了医院。我表达慰问之意，也试着发出邀请，来观看卢浮宫"多彩中华"的演出。他满口答应说，他抓紧时间调理，届时一定去看。正式演出在10月14号晚上，卡丹先生竟然抱病来了，为"多彩中华"喝彩。这不仅需要的是眼光、勇气、坚定，更需要的是对中国的深厚情谊和大师风范啊！许多人，包括法国人，都争相和他拍照留念。

效应卡丹：一个在中国知名度最广的外国品牌

卡丹的行事逻辑——先造舆论，后做生意。这是卡丹聪明过人的经典生意经。他从1979年进入中国，用了10年时间塑造"皮尔·卡丹形象"。只听楼梯响，不见人上来。直到1989年，他才分别在北京和上海，开设皮尔卡丹品牌专卖店。1990年初春，在北京马克西姆餐厅，皮尔·卡丹先生、意大利都灵的GFT最大的西服公司老板、天津服装公司总经理崔占福和我，讨论在天津合资扩建津达牌西服公司的相关事宜。不久，津达牌西服因为卡丹的投资而名声远播，迅速成为当时全国最抢手的男西装之一。卡丹一直在维护自己的品牌，直到2010年10月，上海世博会期间，他到上海举办《马可波罗最后的使命》，中国纺织总会会长王王凯专程从京城赴沪出席观看首场演出。

我们可从三个层面看卡丹的社会效应：

第一，从产业层面看四条：一是卡丹带来了时装概念；二是卡丹带来了品牌意识；三是卡丹带来了服装设计与工艺；四是卡丹带来了品牌经营的经验与管理方法。

第二，从消费者层面看三条：一是卡丹成为国人时装启蒙老师；二是卡丹带动了品牌意识；三是在中国卡丹品牌消费者群体最广泛。

第三，从改革开放层面看三条：一是卡丹刺激了更多的外国品牌进中国，这是国际效应；二是卡丹成了"时尚"的代名词；三是卡丹吹响了"西风东进"的第一声号角。

期望卡丹：一个极富巨人潜力又亟待创新的品牌

如果大家认同我上述的三个层面对卡丹的看法，那么就比较容易得出一个共同的结论：皮尔·卡丹是一个具有巨大潜力的品牌。

所谓的"品牌潜力"，就是消费者的向心力。品牌不是挂在墙上，而是要注入消费者心上。肯定地说，不论是在中国还是在世界上，凡是成功品牌都是深受消费者心理认同的。联想并购 IBM 的 PC 机这件事，给我最深刻的思考，就是中国品牌在国际消费者心中的地位还是脆弱的。

虽然皮尔·卡丹在中国的消费者心中有相当的地位。但毋庸讳言，皮尔·卡丹是一个老品牌，已过了巅峰时刻。在今天，如何焕发皮尔·卡丹品牌的青春活力，我想这可能既是卡丹先生本人，也是卡丹公司所有人包括代理商的共同愿望吧。

老品牌长盛不衰，不乏先例。但关键是遵循智慧创新的发展路线——思维决定观念，观念决定思路，思路决定出路。

在国家有关部门和上海市政府有关部门的支持下，上海中服出口公司陈良总经理，团结联合在座的皮尔·卡丹的代理商们，在协同并购皮尔卡丹品牌的过程中发挥积极作用，并酝酿皮尔·卡丹品牌的创新思路。在皮尔·卡丹品牌进入中国市场 30 年后的今天，我们希望这次并购能成为第二阶段的一座新的里程碑。但遗憾的是，这次并购计划无疾而终了。

2020 年 12 月 29 日，皮尔·卡丹辞世的噩耗传来，我立即将此文缩编为悼唁。中国纺织报、百度网、网易、今日头条、中国时尚在线、乌达书院等相继收录传播。国人念念不忘皮尔·卡丹为中国服装业发展和崛起所作的历史性贡献。卡丹走了，但卡丹品牌、卡丹精神，尚留在中国。

（五）别样摇篮：设计师成长在风雨兼程中

设计师队伍不断壮大的前提条件纵有千条万条，但最重要的一条是——实践磨刀石，市场大课堂，了得真才华，商海放光芒。中国设计师队伍的三种类型，大致上可以用孔夫子所归纳的"生而知之，学而知之，学而不知"来概括。

一曰"生而知之者"。这指的是有艺术天赋的设计师，一般都有不俗的艺术气质，并且始终不忘后天的努力与用心。不管是以田阿桐、顾培洲、钱士林等为代表的工人出身的老一代名师，还是学院派出身的一批新秀，均属此类。尤其是蔡铭强、黄鼎其、张肇达、刘洋、吴海燕、马可、王新元、方敏、丁俐、刘丽丽等，数量可观的设计界的中坚骨干们，更属此类。

二曰"学而知之者"。绝大多数专业设计人员，包括管理层的设计人员，都属此类。这类设计师有两个显著的特质，一是勇于实践，二是悟性强。在实践中，领悟到"设计在市场竞争中具有不可替代的作用"这一关键要点，一心扑在服装上，孜孜以求、不耻下问。他们不仅能敞开胸襟、招贤纳士，组建强大的设计团队，就连自己也成了行家里手，如"白领"品牌创始人苗鸿冰，本科专业是石油管道，后来由于时代大潮被卷进服装圈。用他自己的话说，"我也学会设计了"。他团结带领设计团队，意气风发，"白领"品牌一炮打响，遍布大江南北。

图 7-11　直摆夹克

图 7-12　佛朗尼·齐拉行政便装夹克衫

图 7-13　2001，黄鼎其和吴简婴在意大利

　　爱慕内衣早已成为中国内衣市场的领头羊。你可知道，爱慕品牌的创始人竟是一位钢铁专业毕业的，半路下海的儒雅绅士—张荣明。他尊重设计团队，崇尚科学技术，走"产、学、研"捷径。他对服饰文化有着较深的造诣。如今，坐落北京的爱慕总部，俨然成为一座处处散发着文化气息的科学艺术宫。

　　杉杉集团开了引进大牌设计师、引进 CI 管理之先河。郑永刚总裁敞开高明的企业家胸怀，先声夺人，率先于 1994 年引进国际先进的 CI 企业管理系统，1996 年开出百万年薪，聘请国内名声大噪的王新元、张肇达为杉杉首席设计师。王新元、张肇达不负所望、大展拳脚、铆足功力，打造了高端女装"法涵诗"品牌。"不是我，是风"专场发布会在北京隆重首发，并在大江南北巡演，掀起阵阵舆论热潮，书写了中国服装设计历史上浓墨重彩的一笔。

　　如今风行官场的"部长衫"直摆翻领夹克，出自实力派男装专家黄鼎其之手。

　　20 世纪 80 年代，黄鼎其任太仓西式服装厂（后称雅鹿）的常务副厂长。亲自组织加工的上海人立服饰有限公司的夹克衫，有一种休闲随意的时代感，刚刚在上海第一百货公司亮相，柜台前就排起了长队，甚至延伸到百货公司门口、南京西路的过街天桥上！这种火爆的现象竟持续了 60 天之久。这无疑为黄鼎其播下夹克衫文化的种子。

　　2000 年前后，黄鼎其纵观各级行政干部着西服下基层、走市场、进行社会调查研究时不太方便，孕育着商机，于是他默默设计了一款行政便装直摆夹克衫，去掉了束缚下摆的下摆装饰条和夹克的松紧设计，既不像西服那么正式，还要让老百姓感到有亲和力，又不太随意。他设定首都北京为第一目标市场。2001 年 4 月，"阿德米"（黄总当时经营销售的品牌）的直摆翻领夹克衫第一次走进北京的高档商场赛特和崇光百货，第一个月就销售了 50 多万元。这款行政便装的早期版，适合行政干部在各种场合穿着，被老百姓戏称为"总理衫""部长衫"。

　　这不是偶然的，因为黄鼎其是一位非常善于学习的全能型人才。他不仅会设计、谙熟版型、裁剪工艺、缝纫工艺、对面料的理化功能、成衣制造的设备也非常熟悉，以致对纱线、织造工艺、染整技术乃至面料和成衣的后整理工艺都十分了解。因此，早在 1992 年，纺织工业部授予黄鼎其杰出设计人才的殊荣。

　　面对大量仿制的直摆夹克衫的市场乱象，黄鼎其于 2003 年断然采用了四个硬招：

　　一是起点高。定位国际中高档，引进世界男装王国意大利品牌佛朗尼·齐拉。不是追求洋名，而是严守欧洲名牌选料考究、做工精致的风格尺度。他选用面铺料几近苛刻，引进国际高档品牌精品，甚至连缝纫线也选用德国名牌，甚至可以达到一件衣服的各个不同部位使用不同品质线的程度，让仿造者无法超越。

二是内涵深。佛朗尼·齐拉直摆翻领行政便装夹克衫的设计理念和中国人的人文理念互补：天人合一，含蓄、内敛，不张扬。讲究、实用、舒适、自在，但不过分。演绎小隐隐于野、大隐隐于市的传统哲学理念。穿着直摆翻领行政便装走在人群中，不会显得突兀、引人注目，反而会让人感觉非常自如、自在。

三是版型传神。普通夹克衫的袖山只有8~9厘米，虽然舒适性高于西服，但轮廓线却比西服要差。而佛朗尼·齐拉的直摆翻领行政便装夹克衫，袖山高度用了14厘米，比西服的袖山17~18厘米略低，比夹克衫高，因此，成衣有款有型，端庄大气。

四是讲平衡。黄鼎其悟到了一条专业哲理：成衣的最高境界是平衡。这款佛朗尼·齐拉行政便装夹克衫，无论是挂在衣架上还是穿在身上，两边的袖子都十分顺畅地垂在两边，不会有高低不平，或不成比例地扭曲。穿在上身，前后下摆和两边的侧缝都平整服帖，不会前后起翘，摆缝也不会抽缩。穿着舒服，活动自如。

这款行政便装得到了社会各界的广泛认可，到目前为止无人超越。

再如，波司登的高德康、雅戈尔的李玉成、柒牌的洪肇设、七匹狼的周少雄，等大牌出类拔萃掌门人，均有塑造设计团队的上乘作为。他们同样在服装行业崛起征程中发挥着重要的推动作用，容我不再一一赘述。

三曰"学而不知者"。这是指故步自封、夜郎自大的人。这种类型有两个代表性人群。一类是有被"经验堵路"的成功人士。他们在创业路上，过关斩将，自觉不自觉地麻木了，逐渐形成惯性思维，常常凭个人经验决定产品的命运，从而抑制了设计团队的朝气，最终做了赔本生意。另一类是青年学子。他们的基本特征是迷信"书本知识"的权威。他们受到书本知识的禁锢，成为梦境里的"艺术家"。好在他们手中有年轻的本钱。就算风风光光走上设计师岗位，他们也会在"买衣难、卖衣也难"的商海里，饱受磨砺。如此之后，他们也许会悟出"学而知之"的真谛，然后奋起直追，后来居上，大器晚成。

（六）世界舞台："甘苦常从极处回"

"世界三大艺术殿堂"之一的卢浮宫，令多少国际名流趋之若鹜！它绝不会让你轻松拿到门票。1998年，"黎明古今中国服饰展"捷足先登，随之，2003年，"时尚中华""多彩中华"联袂三进卢浮宫（详见本书第八章），再随之，马可、郭培、谢锋等青年才俊勇敢地向巴黎时尚高地发起一次又一次冲击，挑战国际大牌权威，力争中华文化之国际话语权。

其实在挺进卢浮宫之前，一台世界级的好戏——联合国教科文组织21世纪设计获奖作品北京巡回展，已经上演。

1. 喜从天降于北京

为纪念联合国成立50周年，1995年2月，联合国教科文组织决定举办"21世纪服装设计大赛"。乍看起来，这似乎只是一项属于年轻人的服装赛事，但实际上，它却演绎了一曲"世界和平颂"，并

图 7-14　1995 年 9 月，谭安与国际评审团部分成员合影，左起著
名设计师拉比杜斯、联合国教科文组织顾问拉格熙、联合
国教科文组织官员梵卡塔雪龙、爱斯莫德时装学院院长戈
洛斯坦和谭安在联合国教科文组大厦大赛现场

友好地馈赠给中国人民一个大礼包。

　　1995 年 6 月 14 日，初夏的巴黎，绿树掩映。我第一次迈进联合国教科文组织总部大门。官员梵卡塔雪龙先生郑重地对我说："这次世界服装设计比赛，计划评选 50 套获奖作品，到日内瓦作汇报展，到神户作慰问展演，再分别到巴黎、纽约、北京、东京作巡回展。"听后，我的大脑飞速运转——去日内瓦万国宫汇报展，实现了纪念联合国成立 50 周年的题中之义；去本次赞助商的故乡日本神户，慰问受神户大地震影响的灾民，自在情理之中；去国际"时尚之都"巴黎、纽约、东京，也顺理成章。但北京获此殊荣，令我喜出望外！我连忙问原因。他回答说："首先，这四座城市都是世界著名的大都会；其次，巴黎、纽约、东京已是'世界服装中心'……"我有些失礼地打断梵卡塔雪龙先生的话，急切地问："北京呢？"他不假思索地回答："北京将成为'世界服装中心！'"

　　老牌的"世界时尚中心"米兰和伦敦没有入选这次巡回展。可见北京入选是极不寻常的。"北京将成为世界服装中心"，标志着中国服装业的国际形象和国际地位，开始被正式确认。这既是对改革开放 18 年来中国服装业进步的肯定，又是对中国社会巨大发展的肯定，也证明对中国 21 世纪灿烂的前景充满信心。"形象出附加值。"一个国家的美好形象，其附加值是难以数计的。

2."绿叶衬红花"方案

　　教科文官员梵卡塔雪龙先生继续对我说："我们教科文组织已作出'北京作为巡回展的四大都会之一'的决定。我们知道你把 CHIC 办得轰轰烈烈，办个这次 50 套获奖作品的巡回展，自然不成问题。趁你正在巴黎，我们希望你尽快提出一个北京巡回展的方案。我们双方，加上赞助商，一起专门讨论一次。"

　　三方会议在教科文大厦的一间会议室正式开始。我首先发言："根据教科文组织的总体策划案，北京巡回展涉及中国教育部（中国联合国教科文组织全国委员会）、中国纺织业总会和北京市政府。我今天只能初步提出北京巡回展"绿叶衬红花"（草案），供三方协商，待我回国后向上级汇报后，再正式知会你们。"

我草拟的"绿叶衬红花"案，取自一句老话"红花还得绿叶配"。来自 28 个国家的 50 朵获奖"红花"，包括来自中国上海和四川的钱欣、肖瑜。我们主办方甘当"绿叶"，衬托的"红花"绚丽夺目。

50 套获奖作品巡回展，规模虽不大，意义却非凡。对于中国而言，这是历史性的机遇、新世纪的挑战，需要认真对待。"全一流"上阵。我们拟选三个备选顶级展览场地：中国美术馆、中国国家历史博物馆、劳动人民文化宫太庙，并拟在人民大会堂举办一场服饰文化晚会和一次大型晚宴，以隆重庆祝北京巡回展的开幕，同步举行中国 '97 春夏服装流行趋势发布会等。

教科文组织官员们和赞助商，对我提出的"绿叶衬红花"北京巡回展（草案）给予充分肯定，并表示将带领专家团队到北京实地考察，选定北京巡回展场所。

3. 苏葆燕巾帼不让须眉

回国后，我首先向主管部长杜钰洲作了汇报。他指出："我们第一次做联合国项目，既光荣，又责任重。你要分别向教育部和北京市有关领导汇报，细化北京巡回展方案。"最后经过几方商定，北京巡回展主办单位：中国纺织总会、中国联合国教科文组织全国委员会、北京市人民政府、联合国教科文组织、日本苏理希梦集团；承办单位：中国服装研究设计中心。

揽下"瓷器活"，当时我打算用两个"金刚钻"：一是日常负责与教科文组织联系此项目的苏葆燕，二是承办 CHIC 的王小珂。该项目主要由他们两个部门共同承担。苏葆燕一听，不服气地说道："谭主任，你就是看不起我们！这回，我们信息部包下了，干个样给你看看！我只有一个要求，你像抓 CHIC 一样抓这个项目。"

苏葆燕的挑战，来得有点突然。一向温顺优雅的南方女子，但她柔中有刚的特质，简直令男子难以望其项背。她自 1988 年进服装中心，已在职 8 年，经历了各种历练，挑起了信息部主任的担子。她的两位助手李斌红和郝旭东，也都是德才兼备。现在，他们需要的是，压担子、给机会。我痛快地接受了苏葆燕的挑战，把王小珂团队做预备队。

4. "绿叶"要显示大国风采

"做绿叶，衬红花"，这是我们向联合国组织的承诺，必须百分百努力兑现。但是我们甘做绿叶，又要不失大国风采。据此，我们策划了五个系列活动：

活动之一：北京巡回展开幕式，要强化、突出联合国宗旨与时代风范。当天在人民大会堂举行开幕晚宴，并在小礼堂举行"东方之星服饰文化晚会"，CCTV 向全国录播"东方之星"整台节目；

活动之二：举办第六届中国服装设计"金剪奖"大赛；

活动之三：举办 97'中国春夏服装流行趋势发布会；

活动之四：举办全国服装图书展；

活动之五：举办中国服装国货展。

这五项活动的重头戏是"东方之星"晚会。我主张将晚会设置成三大板块——第一板块"昨天的辉煌"，主要展示中国历代传统服饰，由中国服饰艺术博物馆长史延芹担任设计监制；第二板块"民族的骄傲"，展示 56 个民族的服饰，由中国民族博物馆韦荣慧担任设计监制；第三板块"未来的希望"，展示改革开放以来设计新秀如张肇达、梁明玉、韦荣慧等的代表作。会后，为了表彰这台晚会关于服

图7-15　1886年9月2日，联合国教科文组织助理
　　　　总干事尤斯基耶夫茨斯（左二）北京巡展

图7-16　1996年9月2日21世纪设计比赛获奖作品北京巡回展
　　　　开幕式在中国历史博物馆隆重举行，杜钰洲致开幕词，李
　　　　昭（右四）、杨波（右五）、徐文伯（右六）、尤斯基耶
　　　　夫茨基（右七）、韦钰（右八）、胡昭广（右九）

饰设计的骄人成就，联合国教科文组织向服装设计师们颁发了奖状。

　　百万之巨的费用，全部需要自筹，则是一大难题。苏葆燕与江苏东方之星集团达成赞助协议，恰好"东方之星"具有中国传统文化的内涵，所以以"东方之星"来命名这次晚会，也恰切题中之义、恰如其分。

　　中央外宣办主任赵启正看中了《东方之星》，他曾郑重地对我说："这档节目我们征用了，改名《走进中国》闯荡世界四方。"后来成了一张闪亮的中国名片。

5. 北京巡回展最有声有色

　　联合国教科文组织专家考察了北京预选场所，最终选定中国国家历史博物馆。我们租赁了500平方米的展馆，布展50套获奖作品。

　　1996年9月2日，北京，细雨纷纷，雾气茫茫。联合国教科组织"21世纪服装设计大赛获奖作品·北京巡回展"在天安门广场中国历史博物馆，隆重开幕。2100只白色鸽子翱翔在天安门广场上空，寓意着联合国宗旨关于"和平"的核心内涵与即将到来的21世纪的曙光。

　　联合国教科文组织助理总干事尤斯基耶夫茨基，中国联合国教科文组胡织，全国委员会主任、国家教育部副部长韦珏，文化部副部长徐文伯，中国纺织总会副会长杜钰洲，北京市副市长胡昭广，原轻工业部部长杨波，中国服装协会顾问北京服装协会会长李昭等中外嘉宾600多人，出席开幕式。

　　我们还邀请尤斯基耶夫茨斯出席"东方之星"北京巡回展开幕服饰文化晚会。他婉言谢绝，因晚上有欢迎来自90多个国家图书界代表的大型宴会，他不便抽身。但出乎所料，在晚会大幕拉开之前，这位总干事助理竟匆匆赶来。他如痴如醉地观看跨越时空的模特表演。演出结束时，原本没有安排他发言的环节，他竟然自己从主持人手中要过话筒，发表激情四溢的评论："中国，不愧"四大文明古国"之一！如今的中国，不负'改革开放'政策的愿景！今晚，将是我记忆中刻骨铭心的最美好的夜晚！"

　　1996年9月1日，《人民日报》预先在头版发表了《二十一世纪服装设计大赛获奖作品北京巡回展开幕》的消息，并配发了新中国成立近半个世纪的服装业的第一篇短评《让中国服装走向世界》。

　　自1995年12月5日至1996年12月25日，"21世纪服装巡回展"的接力棒，由巴黎传向日内瓦、纽约、北京、东京、神户。虽然每一次巡回展都很精彩，但联合国教科文组织却评价道："北京巡回展最有声有色。"

二、事关振兴服装工业之大计

回眸往昔，那十几年，我们在打造一支优秀设计师队伍的攻坚战中，及时地锁定服装设计的"民族化与时代感""版型技术""走进市场""学点哲学"等战略要点问题，上下求索，展开广泛讨论。品味其中，有前进的喜悦，也有对新矛盾的忧虑，有正面经验，也有反面教训……基于此，我先后做了一点整理和总结。用现在的眼光看，有的或许尚有点用处，有的可能已成"昨日黄花"。但它毕竟是那段岁月里的真实经验与点滴感悟。

1987 年 7 月，《中国服装》就第一场以"服装设计"为主题的全国服装基础理论研讨会，发表社论《事关振兴服装工业之大计》，旨在突出"服装工业要振兴，服装设计必先行"的国际成功经验，锁定"设计"在服装工业中的大脑地位。这虽然是业界首次研讨"服装设计"，我们却解开了一粒民族化与时代感关系的哲学扣子——时代感的共性寓于民族化的个性之中。这可能是设计师队伍建设中的一个关键理论硬核。它不仅适用服装艺术领域，很可能也对一切姊妹艺术创作的创新有所参考。

三、服装创作设计也是生产力

科学技术被认定为第一生产力。那么，设计是否可以被定义为生产力？ 1988 年 4 月，为贯彻落实党的"十三大"精神，笔者鼓起勇气、大胆地把"设计"推向生产力的高度，为《中国服装》写了一篇社论，标题定为《服装创作设计也是生产力》。现原文转述如下：

服装创作设计也是生产力

目前，中国的服装工业系统都在深入学习和落实党的"十三大"精神。许多同志都在思考，大会政治报告中关于"社会主义的根本任务是发展生产力"的论断，如何在服装工业系统中落实，其关键环节又在哪里？

中国的服装工业还处于初步阶段，发展生产力这一任务，既迫切、又艰巨。究竟从哪里入手？我们认为其中的一个关键环节便是发展服装的创作设计。因为基于目前的国情来看，服装工业的技术改造，只能逐步地进行。相比之下，开发服装创作设计虽然难度也很大，但要切实可行一些。另外，现代科学技术是提高经济效益的决定因素。科学技术是生产力，艺术也是生产力。服装的创作设计，既有科学技术的因素，又有文化艺术的因素。因此，服装创作设计不仅是生产力，而且是具有特殊属性的生产力。世界上的几个服装大国的服装创作设计生产力非常发达。而当前，中国服装工业的落后，恐怕问题首先也出在这里。

发展服装创作设计生产力，我们认为，主要是从两个方面着手。就设计工作者来说，发展服装创作设计生产力，就是要不断更新设计理念、注入新的设计意识、变革设计思想。近几年以来，中国服装设计思想发生了可喜的飞跃：一改过去"民族化和时代感"往往就是"中国的加外国的"说法；一改过去美观大方往往就是"越复杂越高级，越花哨越美丽"的看法；一改过去设计创新往往就是"单蹦""独头"产品的观念……代之而来的，是现在的"时代感的共性，寓于民族化个性之中"，"在简练中求新颖，在质朴中求高雅，在系列中求实效"。这是服装行业包括服装业余爱好者，尤其是广大服装创作设计工作者和服装理论工作者集体智慧的结晶，是一笔极其宝贵的精神财富。可以预料，它的第二次飞跃，必将有力地推动中国的服装发生深刻的变化。认识无止境。何况我们的服装创作设计队伍的素质，与国际服装先进国家相比，进步空间还很大，尤其设计师要形成自己的设计风格以至设计流派，绝非一日之功。

另一方面，就各级管理工作者来说，最重要的一点是要做发展服装创作设计生产力的"促进派"，敢于打破旧观念，积极支持设计人员成名成家，特别要选择有发展前途的"尖子生"，尽早制定规划，采取切实措施，重点培养，既给予其教育深造的机会，又适时地压担子，为其创造提高其知名度的条件和机会。如组织他们参加国内外的服装创作设计活动，让他们出头露面，甚至鼓励其用自己的名字去命名品牌商标。从这个意义说，要发展设计生产力，管理工作者首先要更新观念、解放思想。

俗话说，十年树木，百年树人。驰名国内外的一代中华服装设计大师，既不会天上掉下来，也不会在一天之内就出现了。但是，只要观念更新、措施得力，我们相信中国的服装设计大师会有的，一定会有的。

（《中国服装》1988 年第二期（社论））

四、十年磨五剑

1991 年 3 月，借天津第二次全国服装研究所所长会议，我执笔总结了十年来中国服装设计创作的五条新鲜经验——

（一）市场中求导向

消费引导设计，还是设计引导消费？这个问题并不是所有设计工作者都弄得十分清楚。有些人往往认为"设计引导消费"，在实际工作中却把这两者的关系颠倒了，结果吃了不少苦头，走了一些弯路。反过来，他们以"消费引导设计"，则尝到了甜头，越干越有动力。

自 1985 年以来，中国服装研究设计中心连续 7 年组织出展"巴黎国际女装博览会"，有甜头、也有苦楚。尽管国际博览会不以"当场成交额"论成功与否，但我们还是要力争销售。如果只从这个角度看，苦头也相当多。初进巴黎，我们既有"刘姥姥进大观园"之状，又有池中浮萍之态，加之一无销售网、二无配额、三缺对路面料，要在巴黎市场占领一席之地，谈何容易！尽管如此，天津新华制衣总厂设计制作的黑色平绒长裙，竟然以人民币 6 角 6 分换 1 美元，创中国服装出口换汇的最高纪录。类似的小批量订货，如上海、青岛、湖南、黑龙江等也有一些。这些成功案例，不能不说具有一定的偶然性。

实际上，多数展品则无人问津，"怎么拿去又怎么拿回来"。法国爱斯莫德学校一位朋友看了我们1989年展品后，指出了六点亟待改进之处：

1. 对消费对象不够了解，设计作品缺乏针对性；

2. 对西方人的体型与服装规格了解不够，因而对设计线条的把握不准；

3. 对国外信息了解很少，更缺乏生活的体验，因而作品没有生气，缺少内涵，没有相匹配的消费群体；

4. 设计师的观念陈旧，作品缺乏时代感；

5. 设计师本身缺少个性，因而作品缺乏特色，没有吸引力；

6. 设计手段落后、工艺不新、制作不精，因而达不到理想的设计效果。

法国朋友提出的六条中肯的意见，集中到一点上，就是提示我们：弄清市场，深知为"谁"设计。

20世纪90年代的服装市场在变化，大体走向是：

1. 成衣化发展迅猛，除衬衣、风衣、T恤衫等产品以外，还将延伸到夹克、便装、西装、时装等品类；

2. 人们不喜欢过于正规的传统装束，而喜欢时尚、舒适、轻便的服装；

3. 对一件服装的评论，首先看面料新颖与否、色彩与花型流行与否，款式的考量退居其次；

4. 服装可再组合搭配，容易洗涤，便于管理；

5. 要求款式简练，且能装饰人体、体现个性，表达内在美；

6. 针织服装、编结服装、运动服装将会普及；

7. 各种新颖的化纤面料将成为主角，占面料消费的60%以上，混纺织物、仿天然纤维织物的使用也将十分普遍；

8. 服装分类更加细化，各类适应特定场合与用途的服装将出现；

9. 消费上拉开档次，各种档次的服装均有消费群体，中高档时装的消费者将增多，服装档次不仅看面料，还要看工艺，要看设计的艺术水平；

10. 包装、宣传、营销方式对服装销售的影响将增大，不容忽视。

市场是多方位、多层次的。成功的设计师的秘诀是：目标市场。青岛服装八厂的设计师周恩，可以说是"吃透"了东欧市场。她设计的连衣裙，成交率常在60%以上。几年来，她设计的产品出口苏联、东欧，换汇突破千万美元大关。这在中国设计师中是少有的。

而今，中国实行有计划的商品经济体制，服装产品主要靠市场调节。面对这样的现实，品味几年的实践，许多设计师有了新的共识：把"军装"视为潮流的年代，"时装"能吸引谁？所谓的"设计引导消费"，是在消费群体中孕育着或者开始出现了某种需求的倾向时，设计工作者应不失时机地捕捉住它，用以设计创作服装作品，从而回到消费群体中去，接受市场的检验和选择。所以，从根本上说，不是"设计引导消费"，而是"消费（即市场）引导设计"。既然我们缺了"市场"这一课，那就非补上不可。

（二）造型中求突破

中国服装设计虽有不少进步，但纵观服装新作，还是显得平平无奇。出类拔萃的上乘佳作，并不多。许多人都在思考，问题究竟在哪里？令人欣慰的是，我们已经寻觅到了答案：一件称得上"佳作"的服装，其奥秘在于造型。

在造型上求突破，首先在于设计观念的更新。

长期以来，中国的许多设计工作者习惯用平面设计，不习惯从轮廓入手进行立体设计。遗憾的是，至今中国还没有可用于立体设计的标准的人台。设计师们往往把功夫下在局部构成的变化，追求细节的新奇，或改改领子、或开刀加省、或加条减袋，如此这般，加加减减、修修改改，一种"新款式"也就产生了。有一个设计培训班教员要求学员，设计 20 款新作。有一个学员设计了一个轮廓，并将其复印了 20 张，然后，加个襟为一种、画个鸡心领又一种……很快，他便完成了"作业"。还有的认为，服装设计就是画"小人"。"小人"确实画得不错，但究竟怎样将其变成成衣的，则寥寥可数。

其实，备受推崇的旗袍和中山装，制胜的决定性因素不是细节，而是造型美。历届"金剪奖"获奖作品的共同经验是，正确理解并决定需要表现的着装风貌，从而运用全部手段，集中精力进行整体设计，以优美的造型获得成功。

在造型上求突破，要科学地把握人体规律。

中国服装只有适合中国人的体型特征及运动规律，才能获得艺术的技术生命。1989 年，大连服装研究所完成的纺织部课题《新型西服结构与工艺》，当是一个典范。这个课题比较好地解决了西服既姓"西"、又姓"中"这个难题——既具有西服的造型和结构特点，又要适应中国人体规律。课题组的同志首先把中国男子体型与欧洲、亚洲西服造型，作了反复对比分析，探索中国男子体型与西服匹配的最佳形象，反复在结构上进行了测算，进而根据人体运动规律，进行了分部数据分析，一次又一次地调整中国原有西服的尺寸和衣片，例如袖笼与袖子的配合关系。样品做出之后，他们还先后请国内外包括中国香港、法国、意大利、日本的西服专家指点。经过 3 年这样反复深入的研讨，中国西服造型终于达到了理想的效果，在验证试销时受到了消费者的热烈欢迎。

为了给服装设计师提供把握中国人体规律的基础资料，1987 年，纺织工业部立项研究修订《国家服装号型标准》（GB1335—81）。经过 4 年的研究，包括人体测量、数据处理，《国家服装号型标准》确定了中国人体四个标准型号，即 Y、A、B、C 型。1990 年 10 月，专家鉴定该标准达到了国际先进水平。这是认识中国人体规律迈出的重大一步。

在造型上求突破，还要有相应的工艺手段。

实践告诉我们，设计是造型的灵魂，而工艺则是达到造型效果的手段，二者相辅相成，密不可分。然而，在实际工作中，却出现了所谓的"上等的设计、中等的面料、下等的工艺"之说。经验教训告诫我们：全面工艺技术是不可或缺的。服装辅料如衬垫材料、里料、缝纫线、纽扣、拉链以及装饰材料等的不配套，相当多的企业设备陈旧的不配套，在很大程度上阻碍了服装产品达到预想的造型效果。这是需要各个方面共同解决的大课题。

（三）简练中求新颖

第三届"金剪奖"的五件金牌作品，见长之处就在于"简练"。

由上海时装厂郑莉设计获得"女装杯"冠军的"秋日香山"系列女装，仅仅用了几道泼辣的型线，便足以使现代女青年形象充满活力。在色彩上，这一系列女装只有红、绿两色，装饰上也仅用盘扣和极其简单的佩饰，但一下子就把主题显现在观赏者面前。由沈阳黎明高级时装厂刘举设计的获"男装杯"金奖的夹克系列，也突出大轮廓、硬线条，仅仅一身灰色调，几乎没有什么装饰，甚至连"开刀"也很少，却使男青年穿着后具有一种潇洒的风度、深沉的力度。

这些力作，对中国现代服装设计，无疑有许多有益的启迪：

简练，是艺术发展的必然规律。美的艺术，贵在抽象凝练，以少胜多、虚中含实。我们常说"艺术是减法设计"，就是要求概括和提炼。

简练，是现代社会快节奏的生活方式的要求。服装是具有实用性的流动的艺术。进入信息时代，整个社会的运行节奏在加快。因而，简练成为当今服装设计的大趋势。设计者要牢牢把握这个趋势，才能设计出为市场所青睐的好作品来。

简练，不等于简单。成衣的成功，得力于简练中求新颖。关键在一个"求"字，如果"求"之不得，就变成了"简单无物"，产生索然寡味的后果。

简练，不仅仅体现在款式上，色彩上同样要简练。运用色彩的能力，已成为衡量设计师水平的重要因素。设计师运用色彩要领是，宜简不宜繁。

简练，还需饰物的合理搭配。而今，着装日益强调整体美，饰物的装点配搭显得越发重要了。优秀的设计者，不但要善于选取新材料，也要善于选取精巧的饰物及其搭配方法，打造出简练中透发新颖感、时髦感的着装形象。设计师运用饰物创造新意，要点是匠心独运、恰到好处，妙在画龙点睛、活力盎然。

总之，简练就是设计思想的谐凝、设计手法的清纯。简练的美代替繁琐的美，是服装设计繁荣的必然规律。

（四）质朴中求高雅

"华丽美，还是质朴美？"众多的设计师们在处理这一美学问题上，找到了真谛：质朴中求高雅。质朴的内涵是真、是自然，是客观存在的一种美。在当代社会中，真的、自然的气韵，必然成为人们对时尚的高雅追求。

首先，质朴是基于中华民族集体意识的审美观念。庄子认为"朴素而天下莫能与之争美"，他主张"既雕既琢，复归于朴"。这一美学思想，影响深远。中国人的审美追求，从秦砖汉瓦、古陶古瓷，到齐白石的写意笔法、吴昌硕的古艳用色……处处可见。苏轼论石，说石之粗朴与玲珑相比是"丑"，但又正是玲珑之美所缺乏的，言中了"雅寓于质朴"的道理。在服饰上，蓝印花布之所以不失传统，中山装之所以流传千载，都由于"质朴蕴含着高雅"。

其次，近年来随着人们物质生活的极大丰富，大批量的、标准化的生活用品一窝蜂追求华丽，不料反生平庸感、做作感，应了齐白石的话："流俗之所轻也。"许多学历层次高的人，已意识到"返璞归真"的美学真谛。法国、意大利和日本的服装工业设计，捷足先登，纷纷从"质朴"设计中展现"高雅"风采，受到市场青睐，实现了高价值、高效益。

中国服装界出现了不少高雅的设计作品。第三届全国服装设计"金剪奖"大赛中，获中老年组一等奖的作品就是上海服装一厂蒋银妹设计的淡豆绿色组合套装，就是典型的一例。她运用格子毛料与同类色纱巾相匹配，使用的材料与中老年消费者群体的需求刚好相宜。单一的色调、质朴的原料，恰如其分地使作品显示出这个年龄段的女性独有的美。

首都服装设计师杜和设计的"方圆之梦"系列时装，又是成功一例。他在设计上几乎不按常规、不循规蹈矩，而是用方形或圆形面料，稍加折叠、剪接等，就成了多层次、有流动感和悬垂感、有空间表现力的新款羊毛衫。从这组作品中，人们感受到了快节奏的时代气息，但又从其高雅的品格中，感受到中华民族的质朴风情。

值得一提的是，山东史延芹在电视剧《孔子》中的服装设计。孔子的宽身大袖纯麻布衣，以及贵族妇女的曳地长裙，影响着世世代代的审美认同，多以此为朴素无华。她以巧妙的设计，特别是在材料的借用上，准确反映了先秦风尚，烘托了当时知识分子的高雅气质。作品对于"质朴中求高雅"不无注解意义。

诸多成功的设计，从不同的角度反射出"质朴中求高雅"的思想火花，并带给人们一些可以借鉴的经验：其一，从色彩和材料的运用上体悟质朴的内涵；其二，从优秀的民族服饰上捕捉质朴的灵感；其三，紧扣时代脉搏并找准设计定位，把设计的主要精力放在追求质朴上，为当代大规模的消费群体，设计出高雅的系列服装。

另外，服装设计师们应当切忌：片面性。尽管质朴之美适宜于相当大的消费群体，却又不能同时满足不同身份、不同个性、不同层次的人群的追求，设计师们不能以"质朴"为唯一追求。毕竟影响生活美的因素有很多，"质朴"难以达到"代替整体"的程度。

（五）系列中求实用

"系列服装"这种形式，在彼时的中国还属于新鲜事物。何谓"系列"？近几年来，我们经历了一个认识过程：

第一阶段，1985 年，第一次去巴黎参加 50 届国际成衣展，我们带去参展的是 94 件（套）女装，那时根本不知道服装还有"系列"的概念。我们的服装设计作品只是"单蹦"（单件设计作品）。

第二阶段，我们逐渐领悟到"系列"的重要性，但始终不得要领，也不清楚"系列"的内涵，于是东拼西凑，美其名曰"系列"，实为"拼盘"。

第三阶段，通过一段摸索，我们对"系列"有了一定理解，开始走上正轨，并有了可喜的进步。代表作是 1987 年上海青年设计师陈珊华设计的，由 10 件套组成的红黑礼服系列，获得国内外的一致好评，直到今天，仍不失为佳作。这组作品成功的关键是：系列的逻辑性强。

从色彩逻辑上看，它以红、黑为主色调，在组成系列的各套服装中不断反复变化，体现了一种共性，表现和加强了所要强调的气氛。

从造型逻辑上看，它以外松内紧的基本形式贯穿整个系列，从而体现了一种开朗、洒脱的基本风格，有很强的感染力。

从装饰逻辑上看，它将金光闪闪的如意纹样镶嵌于黑色裙子的前胸部位，形成了统一的格局。

从衣料质感的逻辑上看，红、黑两种相同的衣料为全套礼服所共同使用，从而更鲜明地表现系列套装的整体感。

这里应当特别指出的是，陈珊华紧紧抓住了"系列"的逻辑性，在每套服装中注入不同的设计个性，例如用长短搭配不同、掩饰与暴露各异的手法，表现了相似而不雷同的形式美，揭示了这个系列热烈中寓庄重、洒脱中蕴柔美、民族化与时代感辩证统一的丰富内涵。10 套作品形式与内容浑然一体、一气呵成、令人快意。难怪在巴黎的第二届国际时装节一亮相，该系列作品便即刻轰动全场，引起国际上积极正面的连锁反响，为祖国争得了荣光。法国《费加罗》报称赞说："那身穿红黑相间礼服的中国姑娘，战胜了着长裙而不雄壮的德意志表演队，也战胜了穿短裙的日本表演队。"

"系列"表达形式的多种多样，全靠设计师的驾驭使役。有的着重于色彩，强调某个主色或某种色彩组合规律，例如"蓝色系列""红黑系列"等；有的强调某种造型，例如"H 系列""X 系列"等；有的突出某种长短搭配，例如上长下短、上短下长、外长内短、内长外短等；有的追求纹样的统一性，例如"点系列""格系列""条子系列"等；有的讲究同质或异质衣料的对比组合，例如"苎麻系列""纯棉系列"等；还有的用某一醒目标志或装饰贯穿全组，例如统一用"蝴蝶结"装饰的裙装系列，或在某类服饰配件范围内（例如领带、腰带、文件包、皮夹上）统统使用"一种标志"以表现和加强系列感等。不少设计师正是在"系列"上做文章，方有施展才华的广阔天地。

当前，人们对服装需求的总趋向是时装化、多样化，个性化。"系列"设计不仅是"量"的递增，也是消费选择范围的扩大。因此，开发"系列"服装是适应不同消费层次的、越来越繁复的、选择越来越严格的衣着需求的一条有效途径。

五、服装设计师：请补"三课"

经过连续举办的几届"金剪奖"大赛，令人可喜的是，涌现出了一批崭露头角的设计新秀。为了推动设计师队伍建设，为了检阅设计师的真才实学，1993 年春天，我们在北京百盛商场行举办了"'金剪奖'获奖作品验证试销会"。我们从中发现，企业不愿录用服装专业应届生的缘由——不少年轻学子常常陷入"画'小人'，当艺术家"的怪圈，不懂面辅料性能、不会打服装版型，更不会计算成本。因此，大多数年轻的尤其是毕业不久的设计者，应当从这三方面夯实基本功。

一补"市场学"。一方面补市场学理论，另一方面补市场学实践。据了解，中国服装设计本科生的"市场学"课程，只有几十个小时，而法国服装学院，学生必须经过"设计—经营—管理"的系统训练才能顺利毕业。一些年轻的设计者，对"设计引导消费，还是消费引导设计"这个设计的出发点与终点，以及两者的辩证关系说不太清，甚至完全弄颠倒了。他们对市场的实质、市场的容量、市场的层次、目标市场、营销策略等也不甚了解，以至不会计算成本者也不在少数。

当前不少服装设计者在企业里，只有设计权，而无投产经营决策权。设计部门与经营部门的脱节，几乎是"通病"。供销部门买什么面料，设计者就用什么面料设计，更没有投产的发言权。意大利的成功经验是将企业里的设计与经营合二为一。国际上有成就的设计师的经验，几乎百分之百都发迹于自己的"服装商店"。中国正在发展的社会主义市场经济机制是机遇，也是挑战，厂长们要多给设计者创造条件，设计者更要勇敢地接受挑战。

二补"材料学"。服装的原辅材料是服装的基础和前提。特别是近几年来，无论是国际范围，还是在中国服装界，都出现了一个新的流行趋向：面料重于款式，面料包括色彩和织物风格。国际上著名的服装设计师，几乎都与面料有不解之缘。沃斯和香奈儿都曾经是布店的店员。迪奥甚至亲自参与了面料织造。少年的伊夫·圣·洛朗，用祖母种的花作为染料来染布。三宅一生常常把面料挂在室内，甚至披在身上，反复观察和体味其中的奥妙。中国也有类似的典型。如，江苏太仓雅鹿服装厂迅速崛起的奥秘，就是设计师黄鼎其完成了"从纤维到面料再到成衣"一条龙深度开发。但是，不少服装设计者对织物的了解程度，还停留在常识层面，对其理化性能缺乏整体认知。因此，设计者既要下功夫，夯实服装原辅材料的基础知识，又要持续学习新材料。有一点需要强调的是，服装设计者学习织造技术时，重点应该要放到"使用方法"上。

三补"工艺学"。"中国服装工艺精湛、巧夺天工"，这话是对中国优秀传统服饰的肯定和赞誉。如今，实事求是地说，真正优秀的时装还为数不多。年轻的设计者，虽然画效果图的水准相当高，但是造型能力和剪刀上的功夫，却很弱。伊夫·圣·洛朗致《中国服装》创刊贺电中有一句至理名言："剪刀赋予织物以生命。"虽然设计师不等于工艺师，不能以工艺师的标准要求设计师，但是，设计师必须懂得工艺技术，懂得生产流程。凡是有工艺技术基础的设计师，其创作的成功率就高。这可以说是一条普遍性的规律。否则，设计师的设计作品往往脱离实际，不能成衣，只能是纸上的"小人画"罢了。

今天，以电子技术为中心的科学技术，日新月异，适应"多品种、小批量、高档次、快交货"的快速反应加工系统层出不穷，包括计算机集成制造系统 (CIMS)。高档服装如果还停留在平面设计与裁剪的技术层面上，就不能再满足市场需要，必须以立体设计与立体裁剪为手段。在今天，艺术要繁荣，技术美转化为艺术美则是大趋势。因此，服装设计师只有兼具艺术与技术的双重特长，才能一展宏图。

服装不仅有技术，而且是高新技术；不仅有科学，而且是专业学科；不仅有艺术，而且是综合艺术；不仅需要依靠市场，而且本身就是个大市场。因此，设计师的知识储备和技术水平，一定要达到很高的标准。当然，这需要时间、需要积累、需要持续付出。这就是本章的标题点睛之处，服装设计师是"物化工艺美"，要去动手实践、深入市场，不与停留于纸上的"画小人"之类的做法混为一谈的用意所在。

其实，沈丛文先生呕心沥血、潜心 17 年研究的巨著《中国古代服饰研究》，早就深刻指明："工艺美术是测定民族文化水平的标准，在这里艺术和生活是密切结合的。古代服饰是工艺美术的主要组成部分。"如今，虽然我们的衣着不同于古代服饰，但它的"工艺美术"的属性没有变、也不会变。这也就是说，服饰是"物化工艺美"的特质不会变。既然它属于"物化之美"范畴，那么它必然依赖于艺术塑形性、加工实践性、造型经验性的高度统一。

在有些人眼里，打版师只是为设计师打下手的。可是在日本服装企业里可以没有专职计师，但必须有属于自己的版型师。伊夫·圣·洛朗有一句经典名言：剪刀赋予织物以生命。身为工艺美术师的上海工艺美术学院孙茂盛老师也有独特的见地："版型师既要有诗人的哲思，又要有猎人的敏锐。从而令版型为衣者出两种意境：衣与体结合而适体—动态时柔顺似水，静态时刚柔相济；衣与魂融合而得体—动态静态皆彰显自然而然的本色。

六、服装设计师也要学点哲学

几年来，观察一些世界大师和我国一些出类拔萃的新老设计师，我发现不管他是马克思主义的信仰者，还是耶稣的信徒，抑或是佛教弟子，他们光彩超凡的代表作背后，却默默揭示着一个带普遍性的奇特范式：技术囿于细微末节，哲理才能挥洒自如。故而，我一直呼吁我们业界造诣深厚的学者能出本《服装哲学》，以打牢中国服装业跻身世界服装强国方阵的理论根基。1997 年 12 月之后，我借为朋友写序公开呼唤与建议，现转印原文如下。

袁杰英教授和李欣高级设计师编著《著名服装设计大赛》书稿，约我写序，我一再推辞，她们执意不肯，恭敬不如从命，说点想法，与朋友交换思想吧。

体育比赛，几乎人人爱看。会看的人不仅直观那龙争虎斗，不让丝毫，瞬息万变，极富刺激的场面，而且从热闹的曲直高下的反复中启迪思维，悟点哲理。我想，读此著作当如同看体育比赛一样，不只是看记录联合国教科文组织和日本菲里希梦集团办的"21 世纪服装设计比赛"、"兄弟杯"中国国际青年服装设计师作品大赛、全国服装设计"金剪奖"比赛、"中华杯""大连杯""蒙妮莎杯""鄂尔多斯杯"等服装设计大赛的场面，更在于从中看这些服装设计新秀们是用什么哲学回答问题。

这本书所荟萃服装设计新秀们，尽管他们的阅历不同，作品风格也不同，但他们却告诉了我们一个共同的答案：服装设计必须遵循唯物辩证法。当然，这里不排除有些作者是自觉不自觉而为之。

首先，究竟是谁先引导谁的问题？

人们常说"引导消费"、"领导新潮流"。这个观点究竟在什么意义上是正确的，在什么意义上它又是片面的？有些设计师"以我为中心"闭门造衣，正说明这个问题有弄清的必要性。服装设计以人为本。为人的服装设计，不只是满足人的生理的需求，而人是有思维的，人的消费结构变化基于消费观念变化，要满足人的心理需求。因此，服装设计是一个过程，是"美的三次共鸣"循环。

所谓"美的三次共鸣"，首先是人这个消费者在一定物质文化条件下消费观念产生"美的萌动"，暴露出很强的张力，被设计师的敏锐所觉察，产生"美的共鸣"。这是美的第一次共鸣。其次，设计师捕捉到这前卫的"美的萌动"，进行形象思维的艺术再创作，然后以"新作品"送回到消费者接受检验，如果消费者原有的"美的萌动"与设计师的"新作品"产生又一次的"美的共鸣"，那么，可以说设计师源于生活，又高于生活（"引导消费"之意尽在于此时）的作品得到了消费者的认可，获得第一个成功。在这是美的第二次共鸣。然而，人又是社会的人。服装美化人，也美化社会。当今，服装是个性解放的产物，不能也不应该苛求雷同。但是一个人的衣着美，自己感到满足，如果又能引起周围人即社会的"美的共鸣"，以至借题发挥，传播开来，这便是更大的成功。

"美的三次共鸣"，就是"从消费者中来，再到消费者中去"的过程。也是哲学上的"两个飞跃"——由物质变精神，再由精神变物质的飞跃。它说明了一个基本事实：人是美的主人。市场导向就是人的消费导向。因此，首先是消费者引导设计师的设计，而非相反。没有消费者"美的萌动"这个前提，设计师冥思苦想，挖空心思，也是无济于事的，很可能张冠李戴。其次才是设计师引导消费者的消费。设计师的能动作用，就在于基于客观条件的变化，敏锐地抓住人具有生命力的衣着"美的萌动"，充分调度科学、技术、艺术和织物、辅料进行再创作，既有物质性又具有精神性的服饰产品，及其相应的生活方式，融入并与社会环境和自然环境相协调，成为时代的一面镜子，社会进步的一个尺度。

其次，关于民族化与时代感的关系。

这个问题可以说，几乎所有的设计师都在这个事关设计道路上不断探索、开拓、吸收和创新。联合国教科文组织办的《21世纪服装设计大赛》就很能说明问题。

正值世纪之交，为庆祝联合国题联合国教科文组织成立50周年，联合国教科文组织和日本菲理希梦集团联合举办"21世纪服装设计大赛，选拔服装设计天才，推动造就跨世纪的服装设计师，导向新世纪衣着时尚。这一大赛有89个国家1905名选手跃报名参赛，这是迄今为止，首次举办如此规模的世界性的服装设计大赛。尽管造型不同，风格迥异，款式多样，但却有三个共同的特点：一是寻本民族之根，挖掘创作灵魂，设计现代人享用的衣饰；二是强调实用性，造型优美，款式简练，便于工业化生产；三是环保要素已提到设计的日程上，从织物到染料均要考虑到对地球的保护，对人健康安全的保证。这第一条即民族化问题。第二、三条则是当今时代发展的要求，即时代感。民族化与同代感的关系，是个性与共性的关系。没有民族化的个性，时代感的共性就失去了基础。反之，没有时代的共性民族化的个性就失去生气。个性与共性辩证地统一，时代感的共性寓于民族化的个性之中，两者相互制约，相辅相成。

我国在此次大赛中两位获奖者钱欣和肖渝，正是较好地处理了民族化与时代的关系才赢得成功。钱欣在著名的山东烟台手工花边上做文章，天然纤维，手工细做，线条流畅，拙朴尽显精巧，自然透出新意。肖渝的作品灵感来于四川彝族火把节皇后，华丽精致与厚重粗犷对比，墨绿与朱红大色块组合，火把节皇后的高贵气质与现代女性的独立个性夺人。

国际评审团成员几乎异口同声赞赏并继续呼唤这次跨世纪赛事民族化与时代感的主题。日本费朗索瓦·英瑞尚说："为了21世纪，大赛将全世界青年设计聚集在一起，使许多国家的多种文化根源及明天世界的想象汇合一起，这是本世纪总的构想。"法国穆克里衷说："21世纪设计比赛给我留下的深刻记忆是：作为民族性的，根本的、民俗的服装产品的个性化。一个服装设计师在自己的设计作品中强调一致性的同时、承认服装设计的民族特点是可能的。"美国赛莉·福克斯母说："这次比赛超出通常的设计因素。注重地球的唯一性（我们只有一个地球），只穿对地球无害的服装，这是21世纪的要求。"

民族化不等于历史传统，时代感也不等于国际性。每个民族都有自己的个性，但世界上所有事物一样，民族也在进步。这个进步正是不同历史阶段生产力发展水平所赋予的内容和特征，这也正是历史文化艺术价值生命力之所在。当代生产力发展进入电子信息技术时代，顺应服装多品种、小批量、短周期的设计、生产、流通模式的时效性，是每位设计师面临的新课题。新材料日新月异，层出不穷，取代了款式设计在设计中第一要素的地位，这既为设计师施展才华提供了物质基础，又对设计师驾驭新材料的服用性能提出了挑战。然而新技术、新工艺、新材料又离不开民族优秀文化之根。

设计思想涉及的问题都离不开唯物辩证法，这里不再罗列赘述。

至于设计技法，这些设计新秀们都比较好地运用对比、协调、对称、均衡、分割，渐变基本手法，辩证地处理整体与局部、主与次、重与轻、大与小、长与短、宽与窄、密与疏、紧与松、点与线、线与面、平面与立体、静与动等诸多矛盾，设计师要善于抓主要矛盾，兼顾次要矛盾，协调各种关系之间内在的逻辑性，在变化中求统一，在对比中求协调，达到作品整体美的效果。这正是哲学魅力使然。

总之，我认为，凡勇于运用唯物主义哲学驾驭服装计的新秀们，是有希望有前途的。他们掌握了服装哲学，就不易被细微末节所纠缠，不易被条框框所拘泥，而能高屋建瓴地自由地创作，出新作、出杰作。尽管在这方面的超前和探索是初步的，但方向完全正确，值得大力倡导服装设计师们也要学点哲学。

上述这篇文字问世不久，《服装时报》《中国服饰报》和《中国服装》相继转载或编发。当时北京服装学院袁仄教授兼职《服装时报》编辑，他慧眼睿智，在转载拙文时加了编者按如下：

"多年来，服装业曾被视为手工工匠的行为，没有'理论'，也没有'思想'。改革开放以来，随着现代服装业的发展，服装理论和评论已有了初步的发展。然而，用哲学的观点看待服装，看待服装设计，则在服装理论界尚鲜有人涉及。谭安同志这篇文章，作为一篇序文生动、深刻地阐述了服装美源于现实生活及其相互演化的辩证法，为服装理论界提出了一个需要认真关注与思考的哲学课题。"

第八章
产业探路（外传）

对外开放，走向世界

08

前七章我们用了一些篇幅回忆、讨论"产业体系"问题，用了更多的篇幅回忆、梳理"产业路线"问题，而阐述的重点是在技术与艺术层面上，回忆、探讨产业"双融合"路线。如果换一个视角，从时空的层面来回忆和思考，其实我们在探索产业走"双融合"路线的同时，还走过一条"双字号"的路线——即对外、对内的"双开放"路线。

国门洞开，就意味着走什么路、走向何方？

皮尔·卡丹曾语重心长地对我说："你们走出国门，吸收外国文化精华，这种做法值得称道。但要注意的是，你们不能照搬照抄，尤其不能忘掉中国文化之根。如果那样，结果将适得其反。"他道出了文化交流范畴中的"禁忌"真言。

在实践过程中，我渐渐觉得组织模式、运行机制、管理经验等同样也要有所"禁忌"，用一句通俗的话说：要服"水土"——既要学习借鉴、取长补短，也必须守望本土文化，在学中求变，在变中求进。

文化的"封闭性"与生俱来，文化的"开放性"与时俱进。所谓的"文化封闭性"，就是说每一种文化都有其自身的特质个性。世界文化异彩纷呈，令人向往，于是便衍生了与时俱进、海纳百川的"开放性"。

我们有幸赶上国家改革开放的历史性机遇，作为第一个中国服装专业团组，走出国门。巴黎成为我们的第一站，并将其作为中国服装业开放的战略要点。此间，我们的眼界被打开，接触到了很多新事物。令人感佩不已的是，我国驻外使节们贯彻"外交工作以经济建设为中心"的方针政策，不是停留在谈判桌上，而是实实在在地兑现在雷厉风行的行动上。外交使节们那种全心全意、亲力亲为为祖国的大将风范，令我没齿难忘。

一、东方明珠——中国走向世界的跳板

亚洲四小龙之一的香港制衣出口总值，竟然超过意大利，一跃成为世界第一的出口大户，创造了令世界刮目相看的奇迹。与此同时，香港以自身的文化特质，逐渐成为"东方国际时装中心"。虽然香港比欧洲时尚"慢半拍"，却比中国内地时尚"快半拍"。我们应当以香港为目标，努力提升内地服装业的实力！

1987年1月，香港服装节首开大幕。我受命带领服装流行趋势预测发布研究课题组长都安和江苏省服装工业公司科长周祥琴去考察。时任新华社香港分社经济部部长谭莆芸女士，热情接待。从此之后，

图 8-1　1988 年 9 月 7 日，谭莪云（左三）率香港专家到访在工人体育馆宾馆办公的服装中心，受到热烈欢迎

图 8-2　1993 年 5 月，香港服装界领袖人物陈瑞球和设计精英文丽贤等来北京参加 CHIC 并与谭安合影

我们每次进港，她都是像我们的"编外团长"一样，忙前忙后。这让我们深深感受到，这位"老纺织人"虽然已走上外交岗位，但仍然对于中国纺织服装业发展保有的那份执着与担当。就在首次访港的时候，由她当"红娘"，我们有幸结识了香港制衣界和纺织界的枢纽人物陈瑞球先生。这为后来内地与香港的服装业，逐步搭起三个合作平台奠定了基础。

第一个平台：以香港为"比、学、赶、超"目标

香港制衣业萌芽于 20 世纪 30、40 年代。进入 50 年代初，一批钟情于制造业的、富有才华又勤奋的先驱"揭竿而起"，吹响了香港制衣业大发展的进军号角。长江制衣厂，可以说就是香港制衣业那一时期的真实写照。

出生于广东省东莞市的陈瑞球先生，刚开始是做布匹进口生意。1949 年，他创办了长江制衣厂，为冲破洋行的束缚，决定从 T 恤衫入手，集中力量生产高品质产品，打出自己的品牌，突破性地开拓了东南亚、欧洲、美国等海外市场。同时，长江制衣厂开香港制衣业中的最先进的生产管理模式之先河，一度成为香港制衣业的"领头羊"。陈瑞球先生不仅推进服装行业共同发展，他似乎也已悟到"以服装为龙头"的规律，又大力协调制衣业与纺织业之间的融合共进，积极促进制衣贸易，大力推动制衣业人才培训……他先后成为香港制业联合会会长、香港纺织业联会会长、香港贸易发展局制衣业咨询委员会主席、香港制衣业训练局主席，后来他又被选为全国政协委员，真是名至实归！

长江制衣厂、制衣训练局、香港理工学院服装系等，都是我们赴港团组必参观访问的传统节目。一切都在顺利推进、畅通无阻。而这一切的背后，定然都是陈瑞球先生热爱祖国、正直厚道、胸襟宽广、敢为人先、稳健持重的人格力量。

香港靠什么"法力"创造了世界奇迹？陈瑞球主持编写的《香港制衣史》一书，作了总结性的回答："香港制衣业成功的要素，包括政府的自由贸易政策、工业家长远的投资眼光——制订市场策略、采用先进的生产设备、不断提高产品质量。除此之外，本港充足的原料及配料，健全的银行制度，发达的通信运输，训练有素的员工等因素，都是香港制业衣的成功所离不开的。"应该承认，这些都是经过市场验证过的"硬条件"，概括起来有两个"硬核"：一是适合国际消费需求的"香港制造"，二是适合国际商业运作模式的商贸环境。这正是当时的中国内地制衣业与香港的差距所在，也是我们需要努力"比、学、赶、超"的目标精髓。

　　《香港制衣史》敬畏历史的精神，令我们感佩。这本书在列述香港制衣业成功的条件时，总是念念不忘中国内地尤其上海在不同历史阶段的贡献。但不知是出于何故，它对于香港拉动中国内地融入世界的跳板作用，却着墨不多。另外，这本书对于香港创造世界服装史上神话的历史必然性，也似欠点睛之笔。试想，如果得天独厚的纵深腹地—中国内地那庞大的廉价劳动力和扩建厂房所需的廉价土地，仅凭香港一己之力创造世界神话，谈何容易？

　　历史的时钟，定格 20 世纪 70 年代末。此时，中国决定实行改革开放政策。得益于政策的助力，香港一举成为中国内地服装出口的第一大市场，超过出口总额的 30%。80 年代末至 90 年代初，进入中国内地市场的 46 个国际名牌中，由香港洋行代理的和来自香港的品牌，竟达 29 个之多。显然香港制衣业的成功不是"天佑"，而是"人助"。20 世纪 80 年代，爆发了合作共赢的"一举双金"的历史性时刻：一是中国香港的制衣业进入发展壮大的黄金时期，二是中国内地服装业走向振兴崛起的黄金时期。

　　历史翻篇如同翻书。1994 年，中国内地的服装出口总值达到 234.21 亿美元，超过中国香港出口总值 213.83 亿美元，跃居世界第一。然而，香港制衣界并没有惊慌，而是在进入 90 年代时，就未雨绸缪，华丽转身，进入转型期——由生产基地转向投资控制、转口和服务中心。我们也未骄傲，深知未来的路依然漫长，新挑战依然会一个接一个。

第二个平台：将香港贸易发展局作为聚散枢纽部

　　早在 1966 年，香港特区政府和制衣业人士，就意识到贸易推广拓展的重要性，并着手成立香港贸易发展局（以下简称"贸发局"）。其业务包括博览会、联谊、交流、咨询、出版刊物、服装图书馆、香港设计师联会、大型时装展示活动等。无独有偶，台湾纺织业拓展会也类似。看来，这是"走出去"的一着高招。香港贸发局总裁施祖祥和他的助手麦嘉颖、王林奕蘋、杨吴帼眉等的热情相助，又有陈瑞球先生担任香港贸易发展局制衣咨询联谊会主席鼎力支持。中国内地与香港的合作，收到立竿见影之效。

　　1987 年 8 月，参与"我国服装工业发展战略研究"课题的赵军，正苦于课题研究缺乏国际资料。随中国服装工业代表团赴港访问考察期间，赵军去贸发局寻求帮助，只用半天时间就满载而归。1993 年，我们在创办 CHIC 时，希望香港贸易发展局能作为协办单位。只用一份传真，这件事就顺利办妥了。在香港大型展团赴北京参展时，陈瑞球先生甚至亲自带队，全力支持 CHIC。"兄弟杯"国际青年服装设计大赛是 CHIC 重头戏。陈瑞球先生热心助推，并出资邀请"兄弟杯"中国获奖者吴海燕、王一扬等，于 1994 年 1 月赴港参加"香港时装节"。他热心教育事业，2001 年 3 月，陈瑞球与陈永棋还出巨资向北京大学捐赠"陈瑞鸿纪念楼"。

第三个平台：香港时装节和香港国际成衣展

　　早在 1968 年，香港贸发局就举办了以"推销香港制衣"为主旨的国际成衣展。1987 年，该展更名为"香港时装节"。在此前后，香港精英展览公司举办香港国际成衣展。前者在每年 1 月开幕，后者在每年 8 月登场。经过比较二者的异同，我们作出"两者兼顾，各有侧重"的选择。在与香港贸发

图8-3 陈瑞球（右二）到1993年CHIC香港展台参观，陈淑玲（右三）介绍参展产品，盛中鹏（右一）、谭安（左二）、莫新元（左一）陪同参观

图8-4 《中国服装》封面（摄影：黄勤带、陈伟民）

局多方位接触了解的基础上，我们积极推动内地企业参观、参展香港时装节，接收市场前沿信息，从而寻找贸易商机。我们还组织国家展团，参展香港国际成衣展，并塑造主场感，树立中国服装的国际形象。

1987年8月，来自内地12个省市的中国服装工业代表团30多人，带着崭新的服装设计作品——10个系列348件（套）服装，赴港参加国际成衣展。代表团特别配属了电影《黑蜻蜓》的原班人马——上海服装表演队，并将其冠名为"中国服装表演队"，自信满满地走进香港。这是以"国家服装队"名义，首次亮相。代表团中的绝大多数成员，带着些许新鲜感，第一次走进这摩天大厦林立的"东方明珠"。

首场"中国时装汇演"大幕拉开，场面热烈得竟一度无法收场，只好连续表演了6场。一时间，"中国时装旋风"在港岛掀起来，并成为一大新闻热点。各种信息报道，铺天盖地而来。据不完全统计，香港15家报纸共发表了30多篇评论文章，一致惊叹，"中国的服装设计达到国际水平"，"中国服装走向世界"。香港电视台如亚洲电视台、无线电视台、亚视等，更是把时装模特的优势，发挥得淋漓尽致。无线台、黄金节目《香港早晨》还特别邀请我带领几位模特到直播间，面对香港市民接受采访。这一阵"中国时装旋风"，一下子把中国内地"土气"的破帽子抛进维多利亚港了。

第二届香港国际成衣展于1988年8月26—29日举行。这次，由北京、天津、上海、广州、大连、青海、厦门等12个省市组成的中国服装工业代表团，依然包括来自上海服装表演队的"中国服装表演队"，展示中国改革开放的崭新形象。有了前一次"疯狂抢镜头"的经验，本次中国代表团刚踏进港岛，就被大批记者包围了。模特也成了代表团管理的难点。香港《文汇报》摄影记者黄勤带和陈纬民，一直跟随模特表演活动，出了不少佳作。其中一幅在维多利亚港湾的露天作品，被《中国服装》选作封面。

在这一届展会上，中国服装研究设计中心、《中国服装》杂志社和容裕仁先生为法人的香港精英展览公司，联合举办"香港时装设计邀请赛"。来自中国、菲律宾、新加坡等的设计新秀纷纷参赛。

这样一来，我们借"东方明珠"平台充分展现了中国的主场风采。每当回忆起香港对祖国内地服装业的发展所发挥的作用时，我们总是不忘血浓于水的香港同胞的真挚相助。

香港全国人大常委会委员陈永棋先生、全国政协委员梁国贞女士，在"内地走向世界的跳板"上，都作出了令人敬佩的积极努力，我们不会忘记。

二、印象日本——首次试水西方世界的东方国度

1984年10月，改革开放已第6个年头了。随轻工业部服装机械代表团出访日本，飞机降落名古屋机场，紧张地看着陌生的异国他乡，我第一次真切地感受到"改革开放"带来的影响力。名古屋服装中心"鬼才"曹真，把只有12名职员的中心，打造得风生水起。这一点颇为触动我的神经。回国后，我提出的"中心弹性作用"就是受他的启示。这次考察日本，主要有四个直观印象。

第一印象，现代化："快"——"新干线"；"富"——大街小巷两旁几乎都是小卧车长阵；"神"——无人的自动化生产线；"奇"——50多层的摩天大厦上，数字化生活场景。

第二印象，日本环境：日本人见面，点头哈腰，彬彬有礼；大街小巷，干净整洁；空气清新，绿树成荫。据说，为保本国山林，筷子也要用进口木材。

第三印象，日本人：守时——约会从不迟到；抱团——同行竞争，对手也不互相压价；准确——做事认真、事无巨细、精准到位。

第四印象，难改本性：参观考察缝纫机企业，本是我们此番日本之行的重头戏。但是日方可能出于保守企业秘密的考虑，我们去工厂的路上并不顺利。到了企业车间，日方一再催"快走，跟上"。

一次走马观花似的技术经济考察下来，我们感觉好坏参半，对于日本的固有印象，开始发生微妙变化。

后来，几次前往日本考察访问，我们也交了几位服装产业界和教育界的朋友，对日本正面与负面的东西，有了进一步的认知与比较。日本东京文化服装学院的色彩学者北畠耀教授就是一位学术君子。日本和服的渊源，在日本学术界有两派观点，一是源自中国，一是日本国产。1988年10月，北畠耀教授出席北京国际服装基础理论研讨会，他发言的主题正是日本和服。北畠耀教授用历史依据，充分肯定"日本和服源自中国三国时期的吴服"。这显示出北畠耀教授的学术严谨正派的作风。

文化服装学院的三位日本"老姑娘"的敬业精神，也令我佩服得五体投地。前面章节已有概述，这里便省略了。日本工业缝纫机巨星兄弟株式会社社长安井义博，从1993年携手合作"兄弟杯"开始，我们便一路顺利地走下来。这10年来，他给我的印象是——高瞻远瞩、果断爽气、国际角色、名号不虚。

位于日本北陆地区小矢部市的一家运动装国际明星企业——歌勒得英，在日本综合实力排名第73位。朋友陈风毅引荐我们去参观、拜访。董事长西田东作先生给人的第一印象是敦厚务实。这个公司的最突出特质是重视职工的作用和地位。我曾在感慨之余，写下小诗："北陆小矢部，跃出大明星。西田创业经，大众是英雄。"

图 8-5　1984 年 10 月轻工业部赴日本服装机械考察团

图 8-6　1993 年 9 月 22 日，日本歌勒得英公司董事长西田东作（右四），到北京顺义考察新建的合资公司场地

图 8-7　1994 年参观日本文化学院，北畠耀教授（右一）作陪

图 8-8　1997 年 7 月在日本小矢部，谭安（右二）、周宝英（右一）向西田东作（左一）赠礼

　　鉴于此，服装中心拟设立运动装研究室，我便想借力歌勒得英。几经友好协商，我们终于达成协议——在北京顺义吉祥工业区，建立"奥冠英"合资公司。这个公司由四方组成：歌勒得英占绝对大股东位置，持股 87%，伊藤忠持股 7%，中国服装研究设计中心和顺义县各持股 3%。西田东作任董事长，我为 7 位董事之一。西田东作雄心勃勃，利用中国申办 2000 年奥运会之机，在顺义工业园建了一座奥运单项运动竞赛馆，以扩大歌勒得英的品牌影响力，从而占领中国运动装市场。后来由于 2000 年奥运主办权，北京以一票之差惜败于悉尼，加之亚洲金融危机，西田东作的计划落空。

　　西田东作曾经几次问我何时退休。我猜想，他可能担心我们的合作项目，便一笑了之。后来他一再追问，我反问为什么。他直言道："你跑遍世界各地，从没有见过你夫人呀！在你退休之前，我想请你夫人来日本看看。"看来我误会西田先生了，但因单位的规定，我便婉拒了。西田先生则说："值日中邦交正常化的 25 周年之际，我邀请你夫妇俩来日访问，不是服装业务事宜，而是请你做纪念日中邦交 25 周年的演讲嘉宾。"在西田先生的细心安排下，在我退休前 4 个月，我们终于成行了。

　　抵达小矢部市后，我们在小矢部日中友好协会举办的"庆祝中日邦交正常化 25 周年"大会上，代表中国服装研究设计中心和《中国服装》杂志社向小矢部市日中友好协会，赠送"中日友好，日月同辉"锦旗，并从中日服饰文化交流的角度作了发言。现将这次发言附后。

高奏 21 世纪"和平发展"主旋律

——在日本小矢部市日中友好协会纪念日中邦交正常化 25 周年大会上的发言

（1997 年 7 月 9 日）

女士们，先生们，朋友们：

你们好！今年是中日邦交正常化 25 周年，明年是《中日和平友好条约》签订 20 周年。我年轻时就知道，日本有位致力于中日友好的政治家松村谦三先生，是我们周恩来总理的好朋友，但不知他的祖籍就是富山县。这次应富山县小矢部市日中友好协会会长西田东作先生的邀请，有幸来到松村先生的故乡，参加中日邦交正常化 25 周年纪念活动，兴奋不已。

朋友们，"加深了解，增进理解"，似乎是加强友好关系的一条规律。我想在座的朋友们，为了中日友好这个符合中日两国人民长远根本利益的大事，必想多了解一些我的祖国——今天的中国。中华人民共和国自 1949 年成立以来，尤其是改革开放 19 年来，中国高举中国特色社会主义理论的旗帜，政治稳定、经济发展、社会进步、人民安康、日新月异。由于我的知识局限性，不可能在短时间内说清楚新中国的全部的发展变化。今天，我只能就我所感受的服装的变化，向朋友们作一次简要介绍，从一个侧面透视中国 12 亿人观念的变化、中国"改革开放"政策的深化。

爱美之心，人皆有之。新中国诞生以来，中国政府就着力解决人民的温饱问题。那时，经济水平相对低下，纺织品供不应求，全国人均纤维供应量极度缺乏。男女老少的穿着，几乎是一个"样"。放眼望去，"蓝灰黑"一大片。

1978 年，中国实行了"改革开放"新政策，人们思想得到大解放，不仅爱美，而且"敢"美了，只是不太"会"美罢了！一时间，什么行业都穿西服，喇叭裤更是"扫大街"。1983 年，中国取消了实行长达 30 年的纺织品凭票供应的制度，经济水平得到一定程度的提升，中国人民的温饱问题基本得到解决。继而到了 90 年代，中国全民开始奔小康，此时的中低档服装市场趋于饱和。1995 年，全国人均衣着消费支出 203 元，相当于 1978 年的 8 倍；全国人均纤维消费量达到 4.6 公斤，而 1978 年仅有 2.4 公斤，就连农村平均人均纤维消费量也已达到了 3.4 公斤。农民的衣着也发生了显著的变化，沿海地区农民尤其青年们，与城市居民的衣着并无两样。

边远地区的年轻的农、牧民，姑娘和小伙子们，总是千方百计到城里买时髦的衣裳。宁夏回族自治区有个贫困县，叫同心县，生活用水都极度缺乏。可就 1990 年 8 月，这里竟然开天辟地头一回举办了时装模特表演。远近乡亲，连老头、老太太们，都赶来看热闹、开眼界。

近 5 年来，衣着变化最快、最大的城市居民，主要是这两类人群：一是中老年人，二是男人。这两类人一向偏于保守，衣着单调古板。这些年来，他们却一反常态，大胆地穿起色彩艳丽、高调张扬的衣服，口中念念有词："自己觉得美就穿，不管别人在背后的指指点点，要用'老来俏'把耽误的青春补回来。"至于城里年轻人，本来就是美的"弄潮儿"。有文化的职业女性的着装呈现出时装化、个性化、中高档化以及环保化的特色。意大利天民党的一位领袖访华，一下飞机，便幽默地说："我以为坐错了飞机到了纽约，原来北京人和纽约人衣着没有两样。"

生产决定消费。目前中国服装工业处于转型升级的历史时期，呈现出从"量"到"质"的飞跃的态势。1996年，全国383万服装产业职工，生产出180亿件服装。这些服装产品除供应给国内消费者外，还出口130多个国家和地区，出口额达250亿美元，占世界服装贸易额的17%，已连续第三年稳居服装产量和出口额两项世界第一。中国服装工业的上游棉纱、棉布、化纤产量，占世界首位。尼龙产量，列世界第二。这些都为中国服装业的发展和人民的生活水平的提升奠定了基础。

"经贸合作，互通有无"，是发展中日友好关系的又一条规律。"友好"不是口号，它有丰富的内涵，有实实在在的内容。新世纪的钟声即将敲响，世界经济一体化已露出端倪，"服装"这个世界共同语言，更充当着不可替代的角色。服装的本质是文化，它是美的使者，播种友谊、传播艺术。中日两国服饰文化交流，源远流长。早在东汉时期，即有海上丝绸之路，通过朝鲜的乐浪郡、中国的澎湖列岛等将丝绸和丝织技术传入日本。这期间，日本有位叫西米可（译音）的朋友，到中国学习丝织技术，购买丝织设备。公元3世纪时期，日本的织锦也相当美，曾经赠予魏国曹丕。日本的和服，受三国时吴国影响而称吴服，后来受唐服的影响，不断演化为今日的式样。第二次世界大战后，日本服装业的发展，令人刮目相看。中日两国服装交流日益频繁，近年来的合作达到新的高潮，中国从中获益匪浅。被誉为标志着"'时装紫禁城'正式开放"的中国国际服装服饰博览会（CHIC），日本是25个参加国和地区中最重要的角色之一，得到了奥冠英、伊藤忠、兄弟株式会社、胜家日钢、东京文化服装学院等的大力支持与合作。"兄弟杯"旨在推动服装设计新秀的成长，"胜家日钢杯"旨在增强传播服饰文化艺术的媒体力量，"佳能杯"旨在推动服装专业摄影的发展……这些赛事，得到世界各国的许多有识之士，包括日本安井义博、小池千枝、小筱顺子、大内顺子等的踊跃参与和全力支持，社会反响颇好。

中日两国邦交正常化，是从民间的经贸合作中孕育成长起来的。日本已成为中国的第一大贸易伙伴，中国也成为日本的第二大贸易伙伴。截至去年年底，日本对华投资实际金额累计达141.86亿元，设立日资企业14 991家。其中，奥冠英公司当属佼佼者。1996年，西田东作董事长远见卓识，出于中日友好的关系，看到中国"全民健身计划纲要"和"奥运争光计划纲要"的巨大潜力，创立北京奥冠英公司，以此作为GOLDWIN集团的核心生产基地。不久后，奥冠英公司将成为集原材料调拨、生产、物资流通和销售功能于一体的亚洲地区事业中心，成为一家快速反应市场，引导21世纪体育界的国际企业。西田先生和他的全体员工为小矢部市人民争了光，为中日友好又铺了路！

1996年，中日两国贸易额突破600亿美元大关。其中纺织品和服装达128.66亿美元，占20%以上。值得指出的是，以1972年中日恢复邦交之年的中日纺织品和服装贸易额作比较，中国从日本的进口增加88.5倍，中国向日本出口增加59.6倍。2000年，中国的进出口总额将达4 000亿美元，进出口各占一半，争取中日贸易额达到1 000亿美元，前景相当乐观。

朋友们！

我们共同面临着一个历史机遇——当今世界格局的主题是"和平与发展"；

我们清晰地听到了 21 世纪的脚步声——21 世纪是"亚太时代"；

我们已看到了一个大趋势——21 世纪是"文化世纪"；

我们确定了一个法则——友好合作的成果不是"代数和"；

我们有一个共同的愿望——抓住机遇，增进友好，加强合作，赢得新世纪的话语权；

我们的共同目标：一定要达到，一定能够达到！谢谢。

三、直通巴黎——国门洞开的战略首选

斗转星移，历史机遇，改革开放，中国服装"走出去"，首选何处——

（一）首闯巴黎：走出去首选"世界服装之都"高地

1984 年下半年，轻工业部副部长季龙率团出访法国。我国驻法大使馆商务参赞张振昆曾向季副部长建议："中国的机械、化工产品都已经来到法国，中国服装也应在'世界服装之都'巴黎有一席之地。"轻工业部党组很重视张参赞的建议，决定派小组前往法国进行专题考察。1985 年 1 月 28 日，轻工业部派出改革开放以来的第一个服装专业团组——中国轻工业部服装设计师考察团，让我带领五位设计人员和一位翻译，去法国"取经"。

我第一次走进时尚之都巴黎，犹如刘姥姥进大观园，看什么都觉得新鲜，满脸茫茫然。我身着西服走在巴黎大街上，几次被法国人问，"你是日本人吗？"我回答："我是中国人。"他们又追问："你们中国人现在还穿长袍马褂、头戴瓜皮帽吧？"我只好微笑着摇摇头。我们迈入偌大的凡尔赛门展馆，第一次观看流行趋势发布会。面对大尺度裸露的模特，我们都不敢抬头看。模特帽子上扎了青草、鲜花、香蕉，我不解地问身旁同行伙伴："这是什么意思？"同伴回答："妖魔鬼怪。"这就是我们当时对时尚的真实认知水平。

面对"中国服装到巴黎占领一席之地"的任务，我们个个丝毫不敢懈怠，每天早出晚回、如饥似渴地学习和思考。"不准照相"的警告牌，四处皆是。我们只能认真看、用眼"吃"，晚上再聚到一起"消化"总结。"消化"不了的内容，我们就等到第二天进馆之后再看、再问。这样四天下来，我们皆似懂非懂、懵懵懂懂、脑袋胀痛。

好在我国驻法使馆商务处的山东老乡马凯，热心地为我们引荐了法国男装协会主席米兹莱、法国女装协会执行主席阿兰·萨尔法蒂和总干事贝尔朗·董西，以及巴黎高级服装技术学校校长俄克莱尔、男装协会马刚等，为我们释疑解惑，并安排我们访问研究服装流行趋势的法国女装协调委员会、法国著名的贝桑松男西装厂等。

这次赴巴黎远郊贝桑松男西装厂的参观，由厂方赞助单程火车票。回程票则由我们从伙食费中调拨，因为此次出访未有离开巴黎市区所需花费的预算。主人热情地安排我们进行现场观摩。现代化生产线

图8-9 1985年2月，法国男装协会马刚陪同中国轻工业部设计师代表团，赴巴黎远郊贝桑松男装厂参观，宾主在古堡前合影留念

图8-10 1985年9月，中国服装工业代表团向伊夫·圣·洛朗赠送礼物景泰蓝

和西装设计室令我们耳目一新。俄克莱尔则邀请我们参观高级男装学校——巴黎高级服装技术学校，毫无保留地介绍西装版型设计与工艺特点。

2月9日上午，我们前往我国驻使馆商务处，向张振昆参赞汇报此次参观考察的收获。我说："此行有两点最深印象：一是巴黎国际男女装成衣展是国际品牌集散地；二是巴黎是领导世界的服装潮流的中心。看起来，中国服装业对外开放的大门，似乎应该首先向巴黎打开，开'直通车'，以此作为服装产业发展中一种战略选择。"张参赞非常认同我们的初步判断，并积极评价轻工业部领导纳谏如流。我们还特聘商务处二秘张征钰为《中国服装》杂志社的特约记者。后来张征钰兴奋地对我说："在巴黎大街上，中国使馆的绿色车牌管用。但是在展览馆、博物馆，还是《中国服装》记者证好使！"

回国后，我们向二局史敏之局长等领导，汇报了法国之行的情况，并提出三条建议：一是中国国门打开，似应首选巴黎，以此作为服装业对外开放的战略性选择；二是机不可失、加快落地，当年秋天，中国服装设计师和企业经理，便可组织起来赴巴黎参加国际女装博览会；三是选择适当时机，举行中国服装流行趋势发布会和办展览会。不久，这些建议便得到部领导首肯。于是我们迅即着手推进。首先，我们要在北京召开参加巴黎国际女装博览会的预备会，邀请来全国的服装研究所和服装公司主管设计的负责人来北京共谋首次出展之策。中国服装首次挑战巴黎展，各地同行都跃跃欲试、斗志昂扬。

（二）二进巴黎：五星红旗冉冉升起

1985年9月28日，中国服装以国家队名义，破天荒地在第50届巴黎国际成衣博览会开幕式上，亮相了。

第50届巴黎国际女装博览会，在9万多平方米的凡尔赛门展览馆举行。来自世界的1000多个公司的展台，整齐地排列在以英文字母命名的展台两侧。五彩缤纷的装饰、万紫千红的鲜花、身着各式盛装的人群……汇成欢快的海洋，令人眼花缭乱、目不暇接。

S146号展台的两个门上，主办方安装的标牌上，一面鲜艳的五星红旗下面，写着：CHINA。我们从国内精心准备的几个具有中国特色的装饰，如大红宫灯、万里长城的彩色灯箱，还有侨胞台胞王春惠、陈朝南等送来的芬芳花篮，伴衬着中国首次参展的女时装，彰显着古朴大方，传达着蓬勃朝气。虽然我们的摊位只有区区 21 平方米"一席之地"，并且被安排在三楼发展中国家展区的一个不太显眼的地方，却依然平添了"中国终于来了"的存在感。

这是轻工业部派出的由设计师和服装公司经理等 14 人组成的中国服装工业代表团，朱秉臣任团长，导演费龙、北京服装公司总设计师陈富美任副团长，我任副团长兼秘书长，携带来自 17 个省、区、市的 94 件（套）服装展品，来到巴黎。我们参加巴黎国际女装博览会，有两个主要目的：一来学习借鉴海外经验，活跃设计思想，引导国内消费；二来探索服装出口升级提挡的可能性。这是中国服装工业部门与国际买家首次"短兵相接"的试水，实际上也是向传统外贸体制发起的一次挑战。

代表团肩负着全国服装工业百万职工的恳切期望，满怀既紧张又激动的心情，迎接第 50 届巴黎国际女装博览会的开幕，接受着国际市场"实践的检验"。坦白说，我们连怎样陈列样衣都不会，还是久居巴黎的台胞王春惠，根据颜色对这些样衣进行了排列组合。开幕以来，许多朋友，尤其是华侨、台湾同胞为之振奋，到中国展台送花篮、致贺词、出谋献策、摄影留念。也有一部分人，感到惊奇。一位西班牙朋友说："中国竟然也到巴黎来展示时装，我真吃惊！"甚至还有的流露出怀疑的情绪，询问："这些时装是中国人自己设计的吗？"法国、美国、英国、西班牙、印度、巴基斯坦等国的客商，陆续来到中国的展台询价、探讨合作的可能性。我们许多的服装展品，吸引着一些商家和顾客。

此番出展有一些实质性的收获，以厦门海山贸易公司（由中国服装研究设计中心和福建省服装公司合资）的名义与侨商牛车水公司签订了 15 个品种的销售合同。虽然尚不能与世界名家名牌的时装相比，但此时，我们的中国服装确实已迈入时装的门槛，展示了中国服饰文化艺术的水准，增进了我们同国际同行业之间的相互了解与友谊，显著提高了出口换汇率（比上一年全国服装出口平均换汇率提高了近两倍），创中国服装出口的新纪录。此次，我们还与欧洲共同市场一家公司达成代销协议。他们挑选了 12 个品种在布鲁塞尔陈列展销。另外，我们还零售了 5 个品种。以上共计 32 个品种，占出展品种的 1/3。还有 13 家客商或者要求寄料样再议订货，或者容后再议来样加工。

这次出展样品受到欢迎的共同特点，是款式符合国际潮流——较好地处理了民族化与时代感的关系；其次是真丝、麻、毛、棉等天然纤维面料，具有强烈的吸引力；再次是工艺精致，独具中国传统特色。如，北京红香缎旗袍，前胸加立体褶，袖口加折褶，中式领后开门，传统特色和时代感融为一体。又如，大连柞丝绸黑色镶黑白条料连衣裙，富有层次的时代节奏中，又有中国特色，受到普遍好评。又如，天津服装十九厂种淑环设计的黑色麻绒披肩两件套旗袍，变化大胆，雍容华贵，该产品的出口换汇率达到 0.64 元人民币换 1 美元，名列当年创汇榜首。

这里也发生了一个"无心插柳柳成荫"的意外故事。代表团在出发前准备的小礼物是山东潍坊的风筝服。因此，风筝服并没有在展览上架销售，却被一个比利时的商人看中。他说："欧洲人喜欢风筝，我一定要买下这件风筝样衣。"他甚至还有订货的想法。这一消息不胫而走。前后来了几位客户，都想买风筝服。于是我连夜打长途电话，请求通过航空邮件，把风筝服运来巴黎。

上海产品成交率最高，占出展品的约 33%（单件零售不计在内）。主要原因是在讲究实用性的同时，把中华民族的特点与时代感结合得比较自然、贴切，而且形式多样。有的着重体现在款式上，比如女衣呢旗袍马甲两件套，在蟹青的旗袍前胸绣上白花，在白色的马甲上又镶上蟹青的边，对比呼应，而

图 8-11　1985 年 9 月，巴黎凡尔赛门国际成
　　　　衣展中国展位接待买家

图 8-12　山东潍坊风
　　　　筝服在巴黎
　　　　出风头

图 8-13　上海—巴黎
　　　　书法之作，
　　　　具有浓缩万
　　　　里之遥的冲
　　　　击力

且在这长长的马甲下露出短短的旗袍，这种外长内短的轮廓正合乎潮流。马甲镶边处还加上一条细细的黄嵌线，顿时使这种清代马甲款式散发着 80 年代的气息。有的则在部件和工艺上下功夫，如纯毛灰麦士林套装，顺应了轮廓宽松简练和落肩的潮流，前胸配上两排手工抽纱和塔克，使原来高档的料子更增加了一层洒脱的风采；还配上一条中式领，自然不用明说，就和盘托出这是谁家的产品了。还有的"巧施心计"，找准了国际市场视中国书法为时髦的心理，用上海的手绣工艺，表现中国的行书艺术。这样一来，手绣的贵、书法艺术的时兴和行书的潇洒气质，一下子抓住了客户的心理。

有趣的是，这次上海成交的 6 个品种中，3 种是全白色系的。这三位白"女士"各有秉性——一位潇洒、一位庄重、一位高雅至极。这高雅的真丝白软缎绣花两件裙套，平直而不做作，坦荡的领口、宽松的上衣、直筒的裙子，唯有前胸一大片抽纱枫叶，显得那么的精密、细巧，叶片边沿再绣上了十分精致光片……汇成了一种特别的气质，吸引着许多顾客的目光。所有这些，其实都是我们在和客户直接对话中得到的信息。

这次在巴黎的亮相，也亮出了差距与问题。

首先中式与西式的结合不融洽。设计古板拘谨，民族味、古装味、戏剧味有余，挖掘、提炼、创新不足，与时代"大流"不够吻合。艾斯莫德学校校长葛洛斯坦，指着一件连衣裙上的刺绣对我说："这一只锦鸡有局限性，但如果是一朵花，就有了国际性"。还有的装饰性过强，繁琐零碎，造型不洗练，主题不鲜明，传统工艺表现不充分。甚至有一件柞丝绸大衣，款式流行期已过两三年，却又镶了假皮，其身价大跌，无法展陈。

其次，要把我们理解的高档成衣标准，向各国高档成衣标准靠拢。有的"中高"档服装设计产品，在用料、工艺、配料等方面"自说自话""自成系统"，不知道国际惯例、习俗。要知道，这种情况下，买卖双方就会缺少共同语言。但只有你的标准比别人高明时才能奏效。当然，我们的问题在于"不知道"，而不是"不尊重"。

再次，产品不配套。头上戴的，脚上穿的，塑缠的，脖上围的，手上套的，肩上挎的，几乎都没有。光秃秃，空荡荡，"只此一身"。与大展厅里衣物鞋袜、穿戴披挂一应俱全的相比，我们实在是相距甚远。

第四，"物以稀为贵"自有道理，故此，"中高档"必小批量。但每个样品全属"独苗"，大都"孤家寡人"，连小系列也做不成，买主还有什么选择的余地？低档也罢，中档也罢，毕竟是卖成衣。说实话，当时我们也个知"系列"这个概念，自然只能"独善其身"了。

第五，遗憾不少。但最大的遗憾是，为了获得更多的国际服装的鲜活信息，我们下狠心、下血本，商请中央新闻电影制片厂派出包括抗美援朝战地记者在内的共6位摄影师一同前往巴黎。他们一共拍了7000米长的毛片。可是由于种种原因，这些样片被封存在新影厂仓库，不能公映。我们只选了部分镜头，在1986年服装研究所所长会内部放映。

实话实说，基于当时的情况，我们不应该对当时展馆内的中国展品有过高的期待。但出乎预料是，由于祖国作为强大后盾，我们在展厅外，连爆冷门，但还是收获了令我们喜出望外的两大亮点：

第一大亮点是，法国电视二台记者主动登门，向我们提出要策划"中国模特表演中国服装走进巴黎"的电视新闻。我们知道这是好事，可是我们没有随团模特。法国记者说："你们可找中国民航巴黎办事处的空姐充当模特。"于是我电话求素不相识的马桂林主任帮忙。没想到，他满口答应，只是说道："空姐们都到我国驻法使馆举行的国庆招待会上，当服务员去了。她们回到"148"（我驻法使馆招待所）的时候，恐怕已是半夜12点。我对他说："法国电视二台策划的这条中国模特新闻，是关于后天巴黎国际女装博览会开幕的消息，所以只能在明天拍摄完才行。这样一来，就是要辛苦空姐了。"马桂林回答得很响亮："能代表中国在法国电视上亮相，这是大好事！我们辛苦一点是小事。你们就过来选吧！"我马上请陈富美去挑选模特。她则一本正经地说："挑女模特这事，还是男人眼光好。你就快出发吧！"

我赶到"148"时，已经深夜零点多了。正好空姐们也刚回来，听说要充当中国模特，兴奋之余，又说没学过走"猫步"，怕丢中国人的脸。我鼓励她们说："你们气质都很好！而且拍摄现场有法国人的专业指导。"其实真正心虚的是我。那时的我一点都不清楚模特的专业要求，好在空姐个个高挑、漂亮。于是，我从大体形象上，挑选了郑静、钟倬英、周丽丽、黄晓伟四位，请她们作为中国模特表演中国服装，并叮嘱她们明天上午8点赶到埃菲尔铁塔绿草坪一展芳姿。我第一次目睹了摄影师的专业度和精准度。

9月28日，巴黎国际女装展，如期开幕。我们希望能记录下这条这难忘的电视新闻。随团的新闻电影制片厂的摄影师，早早把镜头对准电视屏幕。当晚7时15分，法国电视二台电视新闻节目的头条新闻，用3分多钟播放了中国服装模特画面。与此同时，主播振聋发聩的声音传来："巴黎——世界时装竞争最激烈的市场，现在又来了一个竞争者——中国！"第二天，一位法国朋友对我们竖起大拇指，说道："中国模特真漂亮！"

第二大亮点是，升起中国的五星红旗。巴黎国际女装展开幕时，凡尔赛门展馆大门前，飘扬着许多国家的国旗。我赶忙靠前去看个仔细，找来找去，就是不见五星红旗。我失望极了，立刻去找法国女装协会问个究竟。贝尔朗·董西秘书长解释："由于展馆门前只有22根旗杆，参展的却有28个国家，因此，主办方规定以参展面积多少作为升国旗与否的标准。如印度租了几百平方米的摊位，也没能升上国旗，而你们中国的展位，只有21平方米。你们明年多租一些展位面积吧！"我一时无言以对，可我仍不死心。第二天上午，我又去找贝尔朗·董西，试图说服他："中国是人口大国，文明古国，具有广阔的市场潜力，我们又是首次参展。如果这次，你们能把五星红旗升起来，不仅给了中国面子，也会进一步扩大巴黎展会的世界影响力。希望法方能够充分理解我们中方的民族感情。"

图8-14　1985年9月，巴黎中国"空姐模特"，左起郑静、钟倬英、周丽丽、黄晓伟（白色连衣裙由刘丽丽设计）　　图8-15　国航空姐模特与法国模特（左二），在埃菲尔铁塔草坪上演示中国时装（白色连衣裙由刘丽丽设计）　　图8-16　1985年9月，巴黎国际成衣展馆前，中国的五星红旗冉冉升起

　　四天的展期，已经过去两天了。出乎意料的是，法国女装协会贝尔朗·董西找到我，非常友好地说："你为中国国旗先后两次登门请求，我们也被你们的爱国热情感动了。为了中法友谊，我们决定降下法国三色旗，腾出旗杆来升上中国五星红旗。"我们个个无比激动，新闻电影制片厂的摄影高手们，马上扛起机器赶到现场，拍摄下这历史性场面。一位台湾同胞得知这一消息，也背着相机兴冲冲赶来，为我们一一留下这难忘的瞬间。

　　现场一片欢呼雀跃。一向沉稳的天津服装研究所副所长李启昆，情不自禁地振臂高呼："中国裁缝站起来了！"这声呐喊，喊出了我们在场所有人的心声，也喊出了服装产业百万大军的心声！

　　回国后，轻工业部在全国政协礼堂举行"出展巴黎总结颁奖"大会。来自全国17个省市的获奖代表，无比激动，高高举起轻工业部授予的红色锦旗。这面锦旗上绣着代表服装产业百万大军坚定决心的八个大字："进军巴黎，走向世界！"

（三）三进巴黎：知耻反哺走出去的自信心

　　1986年9月，我们再进巴黎，参加52届巴黎国际女装博览会。于宗尧总经理任团长，我依然任副团长兼秘书长，带领10多人包括第一届"金剪奖"女装金奖得主高喜林等在内的中国服装工业代表团，展出中国女装。

　　刚到任不久的我国驻法大使周觉大使，指派夫人于兰芝女士到凡尔赛门博览会中国展位，看望我们展团的工作人员，并亲切询问我们有什么困难需要使馆帮助。这是我第一次见到大使夫人，在异国他乡犹如见到亲人一样，我顺便简要汇报了我们服装中心正在北京与伊夫·圣·洛朗公司合作的进展状况，希望能得到周大使的支持。大使夫人表示，一定向大使报告此事。

　　话说回来，1986年4月，关于这次出展活动，大连服装研究所所长会进行了相关安排。全国各地都非常重视，纷纷送来新作品。经过专家组的认真筛选，我们最终选定400件（套）服装作品。实际上，通过总结去年秋天的参展经验后，这次"二进巴黎"的女装展品有了明显的改观，基本可以应季了，不像上次那样四季装混编上阵，不懂遵循国际流行的惯例；也初步形成"系列"，不像上次那样几乎全是"独件"。中国服装亮相巴黎展，虽然被客户看得多，但是订单依然不多。经验教训，还是深刻的。

为了把前线"点"上的收获，变为行业"面"上的收获，我们把出展小结改写为一篇《二进巴黎》的侧记，刊载于《中国服装》上。现将原文转印如下：

二进巴黎

——中国服装工业代表团参加 52 届巴黎国际女装博览会侧记

九月的巴黎，秋高气爽。各国服装的传统交易盛会——第 52 届巴黎国际女装博览会，于 9 月 27 日至 10 月 1 日，在凡尔赛门商展馆举行。

人们记得，正是去年的 9 月 27 日，中国的五星红旗第一次飘扬在巴黎国际女装博览会上。时隔一年，中国服装第二次出展巴黎。国际服装界的行家、巴黎的女士们对中国女时装的款式、造型、色彩、工艺有何评价？这自然是人们感兴趣的问题。

记者在现场看到，中国服装展品引起参观者的浓厚兴趣。中国服装展品造型优美、款式大方、面料高雅、做工规范、技艺精湛、规格适宜，参观者尤其对参展作品的品种、"系列"很有兴趣。广州、湖北、天津、大连等展品的款式和工艺，受到外国朋友的高度评价。上海设计的牙白色女士呢二件套装受到多数观众的好评。特别是青岛服装研究所设计的麻布两件套连衣裙，由于面料挺爽、款式简练、色彩淡雅、做工精细而受到客户的欢迎，比利时和法国的两个客户竞相订购 177 套，价值 6865 美元。来自加勒比海瓜德罗普的一位女士，竟把样品紧紧抱在怀里，唯恐卖给了别人。一套普通的麻布服装，一跃成为中档服装，换汇成几倍地增加。这对中国出口服装向中高档发展而言是又一次有益的尝试。一位高级时装商参观后，感慨地说："中国的展品真是令人吃惊。过去，我对中国太缺乏了解了。"普遍的看法是，中国的展品比去年有长足的进步，水平提高之快令人吃惊。博览会期间，到中国展台谈生意的人不少，有的要为中国推销产品，有的洽谈贸易合作。此次先后共成交 26 个品种，共换汇 40 万美元，还达成各种意向性的合作项目 16 个。

"40 万"，"16 个项目"，在当今世界高级时装市场上可能是微不足道的。但比起一些国家参展三次却依旧空手而归，这个成绩可谓大矣！然而，它的意义远远超过了数字本身。它使人们看到了中国服装走向世界的希望。但是，在中国服装工业代表团里还流行着一句颇有哲理的口头禅："经验和教训同样重要。"的确，作为刚刚跻身世界服装市场的中国，要赶上"世界服装王国"的水平需要时间，更需要付出极大努力。这里重要的是学习。一个肯于学习他人所长的民族最终是不会落后的。在博览会展出的短短几天里，代表团的工作人员一面紧张接待洽谈者，回答参观者提出的各种问题，同时又处处留心见学。一件样品受欢迎，好在哪里？一件被我们视为好的作品，为什么受到冷遇？从中得到许多有益的启示。

从 400 套参展样品的得失来分析，怎样处理好民族化与时代感的关系，使我们受益匪浅。民族风格

图 8-17　1986 年参加第 52 届巴黎女装展的广
东和湖南连衣裙

的表现方式，绝非简单地仿古。这次不少的作品突出了龙、凤、虎、寿等纹样，费工不少，但反响平平。原因在哪里？法国朋友认为这是中国古装、戏装的翻版。然而，它终究不是生活服装。这实际上让民族的风格淹没了时代感，民族性制约了国际性。记者还看到一件衬衫上绣了一只大公鸡，惟妙惟肖，原以为既有东方特色，又形象逼真，定会得到客户青睐。结果恰恰相反。记者请一位外国朋友谈谈其中的奥妙。他说："如果把这只鸡，改成一朵花，就不是局限性，而是国际性了。"这真是一语道破。

时代感未必奇特繁琐。我们有些展品本来略加点缀即可，设计师却在造型、色彩、款式设计上追求奇特繁琐，落得画蛇添足的下场。法国朋友说："流行未必复杂，简练未必容易。简练是高度概括，简练才能打动人们的知觉。"这真可谓是经验之谈。

彩色之美，未必艳丽。我们有的样品片面追求颜色的鲜艳夺目，每种颜色都想突出，结果让人眼花缭乱，反而失去了亮点。

我们参展的样品，虽然初步形成"系列"意识，但仍显勉强，主题不够突出。我们展品的陈列、运输还有待完善。时装表演的缺席、销售资料的不完备……这些都有待今后改进。

有了这种虚心精神，正如我国驻法使馆商务参孙锁昌所说的，占领巴黎服装市场，要有决心、有信心、有恒心，那么中国服装冲出亚洲、走向世界，只是个时间问题。去年，轻工业部赠给出展巴黎的优胜单位的锦旗上绣着八个大字："繁荣设计，走向世界"，今年锦旗上又绣了八个大字："进军巴黎，再接再厉。"这反映了中国服装行业的共同心声。

（注：此文原名《二进巴黎》，是因为以服装国家队名义参加巴黎服装展为序而定的。事实上，1985 年 1 月首进巴黎考察，才有当年 9 月进巴黎国家队出展。本文摘自《中国服装》1987 年第 1 期）

（四）四进巴黎：惊叹"来自毛泽东国家的时装"

贸易仍无起色，时装节上却真出色。

1987 年 9 月 15 日，中国服装工业代表团进入巴黎，一样的是继续出展巴黎国际女成衣展，不一样的是参加第二届巴黎国际时装文化节。我任团长，黑龙江省服装公司经理胡静、上海服装公司副经理顾冠林任副团长，青岛服装公司副经理张树森任副团长兼秘书长，我们带领 30 多个人包括 8 名上海模特组成的中国服装工业代表团，先赴巴黎参展、考察、表演，然后"兵分三路"分别访问意大利、德国和阿尔及利亚。

四进巴黎，出师不利。国航航班经停沙迦机场时，飞机出了故障，要等北京送来零件。于是我们被安排在海边酒店等待，虽然看不见历史名城沙迦的真面貌，却可躺在沙漠中的阳伞下，远眺蓝绿的地中海。但我们心里始终萦绕着赶不上巴黎展会的焦虑感。

这次成衣展的贸易状况，仍然无大的突破。但我们的摊位上倒是发生了一件"画饼充饥"的趣事。那是青岛服装研究所设计的亚麻布两件套连衣裙，被一位西班牙女客户看中，但她希望裙摆的开衩能再高一点。张树森副经理连忙说："这好办！我现在就按你的要求，立刻设计。"他边说，边拿起笔画起效果图，连画了两幅，并标上尺寸。那位客人看得有点出神。张经理微笑着递给她看并问道："行不行？"那位客人便在现场试穿起样衣，还对照效果图尺寸比画一番，之后满意地竖起大拇指：OK。就这样，我们当场便签订了一张合同。张树森现场画衣做生意的故事，被传为一段佳话。

四进巴黎的重头戏，是中国时装表演队正式代表国家参加备受瞩目的第二届巴黎国际时装文化节。

话从头说，1985 年，法国为与意大利争夺"时装头把交椅"，法国女装协会在凯旋门花费巨资，首创巴黎国际时装文化节。文化节异彩纷呈、万众瞩目。这次他们又在埃菲尔铁塔下搭起 T 台，还特别邀请了中国和苏联，并要求每个国家或地区的模特表演队人数至少达到 20 人。

我们愉快地接受了法方的盛情邀请，可又感到这是一次重大挑战。此时，我记起史敏之局长"遇重大事情找上海"的交代。为人厚道爽气的上海服装公司总经理王树塞，一听说这次巴黎之行意义非凡，便立即向设计师们发出动员令："这次是中国的服装设计首次进军世界最高舞台的机会。这不是一般事件，而是一次光荣的政治任务。你们务必千方百计，圆满完成！"

上海服装研究所设计师陈珊华担纲设计任务。她出手不凡，巧妙构思，设计出了 10 套红黑系列晚礼服。考虑到 20 套时装的整体出场效果更为震撼，于是根据陈珊华设计的红黑色调，中国服装研究设计中心的刘安、吴雅平、高毅等设计师又构思创作出 10 套红白系列便服，与之呼应。纺织工业部长亲自审查了这 20 套新作，赞扬这一系列既洗练大气，又有中国特色。

"夜巴黎"久负盛名。第二届巴黎国际时装文化节之夜，更是锦上添花。埃菲尔铁塔下的、塞纳河畔的特罗卡德罗公园，搭起 260 多米长、15 米宽的 V 字天桥，高架于喷水池中央。

1987 年 9 月 19 日晚 9 时 30 分，第二届巴黎国际时装文化节大幕徐徐拉开。主办方以 18 个国家的"国旗时装"组成第一方阵，五星红旗在其中显得格外醒目。然后，方阵依非洲、亚洲、大洋洲、美洲和欧洲的顺序入场。

来自世界五大洲的 18 个国家展团，使出浑身解数，各显神通、异彩纷呈。

图 8-18　1987 年 9 月 19 日，第二届巴黎时装节上陈珊华的红黑礼服

图 8-19　《中国服装》刊载巴黎国际时装节掠影

　　在 20 头单峰骆驼的映衬下，喀麦隆、尼日尔、塞内加尔的模特们，身着具有民族特色的艳丽长裙，欢腾雀跃。塞内加尔第一夫人在观礼台上招手致意。沙特阿拉伯则献上一束谢埃拉查德连衣裙之花，《一千零一夜》的美景瞬间绽放。美国别出心裁，用 60 年代的凯迪拉克敞篷轿车载着一群明星，绕场一周显示实力。意大利"三大服装巨人"贝纳通、塞吕蒂、芬迪，联手展现意大利的优雅。英国的设计师展示了现代美——戴安娜式连衣裙。希腊基于自己悠久的历史，亮出了他们的艺术珍品。苏联秉持共产主义国家的红色本色，推出了耀眼的红色系列时装。日本模特身着超短裙，神采奕奕，东京市长铃木出席作为他们的后盾。

　　作为"东道主"的法国，阵容最庞大，花样也最多。百余名身着黑色长裙的法国女郎，佩戴着价值达 9 000 万法郎的首饰，乘坐一辆大轿车，缓缓进场，极尽高雅贵气之能事。与之相伴的百余名法国男模，身着高档西装，一派绅士风采。伊夫·圣洛朗、迪奥、朗万、巴尔曼等世界大牌，联袂展出了高级时装。罗尔小轿车队，载着一组组身着高贵裘皮大衣的女模特，徐徐前行。据说，主办方为确保价值连城的裘皮大衣万无一失，专门在 T 台下配备了一对一的保镖。

　　中国的红黑系列晚礼服，既有中国传统，又不失时尚张力，征服了巴黎，轰动了世界。这里曾发生了一则插曲。时装文化节彩排时，每一个国家（地区）出场的同时，舞台背景屏幕上都会展现该国国旗。唯独中国服装模特队出场时，中国国旗却没有出现。为此，我特别请见法国女装协会总干事贝尔朗·董西，郑重交涉道："彩排时，中国国旗未出现。这可能是一次疏漏。希望正式演出时，你们能纠正。"董西连忙道歉："很对不起，忙中出错。请放心吧，老朋友，我一定会让你满意。"

　　晚会在欢快的气氛中进行。当中国服装模特队出场时，超大型的背景屏幕上，连续呈现 7 000 多年以前的河姆渡人栽培的稻谷、气势恢宏的万里长城、丝绸之路上的驼队、敦煌的飞天壁画……鲜艳的五星红旗尤其醒目！

　　晚会尾声，来自各国 980 名模特集体亮相谢幕。我在观礼台上却怎么也找不到中国模特的身影。我正十分焦急之时，突然间，中国模特（上海 8 个，租请法国 12 个）的长阵，出现在舞台上。顿时，

图 8-20　1987 年 9 月 19 日巴黎时　　　图 8-21　1987 年 9 月 20 日上午，周觉大使（左一）第一时间
　　　　装之夜，来自中国的时装　　　　　　　　听取谭安（中）汇报，孙锁昌公参（右一）在场
　　　　轰动巴黎，摄影师吕全成
　　　　留下这历史性瞬间

喷泉喷出高高的银柱，烟火腾空而起，真是一派火树银花、气势非凡的壮观景象！原来这是贝尔朗·董
西先生专门给中国安排的压轴谢幕式！

　　刹那间，中国红黑系列礼服，成了国际舆论的焦点。新华社巴黎分社记者沈孝泉，在第一时间发出"中
国时装震惊巴黎"的通稿，摄影记者吕全成、徐步、徐平竞相发送照片。法国《星期日周报》颂扬道：
"迷人的中国模特，跨过万里长城来到塞纳河畔。那开襟长大衣在她们身上飘然欲飞，博得巴黎人一
阵阵雷鸣般的喝彩。"《巴黎人报》则赞扬："中国的红黑阵容，把表演晚会推向高潮。"著名的《费
加罗报》更是站在国际大视角上，评价道："那身着红黑相间的礼服的，是来自中国上海的姑娘。她
们战胜了德国表演队，也战胜了穿超短裙的日本表演队。"9 月 20 日，法国发行量最大的《法兰西晚报》，
更是以头版整版刊登了一张照片，标题赫然醒目：来自毛泽东国家的时装。贝尔朗·董西先生兴奋地
告诉我："这次参加时装节的 18 个国家和地区，中国是头号'新闻国'。"

　　新华社巴黎分社杨起社长，有些激动地说："总社专门从北京打来长途电话，要求我们分社继续
报道中国服装模特表演首次亮相巴黎的国际反应，这是建分社以来的首次。"

　　令我们既振奋不已、更出乎意料的是，周觉大使先后两次会见我们代表团成员，并破格举行庆功宴。

　　周大使第一时间在使馆本部接见我。他高兴地说："在强手如林的世界级 T 台上，你们展示了中
国灿烂文化的时代风采，为祖国争得了荣光。我代表使馆衷心感谢你们，并热烈祝贺你们！我们邀请
你们全团成员来使馆做客，要为你们举行庆功酒会。"

　　9 月 21 日，庆功酒会那天上午，我们全团 20 多人怀着"回家"的激动心情，提前到达我国驻法
大使馆本部。团员们带着惊喜与好奇的心情，走进这座古老的法式建筑里。大厅里的一幅幅山水名画，
橱窗里的一件件古董文物，弥漫着浓浓的中国传统文化气息。身着咖啡色西装的周觉大使，笑容可掬
地端起高脚酒杯，首先致祝酒词，他说："凡是为祖国作出贡献的人，都应受到尊重。你们在'世界
时装之都'为祖国争得了荣光，自然应该得到尊重。今天，我们破例举行这场庆功酒会。使馆各处、
室的公参、参赞全到场了，这就是在表达我们全体馆员真挚的祝贺与敬意。"　平素里这些独当一面的

图 8-22　1987 年 9 月 21 日在使馆本部为中国服装工业代表团　　图 8-23　1988 年，访法中国服装工业代表团聚餐
　　　　　举行庆功酒会，周觉大使（中）赞扬"为祖国争得了荣光"

大国使者，今天却甘愿成了端盘斟酒的"服务员"。我们实在是受宠若惊，更添了一份再接再厉的决心。

　　每当回忆起这一幕时，我心里总是泛起千重愧疚的涟漪。真正为国争光的幕后英雄陈珊华，未能随团亲自见证这一珍贵时刻！我曾反复琢磨，陈珊华的红黑礼服，为什么能在国际上产生如此巨大的影响力？

　　一是立足中国优秀传统母文化——中国红。中国古代人对日神虔诚膜拜，汉代的祭祀服饰便是红色，象征太阳的光明与永恒……经过世代启承，红色嬗变为中国文化的底色。

　　二是立足当下最典型的时代感——简约。10 套红黑晚礼服的整体造型，洗练简约，优雅大气。紧身的黑色长裙上点缀着恰到好处的金黄色如意图案，外罩轻柔的红色开襟窄袖长大衣，红黑相间互补，组合完整有序，穿在模特身上飘然如飞。

　　三是立足服饰展示规律——场所。设计师的心思，既放到作品本身的创作上，也要考虑到空旷的夜色空间。大色块可以产生超强张力，才能夺得更多眼球。

（五）五进巴黎：借艾斯莫德学院之船出海试水

　　1988 年 9 月，中国服装工业代表团连续多次出展巴黎国际成衣博览会。商务处孙锁昌公参和一等秘书刘有厚一起听取了我们的出展准备工作汇报，对此给予充分肯定，表示全力配合。孙公参还指派二等秘书张远生全程配合工作。张远生既当联络官，又当翻译官，还要当司机，起早贪黑，从无一句怨言，总是一脸微笑。可能许多人不知道，张远生真是皮尔·卡丹的老朋友。卡丹 1977 年首次来华访问时的翻译官正是张运生，两人因此结下不解之缘。

　　多次进入巴黎，接单订货仍然不温不火。代表团成员出访法国，没有多少压力，我却非常焦灼，心想，难道我们的设计就是对不上老外的审美吗？我想"借船出海试水"，于是请性格直爽的艾斯莫德时装学院院长高尔德斯坦来到中国展台"挑毛病"。我向她提出一个合作计划，请她学院的设计专业课程的老师设计几个系列款式，然后我们在中国国内负责制作成衣，参加 1989 年秋季巴黎展，但不对外公开艾斯莫德设计。她看懂了我的真诚，略有思忖，便答应负责设计 6 个主题系列。我们热切期待明年服装国家队"进入巴黎"的收获。

图 8-24　艾斯莫得时装院院长高尔德·德斯坦（右一）
　　　　　到中国展台参观指导

图 8-25　法国女装协会执行主席阿兰·萨尔法蒂（左二）
　　　　　到中国展台表达慰问

（六）五进巴黎：亮起国家队机制不健全的警号

顺时易飘，逆时彻悟。

1989 年秋天，西方国家向中国实施全面制裁。还要不要去巴黎？我们没有犹豫。因为这是战略安排。在乌云压城之际，我们更不能软弱，必须要更加自信、照样挺起胸膛，出展巴黎女装博览会。

我们中国服装工业代表团到达巴黎后，打开电视机，看到熟悉的面孔，伊夫·圣·洛朗公司总裁皮埃尔·贝尔吉在讲话——贝尔吉宣称不再担任中国纺织工业部顾问（实际是本服装中心的顾问）。我深切地感受到国际气候的阵阵朔风、刺骨寒冷。

在展会期间的一天，周觉大使在百忙中约见我。他郑重地向我交代任务，动情地说："皮尔·卡丹顶住巨大压力，不久就要前往北京参加亚运会，还要做服装专场发布会。这是了不起的举动。你回国以后，一定要全力支持配合卡丹先生。"

在挂着红灯笼的中国展台，观看的人跟往年相差不多，但签订货合同者还是不多。寄托我们希望的爱斯莫德学院设计的 6 个系列，也无一成交。尽管这次"试水"失利，说明不了多少问题，却使我冷静了不少：看来症结不完全在设计。

我们组织国家队出展巴黎有四个目标：一是树立中国国际形象，二是搜集信息，三是交朋友，四是做生意。如果用这四条标杆综合客观地评价，应该说，此次进入巴黎，全行业很支持，收获也很多。

后来依然连续"七进""八进"巴黎，平稳进行，无突出亮点，但总体看，彰显了我们的战略韧性，继续在国际舞台上树立中国服装良好形象，构建国际联络渠道，继续探索市场，虚心积累经验。

1992 年，我们要在北京举办属于中国自己的与国际接轨的 CHIC 国际平台。以法国为代表的西方国家展团，纷纷来到 CHIC 展览。世界级服装大师意大利的瓦伦蒂诺与费雷、法国皮尔·卡丹结伴来华在 CHIC 举行专场发布会，参加天坛"世纪风"晚会。至此，我们组织国家队进军巴黎第一阶段的历史使命，宣告完成，并孕育着进军巴黎的升级版——参与卢浮宫巴黎时装周。

四、三进卢浮宫——中国服装对外开放的升级版

世界各国著名设计师都以"在卢浮宫举行专场发布会"作为身价荣耀、取得国际话语权的象征，我们又以"国家队"的形式挑战巴黎 ——

此举也可视为"九进""十进"巴黎。

"时装"，虽是法国的一张闪亮的国家名片，但长期以来，却被拒于卢浮宫大门之外。直到1986年1月28日，在卢浮宫举办时装艺术博物馆的开幕典礼，法国总统密特朗出席并为之剪彩。那一刻，才正式揭开时装跻身世界级艺术殿堂历史新的一页。

经过高级成衣公会主席莫克里哀的多方游说，"时装"终于获得举行"高级成衣发布会"（又称"巴黎时装周"）的资格。世界各国著名设计师都以"进卢浮宫举行专场发布会"为身份荣耀、为取得国际话语权的光环象征。日本小筱顺子曾告诉我，她已连续13次在卢浮宫（露天广场）举行专场发布会。

1986年9月，中国服装工业代表团访法，伊夫·圣·洛朗公司安排我们一行，第一次走进卢浮宫，领略时装艺术的欧风韵律。

改革开放已经走过十几个春秋了。如果中国服装仍不敢挑战这世界大雅之堂，实在心有不甘，我们暗暗发誓决不让历史的遗憾继续。

（一）柴方柏大使全力以赴助阵《华夏黎明》捷足先登卢浮宫

1998年3月，山海关外，春暖乍寒，却涌动着勃勃生机。我应邀去沈阳，与黎明服装集团公司董事长王宏明讨论实施名牌战略问题。我开口直言："现在，我们中国不缺国内品牌，缺的是国际品牌。我建议黎明集团站出来，带头创立国际名牌。现在是时候了，已经具备一些条件了。"1985年9月，中国服装国家队第一次走进"世界服装之都"巴黎凡尔赛门的国际成衣展，那是走向世界历史性的"0"的突破。今年正值改革开放20周年，这又是一次"0"的突破，由一般的成衣展升级到高级成衣展，从凡尔赛门走进卢浮宫——巴黎时装周。

我们挺进卢浮宫的计划，大体可分三步走：第一次亮相，以中国历代服饰展演为主体；第二次亮相，中国56个民族服饰展演；第三次亮相，"黎明"时装发布专场。"黎明"品牌要连续做下去，因为名牌战略不是一锤子买卖，也不可能一蹴而就。

在继续参加巴黎国际成衣展的同时，中国已具备跻身卢浮宫高级成衣俱乐部一试手的条件了。1996年初春，"中国历代服饰展演"在取得台湾巡演的成功经历之后，秋后又配合联合国教科文组织设计比赛，北京巡回展的"东方之星"大型开幕晚会。这是对 "历代""民族""当代"三大版块的再检阅，这似可作为中国走进卢浮宫的特色底牌。这种发布模式与卢浮宫的模式有所不同。我们就是用自己独特的历史优势带入当代元素的方式，迈进卢浮宫的高门槛。法国高级成衣公会主席莫克里哀是我的老朋友了。这位国际名流的观念还比较开放，我们想争取他的支持 。至于"黎明"名牌战略展开的具体办法是，与法国国际名牌卡芬公司在沈阳合资开办女装企业，培养、造就"黎明"的设计

图 8-26　1998 年 10 月 18 日《华夏黎明——中国古今服饰展演》在卢浮宫演出的请柬封面为上图，下图为请柬内页

图 8-27　唐文成公主远嫁吐蕃松赞干布，临行时的场景

人才，积累与国际成衣大牌同台比武的经验和实力。王宏明果断表达了积极参与的意愿。客观上看，那时黎明集团走在全行业改革路上的前列，正准备 A 股上市，需要加大实施名牌战略的力度。

回到北京之后，我把关于卢浮宫的设想，向时任国务院新闻办公室副主任的周觉大使作了汇报。他听后，十分兴奋地鼓励我说："改革开放都二十年了！现在是进卢浮宫的时候了！现在我就给柴方柏大使写信，相信他会鼎力支持和帮助你们。"果不其然，柴方柏大使确如周觉大使所言那样，"鼎力支持"。他表示要亲自"挂帅"，并派遣商务处童介民公赞全力以赴地支持我们，还将联络处就设在商务处，使馆其他处室都十分积极配合工作。他还表示，关于法国政要等高层贵宾的请柬，可以用"中华人民共和国驻法兰西共和国大使柴方柏"的名义发出。

沈阳黎明服装集团正式决定，独家冠名资助中国服装走进卢浮宫。国家外经贸部正式批准通过该外展项目。

这台展演节目的框架设计，以"中国历代服饰"作为主体。这样既有"衣冠王国"的底蕴，内容体系也相对成熟。这一板块依然由史延芹负责。而"当代时装"这一板块则稚嫩许多，很具挑战性。我们临时特聘既有设计思想、又懂工艺的上海服装研究所设计师赵玉峰，作为黎明集团的设计师担纲设计。展演巴黎筹备联络处主任非苏葆燕莫属，爱国华人"法国通"刘萍作为她的副手。这样一来，再加上我国使馆商务处的几位外交官，这个"桥头堡"可够硬的了。既然由我发起这个机遇与挑战并存的项目，总策划这副担子只好由我挑起来。国际大师关于卢浮宫高级成衣发布的惯例是，发布"流行季"。我们这次策划的焦点则是"跨越古今 4000 年"，为今后再次进入卢浮宫时装周埋下了极具刺激性的伏笔。

这是一次值得期待的中法高层次的竞合。莫克里哀先生表示认可，并友好地向中国伸出了合作的橄榄枝。中国也为卢浮宫发布会开辟了一种新的模式。

为了让有兴趣的朋友更加深入地了解内情，现将《华夏黎明——中国古今服饰展演》文案原文，转载如下：

《华夏黎明——中国古今服饰展演》文案

中国历代服饰文化宝藏

中国拥有，人类共享

中国素有"衣冠王国"之誉，7000年服饰史长河积淀的文化艺术，博大精深，灿烂光辉。这是中国的文化瑰宝，也是属于人类共享的财富。

跨越万里，出师有名

"黎明"内涵可解读为"今日改革开放之中国宛如一轮朝阳，从地球东方的神州大地冉冉初升"。借一语双关之意，本次展演被正式定名为《华夏黎明——中国古今服饰展演》。

华夏黎明——中国古今服饰（巴黎）展演：

沉睡时装龙的觉醒

黎明意境无限美妙

拥有黎明梦想成真

距今4000年前的夏、商、周、秦汉、魏周南北朝、隋、唐、宋、元、明、清的代表作19个系列，力求再现历史的文化价值、艺术价值、学术价值；黎明集团的创作哲学植根于中国传统文化沃土，吸收世界多民族文化之长。这次展示的现代4个系列是他们的哲学演绎。

夏商周时期：

1.大禹袍服。相传距今4000多年前，禹治水13年，三过家门而不入，人心所向，被推为国王。禹平时生活节俭，但在祭祀时却要穿华美礼服，并绣有章纹，显示等级，奠定了中国奴隶社会服饰制度，并为封建社会所传承。

2.云纹绕襟袍。这是一种绕襟旋转而下的袍服，粗麻面料，用印、绘、绣等工艺，满地云纹。衣缘图案规矩，即所谓"衣作绣，锦为缘"。这是春秋战国时期较普遍的服装。

秦汉时期：

3.秦始皇服。秦代崇尚黑色。这套上衣（玄色）下裳（纁色）是秦始皇嬴政参加大典、祭祀时穿的绣有十二章纹的礼服，戴12旒冕冠。这两个武士的紧腿裤颇似现代流行的跑脚裤。

4.绣花绕襟袍。袍服来源于长沙马王堆出土的西汉大彩俑。袍服采用生丝面料，肩和胸绣花，绕襟曳地，琵琶袖，高雅挺拔，深为秦汉时期上层妇女所喜爱。

魏晋南北朝时期：

5.鸦鬟女裙服。中原地区妇女模仿少数民族妇女，将头发梳成高鬟，形如乌鸦翅膀。故该发髻名为"鸦鬟"。服式上身紧腰，裙下摆宽大，色彩偏冷偏暗，是一种极美的女服。

6. 歌舞伎服。中国传统社会的统治者常常把前朝嫔妃、贵妇，贬为歌舞伎。这一现象在南北朝时期尤为突出。这套头戴十字大髻，穿宽口瘦腰上衣，大摆拼色裙的歌舞伎，便是一例。

7. 裤褶喇叭裤。裤褶的裤管上窄下宽，每条裤腿各裁三片缝成，膝盖下扎一细带，走路时甩开裤口颇具特色。这是中国历史上最早的喇叭裤。这种裁剪是中国最早的裁剪技法，打破了长期以来"中国只有平面裁剪"的定论。

唐朝时期：

8. 大袖衫裙。盛唐以后，女装趋宽大、坦露。妇女们偏爱高腰裙、大袖衫、披帛，面部贴花钿、画黛眉，梳高髻并簪大花。当时妇女以丰满为美。

9. 回纥服。回纥是唐代西北少数民族。这种服饰用较厚的面料制成，反领、小袖，上绣鸟纹，下摆长曳拖地，头发上罩以桃形金纹冠。

10. 文成公主服。唐代为与吐蕃（现西藏自治区）结为百年之好，将公主远嫁吐蕃的松赞干布，传为历史佳话。这里只表现文成公主临行时的一个画面。

宋代时期：

11. 皇后服。这是宋代皇后或贵妇受册封大典时穿的礼服，叫作纬衣。深青底上绣五彩摇翟，领袖衣边绣龙纹图案，头戴凤冠。侍女穿黑色绣花长袍，戴花冠。

12. 淑女服。宋代崇尚俭朴，民间服饰清丽素雅。淑女以长坎、女衣褙子裙为流行，衣服由宽大趋于合体。

元代时期：

13. 皇帝服和后妃服。皇帝服多用织锦类厚重料制作，下摆宽大。后妃穿各色长袍，头戴罟罟冠。长袍绣以金色图案，下摆宽大曳地，是一种礼服。服饰质地厚重，色彩鲜明、醒目。

明代时期：

14. 皇后和女官。这是明代皇后或命妇穿的礼服，叫作纬衣。里用真红（即大红）底色绣云彩翟鸟并拔戴霞披、凤冠。四位宫廷女官穿的袍服叫"贴里"，用金线织绣飞鱼图案，故也叫飞鱼服，是一种很有特色的女扮男装。

15. 百衲衣。这是民间中上层妇女的流行服装，用多种锦料拼缝而成。整件服装色、料相互交错犹如水田形，又称水田衣。百姓也以此给小孩做衣，称为"百家衣"，取其吉利、长命百岁之意。

清代时期：

16. 清宫礼服。这是皇后与嫔妃的盛装。满族喜欢大红大绿、大蓝大紫，质地多以各种绸缎加刺绣。在中国历史上，清代刺绣纹样是尤为繁杂、精致的。

17. 清末袄裙。这是晚清上层妇女中流行的一种大襟合体高领袄，下穿前后各有马面的鱼鳞裙。

图 8-28　明朝百衲衣

图 8-29　柴方柏大使（左二）偕夫人安征（左一）与沈阳姜
宪志付市长（右二）谭安（右一）在卢浮宫

18. 小衣长裙。这是晚清青年妇女喜爱的一种款式。上衣短小、俏丽，裙子用多幅面料制成并绣以精美图案，穿着起来优美动人。

19. 手绘旗袍。这是一组真丝手绘旗袍，以淡黄、淡粉、淡蓝等清雅、温馨的底色，绘以蝴蝶、花卉图案，栩栩如生，斑斓可爱。

现代时期：

20. 牡丹园。本系列灵感起于唐代女裙。其造型、款式、色彩和质料以唐代服饰开放而富丽的风韵，呼应当今世界"和平发展"的主题。

21. 孔雀兰。孔雀兰是中国古代宫廷里极为推崇的色彩，宋代不同于唐代而追求质朴简约。这是本系列的灵感之源。其造型中西合璧，色彩低调。

22. 黄河谣。本系列的灵感来于一个俗称"小花苗"的地方，两兄弟由黄河岸边向西南转移，弟弟用多种符号记录眷恋故土的传说。注目的金线银线吟唱着母亲河的歌谣。

23. 地球村。本系列灵感源自今日世界多元文化交融的主旋律。中国的服饰文化宝藏，属于中国，也属于全人类。"地球村民"的盛装，造型简练，纹饰锦绣，迈步新纪元。

50 多人包括二十几位模特的《黎明华夏——中国古今服饰展演》团，兴高采烈地提前抵达巴黎，全力投入紧张的准备工作中。三天过去了，我团的外汇要由北京汇至纽约再转来巴黎，仍在转大圈圈。台上台下的准备事项都在等待支付，急得我们团团转！整天泡在现场忙碌的华人侨领章毅得到这个消息后，赶忙跑出去了。不一会儿，他就气喘吁吁地把一个挎包递到我手里。我一看，原来是一包法郎！我惊讶地喊了一句："哎呀，有救了！"我连声问："这是多少钱？我们给你打个借条。"章毅则答："不知道，没有数。家里就这些钱全拿来了。"苏葆燕当面清点了一番，要写下一张借条给他。章毅有点焦急了，说道："别耽误时间了，赶快准备演出吧！"这就是我们认识的章毅。

1998 年 10 月 18 日，中国服装史应该记住这个日子。中国古今服饰首次正式走进世界著名艺术殿堂——卢浮宫，并获得了巨大成功。

　　花都巴黎的夜色，本来就十分诱人。10月18日之夜，格外迷人。卢浮宫最多可容纳1 492个座位的勒诺特大厅（方厅）爆棚了。1 800多位观众早早就挤进来，不少客人只好站立观赏。

　　应邀出席的法国贵宾有法国经社理事会主席马泰奥利、外交部长韦德里纳、交通部长盖索、前总理梅斯梅尔、三军参谋长、陆军司令、海军司令、空军司令等政要及其夫人。出席的还有21位诸如皮尔·卡丹、卡芬等大师和崭露头角的名师，法国高级时装公会前主席莫克里哀、主席戈巴克、法国男装协会主席米兹莱、法国女装协会总干事胡蒂诺等法国服装界权威人士，法国顶尖影星、银行家和企业家，还有70多个驻法的外交使节和夫人和数10位国家驻联合国教科文组的使节和夫人，以及200多位媒体记者、20多家电视台。我国驻法使馆一位资深外交官激动地说："这场展演的规格是建馆40多年来规模最大的一次外交活动。"

　　我们特聘足球世界杯巴黎开幕式导演Mr.OIioier MASSARJ作为《华夏黎明——中国古今服饰展演》的导演。从4000年前的夏朝大禹服饰到当代流行时装，这场展演跨越漫长浩瀚的历史时空。模特们伴随着悠扬的旋律，从瑰丽梦幻中款款走来，令观众如醉如痴。

　　法国外长几乎不会应邀观看时装表演。这次却破例了。演出前，德里纳外长对柴方柏大使说："我看一眼就走。"可是这位外长先生，竟一直看到落幕，又兴高采烈地参加了巴黎高级演出的尾声惯例鸡尾酒会。他在接受新华社记者采访时，若有所思地说："我在看中国古代服饰时，曾想那个时代的法国人穿什么？无论中国的古装，还是时装，都太美了，给我留下了深刻的印象。"

　　媒体也给予了客观中肯的报道。《费加罗报》的一篇报道的标题是《中国服装的觉醒》，文中赞扬"'黎明'是中国服装的巨人"，"这场表演非常精彩，它表明中国服装产业的长征，'黎明'从欧洲开始。"《欧洲日报》一反常态，也对中国大加赞扬，"服装、舞美、音乐是中国历史美的集锦"，"模特从历史的太虚幻境中走出来，令观众耳目一新"。《欧洲时报》的头版通栏标题是《中国华夏黎明——古今服饰系列首次登上卢浮宫时装天桥》，赞扬这台展演"令广见多识的巴黎观众目不暇接，陶醉在古老东方文化的艺术魅力之中"。英国生活电视台褒奖赵玉峰的 "黄河谣"系列，"深谙简约之道，独具中国式的优雅，不比有些世界大师的作品逊色"。我事前向设计师赵玉峰建议，策划"地球村"系列时装，展示中国"天涯若比邻，四海皆兄弟"的宽广胸怀，用黄、黑、白三种肤色模特代

图8-30　沈阳市姜宪志付市长（左一）欢迎法国贵宾莅临卢浮宫方厅，观赏《华夏黎明——中国古今服饰展演》，翻译谭向然（左二）

图8-31　演出结束后，柴方柏大使（左二）和夫人安征（右二）与法国外长夫人（右三）交通部长夫人（左三）合影留念，王宏明（左四）、苏葆燕（左一）、赵玉峰（右一）等陪同

表全人类共享的中国服饰文化瑰宝，并以此作为整台节目的压轴戏。真可谓，心有灵犀一点通。赵玉峰用驾驭民族化与时代感之非凡功力，赢得了如此广泛的国际认同感。"地球村"系列中的红黑两袭裙装，竟分别被出席晚会的法国外长夫人和交通部长夫人看中，一再要求购买。

专业人士的真挚评价，更令人印象深刻。90岁高龄的卡芬大师说："人们在短短几十分钟的时间内，竟然重温了几千年的历史。我被这色彩迷住了。这次展演显示了中国时装的巨大潜力。"皮尔·卡丹一再强调，"这台展演色彩如梦。"法兰克索比埃说："我喜欢差别，我喜欢大同但多样，我喜欢艺术，我喜欢历史，因此，我喜欢中国。"小筱顺子则说："这场展演向我们展示了中国古代服装的悠久历史。今天，人们终于理解了这一文化对西方的影响。"

载誉凯旋，《华夏黎明——中国古今服饰展演》先后专程到北京、上海、沈阳举办了三场汇报演出，让"墙外开花墙内香"的余波，传向大江南北、长城内外。

（二）赵进军大使力挺双进卢浮宫

"卢浮宫三步走"计划，原本打算第一步以中国古代服饰为主题，第二步以55个少数民族为主题，第三步以当代时装为主题，以此塑造黎明集团国际形象。但后来因黎明集团的人事变动，这个品牌战略行动只走了第一步，就遗憾地停摆了。尽管如此，黎明集团以一己之力，捷足先登卢浮宫，第一次在世界级艺术殿堂展示"衣冠王国"的光辉形象。仅凭这一点，我们就应该肯定其历史性的贡献。虽然"三步走进卢浮宫"的策展演计划没能继续走下去，但我们并不死心，伺机续进。

我应聘为中国民族博物馆高级顾问。2002年8月，我向张永发馆长建议"56个民族服饰进卢浮宫"。我领教了一向平和内秀的张馆长的决策魄力。

2002年11月，我陪同张永发馆长一行，赴法考察。我正在电话上向钱卫参赞求助拜会未曾见过面的赵大使时，外出公干的赵进军大使正好返回使馆。钱卫随即将电话递给赵大使。我把"二进卢浮宫"的初步设想向他作了简要汇报，并希望他能像周觉大使、柴方柏大使一样支持我们的工作。赵大使立刻给我们吃了定心丸。他说："外交工作参与国家经济建设，是分内的事。我一定接好前几任大使的接力棒，全力配合你们这次意义非凡的行动。"

图8-32　谢幕的瞬间，幕后英雄设计师史延芹（右一）赵玉峰（左一）和黎明集团王宏明（中）在模特簇拥下向观众频频致意

图8-33　"黄河谣"系列创造中国现代时装首次亮相世界艺术殿堂卢浮宫的纪录

图 8-34　站立者前排左三起：张永发、谭安、郝文明、韦荣慧、戈巴克、皮尔·卡丹、赵进军、钱卫、莫克里哀、金星华等与演员合影留念

图 8-35　法国男装协会主席米兹莱（左二）出席多彩中华晚会，韦荣慧（左一）陪同

　　中国民族博物馆这次在卢浮宫展演的节目，我们几经斟酌，将其定名为《多彩中华》，并设计了一个具有时代气息的、中华文化多元一体的标识。说来也巧，此间，时任国家主席的胡锦涛同志与法国总统希拉克达成了中法两国互相主办文化年的友好合作协议。韦荣慧多方协调，中华民族服饰进卢浮宫的项目便顺势而上，幸运地搭上了"法国中国文化年"的便车。

　　《多彩中华》进卢浮宫，苗家优秀女儿韦荣慧担任艺术总监，准备工作如火如荼地展开。苏葆燕提前到巴黎前方进行筹备工作。30 年来，苏葆燕是中法服饰文化交流的年轻使者。2014 年 4 月 25 日，法兰西共和国总统府授予她"国家功绩骑士"荣誉称号并颁发证书。就她在协同《多彩中华》工作的同时，她又以中国服装设计师协会副主席的身份组织中国年轻的设计师佼佼者武学凯、房莹、王鸿鹰、顾怡、梁子、罗峥的作品以《时尚中国》的节目形式进入卢浮宫。这与我原来的"三进卢浮宫"的初衷不谋而合。三步合成两步走，一举两得，我自然积极配合推动《时尚中国》的落实。

　　进入 2003 年 9 月，"中国文化年"的前期工作已全面铺开。几十个大、中、小项目竞相涌进巴黎。说赵大使日理万机，一点儿也不过分。但即使在这种状态下，赵大使依然从容应对、兑现承诺，并亲自主持使馆关于《多彩中华》和《时尚中国》的调度会，让我们在会上把需要请使馆帮助解决的问题一一摆出来。他调度出席会议的各有关公参和参赞协调落实。

　　又值巴黎金秋，迎来中国国庆。2003 年 10 月 1 日上午，"中国文化年"开幕式在巴黎金门宫盛大举行。国务委员陈至立和法国政要剪彩后，《多彩中华——中国民族服饰表演》的大幕便正式开启。现场人声鼎沸、掌声阵阵。

　　按照法国高级时装公会的统一安排，《时尚中国》《多彩中华》分别在 2003 年 10 月 13、14 日晚上在卢浮宫方厅演出。中国新生代设计师的集体亮相、中华民族的"全家福"……轮番上阵，竞放异彩，高朋满座，好评如潮。一向西装革履的"法兰西勋奖"获得者、法国男装协会主席米兹莱先生，莅临现场，观看《多彩中华》。他穿着的礼服竟是 2002 年 11 月中国民族博物馆赠送他的苗族男袍，在今日成了卢浮宫方厅内万众瞩目的一个焦点。

　　1998 年至 2003 年，《华夏黎明》《时尚中国》《多彩中华》先后"三进"卢浮宫，吟诵昨天的辉煌、今日的伟大、民族的骄傲！这或许就是中国服装对外开放升级版的缩影吧。

五、商界老话："同行是冤家"，该翻篇了

中国服装走出去，在与世界进行交流合作的同时，也收获了全球华人的"中华情怀"所结出的累累硕果。分散在世界各地的华人达 6 000 万之多，他们是中华民族实现伟大复兴的一支不可替代的巨大力量。1987 年 9 月，我们到访法国，有幸结识一批可亲可爱的温州华人。他们在世界时尚中心巴黎的繁华地区，演奏了不同凡响的"一席之地"争夺战的胜利凯歌。有句商界老话"同行是冤家"，当下我看——

同样是冤家

——从巴黎东方谷温州人挑战犹太人说起

（2007. 10. 24，在武汉中小服装企业论坛上发言）

一、破题

目前，中国数万家服装企业大致可为以下四类：

——有名无实：品牌虚拟经营者，居少数。

——有实无名：为人贴牌者，占相当多数。

——亦名亦实：：国内自有品牌，但多为海外贴牌加工者，此类多为大中企业。

——有名不名：虽在商标局已注册商标，但尚未能在消费者心中注册品牌者。全国中小企业大概多数可归属于此类吧，如武汉佳海工业城 300 家中小企业。

这里所谓"名"，指的是自主品牌，所谓的"实"指的是"制造"。主办方给我出的题目《服装加工制造与自主品牌的关系和过渡》主要想让我讲上述第二类、第四类，特别是针对"有名不名"的中小企业，能不能创立自主品牌，又怎样创出自主品牌？

题目太难，先讲个故事吧！

二、故事

谁都知道犹太人厉害，最会念生意经。可是一群温州人在世界服装之都巴黎城里的东方谷，硬是不动声色、兵不血刃地把犹太商人制服了，创造了一个奇迹般的商海良性竞争的故事。

20 世纪 90 年代之初，几个温州人背着行李来到巴黎"淘金"。当时巴黎 11 区有 4 条相交组成"井"的服装、箱包、家用纺织品和面料辅料批发市场。犹太商贩占据了 95% 的市场，只有 5% 的东南亚商贩混杂其间。这几个温州同胞比刘姥姥进大观园还发懵，无亲无故，语言又不通，要想在精明透顶的犹太人堆里挤占一个位置，混碗饭吃，谈何容易啊！可是我们的温州同胞，没用多长时间，不仅在这里站住了脚，而且地盘也一天天扩大。到 1997、1998 年，许多犹太人开始顶不住市场竞争的压力了，陆续撤退。过了两年，这里的温州商贩竟占了市场的 95%，正巧颠倒了当年的历史。后来，这个市场还拥有了一个好听的名字——"东方谷"。时至今日，"东方谷"的"井"字上又加了"一横"，400 多家商铺

组成的五条街的东方谷服装专业批发市场，从业人员达到 2 万人之众，也成为巴黎 11 区的纳税大户。这不仅令外国朋友刮目相看，也为中国人赢得了自豪与光荣！

那么，温州人究竟是怎样挑战犹太人的呢？6 种武器显威力。

利器之一：前店后厂

东方谷 400 多家商铺约 60% 是"前店后厂"模式。巴黎寸土寸金，店铺里服装花色繁多、琳琅满目。顾客选样订货，就地打包，随时运走。所谓"后厂"，就是在巴黎华人圈里见缝插针似的寻找加工点，形成稳定的供货伙伴关系。这种工厂少则几个人，多则二三十人，虽然加工成本要高于国内，但好处是可以应急，晚上裁片，第二天就可以上货架。其实，还有 40% 的店铺也是"前店后厂"模式，只不过他们的"后厂"多建在祖国的广东一带。

可能有人会问，温州人为什么不到家乡去加工呢？刚开始的时候，他们其实是到家乡温州进行加工生产，可那里对多品种、小批量的模式并不适应，对流行趋势的把握也不如珠三角。所以温州同胞宁可多付些加工费，还是更愿意从广州白马和虎门服装批发市场中寻找称心如意的加工伙伴。

利器之二：创立品牌

刚挤进东方谷的前五六年，属于原始积累阶段——有什么就卖什么，什么好卖就卖什么，没有牌子。直到 1997、1998 年，经营进入了转型期，由卖产品服装到卖品牌服装。400 多家店铺几乎是执行了同一个号令似的，纷纷打出自家的法国商标。十几年以来，大约 25% 的品牌已有了一定的名气，放射着东方谷品牌的绚丽光彩。法国华人服装总商会会长章毅先生的马克西姆牌子，已经得到了法国、比利时、荷兰、西班牙、葡萄牙等国家的 1 800 多个批发商的青睐，而且每年都增加 100 多个新客户。因为由卖产品到卖品牌转型，市场价格也转型了，由原来大家约定毛利率在 25% ~ 30%，到现在完全放开，能赚多少就多少。

利器之三：流行先行

巴黎是世界时尚潮流的第一传播中心，讲流行、入潮流，不论年轻人，还是中年人，个个是专家。温州同胞深知，不讲流行，寸步难行。他们学流行、讲流行的基本方法是跑市场。"老佛爷""春天"等时尚名店，则成了他们的主要课堂。多少年来，这些不属于"科班"的温州人，也炼出了一双火眼金睛，甚至比"科班"出身的设计师的眼睛还"毒"。到东方谷登门推销面料的多是犹太人，他们拿着韩国、日本和中国台湾地区的面料样四处窜。一般认定，韩国的化纤面料比较前卫，价格也比较合理。温州同胞根据目标消费群的爱好，捕捉新的流行色彩、流行花型、流行的面料肌理、设计流行款式……因此，温州商人的市场命中率都相当高。

利器之四：快速反应

东方谷快速反应的一条基本经验是，快速更新面料，从选择定面料到成衣上市的时间只有一周。特别是有基本款的店铺，更是靠面料多变、花色多样的特色来赚钱。"前店后厂"是"快速反应"的运行机制。头天面料到货，服装新品第二天就上架。

利器之五：物美价廉

欧洲是发达国家，人民的生活质量很高。但是，它的消费群体同样是分层次的，贵族只是少数，中低档消费者仍是主角。东方谷的定位开始阶段为低档，现在向中低档服饰过渡。虽然服饰是中低档次，但绝不粗制滥造，反而选料考究、做工精细、造型时尚、质量上乘。对法国品牌市场来说，犹太人的商品在保持品牌档次这个基本点上，绝不输给温州人。但温州人的同类同档服饰的价格，却都比犹太人便宜三分之一。

利器之六：产品差异化

温州人第一大优点是什么？有人说"能吃苦"，一位副市长曾经回答我："温州人像棵草，放到哪里都能活"。回答虽然有根有据，但可能"只缘身在此山中"吧，尚未回答出什么是温州第一大优点。据我观察：喜欢"抱团"是温州人第一优点，有困难，互相帮，有了钱，大家赚。在东方谷虽然大家都做服装，但各家的产品绝不同样，而是从款式、色彩、纹样、配饰、拉链、纽扣、工艺，以至纤维等细节上，做差异化文章，自动区隔，力避撞衫。

三、森林

看了巴黎东方谷的社会现象，再看九寨沟的一片原始森林吧，看看自然界生态对我们有什么启迪。

独木不成林。在森林里，每棵树既努力向上争夺阳光，同时发生光合作用创造湿润的森林气候，还不时地散落枯枝和叶子化为肥沃的森林土壤。它们这样伴着岁月的阳光雨露，吮吸着丰富的养分，年轮放大，树干拔高，造就了一片森林，从而造福于人类。这是一个生动直观的典型生态竞争合作范例。它解读了巴黎东方谷中一个普通又普世的哲理：竞争与合作不是分别进行的，而是同为一体，相辅而行。

四、思考

1.没有差异点就没有合作体。

有差异，才互补，有互补，才会合作。一个时期以来，神州大地一个"化"字了得，这也"化"，那也"化"，"化"几乎成了一个流行语了。"化者，乃性质或状态的根本转变。"制造产品，做成商品，切不能一"化"了之，当放眼"差异化"，着手"差异点"。这也就是说，首先要千方百计地找到或开发与众不同的差异点，这正是巴黎东方谷的秘诀。这是四两拨千斤的策略宝典。然后，由这个基点定位，并向点的垂直深度引爆功能，制定从产品到商品包括自主品牌价值链差异化的战略发展计划，一环一环地做，一步一步地走，实现错位发展。巴黎东方谷这个共用大品牌，正是这里温州商人75%的品牌差异互补、错位发展的大硕果。

小变大，弱胜强，乃是道。在小牌子还没有成气候时，大家分吃大品牌硕果，不失为一种发展模式。

2. 没有竞合力就没有竞争力。

较长时间以来，国内行业里有一种恶性竞争的倾向。其实，竞争是一条发展规律，合作也是一条发展规律，这两条合而为一，竞合更是一条发展规律。相对而言，竞争力要小于竞合力。因为竞争和合作两者的出发点不同。竞争从"我"出发，竞争力必然有限；而合作是从"我们"出发，竞合力的上限是无穷大，因为"我们"大于"我"，无穷大于有限。巴黎东方谷就是竞合规律的实证典型。在那里，400多家温州同胞，家家不仅都想发财，也都想发大财。于是，你做得出色，我要做得更出色；你的牌子响，我的牌子要更响。这是良性竞争的一面。而且，温州人的第一优点是"抱团"，有饭大家吃，有钱大家赚，一家有难大家帮，绝不争权夺利。正是因为具有这样既竞争又合作的竞合力，温州人才超越了犹太人，巴黎东方谷这块牌子才熠熠生辉，群星荟萃。

3. 没有新服装质量观就难找到差异点。

生理需求主导的传统服饰观，是静态的，讲美观实用，不讲品牌。而今，心理需求主导的服装观，是动静相融的，不仅讲美观，也讲舒适，更讲究品牌。品牌集中地凝聚了科学与艺术、动与静、德与情深邃而丰富的内涵。东方谷的经验、国内外成功品牌的经验都证明以新服装质量观为理念的服装品牌的核心内容是：技术含量、艺术含量、时效含量和信誉含量。

因此，要创自主品牌，就要从这四个含量中寻找、开发差异点。例如，技术含量，一方面是现代技术设备制造。制造是服装质量的技术基础和前提，质量又是品牌的物质基础和前提。另一方面是，高机能纤维和面辅料。当今国际服装流行趋势呈现"三多"现象——一种纤维多种功能、一种面料多种纤维、一种款式多种面料，尤其是休闲运动类服装更是如此。

新服装质量关其他三个含量，外延宽，内涵也深，蕴藏着广博的差异点，等待我们去寻找它、开发它。

我记得上个世纪末，众多诺贝尔奖获得者在巴黎尼山论坛上发出呼吁，人类21世纪发展中的问题，可以向孔子求教。我今天不厌其烦地诉说差异点、做不同样的主题词，正是受教于孔子的"和而不同"。

（本文新华网摘发）

2018年11月的一天，章毅先生来北京叙旧。他用略带沉重的语气告诉我，由于欧洲经济一直萎靡不振，巴黎东方谷已经成为历史了。这的确是一个历史的遗憾，但我相信，温州人创造的巴黎东方谷的故事，历史已经定格的竞合规律，绝不会失传，人们也不会让她失传。因为从心路历程起始点就可判定谁优谁劣，竞争的心路起点是"我"，我要胜你，而竞合心路的起点则是"我们"，我们一起双胜，"我们" ＞ "我"，这是永恒的铁律。现在我们遵行倡导以公平为前提的约定俗成的竞争，因为它在本质上与竞合异曲同工。

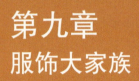

第九章
服饰大家族

别样风采，同一根文脉

09

在改革开放的春风中，服装产业在不经意间先人小半步，其他姊妹产业怎么看？记得中国家纺协会一位领导曾亲口对我说，他抓家纺产业，走的是"服装产业文化先行"这条路子，那其他产业路在何方——

一、心灵欢笑：山东愉悦家纺转型升级版的启示录

愉悦集团产品多，故事多，知识点也多。

（一）孙德汉挑战家纺的故事

那是18年前，我的好朋友孙德汉同志，由山东航空公司总裁调任山东省滨州市市长。他上任不久后，给我写了一封信，希望我能助他一把，把皮尔·卡丹请来，推动滨州棉纺织产业链延伸。他的决心是如此坚定，我只好答应试试。因为我深知德汉同志是一位既有思想、又有魄力、说一不二的领帅人物。

说干就干，雷厉风行。德汉市长立马指派周清利副市长带着市计委、经委主任和纺织局长侯毅一干人进京，向我介绍情况。我阅读他们带来的材料，其中有一份是不久前经过两位行业内院士参与审定的滨州纺织行业主打服装品牌的建议。我的第一感觉是，以棉纺业为主的滨州要主打服装，难度很大，要后来居上，难度更大。可这又是经过权威人士审定过的意见。起初我有所犹豫，但转念一想，既要为老朋友尽心，也要为滨州发展负责，于是我鼓起勇气给德汉市长写了关于滨州主打家纺的建议思路。这里转印这份建议思路原文如下：

关于滨州市发展家纺主导产业基地的建议思路

孙德汉市长、周清利副市长：

你们给我布置了一道"怎样延伸滨州纺织产业链"的作业，我听了周副市长一行的情况介绍，阅读了一些规划资料，又作了粗浅的调查咨询，整理了一个初步的建议思路，写在下面。

一、纺织产业链延伸到哪？

一是印染；二是服装；三是家纺。三者相比较而言，我觉得延伸到家纺为宜。

二、主打家纺的主要依据：

1.全球纺织产品结构分为三大类，服装、家用纺织品、产业用纺织品。发达国家这三类各占1/3左

右，中国是 68：22：10。据预测，1995 年至 2005 年，全球家纺消费平均增长率为 4.4%，高于服装的 2.3%。

2. 中国是世界上最大的潜在家纺市场。2000 年，城市人均住宅面积达 19.9 ㎡，农村为 24.8 ㎡，涉外饭店的商用居住面积 2000 年比 1998 年增长了 81.3%，至今还在快速发展。

3. 中国家纺产业尚未形成比较完整的体系。浙江的宁波、海宁，江苏的无锡、南通，广东的南海，上海的青浦，山东的青岛和潍坊等，都只有一定的"区域气候"。看来，现在正是进入家纺业的良机。

4. 滨州的棉纺基础雄厚。滨州的印染产业还是"半截子"链状态，而服装产业相对发展快，并已经形成了完整的产业体系，一批国家和区域服装品牌已较稳定地占据了国内市场，因此，滨州进入服装产业难度更大。相比之下，进入家纺业可能容易些。

5. 滨州的大豆油脂加工能力达 250 万吨，如按豆饼中 33% ~ 38% 蛋白提取量，其数目相当可观。据了解，大豆纤维很适合家纺尤其床上用品。这是开发大豆纤维家纺产品的又一非常好的基础。

三、上什么规模？

一是散兵游勇。这是现状。"亚光"牌子可谓全国同行业中的一"勇"。二是小打小闹。三是强势崛起。打造一个中国第一、国际知名的"滨州家纺基地"，形成从原料、纺织、印染、加工、检测、展览、专业市场、国际贸易、科研、学校、设计、信息等完整的家纺产业链。看来"强势崛起"更符合当今的经济全球化的形势。

四、怎么"强"？

基本策略思路是：借势逞强。

初步考虑，设计"滨州家纺基地"框架的"梧桐树"，需争得国家支持，招海内外企业、研究机构和大学的"凤凰"，同时争取中国家纺协会的协同合作。

此议不知你们有何看法，如果认为有可取之处，建议组织专家组就此进行专题调研论证，拿出规划方案。在此之前，如果你们认为需要我们当面交换看法，也请安排。

上述建议，仅是初步的，供思考决策参考。

谭 安

2002 年 10 月 19 日

没过几天，孙市长电话告诉我："你这个建议，得到了中共滨州市委常委同志的认同，希望你能提供具体的规划建议。"

于是我便组织了境内外包括美国、德国，以及中国台湾地区十几位相关专业专家，组成课题组，进驻滨州调研。于 2003 年 9 月末，我们向滨州市政府提供了《发展链环家纺集群，建设国家级制造基地——中国滨州家纺基地 2004—2010 发展规划》（简称"三八战略"）。所谓的"三八战略"，即滨州家纺基地建设"分三步走"——"2003/05 渤海称雄；2006/07 中国称强；2008/10 国际注目"。"八

图9-1　2003年10月，课题组向滨州市政府提供的发展家纺产业"三八战略"文本

联动"——"第一动：工人、农民、居民动；第二动：班组、家庭动；第三动：车间动；第四动：工厂、公司动；第五动：滨州市委、市政府动；第六动：山东省动；第七动：全国动；第八动：全球动"。每一"动"都有明确的指向，比如，"第一动"，农民种棉、栽桑、养蚕，同时消费本地生产的家纺产品。再如，"第四动"，工厂和公司总经理的品格、素质、管理能力和决策能力要提升，这决定着企业的兴衰，也关系到滨州经济的进退。

"八联动"的四个策略要点：第一，"不能自动，要朝一个方向——以产品为龙头联动"；第二，"联动就是产业链的'链动'，就是找准各种错综复杂关系'接合部'的'网动'"；第三，"凡上链者都能吃上饭、吃得好，持之以恒一起动"；第四，"联动要素，硬件重要，软件更重要"。

"三八战略"的两种定位：家纺产业定位——时尚产业；家纺产品定位——富情产品。这两种定位，实质上指明了家纺文化是家纺产业之魂。

我们在这次调研策划中，不仅找到了家纺文化的"四本"系统框架——"国之本在家，家之本在和，和之本在情，情之本在通"，而且挖到了家纺文化的内核一个滚烫的"情"字——摘录一段原文如下：

当今家纺产品集中地发于"情"字，呈现五大发展趋势：

时尚化——不排斥传统，亲和科技，体现时代文明。

个性化——门牌号码不同，家饰风格各异，文化品位不同。

系列化——排斥"孤岛"，讲究系列配套；排斥冲突，寓和谐协调于冲突之中。

功能舒适化——爱美之心人皆有之，爱命之心人更有之，运用高新技术，织造品质优良、舒适、安全、绿色的家纺产品。

人性化——上述"四化"都从不同的角度放大情感价值，结情之晶于家纺饰品之中，营造氛围，以情怡人。

放眼世界，总是先有文化认同，才有经济往来。大凡物质消费，最终是文化认同。家纺产业是亲民产业、特色产业、特色经济、特色文化。滨州如果能从这一根基入手，把家纺产业做强做大，将可能会持有一张耀眼的城市名片。

图9-2　2004年1月31日，愉悦工业园奠基

为趁热打铁，强势启动滨州家纺"三八战略"，我设计了一个点燃全国家纺行业的"导火索"——举办中国（滨州）家纺文化节，高高举起"家纺文化"的大旗，抢占中国第一个家纺文化节发祥地的地位。这既是滨州家纺"三八战略"的文化平台，也是滨州的文化节日。

当时，我策划了具体方案，首先设计了家纺文化节的徽章——一只飞舞的彩色蝴蝶，唤醒了家纺文化艺术的轻盈与温馨之感。文化节当然少不了家纺产品展览交易、家纺产业论坛，首次推出家纺流行趋势发布、家居服饰模特表演，还特别设计了展示情感价值主题3个"定格居室"：一是一对新人的爱巢"二人世界"；二是一家三代人的"天伦之乐"；三是喜欢洋文化的"西欧之家"。前两个时尚居室，百分之百用滨州本地产的家纺与家具布置，既是看点，也是卖点。

刚升任为市委书记的孙德汉，果断拍板，接受这个建议方案，举全市之力，立即启动，夜以继日，争分夺秒，仅仅用了不足一个月的筹备时间，于2003年10月28日—30日，在滨州市内刚刚建成的中海湖畔的"舰艇五星级酒店"里，拉开了别开生面的家纺文化节的帷幕。这就是孙德汉行事风格的写照。

家纺产业的光明前景，家纺文化的温馨璀璨，打动了滨州人，"家纺热"迅速升温。亚光等老家纺品牌，跃跃欲试，试图更上一层楼。世界棉纺"最大个头"魏桥集团董事长张和平，甚至拍着胸脯说："白手起家，一试身手！"

（二）刘曰兴站出来，挑战孙德汉

就在滨州家纺这把火刚刚点燃之时，就有一个人站了出来，主动请缨。他向市政府立下军令状——如果市政府能尽快批给他百八十亩地，保证2004年当年立项、当年规划、当年投产、当年赚钱！

这个人就是刘曰兴。

他原是滨州印染集团公司董事长。我与众多朋友的感觉一样，一身儒雅之气的刘曰兴有四个特质："一曰为人厚道，二曰思想敏锐，三曰出手果敢，四曰落地有声。"刘曰兴从滨州市政府接过了"令箭"，挂出了"滨州滨印家纺有限公司"的牌子。他又想到了滨印厂的宗旨是"增色人间愉悦生活"，

图9-3　山东滨州愉悦集团董事长
刘曰兴在愉悦牌匾前

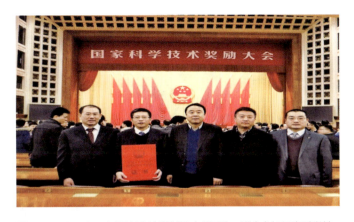

图9-4　2015年，刘曰兴率愉悦科技攻关团队，进京参加国家科学技术奖励大会，领取国家科技进步奖二等奖

于是决定把"愉悦"注册为商号。有人说，此名没有个性，也有人说乏味、不洋气。他却认定"愉悦"既适合家纺产业的情感文化，又符合构建和谐社会的最高境界。后来他又请学者编制愉悦家纺的"文化纲领"——"和合产生愉悦，科技创造愉悦，产品体现愉悦，服务提升愉悦。"应该说，愉悦诠释了"三八战略"的亮点。

刘曰兴一诺千金，带领全体员工全力拼搏，硬是于2004年当年，在一片盐碱地上，将一座新型的家纺产业园拔地而起，不但产品上市，还小批量出口，创了外汇。"愉悦速度"传为佳话，"愉悦"牌子也越叫越响。

10多年后的一天，我打电话了解愉悦集团发展情况。刘曰兴董事长兴奋地对我说，他是滨州家纺"三八战略"的忠实实践者、受益者、也是创新者。十年磨一剑，愉悦品牌实现了跨越式发展，又站到了转型升级的历史起点上。他说："当年你提出了'三八战略'，10年后，我制定了《愉悦家纺三九战略规划》。"

我惊喜地询问"三九战略"的大目标和核心内涵。刘曰兴回答："一句话，就是'做全球家纺行业的杰出供应商'。"

从此愉悦行走在快车道上，2011年获国家科技进步奖二等奖，2015年再获国家科技进步奖二等奖，2016年坐上全国家纺业第四把交椅。

（三）得意又得势：家纺转型"大健康"

此时的刘曰兴，真可谓"春风得意马蹄疾"。可是他却越发平静。刘曰兴曾掷地有声地对我说："他确实是滨州家纺'三八战略'最忠实的执行者，但又是大胆的创新者。愉悦集团一举走进了'大健康'行列。"记者曾提问："愉悦是怎样跨进大健康产业行列？"刘曰兴开门见山地说："从睡眠产业切入大健康产业，愉悦绝不是头脑发热，而是自然而然，水到渠成。"

事实确实如此。一个人一辈子有1/3的时间在床上，"占据着人类生命1/3时长的睡眠，直接决定了2/3的人生健康"。愉悦从创业伊始，就把床上用品作为拳头产品，进而拓展"提高睡眠质量"的功能主题，用"人性化＋智能化"的"睡眠管家"理念，全力打造"绘睡"国际品牌。国家出台了《健

图9-5 2020年新肺炎冠疫情暴发，愉悦集团火速建成医用口罩和防护服生产线

康中国2030规划纲要》。刘曰兴踌躇满志地说："愉悦进入健康产业，恰逢其时，未来可期。"愉悦开始迈出调整产业结构的关键一步。

2017年10月23日，愉悦发展史上又一标志性的日子！山东如悦医疗科技有限公司桩基施工。2019年2月12日，医疗十万级净化车间正式投产，达到欧盟D级标准级ISO国际8级标准。

2018年6月4日，山东欣悦康复医院打桩，又一个实体医养项目迈出实质性的关键第一步。

2019年12月9日，山东财金创业投资公司签约投资欣悦8.35亿元发展基金。欣悦医疗中心、康复中心、营养中心三大中心主体工程拔地而起。

2020年2月12日，山东省政府公布2020年省重大项目名单。计划投资48.3亿元的愉悦医养联合体项目和山东健康职业学院项目，双双入选。

此地此刻，愉悦人展现出"二次创业"的精神，雄心勃勃的气度。战略转型的轮廓线逐渐清晰："一个健康目标，双链协同互补"，即"家纺产业链—舒适健康，大健康产业链—医养健康"互动互补，一张蓝图干到底的无限生机与战略韧性。

"火线"抗疫，迎接考验。2020年除夕，一场不期而遇的新冠病毒突然袭来，考验愉悦应急应变能力的时候到了！"双链"同时发力，加速运转。家纺主业链增产、扩产防护口罩、隔离衣、医师服、病号服等近20种防疫卫生类物资，源源不断送往全国抗疫前线。

大健康产业链火速建成了滨州首条医用外科口罩和医用防护服生产线。此时，愉悦却遇到了生产口罩和防护服关键材料熔喷布的全国性难题。愉悦科研团队握紧拳头，争分夺秒，攻下储备技术中的"纳纤膜"关键技术，并通过国家权威检测，防护效果达到或高于国家医用外科口罩过滤标准。防护服与医用口罩均已获得山东省药监局医疗器械产品注册证书和生产许可证。此两类产品的非灭菌规格也取得CE注册，可以出口欧盟及CE互认市场。医用外科口罩、防护服也已出口意大利、日本、希腊、新西兰等国。

2020年4月22日，山东省孙继业副省长专程来愉悦视察。他对愉悦集团立足双链、化危为机的表现，肯定了"三个好"：一是瞄准疫情需要，迅速转产，"转得好"；二是着眼未来，转型升级，"干法好"；

图 9-6　瑞典宜家与愉悦于 2006 年建立战略伙伴关系，
　　　　共同组建设计团队

图 9-7　愉悦集团幻彩时装秀（摄影：房志浩）

三是锁定需求，技术创新，"突破好"。那就让我们顺着孙副省长点评的"愉悦三好"，大略盘点愉悦 2019 年前后"双链"的战略单元储备吧。

战略单元 1：多功能纳米碳素复合纤维与制品项目，纳入山东省 2019 年重点研发计划，年产 5 000 吨，入选 2022 年北京冬奥会保暖装备；

战略单元 2：数字纺纱技术，实现"一根纱线织就万紫千红"的幻彩效果，拥有 18 项国家专利，1 项国际 PCT 专利；

战略单元 3：无水染色环保技术，颠覆传统染色模式，传统印染技术也握有 2 项国际 PCT 专利；

战略单元 4：印染废水资源回用四效蒸发技术，废水回用率高达 80％以上，浓缩物 100％循环利用，并成为"全国循环经济技术中心"；

战略单元 5：米隔面料——"纳纤膜"，已年产 1 000 万平方米，3 年或达 5 000 万平方米，当前主要用于医用防护领域，将来可广泛用于医疗、防护、军事、气体和液体过滤、新能源、环境治理等领域；

战略单元 6："活性染料无盐染色关键技术研发与产业化应用"成果，已在愉悦集团、上海安诺其集团等建了 7 条无盐染色示范线，一等品率高于 96％，达到国家 GBT-18401 标准和相关国际标准要求，已生产多种面料 1.2 亿米，销售收入 18.9 亿元、利税 3.4 亿元；

战略单元 7：绘睡"e 睡眠"监测手环，全球首款医疗级睡眠监测手环；7 种常见体质个性化的中药床垫，还有冬暖夏凉爽系列产品；并参与制订２６项健康睡眠标准；

战略单元 8：构建战略客户合作双赢模式，与宜家、迪卡侬等长期伙伴由 OEM 到 ODM 全面转型，再如，自 2006 年与宜家合作，如今进入共同开发新产品阶段，2019 年达 160 余款；

战略单元 9：构建美国亚马逊等电商战略平台，定向设计，2019 年创新 433 款，订单合同转化率同比提升 61％；

战略单元 10：以全生命周期健康为主题的齐悦医养联合体，已完成整体规划，正式纳入山东省重点项目方阵，在边建、边产、边营形成大健康产业链过程中，与主业家纺产业链互补融合，构成愉悦战略转型的双引擎；

战略单元 11：生态纺织品智能工程示范项目，在多领域已实施自动化的基础上，正渐次向智能化升级，例如智能纺纱、智能制造生态面料、智能调温水暖垫等；

战略单元 12：建立"愉悦大脑"设计研发中心，包括悦颜色研究所等，开发建立了网络共享平台TIS 系统、数字化色彩设计与管理系统和具有国际先进水平的愉悦居家创意国际共享平台。智能技术在不少领域启用，既着眼当下新材料、新技术、新工艺、新产品、新项目的孵化平台，又重视对前沿技术进行研究探索，初步建成了比较完备的愉悦技术储备体系；

战略单元 13：国家"十三五"重点研发计划项目"数字化印染关键技术"成果已在多家公司推广应用，产品质量达到并超过了国外同类产品水平，新增产值 2.4 亿元；

战略单元 14：生态纺织材料、印染废水深度处理与循环利用技术、功能纺织品加工技术、纺织品清洁染整加工技术等 9 项科技成果，已在 30 余家知名企业全部实现转化，为企业新增销售收入超百亿元；

战略单元 15：印染生产配液与集中输送智能化管控技术成果，建成工艺参数在线监测系统、染化料集中配送系统和自动排产系统，实现了 3 个系统间的数据通信、综合数据处理与协同反馈控制。产品的一次性准确率达到 92% 以上，单位产品平均能耗降低 20%、水耗降低 30%；

战略单元 16：愉悦产品定位：舒适、健康、环保、多彩。有了上述 15 项战略单元的质量密度、应用广度，我们相信海内外消费者会得出一个共识：愉悦产品的四大定位，绝不是虚的，必定是有分量、有成色的。

（四）家纺文化之核：是"四本"还是"五本"

16 年来，以刘曰兴为代表的"愉悦人"，用心血谱写了"家纺产业是时尚产业、又是健康产业"定位的真实答卷，丰富发展了家纺文化。我十分感谢"愉悦人"给我上了重要一课，是他们让我重新审视当年"四本"家纺文化框架的理性弱点和逻辑跳跃点，重新把家纺文化框架由"四本"拓展为"五本"。

"国之本在家。"这是滨州"三八战略"家纺文化立论的逻辑原点。就一般意义说，从这个原点出发升华为家国情怀，国就是家，家就是国，没有国就没有家，没有家也就没有国。原版本中的表述，应该说是完全站得住脚的。

"家之本在人。"原版"三八战略"从"国之本在家"直接推理到"家之本在和"，虽然它确有

图9-8　2023年7月27日,谭家兄妹十人全家福,前排左起谭蔚、谭毅、谭宏、谭安、周宝英、张莉芬、张月芳、谭巧荣,后排左起谭凯、谭冰、谭巧红、谭岗、刘宪奎、汪保稳、杨秀成、孙红卫、殷宏彬（老大谭平和老三谭山的后人谭淑云、谭明杭等临时缺席）

图9-9　谭周家三代九人全家福,前排左起香香、谭安、周宝英、潜潜,后排左起金京、欧阳琦、本本、谭向然、谭方然（摄影：傅作云）

图9-10　五兄妹四世同堂的周家全家福（二哥嫂周云峰、徐桂兰因事缺席，摄影：周晓风、周涛）

图9-11　李明儒谭安两家合一家，前排左起李红梅、谭向然、谭方然，中排李卫、周宝英，后排左起李明华、谭安、李明儒

"家和万事兴"第一层意义，但是对照愉悦家纺"大健康产业"追求生命至上的第二层意义来审视，显然忽略了回答"家的本质是什么"这条根本底线，也忽略了"谁是家庭的主体"这个基本前提。"我谭家家族如是，天下家庭皆如此"。

家的本质是生命，家庭的主体是人。婚姻是家庭的基本形式。恩格斯科学地概括了人类社会经历的3种主要的婚姻形式："群婚制是与蒙昧时代相适应的；对偶婚姻是与野蛮时代相适应的；一夫一妻制是与文明时代相应的。"人类就是靠婚姻关系繁衍生息，所以我们认为家的本质就是生命。这里有两层内涵：其一，结婚成家的夫妻都幸福健康地生存着；其二，人丁兴旺，生命延续，形成尊卑长幼的亲属宗系。请看前面四幅照片，可以做证。

人的生命是一个过程，身心健康绝对排在第一位。众所周知的一个数学表达式——身体健康是"1"，后面的财富、地位、名誉等都是充满诱惑的价值量，但如果没有"1"，后面其他的"0"再多，也还是个"0"。显然，愉悦集团的大健康产品，既是家纺产品的题中之义，也等于牢牢抓住了家纺产品的"1"。

"人之本在和（活）"。愉悦大健康产业发展的实践提醒我们，在弄明白"家的本质是什么"之后，还必须进一步揭示"生命的本质什么"，进而建立牢固的家纺文化基石。

生命的本质是一个字："活"。自然学家、生物学家、社会学家，甚至哲学家都有关于生命定义的说法，但迄今尚无一个统一的对于生命的定义。这里我们用"生活版"来表述生命：一个身体对应一条生命，生命活，人则存，生命死，人则殁；一对夫妻对应一串生命，繁衍生息，代代相传，生命延续，寄望千古。

"愉悦人"是脚踏实地的，做事是聚焦的。在过去的十几年里，愉悦集团运用十八般武艺闯天下。从根本说，他们抓住了中华民族先贤创立的"和合文化"的本质，既生产丰富多彩、又生发愉悦的家纺产品，而今它又打造起老、中、青、幼全生命周期的现代化"医联体"，于生命存活过程的深处，放大了既救死扶伤、又愉悦生命活力之夙愿。

因为"活"与"和""合"既谐音，又相通（同），更因为，虽然从逻辑上看，人的生命生存过程是，先有人命，命要存活，怎样存活；但从现实生存过程看，逻辑却是先有怎样存活之物，才能有存活之命，

图9-12　愉悦大健康产业起航，2018年建成滨州欣悦康复医院

图9-13　庆祝愉悦集团成立二十周年

也才能有价值地连续存活，我们称之为生活线路三部曲："见物是物，知足常乐，价值人生。"

"和之本在情"。情是什么，就是人的情绪。"愉悦人"放大情绪的妙方——"愉悦"，既把它作为商号品牌，又将它做成各种富有功能性的产品，更直白地表达它的真谛——"愉悦就是心灵欢笑"。

爱情始终是家庭温馨港湾里的主旋律，也始终是文学艺术家们妙笔生花的永恒主题。恩格斯在长篇巨著《家庭、私有制和国家的起源》中论述婚姻时，他一直使用"性爱"这个带有原始自然印记的名词，直到现代无产者家庭出现时，他才第一次运用既富有理智、又释放浪漫情愫的"爱情"字眼。他高调赞颂："如果说只有以爱情为基础的婚姻才是合乎道德的，那么也只有继续保持爱情的婚姻才是合乎道德的。"

在这里，恩格斯用"只有继续保持爱情的婚姻才是合乎道德的。"即习用语"白头偕老"这个道德标准来丈量婚姻爱情的境界，那么可否也能用道德的标准，来丈量亲情与友情？我想，这是完全可以的，因为爱情、亲情、友情三者虽具体属性有别，但却拥有一种共同属性，那就是真情。如果用道德尺度丈量，那么我所丈量的爱情的真情模式是：倾注奉献，不思索取；亲情的真情模式是：无私相助，不求回报；友情的真情模式是：诚信至上，以心换心。然而，它们却都建立在一个高、大、深的道德指标体系包括人格平等、人性向善、生命尊严这三大基石之上。

所谓"人格平等"，这里不讲社会角色高低、财富占有多寡，唯有每个独立人都有权享有自身人格的平等，坚守做人的尊严，享受心灵的愉悦，绝不允许玷污，更不允许践踏。

所谓"人性向善"，诚如孟子主张的"人之初，性本善"，就是要坚守善良美好的人性，自觉修身养性，拒绝、净化人性中的自私丑恶的阴暗面。

所谓"生命尊严"，是因为生命只有一次，每个人能够来到人世间，拥有潇洒走一回这份享人生百味的机会，实属千载难得的无与伦比的幸运。我们要尽一切努力守护这最重要的生命权利。

上述这三条道德指标，也是愉悦文化的三种"DNA"，一旦被激活，人们就会触动神经、深度共鸣，不只洋溢微笑，还会热泪盈眶。

"情之本在通"。这是五本家纺文化框架体系循环的终点，于是我们又站到了新的起点。

情感会自发，那叫自恋、自爱。但人生的实在情感，必是外界事物的刺激所引起的心理情绪反应。换言之，情感一定要靠中介连通。中介是一种非常有效的哲学，或人、或物、或语言……都是中介。

家用纺织品是一种十分独特的中介物。家纺无言，却默默生情。因此在滨州"三八战略"中，我不但把它定位为"时尚产品"，还将它定位为"富情产品"。《愉悦文化大纲》里确立"产品体现愉悦"。

在愉悦产品链上，6000愉悦人，孜孜不倦地奋斗在各自的岗位上，在16个战略单元集成中，演绎着科学与艺术相融合而释放出来的"真"的神奇魅力：科学求真理，艺术求真情，犹如从山麓前后坡，分两路向上攀登，最终在顶峰会合。"科学求真理"的化身，就是集多元高科技要素于一体的"舒适、健康、环保、多彩（此处确指颜色）"之原始功能。而"艺术求真情"的化身，就是集多元文化于一体的时尚风貌。换言之，产品经过总体设计、制造，令科技艺术化、艺术科技化于愉悦的产品大家族之中，让广大消费者自发地产生心灵欢笑。

总之，通过愉悦集团大健康产业链的生动实践，我们能够更清晰地透视出家纺文化之"本"所演绎的"一串本质"路线图，即"国之本质是家"—"家之本质是人"—"人之本质是生命"—"生命之本质是活"—"活之本质是心灵欢笑"。

这或许就是刘曰兴所言的"我就干了一份时尚工作"的答案吧。

这篇文字草就于四年前，2024年5月，笔者荣幸受邀到愉悦集团现场领略新风采，当跨进愉悦工业园大门，真可谓"士别三日，当刮目相看"：愉悦人健康第一，生命至上的理念正源源不断结出累累硕果，不仅传统家纺技术含量、艺术含量快速升华，而且大健康产品包括大量残疾人用品，琳琅满目，令人心潮澎湃，对新的美好生活充满向往与信心；而生命科技馆、服饰历史博物馆、色彩世界的科普养生知识点引人入胜，对新的美好生活予以详细解读；大健康又做起大文章：打造一个"医、食、住、行、康、乐、购、健、学、旅、友、帮、为"于一体，"产、城、人"融合的"黄河谣健康城"，拥抱自然，绿色旅游，亲水母亲河，吟唱黄河谣。无怪乎当地旅游部门已开辟愉悦集团工业园为卖票参观的工业旅游景点，我目睹观光客熙熙攘攘。不久，京烟威高铁通车，北京至滨州不足两小时车程，首都人民到滨州实地体验"健康愉悦"生活，我觉得会是个很不错的选择。目前刘曰兴董事长又在审时度势，正谋划重新定义愉悦集团再升级版——《健康愉悦》。

二、名正业兴——孔子"正名说"的新解不在官场

在改革开放的同一片蓝天下，原本落后的中国服装业却一度抢了原本领先的制鞋业的风头。这自然引发了人们的议论与思考 ——

子路向孔子问政，孔子答曰："名不正，则言不顺；言不顺，则事不成；事不成，则礼乐不兴；礼乐不兴，则刑罚不中，则民无所措手足。故君子名之必可言也，言之必可行也。"孔子鉴于春秋乱世，从负面的教训中，提出了正名思想，以求社会稳定。我们在传统服装业的改造实践中，从哲学视角追思体悟，孔子正名思想似可解读"名不正—言不顺—事不成"三个关键逻辑点，展现成事"是什么—为什么—怎么办"黄金三部曲方法论。

图9-14　谭安（左）与王小珂（右）策划筹办鞋业博览会

"名"是孔子正名思想的逻辑起点。名者，"君君、臣臣、父父、子子"。它的成事内涵是，要厘清所要做之事的属性，即"是什么"。这是成事的首要问题；

"言"是孔子正名思想的逻辑中点。言者，"名之必可言也"。它的成事内涵是，要认真弄清所要做之事的目的和意义，即"为什么"。换言之，弄不明白办事的目的和意义，也就不可能动员一切可以动员的力量，光杆司令当然"事不成"；

"礼"是孔子正名思想的逻辑终点。礼者，"言之必可行也"。它的成事内涵是，要切实弄清完成此事的举措包法治条款，即"怎么办"。孔子的结论非常明了："礼乐不兴，刑罚不中，则民无所措手足。"

凡事无论大事还是小事，如能事前"运筹帷幄"，力求把握孔子正名思想的哲学逻辑 "是什么—为什么—怎么办"工作路线三部曲，那就很有可能成事了。

（一）填补空白：创办中国第一届鞋业国际博览会

中国国际服装服饰博览会（CHIC），是"吹响与国际接轨的号角"，"托起中国服装梦"。众所周知，鞋饰，是服饰大家族中的一大主角。中国也是公认的世界第一制鞋大国。改革开放二十几年过去了，至今尚无一个全国性的鞋业博览会，这本应是振兴鞋业的一个总抓手。我们一心想填补这个空白，点燃一把鞋饰文化之火，期待鞋产业转型的新局面。

其实，皮鞋业亮点闪耀，诸如百丽、奥康、森达、金猴、红蜻蜓等品牌，在国内消费者心中已相当有名气，也都拥有属于自己的市场地盘。比如，百丽 2007 年在香港上市时，曾经创造申购股票金额超过中国工商银行香港上市总额的惊人纪录，冻结未中签港币一周的银行利息就超过 3 亿港元。同时，这些大牌鞋企也都有走向世界的中国鞋梦，奥康等的触角甚至已开始伸向国际市场。

但是，以皮鞋王国意大利为代表的西方国家，并不甘心已占领的中国市场的份额，还野心勃勃、企图鲸吞中国全部中高档鞋饰这个最大的世界未来市场。

有鉴于此，我们已有举办 CHIC 的成功经验，策划中国国际鞋业博览会的目标定位和行动路线图，较为清晰明确，也比较顺手。

我们理出创办中国国际鞋业博览会的四条理念框架 ——一是基本思路：主打国际牌；二是总定位：国际鞋饰名牌角逐的平台，世界鞋业交流的窗口；三是总抓手：国际鞋饰交易会、北京世界鞋业论坛、鞋模秀场三位一体；四是总目标：助推鞋饰全产业链的建设与转型。这个框架设计，得到商务部外贸发展局、中国轻工工艺品进出口商会和北京时代会展有限公司的一致认同，决定联手在北京举办"中国国际鞋业博览会"。

2004 年 10 月，北京，首届中国国际鞋业博览会正式开幕。意大利出手不凡，以国家队名义组成庞大的展团，意大利皮鞋协会原主席 LuiginoRossi、和现任常务副主席 FrancoBallin 领军东征，并带来一场意大利威尼托大区水城威尼斯时尚鞋秀。意大利鞋业协会驻中国代表冠丽杰积极配合。虽然服装秀在意大利已普及 20 年了，可是在中国却是"0"的突破，况且又是"皮鞋王国"意大利的专业鞋秀。

"北京世界鞋业论坛"由经济哲学家艾丰任主席，并亲自组织策划。他不仅自己作主旨演讲，还指定我发言，给的主题是"跳出服装圈，以中国服装业与中国制鞋业两大行业，两两对照，分析得失"。形式确实挺新颖，可我还是第一次遇到这种大跨度的对比，还真有点胆怯。最终，我采用"以我照他"的写作方法，亮出服业打翻身仗的基本经验，以"名正业兴"作为发言题目。后来在《中国服饰报》全文刊发（原文见本章后续），《消费日报》大篇幅摘要发表。

第一届鞋博会，可以用一句话形容：起步虽晚，起点颇高。

（二）半路杀出一个程咬金

2005 年 10 月，北京，第二届中国国际鞋业博览会隆重揭幕，沿袭了首届的发展态势，但格局有所改变。"鞋王国"意大利不但继续强势组团出展，又带来了"欧盟鞋类采购商协会"。我们立即意识到，这可能是中国鞋走出去的一座桥梁，机不可失，要紧抓住不放。于是艾丰带领我们几个人，立马一起进行了一场"现场头脑风暴"：试图创建一种"北京世界鞋业论坛"理事会的新形式，不光玩文的，还要玩武的，文武兼备，虚实结合，台前幕后齐亮相，台上台下连手干，即把"国际交贸、世界论坛、鞋模秀场"蜕变为"三位一体"的国际鞋业运行机制 ——"北京世界鞋业论坛"理事会。

这个刚刚出炉的新点子还带着热乎气，就得到了意大利、中方各方的积极认同与响应，并很快进入"北京世界鞋业论坛"理事会人选的组成程序，最终商定由艾丰出任理事会主席，欧盟鞋类采购商协副会长 Massimo Donda、意大利皮鞋协会原会长 Luigino Rossi、现任副会长 Franco Ballin、中国轻工进出口商会副会长郑秀康、奥康鞋业公司董事长王振滔和我任副主席。

会后，我受委托专门赴欧洲到"欧盟鞋类采购商协会"，意大利、法国和葡萄牙鞋业协会，进行访问交流，为第三届鞋展作实际性准备。这次实地考察，我没有感受到欧洲鞋商采购的热度与运行机制的紧密度，他们依然漫步在出口的轨道上。

（三）故宫端门：皇家大钟变脸"竞合钟"

2006 年 10 月，北京，第三届中国国际鞋业博览会，在故宫端门城楼拉开中西交融的帷幕。繁花似锦的京华，又绽放了一朵鞋饰艺术的新葩。

图 9-15　2006 年 10 月 9 日晚，在故宫端门城楼上，意大利国家鞋秀，为中国国际鞋业博览会开幕式奉献精彩绝伦的艺术表演

图 9-16　2006 年 10 月 9 日，第三届中国国际鞋业博览会开幕式上，中意双方派对在故宫端门城楼上鸣响竞合钟（图片创作：王小珂）

　　故宫端门，始建于明永乐十八年（1420 年），与天安门的建筑结构和风格相同，皇帝举行大朝会或者出行时，城楼下御道两侧，仪仗队两华里，同时城楼上钟鼓齐鸣。第三届鞋博会的开幕式，就在这里举办。我们协调意大利方面在鞋秀上多花费精力，做得更出彩，这是意大利的拿手好戏，也是中国观众所喜闻乐见的。不出所料，中西文化交融的创举，果然精彩迭出，令人耳目一新。那夜空中灯光通明的端门，显得格外端庄灵秀，与天安门广场的辉煌灯火连成一片，与庄重的人民英雄纪念碑、人民大会堂、国家历史博物馆的剪影遥相呼应，大气天成，宛若仙境，佳丽舞步，乐曲悠扬，陶然醉人，遐想联翩。

　　如果说最有新意的看点，那非端门皇家大钟变脸现代"竞合钟"莫属。这是一篇从长计议的大文章。

　　我专程赴欧考察，发现两个症结：一是中国鞋业与意大利的合作成败是整盘大棋的关键一步，可是意大利人有"皮鞋王国"桂冠的居高临下的清高态度；二是中国与欧洲鞋业争夺"出口"这个产品链关口气。一把钥匙开一把锁，心结只能用心法解，急于求成，只能适得其反。我想到"你中有我、我中有你""合作中竞争""竞争中合作"的"竞合"论，在北京，中意双方同堂上一课，课后在双方竞合的生意过程中，慢慢消化、吸收、升华。

　　于是我想借端门上瞩目的皇家大钟破题，临时命名大钟为"竞合钟"。红字金底端端正正贴敷在沧桑深沉的大钟之上，中意双方各选 10 人，双方派对连撞竞合钟三响，寓意中意交流合作的 3 重心声：一声展示中意友好竞合历史久远的光荣感；二声展现中意双方当下竞合生动现实的使命感；三声寄托中意竞合的悠悠绵长的未来感。

　　在端门气势恢宏的中国鞋博会开幕式上，我们请来中国外经贸部副部长与意大利驻华大使派对并带头敲响竞合钟，接着双方代表牵手，鱼贯而行，郑重鸣钟 3 响。城楼内气氛热烈，钟声悠悠恢宏。中意携手双赢竞合的心声，从北京夜空传向神州大地的四面八方，传向遥远的亚平宁半岛。

（四）竞合钟声余音中的思考

　　2007 年 10 月，北京，第四届中国国际鞋业博览会开幕式，仍然在夜幕中的故宫端门隆重热烈举行。意大利的国家鞋秀，堪称精美绝伦，令人叹为观止。但展览的交易场上，却依然表现平平，"饿不死，长不大"的样子，仍在"0"的原地踏步。本来颇寄希望的欧盟鞋类采购商协会，却也没有闯开局面的迹象。欧盟采购商会会长先生本次只身孤影前来，没有带来一个采购商。"北京世界鞋业论坛"的说服力，也就随之显得苍白无力，透出隐隐的冷意。这让我们必须认真再思考：出路何在，生路何在？

（五）鞋博会虽死犹存

2008 年初，北京，第五届中国国际鞋业博览会正在筹备中。针对"出口"没有打开的病根，我们重新策划鞋博会的"运行机制再造"方案。一方面，我们建议意大利皮鞋协会设置一个国家鞋业公用品牌，从而吸引更多的意大利中小制鞋企业打着"公用大牌"来华参展，为进入中国多元消费市场搭桥铺路；另一方面，我们认为体育专业国家队的成功模式可以套用，于是提出组建"中国皮鞋品牌国家队"的构想。我和王小珂与商务部国际贸易服务局冯洪章局长、张副局长等一起前往深圳，与百丽 CEO 盛百椒和深圳皮鞋工业协会探讨以深圳为主，联合全国著名皮鞋品牌，组建"中国皮鞋国家队"的可行性，取得了初步共识。此时，意大利的国家皮鞋公用品牌已经成型，定名为"我爱意大利"。这是积极的基本面。

但国际最著名的米兰鞋展，仍拒中国品牌于大门之外。欧盟采购商协会延续着"大牌子、小力度"的疲软状态，只能在前进中逐步解套，急不得。我们构想的"中国皮鞋国家队"也十分难产，三家主办单位各有难处。最终，我们只剩一腔无奈，眼巴巴地看着已经四岁的中国国际鞋业博览会，遗憾地半途倒下！然而，已经点燃的鞋饰文化之火，不仅不会熄灭，还必成燎原之势；播下的竞合的哲学种子绝不会烂掉，必然萌发新芽，茁壮成长。

三、名正业兴：服装业起步阶段的前进逻辑

虽然鞋博会在曲折中倒下了，但传统服装业却在曲折中被逐渐正名，相信传统制鞋业必然会走在希望的大路上——

中国服装业 VS 中国鞋业：名正则业兴

—— 在首届中国国际鞋业博览会·北京世界鞋业论坛上发言

（2004 年 7 月 23 日）

谭安

（一）中国服装业：四副传统面孔

1980 年，中国服装业有四副传统的面孔：从产业地位看，不如能上国家计划大本的大头针产业的尴尬面孔；从产业形象看，是老太太戴着老花镜就能干的低能面孔；从产品形象看，被老外讥为登不了大雅之堂的地摊货面孔；从产业链看，消费者对所谓"资产阶级生活方式"仍"心有余悸"的惶恐面孔。

一直到 20 世纪 80 年代末，中国鞋业虽然产业规模不如服装业大，但它的产业地位、产业形象和平均经济贡献率，却高于服装产业。制鞋业比较红火，甚至被誉为"太阳产业"。

20 世纪 90 年代至今，服装和制鞋业都有了巨大的发展，这是有目共睹的。如果两个产业总体相比，服装产业发展得更快一些，产业地位和产业形象也更高一些。

人们不禁会问，在相同的大环境下，为什么服装业比制鞋业的发展相对快些呢？接下来，简要分析一下中国服装业的发展轨迹。

（二）中国服装业：四条线前进

20 世纪 80 年代初，在导致整个中国服装业落后的诸多矛盾中，我们对服装的认识肤浅，甚至"天天见，看不见"，这是第一个矛盾。于是，我们把发展中国服装业基本思路的切入点、突破口和工作重点选择在"再认识服装"上。同时，我们也确立了工作思路，不"坐而论道"，要边干边学；不就事论事，要探讨规律；不小打小闹，要大张旗鼓。我们就从 4 条线向前推进。

第一条线：端正地位。

旗帜至关重要，地位也至关重要。1983 年，中共中央总书记在一次会议上强调，要抓服装工作，让全国人民穿得整齐一点、干净一点、漂亮一点。中央书记处书记郝建秀也致信轻工业部长杨波，提倡穿西服、裙子、旗袍，他特别强调中老年人的着装要求，应该得到满足。一时间，男子穿西服的热度，迅速升温，直到 1984 年形成全国性的"西服热"。1985 年，《中共中央关于制定国民经济和社会发展的第七个五年计划的建议》中，第一次把食品工业、服装工业、耐用消费品工业作为重点，带动整个消费品工业更好发展。1986 年，服装业终于上了国家"七五计划"的大本，并且成为消费品工业的重点产业之一。1986 年 9 月 6 日，国务院主要领导同志又明确提出"以服装为龙头"的重要思想。这是中国服装产业地位一次划时代的跨越、一次历史性的正名。

中国服装业几百万大军受到莫大的鼓舞。1992 年，服装出口额首次超过纺织品。1994 年，服装业夺得了服装产量和出口额两项"世界第一"。中国服装业用事实证明：地位不一样，作为就不一样。

第二条线：走出国门。

从 80 年代中期至今，中国服装几乎走遍了世界所有发达国家，在海外参与或主办的大小活动有上百次，传播了中国优秀传统服饰文化，树立了中国服装的国际形象。这里只介绍两场典型的活动。

1985 年 9 月，中国服装工业代表团带着 94 套服装，首次参加第 50 届巴黎国际服女装博览会，首次升起了五星红旗。

1987 年 9 月 17 日，应法国女装协会的邀请，中国服装工业代表团参加了第 2 届巴黎国际时装节。由 8 名中国模特和 12 名法国模特组成的中国服装表演队，展演上海年轻的服装设计师陈珊华的力作红黑系列中国时装。就在这个由 980 名模特演绎的、最为壮观的国际舞台上，中国服装表演队获得了殊荣，被主办单位特别安排压轴单独谢幕。当时法国《费加罗报》评价："那身着红黑相间的礼服是来自中国上海的姑娘。他们战胜了拖着长裙的德国表演队，也战胜了穿短裙的日本姑娘。"

第三条线：读懂真相。

在 20 世纪 80 年代，尤其是中后期的五六年时间里，工农兵学商一起投身服装事业。此间，全国性的服饰文化活动先后举办了 22 项。服装业取得了 4 次可喜的理性飞跃：

飞跃之一：传统上认为，服装是一种生活用品，只是物质产品。"再认识"之后，我们认为服装既是物质产品，又是精神产品，这是它最重要的双重性特点。

飞跃之二：传统的观念认为，服装满足生理需要，强调实用性。"再认识"之后，我们认为服装既要满足生理需要，又要满足心理需要，具有美化生活和舒适健康两大基本功能。当人们生活达到基本温饱之后，服装满足心理需要居于主导地位，要求体现艺术性、社会性和实用性的统一。

飞跃之三：传统的服装质量观是实用、经济、美观。"再认识"之后，动静相济的服装质量观则是既有技术含量、艺术含量，又有时效含量、信誉含量。

飞跃之四：传统的发展思路是，服装业像采矿、煤炭、冶金、机械等产业一样，只是停留于呐喊"依靠技术进步"的口号阶段。"再认识"之后，科学技术是第一生产力，服装文化艺术包括服装设计也是重要的生产力，发展服装业应该是这两种生产力并驾齐驱。

为了把上述对于服装的再认识的理论性成果在全行业推广开来、贯彻下去，纺织工业部在"八五"伊始的 1991 年 3 月 12 日，在天津召开了第二届全国服装研究所所长会议。这是一次总结十年"服饰文化革命"、端正发展服装业指导思想的会议，是一次具有转折意义的会议。

第四条线：放大市场。

中国服装企业虽然最早进入市场经济体制，但还很缺乏国际市场经济经验。1993 年 5 月 14 日开幕的中国国际服装服饰博览会（CHIC），就是为中国服装业搭建一座国际交流平台，树立中国服装国际形象。

中国国际服装博览会，由经贸部和纺织工业部批准，由中国服装研究设计中心、中国国际贸易中心、中国纺织品进出口总公司、中国国际贸易促进会纺织分会主办。江泽民主席在 CHIC 开幕的第二天，就在中南海接见了世界著名服装大师瓦伦蒂诺、安弗兰科·费雷、皮尔·卡丹三位，这是建国以来中国最高领导人首次接见国际服装界人士。

法国男装协会和女协会组织了阵营庞大的国家展团，展示起国际运作模式。CHIC 是集国际上交易模式、服饰文化模式、发布引导模式"三位一体"的、具有中国特色的国际服装博览会。三位世界大师展示力作，令无数观众为之倾倒。《世纪风》大型服装晚会在天坛祈年殿隆重举行，令中外观众震撼。美国一家报纸评论：CHIC 的隆重举办使北京城像过节一样，意味着"沉睡的时装龙"的觉醒，标志着"时装紫禁城"的正式开放。意大利一家周刊评论：长城不会像柏林墙那样被推倒，中国确实在进步。今天，CHIC 作为中国服装的世界之窗、走向世界的桥梁，确是实至名归。

目前全国各地出现了"服装节热"。据不完全统计，全国已有大小展会 151 个，不断促进纺织业和服装业的发展。

（三）再认识服装：四点心得

上述"四条线"，或者独行，或者同步，或者交叉，但几乎是同一个出发点："0"的突破，也是同一个落脚点："再认识"服装。基于此，全行业探索到四条比较有用的理性心得。

第一，科学技术和文化艺术并驾齐驱，是服装业发展的基本规律。

如同人的生存离不开衣食住行这四大基本要素一样，我们终于认识到了服装发展的两大基本要素，一是科学技术进步，二是文化艺术繁荣。满足了这两大基本条件，服装业自身的发展自然就会加快了。

第二，"以服装为龙头"，建设服装产业链，是一条经济规律。

当初提出"以服装为龙头"，我们主要是想理顺服装与面料的断层关系。"服装为龙头"是以服装为主导，来组合以科学艺术为中心的诸多硬件要素和以文化艺术为中心的诸多软件要素，形成服装产品链，进而形成服装产业链。今天，全国已有39个产业集群，正是"以服装为龙头"思想的产物，形成了中国服装产业鲜明的转型特征。

第三，正确掌握生产与消费的辩证关系，是促进服装业发展的一大法宝。

中国服装的消费者经历了"不解放、半解放、大解放、真解放"的四个阶段。这20多年来，服装流行趋势发布、模特表演、服装知识百题竞赛、服装博览会、服装节、服装展示会、服装研讨会、服装设计比赛、服装摄影赛、衣着艺术讲座、出版发行服装图书等系列活动，都潜移默化地改变着人们的传统观念，引导消费者爱美、学美、会美。消费水平得到提升的同时，又反过来拉升产业发展的水平。

第四，学会驾驭市场经济运行机制是促进服装业发展的又一大法宝。

"逼"就是哲学。中国的服装业被"逼"着干出了两件好事：一是企业被"逼"成了生产经营的机制，二是被"逼"出了顽强的自力更生的行业精神。这种宝贵的精神财富，奠定了服装行业发展的思想基础，塑造了独特的行业风格。服装业较早地进入市场经济体制，运用市场经济这个法宝，组合以服装为龙头的产品链，进而构成了今天中国服装业门类齐全的产业链。

（四）再认识鞋业：四点思考

分析了中国服装业发展的轨迹，我对中国鞋业有4点思考。在此我大胆地提出来，与大家一起探讨、思考。

思考之一：中国鞋业是否有再认识"鞋业究竟是什么"的问题？换句话说，中国鞋业是否也有个正名的问题？

应该承认，鞋是鞋，衣是衣，各有各的个性。但是，不能忽视的基本事实是，鞋和衣是同属服饰大家族的两兄弟，自然应该具有很强的共性。

服装是无生命的衣与有生命的人的结合物。这就决定了服装的特殊双重性，它既是物质产品又是精神产品。既然服饰包括衣、鞋、帽等装饰物，所以鞋饰也必然具有既是物质产品、也是精神产品的双重性。可喜的是，红蜻蜓集团编撰的《中国鞋履文化词典》序言中也有类似的观点。他们强调，"正是由于服饰与活动着的人们的紧密结合，才构成了色彩斑斓的人文世界"。自然这里作者指的是"服饰"包括鞋类。然而这种认识才刚刚露头不久，还没有被广泛讨论，恐怕也还没有为行业中的更多人所接受吧。再如，由服装的双重性延伸到"四个含量"的质量观，实质是对"服装究竟是什么"的另类定义。"名不正，则言不顺；言不顺，则事不成。"因此，中国鞋业要想根深叶茂地由鞋业大国向鞋业强国快速发展，似乎也应该有个"再认识'鞋业究竟是什么'"的过程，也就是说，鞋业有个"正名"问题。

思考之二：中国制鞋业是否也要靠科学技术进步与文化艺术繁荣？换句话说，靠科学技术进步和文化艺术繁荣，是否也是中国鞋业自身发展的基本规律？

如果大家对上述的鞋业也要"正名"的问题不持异议，即鞋业既是物质产品又是精神产品，也具有"四个含量"，那么，鞋业发展如同服装业一样，既靠科学技术进步，又靠文化艺术繁荣，似乎是必然的答案。回头粗略地看，改革开放20多年来，中国鞋业"依靠科学技术进步"这条路线一直是强线，指导思想十分明确，实际工作也有力。当然这是非常正确的，也必须充分肯定。可是"依靠文化艺术繁荣"这条路线，是否相对弱了些？文化艺术方面虽然也做了一些事情，但不够连贯系统，更没有摆到指导思想的地位上，所以文化艺术的问题就升华不了。直至20世纪90年代，中国鞋业的文献资料上才出现"鞋文化"的字样。这一强一弱的两条路线是否符合中国鞋业所走过的轨迹？或者说，这是否在一定程度上影响了中国鞋业更大更快地发展？

思考之三：中国鞋业是否需要进一步树立行业意识，形成行业行为？

长期以来，中国的皮鞋归轻工业部门管理，胶鞋归化工部门管理，布鞋归轻工和纺织两个部门分头管理，运动鞋和旅游鞋"产地在哪由哪管"。虽然不同品种有不同的个性，但它们毕竟都属于鞋类家族，必有一个产业共性，也共有一个产业形象。从根本意义上说，只有全行业振兴，企业才会更好更快地发展。然而这些年来，全国鞋业全行业的活动是否少了些？全行业乃至国际的交流平台，是否缺乏？至今，我们尚未有一个全国性鞋业组织。所以，鞋业整体意识与形象是否需要进一步树立？行业活动是否应该多举办一些？

思考之四：中国服装业和中国鞋业都是当今世界上同行业的第一制造产业，但为什么至今都还没一个在国际上叫得响的牌子？

两大产业都涌现出一批中国名牌和中国驰名商标，这是十分可喜的成绩。中国名牌战略推进委员会推出了向世界名牌进军的品牌，中国鞋业有两个品牌入选，服装业却一个也没有。

创国际名牌为什么这么难？以服装业为例，主要有四个原因：一是计划经济体制惯性仍然很强，服装业至今仍然只有加工贸易网络，而无自主品牌的贸易网络；二是消费力不强，中国名牌的消费起点时间不长，人群也不多；三是社会助力不够；四是中国经济实力还不够强大，至今国际品牌，尤其是世界名牌，其实是强势经济的同义语。我们不能操之过急，必须踏踏实实发力。保持目前的发展势头的情况下，预计再过10年左右，我们中国服装业和鞋业可能会有国际名牌的。

（《消费时报》编发，《中国服饰报》全文刊登）

四、传统服装工业终于光荣正名

"名正则业兴"，这是经过实践得出的结论。那么，究竟谁能为中国服装业正名呢？——

"轻纺立国"，这是英国等西方国家在经济起步阶段时的成功经验。1979年4月至5月，中央工作会议决定集中3年时间，对国民经济实行"调整、改革、整顿、提高"方针。那么轻工纺织服装业，该怎样落实"八字方针"？本质上，这事关轻、重工业的前后位置问题。换言之，处于历史转折节点上，中国经济要重新起飞的新形势下，中国是否应该选择走"轻纺立国"的路线？

1979年6月15日，中央领导同志在一次座谈会上讲党的十一届三中全会后经济发展方针时，指出："'调整'不同于1962年，有调上的、有调下的，把有的重工业调下来，把轻工业调上来……现在老百姓的消费要求提高了，不光要求布匹、的确良，还要收音机、自行车、电视机、录音机……不调整不行……"具体谈到服装业时，他特别指出："服装业与国计民生息息相关，事关出口创汇，应给予更多关注和优先发展的特权。"

这期间，我们多次登门向原国家计委汇报，既呼吁借鉴西方发达国家在经济复兴初期时走的"轻纺服装立国"的经验，又反复强调服装的两点重要性——一是服装业在中国国民经济中是第一创汇大户，二是服装在中国社会生活中是物质文明和精神文明建设的结合体。有一次，原国家计委轻纺司副司长冯文英在听我汇报过程中，立即让纺织处的同志一起来听听。冯文英副司长决定到广西举办一次全国计委轻纺干部学习班，让我也去，讨论走"轻纺服发展"路子的可行性。一个好兆头出现了！1985年2月，原国家计委轻纺司牵头，中国服装工业总公司参与，对全国服装业现状和服装市场进行全面调查。最终的调查报告，提出了关于服装的建议："'七五'期间应将服装工业作为重点行业来发展。"

好事多磨，希望的曙光终于来临。1985年，党的十二届四中全会通过"七五"国家计划的建议，同年9月，经中共全国代表大会表决通过。翌年，全国人大六届四次会议正式通过"七五"计划中首次提出的"轻工业三足鼎立"的发展方略，明确强调"以食品工业、服装工业、耐用消费品工业为重点，并带动整个消费品工业发展"。服装工业第一次赢得了国家"重点＋带动"的产业地位，终于被党中央和国家正名了！

这是一个了不起的光荣里程碑！它极大地鼓舞振奋了服装产业百万大军的斗志，从此，中国服装工业跨进了振兴发展的高速轨道。

第十章
原声带

试听服装产业发展时空节点上奏出的交响曲

10

本书前九章从不同侧面记述了改革开放 20 年来服装产业的发展历程，详细记录了我们在探索"建设一个什么样的服装产业，怎样建设服装产业"的大路上，遇到的矛盾、困难，收获的经验、教训。这里重印当年《人民日报》《人民画报》《中国纺织报》等媒体发表的一组具有轮廓线性的文字，包括我的相关文字，还收录了有关媒体采访我的部分文章。虽然这些文字中采用的素材、数据甚至某些观点，确有重复累赘之处，但论证的视角却有所不同，展示的轮廓线亦不尽相同。如果能联结前九章记叙之要来读它，可能既会产生"似曾相识燕归来"之感，又会有往事并非烟云，史话回响真音的收获。

所谓的"原声"就是尊重历史，保留原汁原味。这里选载媒体发表的四篇文章，与大家分享。

一、20 世纪 80 年代的中国服装业

正值新中国成立 40 周年庆典，《人民日报》于 1989 年 10 月 26 日刊发我撰写的纪念性文章《80 年代中国的服装业》。现原文转载如下。

80 年代的中国服装业

谭安

在新中国成立四十周年之际，一股前所未有的服饰文化新潮，席卷神州大地。

讲流行——服装市场的主要倾向

如今，中国社会由温饱型向小康型过渡，人们的服饰消费水平有了明显提高，全国衣着类零售总额从 1980 年的 414 亿元，提高到 1988 年的 1 070 亿元，增长了 1.6 倍。尤其是城镇青年的衣着观念，潜移默化地更新着，服饰要显示个性，追求流行。1986 年上海调查，讲流行的年轻人占 54.5%。1988 年北京问卷调查，讲究流行的年轻人占 61%，中年人占 25%。

为了正确引导适度而文明的消费，科学引导生产，国家把"服装流行趋势预测"列为"七五"重点攻关项目之一。中国服装研究设计中心协调上海、北京、天津、大连、广州、江苏服装工业公司和服

装研究所以及北京服装学院，承担这个课题。自 1986 年起，顺应国际惯例，每年两度发布服装流行趋势，引导色彩、衣料、造型的新潮流。此举尽管在中国起步较晚，反应却十分热烈。大连、上海等地，运用其成果，召开流行服装发布订货会，分别一次破 8000 万元、1 亿元大关，进而形成了 9 省市自治区同一天发布和 10 省市自治区同步发布订货会的"大气候"。

中国服装开始走向世界

前些年，中国服装设计师考察小组出访巴黎时，有位法国朋友竟然问："你们出国穿得西装革履，在国内是否着长袍马褂？"素有"衣冠王国"之称的中国，在外国人眼里竟还是这个形象。如今，中国服装出口触达 160 多个国家和地区，去年创汇超过 40 亿美元大关，占全国出口创汇的 10% 以上。过去，中国出口服装，多数登不上大雅之堂，只好委身于大路货、地摊货之列。改革开放为中国服装跻身于世界先进之林搭桥铺路。1985 年 9 月，中国服装工业代表团首次参加第 50 届巴黎国际女装博览会，进而在中国香港、东京、米兰、莫斯科、纽约、布加勒斯特、阿尔及尔等地，展示了中国服装的风姿。1987 年，又一个高潮出现了。在号称"世界服装奥林匹克"的第二届巴黎国际时装节上，中国服装表演队穿着上海年轻设计师陈珊华设计的红黑系列礼服，轰动了巴黎，赢得了殊荣。

服装设计思想的新飞跃

近几年来，说全国出现了"服装热"并不过分。1985 年，国家设置了两年一度的全国服装设计"金剪奖"大赛。全国各地也相继"热"了起来。据不完全统计，"芙蓉杯""乌金杯""天池杯""希望杯"等服装设计比赛达 60、70 种之多。改革开放不久后，中国第一支服装表演队——上海服装公司表演队，破土而出。仅四五年的光景，全国较有影响的服装表演队就有二十几支之多，至于业余表演团体则不计其数。北京业余中老年服装表演队队员中，副研究员、副教授以上高级职称者居多。天津服装表演队到郊区演出，农民争相买票，场场爆满。广大消费者的审美情趣大为提高，服装设计思想也产生了新的飞跃。其主要标志有三个：一是简练中求新颖；二是质朴中求高雅；三是系列中求实效。它改变了"越繁琐越新，越花哨越美"的传统设计观念。

目前，中国服装研究设计中心，与全国 105 个服装研究所，初步形成了多层次的服装科研网络。天津、青岛等地的一些服装工厂，相继设置了服装研究所，新产品开发源源不断。

二、从蓝蚂蚁到花蝴蝶

1999 年，在新中国 50 华诞的大喜日子里，《人民画报》推出"衣食住行五十年"纪念系列图文。我应约借用意大利媒体描述中国人民衣着变化的用语"从蓝蚂蚁到花蝴蝶"，写下一文，经李娟编辑之手，以中英两种文字刊发。这里转发中文稿原文，与大家分享——

从蓝蚂蚁到花蝴蝶

谭安

我曾听说过一则令人啼笑皆非的故事。1980 年，原全国妇联副主席谭茀芸出访美国。一天，她在向外国朋友告别时，朋友从衣帽架上取下一件男式大衣递给她，她窘迫地摇摇手。原来她的大衣式样、颜色，几乎同男大衣一模一样，难怪朋友分不清了。朋友不解地问："你是学纺织的，为什么对色调不敏感？"她只好托词："我是'假小子'，从小就和男孩一样。"1983 年，她率中国妇女代表团访问希腊、联邦德国，她一反过去的装束。她穿的服装包括旗袍、连衣裙和手工编织外套等，有一位外国朋友道出一句带讽刺意味的幽默评语"噢，中国女子原来也是女的"。

其实，从新中国成立至 70 年代末，"远看一大堆，近看蓝黑灰"，男女分不清的状况，不是个别的，而是相当普遍的现象，年岁大一些的人对此都记忆犹新。20 世纪 50 年代，中国人民当家做主人，脱掉长衫、马褂，穿起蓝色、灰色的干部服、列宁装、棉大衣。当时国民经济还处于恢复时期，人们的温饱还没有保障，衣服只好"新三年，旧三年，缝缝补补又三年，去掉袖子，在家再穿三年"。这个时期的服装业，是个体裁缝的小作坊。1954 年，改造成集体所有制的缝纫联社、合作社、被服厂，能提供的商品成衣率只有百分之几，低得可怜。国家实行棉布计划供给，每人每年只发布票十几尺，用来添置衣被。概括成一句俗话："富人怕过夏天，穷人怕过冬天。"这个年代，艰苦朴素成为基本的时尚。

二十世纪六七十年代，物资匮乏的同时，加上朴素的倾向，束缚着人们的爱美之心。大家只能穿蓝灰制服，青年学生则"流行"穿绿军装。有的女子酷爱花衣服，只好做一件下摆稍短的素色外套罩上，露出一缕色彩，顽强地表现女性特色，却又生怕被说成"追求资产阶级生活方式"。此间，既挺括、又色彩鲜艳的"的确良"，十分受宠，还挺紧俏。这种束缚与反束缚的矛盾，一直延续了 20 年左右。改革开放的春风，吹红染绿，从此大家变得爱美又敢美了。人们尤其是年轻人的爱美之心得以解放，犹如潮水冲决了蓝黑灰大堤。一时间，喇叭裤"扫大街"，蛤蟆镜亦风行。有些 30、40 岁的男子也振振有词："穿衣也要夺回失去的青春。"1980 年 11 月，已经沉寂了 50 年的时装模特，又在上海破土而出。新中国第一支时装模特队——上海服装公司服装表演队，宣告成立。1983 年 5 月，这支模特队进中南海表演，同时北京展览馆全国 5 省市服装展销会上的模特表演，公开售票。年底，国家决定取消布票，几十年的限量供应改为敞开供应。一石激起千重浪，服装改革的呼声响遍了全国上下。一时间，男子西服迅速升温，直至 1984 年形成全国性的"西服热"——推车的穿西服，卖面的也着西服，弄得浑身"开花"，谁见了谁都会心地一乐。从中央到地方，服装展销会此起彼伏，每一次都是人山人海，常常把柜台挤垮，甚至把疏导人流的粗钢管子挤弯。

"爱美，学美，会美"，这是人们悟出的衣着三部曲。通过接受穿着知识，提高审美情趣，人们学会了穿得合体、适体、得体，进而追求流行，讲究时尚。衣着生理需求，急速地向心理需求倾斜。1986 年 11 月 20 日，中国服装研究设计中心经过科学研究预测，首次在北京隆重发布"87 春夏中国服装流行趋势"，这标志着时装开始在中国普及。《美国之音》评价说"这无疑是权威的发布"。

从此，每年两次的服装流行趋势发布会，把时尚送进千家万户。或许有人认为"服装热"主要"热"

图 10-1　1989 年 8 月 20 日，当时北京市级媒体发行量最高的《北京青年报》开辟"庆典金版"连载《新中国 50 年——我身边的 50 个变迁》，服装排到第 9 号，通栏大字标题《从一身灰到时装》，介绍新中国诞生以来，国人衣着从"不解放"到"半解放"再到"大解放"又到"真解放"的历史演绎过程

在城里。其实农村也"热"，只是层次有别而已。80 年代后期，农民服装表演队陆续诞生，表演场场爆满。宁夏回族自治区同心县，是个出了名的贫困县。可这个县也于 1989 年 8 月举办了服装模特表演会。不仅年轻人蜂拥雀跃，连年迈老翁也不甘落后，赶来看热闹。1990 年 9 月，江苏省王市镇向远隔万里的巴黎挑战，办起了农民服装节。乡邻四舍都来了，把三万人的镇子堵得水泄不通。一位曾演过农民的著名演员专程从上海赶来"过节"，见了这阵势，感叹道："过去我在银幕上的农民形象，总是破衣烂衫。如今，农民与市民的穿着没啥两样了！"

服装是一种无声的世界语言。1987 年 9 月，中国首次正式参加巴黎国际时装节，反响极其强烈。《法兰西晚报》头版整版刊登一位中国设计师作品的照片，标题赫然写着："来自毛泽东国家的时装。"1993 年 5 月 14 同，中国国际服装服饰博览会 (CHIC) 筑起了国际服装交流的大舞台。次日，国家主席江泽民在中南海接见了世界著名服装大师瓦伦蒂诺、皮尔·卡丹、费雷等，这是中国最高领导人第一次接见国际服装界人士。不日，名为《世纪风》的古今中外服饰文化艺术晚会，在天坛祈年殿隆重举办。国内外舆论掀起了罕见的高潮。美国《国际先驱论坛报》说："北京目前举办的 CHIC，是一次令人叹为观止的活动，可以看作是'沉睡的时装龙'的觉醒，标志着'时装紫禁城'的正式开放。"意大利《全景》杂志评道："以前，人们曾把中国人叫作'蓝蚂蚁'，而现在，他们正在变成色彩绚丽的'花蝴蝶'。"1998 年 10 月 18 日，《华夏黎明——中国古今服饰展演》捷足先登世界著名艺术殿堂、顶级天桥卢浮宫，谱写了改革开放的中国服装发展史的新篇章。

个性解放，整体健美——这是服饰享受的最高境界。现在，不要说年轻人，就是一向偏于保守的老年人、中年男性也全开放了。着装讲究个性鲜明，对敏感的色彩不在意，对旁人的议论不在乎。无独有偶，如今在大街上常常可以看到"男俏女素"，又出现了"男女不分"的新现象。有人形容，此景是"远看一大片，近看色彩斑斓"。生活质量的提高，还揭示了另一个被掩盖的倾向，即在追求衣着美化、穿出"文化"的同时，也追求服装的第二个功能——舒适健康，讲究穿"绿色"服装。现在中国年产服装近 200 亿件，花色繁多，门类齐全。一半用于出口，中国成为世界服装出口额最高的国度；一半供给内需，商品成衣率达 80% 左右，不断适应着 12 亿国民的工作节奏和生活方式，适应着个性化、时装化、优质化、休闲化的衣着消费倾向。1989 年 10 月，意大利天民党主席访华时曾幽默地说："我一下飞机，还以为坐错航班，到了纽约！从衣着看，北京与纽约真没多大区别。"这话有溢美之意，但又何尝不是事实呢？

（李娟编辑，刊于《人民画报》1999 年 10 月中文版）

三、中国服装"名正业兴"30 年

一个时期以来，原本"衣食住行"之首者，竟莫名其妙地被冷落到不如大头针的地位，于是便有了不平则争的"正名兴业"30 年。为庆祝改革开放 30 周年，《服装时报》记者蔡小玲专访文章《谭安：中国服装"名正业兴"30 年》，在此节选部分内容。

服装不如"大头针"

记者：20 世纪 70 年代，您从部队转业进入服装行业，可以说对服装非常陌生，以"外行"的眼光，您当时怎么看待服装产业的状况？

谭安：1976 年，我从部队转业进入服装行业，可以说就是从那时开始与服装行业结下了不解之缘。首先可以用"尴尬"来形容当时服装产业的产业地位。在旧社会，裁缝的剪刀、厨子的菜刀和理发匠的剃头刀同为低人一等的"三把刀"。1956 年，社会主义"一化三改造"时，背着这种社会世俗偏见的个体裁缝和小作坊，为典型的手工业，被改造成为集体所有制的缝纫联社或合作社，再进一步演变为"大集体"，毛泽东主席称之为"二国营"。其中大约 4% 又演化为地方国营。鉴于此种情况，服装业又"传统"得惊人。

记者："传统"和"尴尬"具体有何表现？

谭安：我举个例子。在计划经济的大背景下，袜子和布鞋可以列入国家计划，分配到一点棉纱和布料；大头针也可以列入国家计划，分配到一点钢材。唯有服装不能列入国家计划，拿不到一分钱、一寸布。当时，产品一旦列入国家计划，这就相当于人有了户口，就可以分到"口粮"。所以那时候，人们就说服装是属"鸡"的，只能自己找虫子、菜叶，四处觅食。很难想象，人人都要穿的衣服，却不如"大头针"有地位。

但这一"逼"，竟逼出了两件好事：一是企业被"逼"上了生产经营的市场经济体制；二是被"逼"出了"属鸡的"顽强的、自力更生的行业精神。这种宝贵的精神财富，奠定了服装行业发展的思想基础，塑造了独特的行业风格。

记者：不容乐观的产业环境，对纺织服装行业后来的发展有何影响？

谭安："逼"也是哲学。1978年，中国服装业出口额是7.08亿美元，算得上一个出口大户。但中国服装在国际上的排名很靠后，在外国人眼里，中国服装是"地摊货""便宜货""档次低"，上不了货架，进不了百货公司和专卖店。这些都是当时中国服装的代名词和真实写照。

这也逼着我思考：老祖宗创造了"衣冠王国"，但到了我们这里，为什么变成"男女不分"，全国衣着"远看一大堆，近看蓝、黑、灰"呢？

这有历史原因。中华人民共和国成立后，生产力水平比较低，强调艰苦朴素，人们都已习惯于"新三年，旧三年，缝缝补补又三年"。举个例子，80年代初，全国妇联副主席谭茀芸带领中国妇女代表团，访问希腊。当时希腊总理的表妹颇有讽刺意味地说："我原以为中国男女不好分。今天看你穿一身漂亮的旗袍，才知道中国妇女也是女的。"

1979年春天，著名的法国时装设计师皮尔·卡丹，应邀在北京民族文化宫举行了一场服装观摩会。这场象征着中法友谊的时装表演，在当时被称为"服装观摩会"。参加"观摩会"的人员，仅限于中国外贸界与服装界的官员和技术人员，还必须通过审查，座位也一律对号入座，并记录姓名。当音乐响起，台上衣着的多姿多彩，与台下的一片"革命色"形成了鲜明对比。露着大腿、扭胯摆臀的外国模特更是让台下的中国观众遭遇到了前所未有的猛烈冲击。这也深深地触动了我的神经，激发我去思考改变中国服装地位的切入点。

"名正"则"业兴"

记者：地位的改变不是一朝一夕的事，作为行业的领军人，您首先考虑到哪些问题？

谭安：我不是领军人物，只是分管这块。我们的大目标是重振"衣冠王国"的雄风，实现这一夙愿的切入点和整个过程的主题就是，给中国服装正名。"名不正，则言不顺；言不顺，则事不成。"然而仅仅只有做事的感情还是不够的，我们还要有充足的理性分析，弄清"正名"的本质。

记者："名不正"的"名"的内涵，怎么解读？

谭安：我的理解是，孔子"正名"首先是地位的象征，它的深层次本质内核是事物的属性，属性决定事物"是什么"？做任何事，不知它究竟"是什么"，那肯定做不好。我这个"半路出家"的人，首先要弄明白"服装是什么"。经过与老裁缝的接触与了解，我又发现一个问题，就是我们对服装行业地位的重要性的认识和宣传力度还不够。事实上，导致整个服装业落后的诸多矛盾中，对服装认识肤浅，甚至"天天见，看不见"，是一个主要矛盾。

于是，我们把发展中国服装业基本思路的切入点、突破口和工作重点，选择在"再认识服装"五个字上。同时，我们也确立了工作思路：不坐而论道，要边干边学；不就事论事，要探讨规律；不小打小闹，要大张旗鼓，由此向前推进，端正地位。旗帜至关重要，地位也至关重要。如果中国服装的客观地位，不被认同，就难发展，更谈不上崛起。

记者：可以想象，服装产业地位的确立过程，是漫长而艰难的。

谭安：简单地说是确立服装的两个地位：一是国内地位，二是国际地位。服装在国民经济中是出口创汇大户，在社会生活中，可以美化十几亿人，这举足轻重地位，决定了服装在大纺织工业中的"大龙头"地位。

在国内，一项基础性的工作就是到十几亿消费者心中去"争"地位，唤醒他们的爱美、学美、会美之心。所谓的争国际地位，就是"走出去"亮相国际舞台，"请进来"体验中国服饰的魅力，吸收借鉴发达国家"轻纺、服装立国"的经验和崛起之路，通过服饰文化活动来树立国家改革开放的形象。

1982年以来，我们反复向国家有关部门，特别是国家计委汇报建议，中国也要走"纺织服装立国"之路，服装要上国家计划大本。

此间，国门打开，思想解放的潮流汹涌澎湃。1983年底，国家取消了布票制，国民衣着开始发生深刻变化。特别是，中央领导同志洞察民情，顺应潮流，开始重视服装。中央领导同志曾在一次会议上强调，要抓服装工作，让全国人民穿得整齐一点干净一点、漂亮一点。

1985年，《中共中央关于制定国民经济和社会发展第七个五年计划的建议》规定，以"食品工业、服装工业、耐用消费品工业为重点，带动整个社会消费品工业的更好发展"。1986年召开的全国人大会议，正式通过了这个建议。

有了地位，就不一样了。这就是白纸黑字地给服装上了户口。"七五"期间国家拨款、企业自筹13.5亿元人民币，计划改造533个服装鞋帽企业，建西服、羽绒、时装、童装等13个样板厂；"八五"中央专项110个，总投资8亿元，用外汇8千万美元，实际上全行业总投资23亿元人民币。这也是服装发展史上的一次跨越时代的飞跃。

同年，国务院决定将服装划归纺织部管理，这样就从组织管理上把纺织和服装有机地连到了一起。9月份，中央领导提出了"以服装出口为龙头"的指导方针，提高出口服装附加值。这又成为我们服装人进一步改变服装地位的"一根稻草"。

举起出口大旗

记者：我们知道，从20世纪80年代初开始，国际产业转移，劳动密集型产业转移苗头已经出现，当时国内有什么动作？

谭安：应该说，我们幸运地抓住了这一历史性机会。1987年，我们把"我国服装工业发展战略研究"向纺织工业部申请立项。重点放在外向型，以出口为突破口。这个课题由青岛服装研究所于冠文担任组长，湖北服装公司的赵军、吉林服装研究所的吕言组成"三人小组"，我具体分管这个项目。

1988 年课题鉴定会召开，提出到 2000 年中国服装业出口下限设为 250 亿美元，上限为 350 亿美元。这个服装单项规划，相等于纺织工业部当时的总规划。当时有的专家、学者被数字"吓"住了，争议不断，有的人说"不可行"。因为 1987 年中国服装出口只有 37.49 亿美元，12 年以后，要增长到 300 多亿美元。但我们据理力争，反复论证，只要规划大方向是对的，在具体过程中，我们努力就可以。

幸运的是，这得到了纺织工业部部长的肯定，她说："一定以服装为龙头。"当时《人民日报》的记者激动地说："要用部长的'一定以服装为龙头'为标题写一篇报道。"在随后召开的全国服装公司经理会议上，具体贯彻落实这个规划，并利用行业媒体，大张旗鼓地宣传。我组织配发了社论《牢固树立服装业在纺织中的龙头地位》，讨论并回答为什么要以"服装为龙头"。此后，我们又向纺织工业部申请"以服装为龙头的运行机制研究"课题。

1990 年，在全国纺织厅局长会议上，我建议推广研究课题试验基地。——江苏雅鹿服装厂作为典型在会议上发言，并且中国服装研究设计中心出资主办了一个展览，名为"雅鹿：服装为龙头"。当时《中国纺织报》以《一条飞舞的小龙》为题进行报道，并配发《一条经济发展规律》的言论，触动了出席全国纺织厅局长们的神经，会后络绎不绝到雅鹿参观取经。

记者：事实证明，2000 年，中国服装出口创汇达到 360 亿元，超额完成规划的上限 350 亿美元。1994 年，中国内地服装出口首次超过香港，并实现了服装出口贸易额和产量"双世界第一"。

谭安：是的。但是，此后，我并未止步，而是把"以服装为龙头"深化为建设服装产业链。我先后参与江西、山东"十五"服装发展规划的制定，其中山东"十五"服装规划提出"以链为纲，有无并重"的思想，得到了山东省政府的肯定。至此，历经 15 年的时间，中国服装业的产业地位确立了。

"中国裁缝站起来了"

记者：至此，服装产业在国内的"地位"争辩暂时告一段落。服装设计作为服装产业的一个重要部分，当时国内服装设计的水平和发展状况如何？

谭安：1985 年 1 月，轻工业部领导指派我率领国内第一个服装设计师考察团一行 7 人，到法国巴黎参观、考察。这可以说是寻找中国服装在巴黎有一席之地的地位。

我们的设计师到巴黎之后，可以说如同刘姥姥进大观园，一切都很新鲜。恰逢法国在开展巴黎女装成衣博览会，在展会现场，我们感觉眼花缭乱！考察结束后，我们也找到一点感觉。巴黎是中国对外开放的第一跳板，我们也应该参加这样的展会，并用 3-5 年或更长一点时间，我们也举办类似的博览会。

回国后，我们把上述建议报告给轻工业部，并征得认同。于是，1985 年 9 月份，我们组团参加"第 50 届巴黎女装成衣博览会"，我担任副团长兼秘书长。团队由设计师、企业厂长等十几个人组成，带去了 94 件 / 套服装。难为情的是，我们不知道怎么陈列展品，服装展品也不成系列，只好请侨居巴黎的台湾同胞指点。展馆的面积达 12 万平方米，而中国的展位只有 21 平方米，别的国家最少的也有几百平方米。即使与其他发展中国家相比，比如印度，我们的展位还要小得多。

我们在展位上挂了几个大红灯笼，装饰一点体现中国文化的元素，中国展位变成了巴黎展上的"红灯记"。没有想到的是，山东印有潍坊风筝图案的服装大受欢迎，在展会期间就被抢购一空，后来我们又打电话回国订服装。

开幕式那天，随团的中央新闻纪录电影制片厂的摄影师，本来准备拍摄中国服装走向西方舞台那激动人心的一刻。可我一到现场就傻眼了，展馆的门口居然没有中国的国旗！我急忙去找展览会的秘书长贝尔朗·董西先生。他解释说，展会主办方是按照租赁展位面积的大小来决定挂不挂国旗，展位比中国大许多的国家也没挂，等我们明年多租展位面积再挂。就这样，我被拒绝了。一天过去了，我心里仍然不甘。不行，要再找，我们当时找他的理由有两点：一是中国是文明古国，是大国，又是第一次参加展会；二是虽然展位面积小，但代表着中国服装百万产业大军。

事情有了转机，展会开始后的第二天晚上，董西先生又跟我说："经过认真考虑，尽管我们很为难，但基于你们提出的理由，没有别的办法，旗杆只有那么多根，我们只好决定把法国自己的三色国旗降下来，把中国五星红旗升起来。"就这样，在展会的第三天，鲜艳的五星红旗在巴黎展会上空第一次飘了起来！来自天津的李启坤激动地挥手高呼："中国裁缝站起来了！"

记者：好的开始是成功的一半，有了第一次成功出国征战的经验，对于以后的"走出去"之路具有积极意义。

谭安：这种积极的影响是无形的。1987年9月，我带中国服装工业代表团参加了第二届巴黎国际服装节。主办方规定每个国家至少20个模特，并且有配套的服装系列，对于这个要求，我们全部都能达到。

在服装上，上海服装公司正式推出了黑红系列礼服和我服装中心相辅的红白系列便服。这次表演彩排是在埃菲尔铁塔后面300米长的背景天幕上，有"十二章""飞天"中国传统文化元素，但没有中国五星红旗，别的国家都有，我严肃地找到了董西先生进行交涉。他说："我们会让你满意的。"在正式开演时，"中国"二字赫然出现，五星红旗飘扬。让我们意想不到的是，演出结束谢幕时，全场980多个模特一字排开，中国模特单独出场并压轴谢幕！主办方称赞中国展成了头号"新闻国"，《法兰西晚报》用头版一个整版刊登一幅"红黑礼服"的照片，标题为"来自毛泽东国家的时装"。

此后，在巴黎争得一席之地这一行为，更加鼓励着全行业的斗志。1998年，我又与沈阳黎明服装集团以"中国古今服饰的灿烂之花"首次捷足先登卢浮宫。2003年，中国民族博物馆《多彩中华》和中国服装设计师协会组成《时尚中国》再进卢浮宫，进一步扩大中国服装的世界影响力。

四、走纺织服装立国之路

为庆祝新中国 60 周岁生日，《中国纺织报》记者张迈建专访而撰写的《走纺织服装立国之路》国庆特稿，探寻改革开放的东风把一个"半路出家"的谭安推上国家服装产业科技文化平台上，究竟是用什么理念进行摇旗呐喊、穿针引线开展具体工作的。现转载原文如下——

谭安的服装国家观

亲历中国服装产业 30 年的谭安，回忆起中国服装工业由工业缝纫机替代家用缝纫机，蒸汽熨斗替代了炭火烙铁，7000 多个工厂替代手工作坊……形成了百万服装产业大军，不断为全国人民提供基本衣着，成为国家创汇大户的变化时，仍然激动不已。他说，每一个行业都代表国家的形象，乒乓球如此，服装也如此。他竭力倡导全行业要有一个奋斗的总目标，那就是重振"衣冠王国"雄风的地位。他认为，服装的地位，不是喊出来的，而是干出来的，甚至是全国人民穿出来的。

谭安还有一个"五星红旗标准"，这是他做事的大原则。他讲述了在法国巴黎先后 3 次发生的与他有关的"五星红旗"的故事。

1985 年 9 月，中国服装工业代表团，首次参加第 50 届巴黎国际成衣展。开幕当天上午，中国代表团发现展馆没有悬挂"五星红旗"，他急忙找到主办方法国女装协会总干事贝尔朗·董西，要求升起五星红旗。董西解释说，展馆门前旗杆有限，只能给参展面积多的国家挂国旗。虽然要求被拒绝了，但谭安还是不死心，又去找主办方软磨硬泡，终于，主办方被感动了，特地降下了法国的三色旗，腾出旗杆升起了中国的五星红旗。

1987 年 9 月，中国服装工业代表团参加第二届巴黎国际服装节。来自五大洲 18 个国家和地区的服装表演队，在埃菲尔铁塔旁搭起的大舞台上彩排展示本国的服装。主办方在每个国家国旗或区旗旁，醒目地标上国名和区名，唯独没有标注中国。谭安见状非常着急，立即约见主办方进行郑重交涉。正式演出时，主办方不仅补上"CHINA"和五星红旗，还安排中国模特独家压轴谢幕，给中国以殊荣。在他强烈的国家观影响下，默默地发挥着潜在作用，2003 年 11 月，巴黎国际服装批发商展览会展馆前，旗杆上竟出现了"两个中国"的旗帜。当时，谭安的次子谭向然想，当年我爸爸不是向主办方交涉升起了五星红旗吗，于是他直接向主办方作出严正交涉，终于降下了台湾的所谓"国旗"。

谭安的服装哲学观

谭安告诉记者，1984 年，他竟借不到一本服装专业理论书，甚至连"讲义"也找不到。他说，虽然中国服装有源远流长的历史，但理论上几乎是白纸一张，被讥为"只有术科，没有学科"。谭安表示，树立服装在国内的地位，首先要有理论的支撑。1985 年 1 月，谭安任《中国服装》杂志社社长，利用这个舆论阵地，他边干边学，对服装的认识也逐步由感性向理性飞跃。1986 年初，他提出服装设计"民族化与时代感"关系问题，并进一步指出正确处理"民族化与时代感"个性与共性的辩证关系，这是服装设计的一条可行的道路。1988年10月，在首届北京国际服装基础理论研讨会总结时，他提出"服装的本质是文化"的观点，并先后发表了《服装设计师也要学点哲学》《服装创作设计也是生产力》等文章，对服装是什么、服装设计与消费者关系、服装动静相济的质量观等一些问题，提出了一些颇具哲学观念的论述。正是他的呼吁与努力，服装才不被人们"天天见，看不见"，服装不再是"戴着老花镜，一把尺，一把剪刀就可以干的事情了"。

1988年，由中国服装研究设计中心主办、联合国开发计划署支持的国际服装基础理论研讨会，在北京召开。来自美国、法国、日本和中国的学者发表了多篇论文。前一年，中国第一所以"服装"命名的高等学府——北京服装学院成立。在此前后的一些年里，《中国纺织报》《中国服饰报》《服装时报》等相继创刊，形成了服装专业研究的浓厚的学术氛围。1991年3月，在天津召开的全国服装研究所所长会议上，谭安提出"服装是艺术性与技术性的统一"的观点，指出服装既是物质产品，又是精神产品，服装设计也是第一生产力。为此，他还为《中国纺织报》撰文《让服装科技与艺术并驾齐驱》。至此，建立中国自己的服装理论体系被提出，服装只有技术、没有理论的局面得到突破。正是由于谭安等服装前辈的努力，受到党中央和国务院的重视，服装被列入"七五"计划。"以服装为龙头"成为纺织工业发展的方向。

谭安的服装科技观

谭安表示，科技是服装的载体，为服装这匹"瘦马"输血强身，上策就是技术武装。他认为，服装停留在"多品种、小批量"生产模式上，已远远不够了。只有实现"多品种、大批量、高品质、高效率"的生产模式，服装才能在白热化市场竞争中与对手抗衡。1990年秋，他提出服装"快速反应"研究的思路，得到纺织工业部和国家科委的肯定。挑起"服装设计与加工工艺示范中心"课题组长的重担。1991年4月3日，中国服装研究设计中心"服装设计与加工工艺示范中心"项目正式启动。谭安深知，搞服装CIMS难度高、风险大，但却是国际前沿技术。中国服装要走向世界，没有它不行。1993年3月，国家科委将这个项目纳入了国家新技术"863"计划，国家服装CIMS应用工程成为国家的攻关课题。

面对挑战，60多位科研人员，目标一致、团结协作、不计报酬、忘我工作。结果，他们仅用了两年半的时间，便攻下了5个专题的难关——服装信息系统（GIS）、服装计算机辅助设计系统（CAD）、服装计算机辅助裁剪系统（CAM）、柔性加工系统（FMS）、服装计算机辅助工艺计划（CAPP），提前实现了5个单元技术的初步集成，理论上实现了多品种西服可在一条生产线上同时加工生产的模式，提高整体运行效率达10%~20%。

1993年9月，科技部组织专家对5项单元技术进行阶段验收。鉴定委员会认为，5项单元技术都居于国内领先水平，其中服装CAD综合设计环境和服装CAPP系统达到当今国际先进水平。服装CIMS核心技术是一座重要的里程碑，标志着中国服装产业由工业经济向知识经济迈出重要的一步。该项目1996年11月，获国家"八五"科技成果奖。

谭安对记者说，采访他的记者总爱写一些热闹的事，比如模特呀、到法国表演呀，这其实只是服饰文化生产力的一种。实际上，服饰文化不能"空转"，科技生产力要作为它的载体和支撑，才能呈现它的时代感，释放它的时尚活力。所以，搞服装科研，说到底就是要研究如何提高生产力，一方面要研究科学技术生产力，另一方面要研究服饰文化生产力，而且要把研究的重点放到这两种生产力的结合点上。

写完这第十章，回头想想，在改革开放前期的十几年里，在党中央和国务院的领导下，我们全行业所干的每个大大小小事项目都有各自的小目标，同时也都在为重振衣冠王国雄风这个大目标添砖加瓦。从而揭示了一条方法论真理：凡是工作生活中哪怕一件区区小事，它不但有目标，而且同时具有相对大小两个目标。大目标是方向，小目标是抓手。有目标—万箭齐发；无目标—万箭乱射。有目标——万丈高楼；无目标——万无一得。只盯单目标——倾此失彼，大小目标同在——则步步为营；大目标——着眼点，小目标——着手点。没有大目标，小目标就会杂乱无序，而没有小目标，大目标就会成为空中楼阁。成事——就是大小目标同时存在又相互兼容的目标体系之总和。我们称之"大小两个目标论。"

第十一章
今日时尚

"轻快时尚" 时代到来

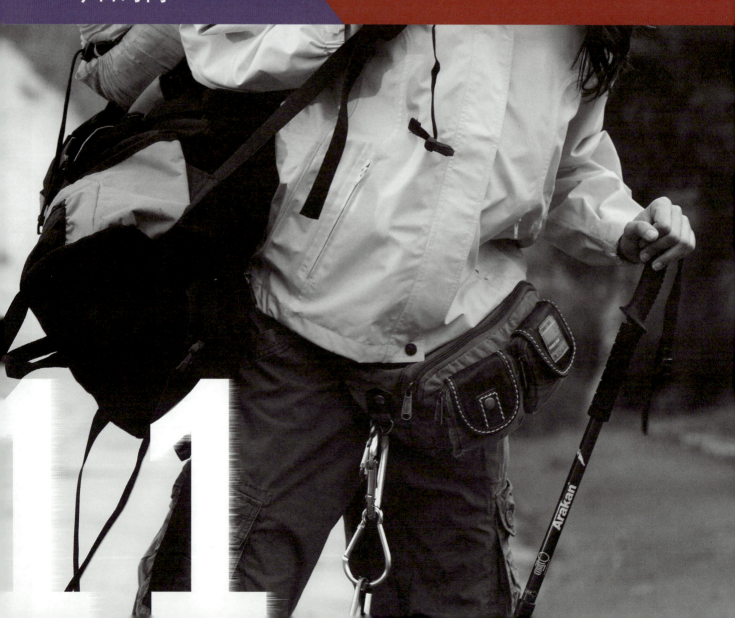

11

"服装是什么？"一场跨世纪的讨论，没有画句号，也不该画句号。定格千禧年交替之时，在众多答案中有一个居于主导地位的共识：服装即"时尚"，服装产业即时尚产业。众所周知，每个时代都有形影相随的时代时尚。那么，进入信息化时代、智能化的当下，相应的时尚符号是什么呢？

"'轻快时尚'时代到来"这个标题，是一个相当有远见且有指向性的题目。但这不是本人杜撰，也不是自我拔高，这得感谢《纺织服装周刊》的总编刘萍富有担当地站到时代坐标的高度，在发表我第一次提出"轻快时尚"观点的论坛发言稿时所作的题目。

一、"轻快时尚"从概念到生活的前前后后

我对于"轻快时尚"的认知经历了一个思考过程，先后在三次论坛上分享了自己的学习心得与思考。

2010年8月10日，我在"中国品牌节"高峰论坛上，针对当时炒得火热的"快时尚"首次公开唱反调，提出了"轻快时尚"的概念，指出在倡导低碳环保、可持续发展的当下，我们不应追逐消费纤维的"公斤数"，而应追求"纱支数"，践行绿色价值观。《中国纺织报》《纺织服装周刊》相继编发，后者用了一个颇具指向性的标题《"轻快时尚"时代到来》。

2011年8月9日，我在"中国品牌节"论坛上，二论"轻快时尚"，提出"轻快时尚"的定义，指出"轻"与"快"在物理学里是量化参数，在时尚领域则是幸福指数。《流行色》全文发表，《纺织服装周刊》编发时用的标题是《从文化认知看"轻快时尚"》。

2012年8月12日，我在"内蒙古二连国际民族服饰节"上，三论"轻快时尚"，提出"轻快时尚"的初步框架体系，并首次推出当今世界三大主流时尚。《服装时报》编发时用标题为《蒙古族时尚与世界主流时尚》。

在相当长的一段时间里，我一再呼吁，服装产业结构调整的目标就是"轻快时尚"。一些专业媒体也助力宣传，一些服装鞋帽企业也积极推进。10年过去了，令人欣喜的是，如今"快时尚"的浮华已风光不再。相反，顺应绿色环保的发展大势和亿万大众的理性消费观念得到升华，"轻快时尚"却得到越来越多消费者与品牌企业的认可，就连曾随同ZARA等国际大牌一起助推"快时尚"的优衣库，也高举起了"轻美学"的旗帜。

图 11-1　优衣库 2019 年秋冬服装广告

　　2019年10月12日，天高云淡，大玻璃橱璃窗里的优衣库的广告语"高级轻型羽绒系绒系列 轻·暖轻美学"，吸引了我的眼球。我伫望良久，感慨真是此一时彼一时。这令我想起，几年前"快时尚"满天飞的一天，访日归来的即发集团股份公司董事长杨卫东，拿出优衣库赠他的防寒服礼物让我看。他边比画，边说道："这件衣服采用了韩国新的保暖材料，拳头大，一百多克重，保暖功能不降反升，出差放在小手提包里，遇冷时立刻穿上，不冷时马上收起来，随机变换，十分方便。"2020年3月16日，春天来了。我从玻璃橱窗中看到优衣库春装的八字广告语：轻·简·色·型 都市时尚。啊，柳井正先生终于奏出优衣库品牌的时代主旋律：轻简时尚。这证实了我首次论及的"轻快时尚"观点。我曾直言，这些大牌公司的产品其实有快、也有轻，只不过当时是出于商业原因就掩盖了一个"轻"字，从而变着法儿地为浮华的"快时尚"哗众取宠。

　　14年后的2024年4月，时尚大国法国国会也站出来了，通过了一项反对快时尚的决议，指责快时尚影响环保。如果再加一条，快时尚浪费资源，反对的理由就更充分了。应该说，法国此举的正面意义值得肯定，但如果矛头主要指向中国的年销售额达230多亿美元的希音（Shein）公司，那就有虚伪的嫌疑了。

　　这里转印我2010年之后连续在三个论坛上三论"轻快时尚"发言的文字，以资再讨论。

二、是快时尚，还是轻快时尚

是快时尚，还是轻快时尚

——在第四届中国品牌节服装高峰论坛上的发言

（2010年8月10日京西宾馆）

谭 安

感谢品牌中国产业联盟给我的这个机会，与大家一起分享中国品牌节的快乐与收获。

会前，品牌联盟发给我关于这次论坛的主题材料。其中有一个挺抢眼的词，"快时尚"。我的第一感受是，这个"快时尚"不错，反映了自20世纪90年代开始，中国服装业发展开始进入了"快鱼吃慢鱼"而不是"大鱼吃小鱼"的时代。我的第二个感受是，"快时尚"题中之义的一个"轻"字，"被潜规则"了。其实，"轻"是服装乃至一切消费品品牌价值取向的一个基本指标。如今我们似应请出这个"轻"字，让它名正言顺地站出来，与"快"字并列看齐，叫作"轻快时尚"如何？不知在座各位可否认同？这一称谓，究竟符合不符合实际，是否有利于服装企业转型，是否有利于创立品牌？还是让我们一起看几个案例，再回答吧。

"即发"案例：

青岛即发集团于1955年成立，1985年开始做针织内衣，目前已成为中国第一大针织内衣公司，也是针织内衣出口大户。2009年，出口额达5.59亿美元。即发的发展秘诀是，不失时机地进行纤维的应用开发，稳稳地站在针织服装产业链的制高点上。20年来，即发集团应用研发纤维20多种，其中包括获得国家科技进步奖二等奖的甲壳质纤维。每年开发针织内衣1 000多种。杨卫东总经理和解珍香副总经理非常认同我关于轻快时尚的观点，并积极提供了新型内衣的两个显著特点的深刻分析：

特点一：十几年以来，即发内衣从普通型的纯棉纺织品向高支高密发展，像由普通的20S、32S纱线，2005年发展到了120S/2。用高支纱做成的内衣具有表面光洁、触感顺滑、透气舒适、易洗快干的特点，特别适合作为夏季内衣，是商务人士的首选佳品。

此表可读出：面料纱线由32S上升到120S，也就是纱线由粗变细了3/4。

针织用纱走向趋势表：

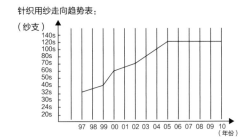

附表一：出口产品纱支克重变化表

年度	棉织物		化纤织物	
	纱支	克重	纱支	克重
1998—1999	20sJK	280g/m2		
	24sJK	240g/m2	150D/48F	280g/m2
2000—2002	30sJK	180g/m2		
	40sJK	140g/m2	100D/48F	220g/m2
	50sJK	110g/m2		
2003—2006	60sJK	90g/m2	75D/96F	170g/m2
2007—至今	80sJK	70g/m2	75D/144F	115g/m2

例如具体到女装品种其变化见下表：

纱支	克重	款式
30sJK	230g/m2	弹力半袖
32sJK	170g/m2	背心
40sJK	145g/m2	半袖、吊带
60sJK	115g/m2	吊带
80sJK	70g/m3	半袖、长袖

图 11-2 即发集团轻薄女内衣

图 11-3 2011 年 3 月 29 日，优衣库社长柳井正（右二）在北京举行的中国服装论坛上，与即发集团公司董事长陈玉兰（右三）会见，谭安（左一）陪同

此表可读出：出口内衣纱支粗细重量，由 20S 到 80S，由粗变细了 3/4。克重从 280g 降低到 70g，也就是原来做 1 件等于现在可做 4 件。

此表可读出：出口内衣女装纱支由 30S 变成 80S，由粗变细了约 2/3，克重由 230g 降至 70g，也就是原来做 1 件的材料等于现在可做 3 件。

特点二：成衣向着健康、环保、功能性的方向发展。例如即发开发的甲壳质纤维具有抗菌、保湿、护理皮肤、缓解瘙痒的功能，并且极易降解。其纱线也经过了由普通的 32S 混纺纱发展到了 60S 混纺纱。坯布由普通汗布到加入氨纶和复合式结构到印花产品的发展，成衣更加轻薄舒适。

"无用"案例：

2006 年马可创立"无用"品牌。她的新理念的精髓是"清贫时尚"。

马可的解读："清贫"，不是一般意义上的贫穷，而是通过自己的思想和意志的积极作用，自主创造的简单朴实的生活状态，是对物质世界的一种主动的叛离和对物欲的节制，是一种追求富足的精神世界的行为。它包含着最低限度的对物质的占有；最为充实的和自由的精神生活；不执着于一切世俗的欲望，如权利、利益、名誉等。以上诸项，均源于自身的主动选择，而非出于被动或无力改变的现状。当今的世界，"奢侈"已不再奢侈，"清贫"却最为奢侈。请看代表作《奢侈的清贫》。

媒体评论

1. "马可重新定义了一直被大品牌所主导的'奢侈'"，法国《世界报》感叹，"马可，以对大自然的礼赞，为巴黎高级时尚周画上句号，并在芸芸顶级品牌中'无用'脱俗而出。这些具有永恒时间性的杰作，还原了衣服的本质和其首要的功能。"

2. 法国《费加罗》杂志记者认为，"奢侈的清贫"是一场绝对有别于西方时尚概念的演出，马可的作品让人能够静心体会她所要传递的讯息，非常独特。

3. 法国高级时装公会主席迪迪埃·戈巴克："马可获邀于巴黎高级时装周发布的意义不亚于日本设计大师三宅一生当年（20 世纪 80 年代）应邀在巴黎发布的意义"。

图 11-4 2008 年 7 月，马可应邀参加巴黎 2009 春 / 夏
高级定制时装周，在巴黎皇家花园的林荫步道上，
上演了一场以"奢侈的清贫"为主题的"无用"
品牌秀

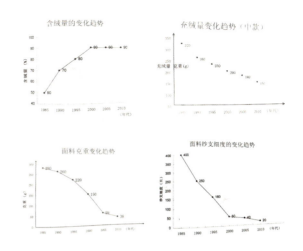

图 11-5 波司登羽绒服坐标曲线图

4. 法国《世界报副刊》："这个中国女人，一下子就跑到所有人的前面去了。"

5. 克劳斯王子基金奖

6. 国内媒体人洪晃："无用"的秀彻底颠覆了高级定制的概念，代表中国人民策划了一场对高级定制的"文化革命"，好像是为了给高级定制敲丧钟的。

"波司登"案例：

高德康是改革开放时期涌现出来的一位八面威风的闯将。1976 年，他以 8 台缝纫机起家，组成缝纫组，发展至今，成功打造了一个销往全球 72 个国家的蜚声中外的"羽绒服帝国"。波司登与中国服装研究设计中心合作向全国发布中国羽绒服装流行趋势，推动行业发展。波司登与上海服装协会认证合作"绿色羽绒服"，发挥示范作用。波司登创新践行"轻快时尚羽绒服"。我征求波司登首席设计师朱琳对"轻快时尚"这个概念的看法时，她坦然回答："这些年，我们就是这么干的，只是没提出这个概念，我给你提供数据。"

此四幅坐标曲线可读出：波司登羽绒服填充物之重量历年递减，织物纱支变高，面料变薄。

现在波司登的羽绒服只有 188 克重，是 25 年前的 1/3 重量。羽服克重变轻的趋势用实物照片展示。

"如意"案例

山东如意集团 1996 年成立，积极走产学研路线，研发"如意纺"先进纺毛纱技术，可纺出 300s 以上毛纱，最高达到 500s，世界领先，今年（2010）1 月，荣获国家科技进步奖一等奖殊荣，奖金 100 万元。

从上面五个案例中，我们看到了什么，想到了什么，又选择什么呢？

图11-6　波司登轻快时尚羽绒服

图11-7　如意的细毛纱

图11-8　轻薄露透典范

第一，锁定个性化消费时代的特点，掌握个性化消费供应链的主动权。

1984年，我去日本考察。日本朋友说："参加宴请时，如果有两位女性穿了同一款式的服装，其中一位会找个借口退席。"当时，我觉得茫然不解。没过几年，中国也出现了类似的情况。从此中国进入了个性化消费的时代。20年来，中国服装供应链在应对国内外的个性消费实践中，认识上有了一些质的飞跃，规律上得到一些要领。

1."e时代"的主旋律是快节奏、高效率。

2.个性消费是一个人的生活状态。好的个性生活状态：既有张，又有驰；神态，轻松自信；动态，轻便自然。

3.个性消费首先基于个性的解放，而个性解放则又基于思想解放。新中国成立60年来，从衣着消费上反映出的思想解放的轨迹是，"不解放、半解放、大解放、真解放"的四阶段。迈入了21世纪大门，广大消费者进入了明白"衣是什么、怎样穿衣"的"真解放"阶段。伴随思想"真解放"，个性解放也进入理性阶段，从而推动了个性消费步入新阶段。

4.个性服装消费的基本特征是：由"量体裁衣"向"量人裁衣"过渡。从一定意义上看，如果说"量体裁衣"是个性消费的初级阶段，那么，"量人裁衣"则是个性消费时代的高级阶段。目前，中国正处于个性消费的高级阶段。量"体"的侧重点放在规格尺上，力求既合体、又适体。而量"人"则是既量"体"，又量"心"，功夫下在人的爱美之心、爱命之心和爱自由之心上。由于有人还停留在"量体裁衣"阶段的思维上，所以着装是"人体包装""服装是人的第二层皮肤"之类的概念，这也不足为奇了。

5.个性消费的生产模式是"多品种，小批量，短周期，快交货"。

6. 个性消费的最小批量 =1= 单量单裁。

7. 个性消费的最佳指标是"量心裁衣"。

8. 个性消费的最终目的是"自由自在"。

9. 个性化消费与工业化生产之间的矛盾处理的要领是，从消费个性中找到群体消费的共性，也就是求个性消费与群体消费之"大同"，存"小异"，做足"大同"，点亮"小异"。在今天，消费的共性与个性之间的界限，有些模糊了。因为人人都在追求"自由自在"。我们是否可以用另一种表述：两条不平行的个性消费与共性消费的直线，最终的交汇点是"自由自在"。所以，供应链的基本功是，做足自由自在的"大同"，点亮个性之"小异"，而这个"小异"很难或者说不可能做到差异化，做差异点就足矣。

第二，"轻快时尚"是人们追求个性解放，实现自由意志的重要指标，也是企业转型升级的基本目标。

自 1969 年互联网问世以来，"网络速度"与"虚拟空间"既是企业发展的"助推器"，又是大众的"快时尚"。计算机集成制造（CMIS），以"流行"为魂的"时效含量"所构成新的服装质量观，线上线下相结合的营销模式是有效的模式。网上开店的成本也很低，如淘宝开店免费，商派公司的模板式独立网店年服务费 2 180 元。当然推广成本却很高，有专家估算 B2C 网站广告语的产出比是 1∶1.5。

伴随"快"字的惊人速度，自 20 世纪 90 年代以来，"轻"字的地位日益攀升，赫然居于首位。男西服的特点是四个字：轻、薄、挺、软。女时装的基本特征也是四个字：轻、薄、露、透。

波司登羽绒服案例代表了冬装由重变轻的趋势，即发内衣案例代表了内衣由重变轻的趋势。服饰的"轻时尚"一举"两得"：

"一得"为高纱支、薄面料，低克重的服装具有简约、柔软、爽身、亲肤、轻便、飘逸的时尚感。说到女时装的"轻、薄、露、透"，在这里我要强调的是，凡事都讲分寸，服装的分寸感是个十分敏感的问题，也是一个文明底线的问题。无论是生产者，还是消费者，都要拿捏恰当。我们拒绝"三俗"：低俗、庸俗、媚俗。我们要提倡"三雅"：文雅、高雅、风雅。

"二得"为节省纤维，节省资源，降低成本的经济性。成衣的成本中，面辅料占了 60%-70%，减法潜力巨大，如日本三越百货将在本月发售全球最轻的"天女羽衣"，其纤维约为头发的 1/5，每平方米布料仅 10 克重，非常吻合低碳环保的大方向。简而言之，企业应加快向"轻快时尚"转型，适应消费者的个性新需求，又能降低成本，提高效率和收益，何乐而不为呢？

第三，抢先一步占领产品链的纤维制高点，践行绿色价值观。

美国人"寅吃卯粮"，过度消费。他们每人年均纤维消费量 30 几公斤，是全球人年均纤维消费量的 3 倍多，是中国的 2 倍多。在座各位的衣柜是不是有点"衣满为患"之惑呢？那么美国人的衣柜又会是什么情况啊？可想而知了。国内外企业的成功经验证明，研发新纤维是关键中的关键，它既决定着纱线的细度，又决定着健身的功能。以品牌为旗帜的产品链竞争，已取代了产品的竞争。谁抢先占领纤维制高点，换言之，谁抓住了产品结构调整中纤维这个"牛鼻子"，不追求"公斤数"而追求"纱支数"，不光追求"均匀度"，更追求"健身度"，谁就是领跑者，就是优胜者。上述"即发"和"如意"的案例，就很能说明问题。

现阶段，中国经济领域的中心任务是转型。那么转型经济发展方式的实质是什么？说白了就是"节省资源"。可见一个"轻"字了得。如果我们仍然步美国后尘，继续追求纤维的"公斤数"，那将是什么后果？如果各行各业，甚至世界各国也都效仿美国模式，"加法"消费，糟蹋资源，那地球的命运可真的不妙了。所以，美国金融危机引爆的全球性的大灾难，究竟留给人们最有价值的教训是什么，很值得深思啊！

我完全赞成品牌中国产业联盟主席艾丰同志的精辟反思，他说："截至现在，人类价值观的核心是金钱。这种价值观已经危及人类自身的生存和发展。人类必须树立另一种绿色价值观。绿色价值观的实质就是老祖宗说的'天人合一'。"前天，在人民大会堂开幕的第四届中国品牌节，确立了一个伟大的目标——"品牌，让中国更受尊敬"。我们一定认真践行绿色价值观，努力创造"轻快时尚"品牌，让五洲四海的消费者在体验中国品牌价值的实惠中，更加敬重我们可爱的祖国吧！

谢谢大家，不当之处请予指正。

（本文系发言原稿，《中国纺织报》《纺织服装周刊》等编发）

三、从文化认知看"轻快时尚"

处于转型过程的中国服装产业，在文化方面出现了 3 个"似是而非" 的概念，而且与"轻快时尚"概念有很直接的关联。对于这些问题，我如今可能仍难说得清楚，只期望借（2011 年）第五届中国品牌节高峰论坛，在更大范围内求教，以期引起更多讨论。

文化个性再认知

——文化是服装产业的附庸，还是个性灵魂？

近年来，业内上下探讨服装产业由大变强的发展思路。一个主导性的"科技强、品牌强、人才强、可持续发展强"的"四强"思路，无疑是非常必要的。但是，服装文化、消费渠道和国民消费能力在服装产业链中，本应具有与"四强"同样的重要地位，却被不同程度地模糊了。

为什么说要"再认知"呢？因为服装产业对文化个性的认知是转型升级和方式转变的前提。

我们用一场"服装文化革命"换来服装产业个性的认知。在 20 世纪 80 年代的 10 年间，中国服装业伴随思想解放运动，自觉不自觉地进行了一场自我"服饰文化革命"。这场"文化革命"不是农村包围城市，而是城市带动乡村，先从北京、上海等大城市打响。

图 11-9　2011 年 8 月 9 日，谭安在中国品牌节服饰高峰论坛二论轻快时尚

　　1979 年，皮尔•卡丹带着法国日本模特来到中国。"西洋景"引起了国人的惊讶和思考。1985 年，总书记号召并带头穿西服，出现了"全国西服热"。1986 年 10 月，中国服装研究设计中心和《中国服装》杂志社在北京首次发布了中国服装流行趋势，引起了强烈反响。海外舆论甚至讥讽中国："赫鲁晓夫不是说，中国两个人穿一条裤子呵！怎么突然发布起服装流行趋势来了呢？"记得当年风靡全球的《大趋势》一书中，只有两处提及中国，一是邓小平，二是服装流行趋势发布。

　　随后，全国上下大大小小服饰文化活动此起彼伏，推动形成了"工农兵学商，一齐干服装"的空前大好局面。为了不停留在"做服装的表面文章"上，把这场"服装文化革命"向纵深处引入，中国服装研究中心和北京市纺织工业局联合立项，进行专题研究，获得了关于衬衫的"四个含量"的成果：一是技术含量占 34%，二是艺术含量占 35%，二是时效含量占 15%，四是信誉含量占 16%。可能在今天看来，"四个含量"已经发生了变化，但这毕竟是由定性向定量认识服装是什么的关键一步。

　　这场"服饰文化革命"获得了两大胜利果实。第一，认识了服装产业的文化个性，找到了"以服装为龙头"（今天称之为"服装产业链"）的发展机制或发展模式，中国服装业从此迈开崛起的步伐。第二，10 亿国民都积极参与，用五彩缤纷替代了"蓝灰黑"。这场"服饰文化革命"对中国服装产业发展的能量与作用是不可低估的。

　　夺得了两大胜利果实后，纺织工业部于 1991 年 3 月，在天津召开了一次会议。本来这只是第二届全国服装研究所所长会议，却打出了纺织工业部的大牌子，不仅请来全国各地服装公司负责人，还请来当时纺织厅局主管科技的厅、局长们。时任纺织工业部副部长、现任中国纺织工业协会会长杜钰洲，在会上作了"依靠科技进步，繁荣文化艺术，全面提高服装工业的整体素质"的主题报告，端正服装产业混同于冶金、钢铁等产业，避免只突出科技进步的共性，而忽视突出文化艺术的产业个性的倾向，"以服装为龙头"传导并推动上游纺织工业的全面发展。

从现代服装产业链的"做服装，卖服装，穿服装"三大基本环节来看，服装文化、销售渠道和国民消费能力在服装产业链中，本应具有与"科技强、品牌强、人才强、可持续发展强"的"四强"同样的强势地位，却被不同程度地模糊了，甚至忽视了它们的本该拥有的重要地位，尤其是服装产业文化个性。其实这就意味着产业缺失了灵魂。一个缺失灵魂的产业的前景，是难以想象的。

现在回头看，这场"服装文化革命"似乎还不彻底，多半停留在"知其然"——认知了服饰文化的"术"上，还没有认知到"所以然"——中国服饰文化的基因这个"根"上。

中国文化基因的认知

——设计是玩堆积木，还是栽棵树？

汉服、唐装、中山装和旗袍，我们权且称其为中国历代服装"四个代表作"。再看一看蒙古族、藏族、苗族、维吾尔族等少数民族的服饰。我们看到了什么呢？第一眼，看到了有个性的形象，它们都具有划时代的标志；第二眼，看到了有血有肉的形象，它们既具有实用价值，也充满文化个性；第三眼，看到了有魂的形象，时至今日，2000多年过去了，它们的"文脉"还在跳动，还"活"在不同人群、不同场合的国人身上。

那么，再请大家想一想，改革开放30多年来，中国服装设计取得的丰硕果实里，能否找到与"四个代表作"相媲美，甚至超过它们的杰作呢？可能尚未发现，也可能本来就尚未出现。

据我观察，中国服装设计队伍中不少人得了"两种病"：第一种"迷信洋人"，模仿、标榜西方文化，甚至"挟洋自重"；第二种"迷信古人"，喜欢简单地把中国元素与中国文化画等号。如今，"中国元素"标签满天飞，充斥舆论阵地，通行在各个领域。不少服装设计师经不起诱惑，也玩起了"堆中国元素积木"的游戏。这两种病源自同一条根——缺失中国文化基因。

客观地说，模仿并不能一概排斥。从"照猫画猫"到"照猫画虎"，再到"想啥画啥"，可以是训练创作能力的方法之一。"洋为中用"早就是我们的一条创作原则了。但问题出在，不少设计者陷入欧美文化的泥沼中，模仿的作品全是西方面孔，没有中国的特色。

玩"中国元素"也不能一棍子打死。千姿百态、绚丽璀璨的中国元素之花，开放在中国文化这棵大树上，可以作为设计灵感的向导。殊不知，服装艺术的形式总是在变化。但几千年来，总有一个不变的东西，那就是中国文化基因。如果决心创作中国特色的自主品牌服装，那就要传承好中国优秀传统文化的基因。诚然，炒作中国元素、玩堆积木游戏者，也可堆出好看的形象，但稍不经意，一触就倒了，因为它没有"根"。那么，中国服装文化的基因究竟是什么？

我的回答是三个字：不知道

我只能概略地说自己感觉到中国文化个性基因的重要性，以及找到它所导致的危害，大致看到它的美好发展前景，以引起更多人关注它、追求它。然而，破译中国文化基因密码，涉及天文与人文、自然学科和社会学科诸多学科，是一项浩大的文化工程，也是一个大难题。

因此我呼吁，国家文化部和工信部联合组建中国文化基因国家攻关团队，先迈出中国自主品牌走向世界的决定性的一步。我们坚信，找准并传承中国文化个性基因之时，必然是取得中国文化话语权的那一天，也必然是中国"轻快时尚"服装产业真正由大变强的那一天。

时尚内涵的认知

——时尚是徘徊于涂脂抹粉，还是聚焦健康生命？

近几年，中国服装产业又戴上了一顶"时尚产业"帽子。这顶帽子很耀眼，也引出了不少说不太清的事。

今年5月23日，清华大学第4综合教学楼挂上了"真维斯楼"金字牌，一时引起了一场轩然大波。我无意再纠缠该不该挂牌子，只想借此机会，说说"时尚产业"的事。的确，服装不能与"两弹一星"相比，但是，服装也并不那么简单。20世纪80年后期，清华就建成了中国的"863"计算机集成制造（CIMS）中心，"点击鼠标"就可造出机床。后来我们也经国家科委批准攻关建立了一个服装CIMS示范中心。时至今日，20多年过去了，"光点鼠标"来制造服装还是不行，有道工序还得手动。这仍然是世界性的难题。可见，柔软的布料比坚硬的钢铁还不好对付。

我在想，为什么清华要把中央工艺美术学院并入自己的版图，并将其命名为清华大学美术学院？为什么清华要以李政道提出的"科学与艺术是一枚银币两个面"的理论观点，组建了一个清华大学艺术与科学研究中心？我进而想问，工艺品包括服装，都是"工"与"艺"的融合物，可时代变了，21世纪的"工"是什么，"艺"是什么，"工"与"艺"又怎样融合呢？我猜想，清华的决策者高瞻远瞩，已经看清了相当多的学科的最终落脚点，都要落在产品所必具有的"时代感"之上。

"时尚"是一个中性概念。眼下，在市场经济条件下，"时尚"看上去眼花缭乱、鱼龙混杂。这是当今浮躁的社会风气，绑架了时尚中性的集中表现。出现这种状态，原因很多。其中不乏功利、或商业炒作。自然，我们应该大力倡导既积极健康向上、丰富多彩，又富有"工"与"艺"，即高新技术和先进文化艺术相融合的时尚产品，符合国民生活方式的基本价值取向，服务于和谐社会文明的主流风尚。

"时尚"又是一个以时间为特征的概念。当今信息化时代最显著的特征就是高速度，从而带来高节奏、高效率，进而带来人们生活状态的高度紧张。然而，人总不能时时刻刻都绷着神经，紧紧张张地过日子。怎么放松？各有各的招数。我们提倡用"轻快时尚"来放松自己，因为轻与快跨进时尚领域，已经不完全是物理参数，而是人精神生活追求的幸福指数。

"轻快时尚"已不只是个理论问题，而是一个不争的现实问题。中国服装产业及其下游纺织各产业，包括化学纤维产业，一大批睿智的科技工作者和企业家，如波司登、如意、即发、无用等，都在追求"纱支细、面料薄、重量轻、功能多"的产品，先后取得了一大批可喜的成果。在国际上，发达国家早就锁定轻快又具有多功能性的产品。这是未来市场竞争的焦点，如当前市场上女高档丝袜，用的9D锦纶丝我们还得从国外进口。

"轻快"既是大势所趋的时代发展要求，又是时代文明的重要标志。

根据这样一个现实，我斗胆提出了"轻快时尚"的概念，尽管我知道它还很单薄、很零散，但只要它符合当今时代的发展大势，具有可操作性，又有市场需求就行。至于理论问题，伴随着社会实践不断丰富，再不断系统化就好了。

"轻快时尚"是很难被定义的。我们先去找能抓得住的，干起来。我所理解的"轻快时尚"服装是由"实用价值""文化灵魂"和"艺术形象"三根桩支撑的。

实用价值，由高新技术之"工"研发纺织新材料，一个是做减法——减重量，另一个是做加法——增细度、增功能。"加加减减"出具有防护功能、运动功能等轻便、舒适、健康、环保的多功能性服装，服务于消费者"爱美之心，人皆有之；爱命之心，人更有之"的现代消费观。

文化灵魂，通过文化将服装这个物质"文而化之"，"化"出如同李政道博士所言的"一枚银币两个面"的服装，展现人的气质。

艺术形象，这是服装的外在美化功能。当然，消费是个性化的，审美也是"各美其美"。当今，中国服装典型形象应该是中国优秀传统文化与世界主流时尚相融合形成的，既具中国文化之魂，又具当代风采，提升人的自信，唤醒人的生命觉悟。

其实，"轻快时尚"也不仅仅是服装产业的专利。我觉得它是工业消费品领域的一切产品开发的一大趋势。这已不是纸上谈兵，我们身边的生活用品包括电视、手机、电脑等，无不呈现着"轻快"的大趋势。"轻快时尚"服装最贴近人，更当走在"轻快时尚"发展的前头。我们热切地期待着，服装业在"轻快时尚"方向上迈出更快、更大的步伐。

（刘萍编发《纺织服装周刊》）

四、蒙古族时尚与世界主流时尚

蒙古族时尚与世界主流时尚

今年（2012）6月，内蒙古二连浩特市长进、中国民族博物馆约韦荣慧副馆长和我，到二连浩特参与"2012中国二连浩特中蒙俄民族时装节"。他介绍了二连有"四个比较优势"：边境口岸、边贸政策、恐龙旅游和蒙古族文化。我随即说："作为一个服装人，你们办时装节，我举双手拥护。是否可以考虑，以蒙古族服饰文化为'轴心'，捆绑'四个比较优势'，让二连浩特这条'恐龙'飞舞起来？"市长点头赞同。我想从"如何正确处理蒙古族时尚与世界主流时尚的关系"，和大家一起继续探讨"轴心与捆绑"的思路。

全世界有大小民族2000多个，蒙古族便是其中一个。蒙古族是一个具有悠久历史的伟大民族，创造了独具蒙古族个性的灿烂文化。蒙古族文化已有经典著述。在此我只想强调，蒙古族服饰文化中的一个基本内核——服饰风格彰显民族性格。

　　每个人都有自己的性格。一个会穿衣服的人，总是要选择与自己性格相匹配的服饰风格。服饰风格是由款式、颜色、纹样、佩饰集成的品位形象，是服饰文化的结晶与缩影。同任何一个民族的衣饰都是历史的积淀、民族的选择一样，蒙古族选择了长袍、腰带、靴子和首饰等，选择了红、白、黄、天蓝等光亮鲜艳的色彩。稍微品味细节，我们不难发现，蒙古袍之长与边饰之宽、腰带之长、靴子之高，甚至帽子之高，与温暖明朗之色浑然天成，凸显蒙古族"四气性格"的卓越风采。

　　然而，时代在发展，民族要进步。既要坚守民族传统文化，又要不失时机地搭上时代的时尚列车前行，是比较难的。坚守与前行是个性与共性的关系，即时代感的共性寓于民族化的个性之中。

　　怎样认知"当今世界主流时尚"是一个新的重大课题。我认为首先要找到衡量它的尺度，其次是触摸到它的特点，答案可能就在后头。

　　三个尺度，可丈量世界主流时尚。一是"最大公约数"尺子，即是大众的；二是"最大时空跨度"尺子，即是可持续的；三是"最经济实惠"尺子，即物美价廉的。

　　四个特点，可触摸世界主流时尚。

　　第一，时尚"无常又守常"。所谓"时尚无常"，因为时尚基本上是由科技与艺术融合所生。然而科技是属于更新换代的东西，艺术则属于花开花落的东西，它们永不停歇地穿越在时空隧道里。所谓"时尚又是守常的"，因为时尚从根本上说，要牢牢守住满足人心灵愉悦、珍爱生命和不断追求人性解放的心理诉求这条根本底线。

　　第二，时尚"无形又无限"。所谓"时尚无形"，因为时尚基本属于意识、观念和生活方式等范畴。今天的人们越来越不再是"见物不见人、见物不见文"，而是"见物既见人、更见文"了，在享受使用价值功能的同时，尽情品味其中的情感文化价值。所谓"时尚无限"，因为凡健康积极的时尚在时空坐标中，纵横两轴"通吃"，纵向时间延伸无限，横向社会风尚无疆。

　　第三，时尚"无序中有序"。所谓"时尚无序"，因为时尚善变，也因为人都有个性。70亿地球村民分享时尚，诚如常言所道，"萝卜白菜各有所爱"。所谓"时尚有序"，因为时尚总是具体的时尚形式，总是在特定的时空点上呈现相对固定的状态。

　　第四，时尚无国界又有民族性。所谓"时尚无国界"，因为全球变为一个地球村，你中有我，我中有你。所谓"时尚又有民族性"，因为民族的最大内在区别是文化个性，"各美其美"。服饰则是一个民族的显著外化标志之一。

　　几年来，用这三把尺子衡量，依四个特点对照，我们看到在当今多元文化的世界里，有三股时尚潮流席卷全球，波澜壮阔。

　　当今世界主流时尚之一：绿色健康。

　　不仅在中国，乃至全球，绿色健康的意识空前普及。这是一个了不起的现象。仅举饮料一例，曾几何时，可口可乐饮料不可一世，如今被斥为"垃圾食品"之列。2006年，夜空升起绿色食品指向信号。可乐等碳酸饮料从巅峰回落，而绿色的天然茶饮每年呈30%增长幅度。中国天然饮品消费与日俱增，日本、韩国几年前就锁定茶是第一饮品。

当今世界主流时尚之二：阳光开放。

其实，阳光、透明、开放的穿透力，远不止服饰、建筑之类，细心的朋友必定会发现，它已是时代的主旋律。它不仅广泛深入地覆盖渗透到自然界，也覆盖到人类社会一切领域的方方面面。譬如，中国把"改革开放"确立为坚定不移的国策。现在人们追求阳光政府、阳光政策、阳光财政、阳光法律……凡此种种，不一而足。而且"阳光"更传递到人的内心世界，修炼"阳光"心理，收获"阳光"心情。舒朗品牌女装为什么那么"火"？当是"舒朗人"崇尚阳光，遵循时尚规律之使然，决非商业炒作之偶然。

当今世界主流时尚之三：简洁方便。

我们还是先看几个自己身边的事例吧。

衣被越来越轻薄。当下厚重的棉被几乎无影无踪了。老棉袄、老羊皮大衣，几乎已被羽绒服替代了。即便羽绒服，也在由重变轻。现在波司登的羽绒服只有188克重，是25年前的1/3重量。30年前的保暖内衣一般为800克，而现在的重量只有当年的一半。西服讲究"轻、薄、软、挺"，女装则追求"轻、薄、露、透"。

互联网把人类带到了"个人化时代"。今年1月，中国网民达到5.13亿，互联网普及率达到38.3%，而欧美发达国家都达到60%～70%之多，冰岛全球最高，已达85.4%。过去有句老话："秀才不出门，全知天下事。"现在似可改为"人才（只要会上网）不出门，能干天下事。"人类确实已经开始跨进"个人化时代"的大门槛了。

三股时尚潮流向我们揭示，绿色健康也好，阳光开放也好，简洁方便也好，尽管它们的形式林林总总、各不相同，但本质却只有一个，那就是"轻快时尚"。

三股时尚潮流向我们昭示，文化的生命活力，一方面在于文化一定要有载体，或物质的，抑或非物质的；另一方面在于文化一定要存在于人的生活方式之中。

三股世界时尚潮流还向我们揭示，我们要勇敢地告别传统的生活方式，热情地拥抱"轻快时尚"的当代新生活。

行进在"时代时尚"列车之上的二连浩特蒙古族同胞，自然渴望自己的生活更时尚，自己的家园更美好。在此，我谨提三点建议：

第一，蒙古族同胞通常过着礼服和常服的双轨制衣着生活。节日庆典和祭祀活动穿着以蒙古族袍为代表的礼服。平素则着便装。所谓便装，可随社会主流习惯，也希望市政府牵头组织一个班子，或举办专题设计赛事，重新设计既具有蒙古族豪气、爽气、骨气、大气的"四气性格"之魂，又富时代气息的现代蒙古族时装。

第二，筹办中国（二连浩特）2012·中国二连浩特中蒙俄民族时装节暨国际时尚生活用品交易会。建议市委、市政府组织精干的班子，专题调研，制订可行方案，把有限的人力、财力、物力和优惠政策、周到服务的"好钢"，用到二连口岸软、硬件质量建设与完善这个"出口"上。出口就是接口，接口才能成环。

第三，筹建立一个蒙古族服装文化研究设计中心或蒙古族服饰文化博物馆，既为本地蒙古族同胞服务，又引领2013中国二连浩特中蒙俄民族时装节的新潮流。

（2012.8.31，张晶 编发《服装时报》）

五、脚印深处：深究和合文化"三性"根基

一个人的悟性，不在于就事论事，而在于就事论理。本书的副标题"中国服装黄金十年三十问"，就是希望读者在看到改革开放前期，中国服装业崛起的新形态的同时，又能细察到崛起的深层动因。在"前言"中，我对改革开放以来国人整体换装的重大事件，只简短概括归结为"顺应了中国'和合文化'的时代节律"，并未展开其"所以然"的阐述。虽然本书在各章节就"和合"这个重大理论问题，分别有所回应，但我仍试图在尾声里，做一个小结性的、更为开放的再探讨。

中国服饰文化有三个显著特质：

一是"多元一体"。我国56个民族，各有特色的民族服饰，形象地展示中华民族大家庭"一体多元"的灿烂服饰风貌；

二是"多元一线"。适应朝代兴替的服饰伦理形制，中国服饰文化形象地展示了华夏文明有序发展的勃勃生机；

三是"多元一脉"。精彩纷呈的中式服饰样式，与中华民族共同的心理特质相吻合，形象地展示了中国人包容大度、含蓄内敛的气质。

上述三种特质源于一种基因。

中国服饰文化基因，沿袭、传承着中国文化基因库中的最普遍、最核心基因之一的"和合文化"基因。法国道教学者施舟人，在《中国文化基因库》中用大量的史料，推崇"和合文化"基因。他指出，以老子《道德经》为核心的道家学说，发展到东汉时，衍生了道教。唐明皇这位道教信徒，打出"和合神"的旗帜，让乐师念道家的和合咒符："天和合，日月星辰和合，地和合，品类生人和合。人和合，精气神自然和合。"（《道法会元》卷二三五，第10页）今天，我们撤去大明宫中那一套烦琐的道教仪式，把"和合符"换一个简洁的说法，就是"天地人和合"。外延无限的"和合"元素思想，或许就是中国文化基因库中，最普遍、最基本的核心基因之一，自然也是中国服饰文化的核心基因之一。

深入探讨"和合文化"核心基因的科学合理性，我们不妨在东西方文化的根本差异点上，聚焦透视它的客观实在性。

那么，东西方文化的最显著差异点是什么呢？比较多的学者的共识是，东方文化讲集体，西方文化讲个体。然而，要想了解东西方文化差异点之"所以然"，有许多视角。看来从人类学之生存结构的源与流中，粗线条地扫描，或许更容易触摸到实实在在根据。

人类经过几次大迁徙，大约9万年前，开始缓慢迁移的过程。先人们先到北非尼罗河流域，缔造了古埃及文明；后来又到了中东两河流域，创造了古巴比伦文明；再稍后来，几乎同时期，既到了东亚中原黄河流域，塑造了古华夏文明，又到了地中海岸的古希腊，造就了古希腊文明。希腊土地贫瘠，人口众多，农耕食物不足，人们常常食不果腹。于是有些人开始凭一叶独木扁舟，环地中海沿岸做生意，交换物品，日积月累、潜移默化地形成希腊人敢于冒险、崇尚个人自由的民族性格。应该说，古代两河流域文明是古希腊文明的源头，而欧洲文明的源头则是古希腊文明。古希腊文明的原始基因是个人自由，成了西方文明的火种，也是整个西方哲学的根基。

后来，14至16世纪的文艺复兴，唤醒西方崇尚科学。然而科学总是具体的，从个体研究起步，逻辑推理，追根究底，所以固化了个人自由至上、天马行空的思维方式和行为方式。时至今日，这依然是西方人的思想和行为的主导。

为什么中国文明追求"集体"？从华夏民族源头上来看，中国西边是高山，东边是大海，形成相对封闭的大环境，迫使先人们只能在黄河流域农耕求生。然而，农耕文明初步形成，人口密度加快，土地资源却有限，又迫使所有人收缩个人欲望，只能协作农耕才能解决温饱问题。这种生存结构趋于集体化，客观存在决定意识。"讲集体"意识就是中国文化的原始基因，成为传承悠久华夏文明灯塔的火种，进而不断升华为开放包容的"和合文化"。

探究中华"和合文化"基因的科学合理性，我们还可用"跳出华夏，看华夏"的视角，在更宏观、多维的时空中，探讨它深植符合天性、人性、理性三大根基。

（一）和合生态植根人的天性

这里所谓的"天性"，就是天然属性。"集体性"就具有天然性。科学研究和考古发现，生物是群体生存，琥珀生物群就是最有说服力的实物证据。世界四大琥珀生物群——波罗的海琥珀生物群，据今6000万年，已被发现古生物约600科；多米尼加琥珀群，据今2500万年，已被发现近200科古生物群；缅甸琥珀生物群，据今9000万年，被发现约600科古生物群，一个重9克的琥珀中就存有40个动物昆虫体化石；中国漳浦琥珀群，据今1470万年，已被发现20目250科生物群，已获得25 000余枚虫琥珀和500块植物化石标本，其中漆树科、橄榄科、野牡丹科等，至今都是东南亚热带雨林的中的优势类群，这证明了漳浦是"热带雨林古生物多样性的博物馆"。

读关于世界四大琥珀生物群，我有两点心得：一是生生不息的群落生态，二是生生与共的互补属性。看看如今大地上的森林、草原、热带雨林等植物群落，看看天空中和原野里的雁阵、候鸟群、蜂房、蚁群、狼群、大象群、野驴群、野黄羊群、羚羊群……不就是在与数千万年前琥珀中的古生物群进行对话了吗？

人也是生物，自然也是群体生物。人最基础的群体当是一对男女的小核心群体，因为这对组合意味着"三人为众"的繁衍生息，代代延续。原始人是群体生活，群婚生育，繁衍后代，而不是孤立的生活。人天性喜欢入群、扎堆、抱团、群体而居、群体而生、群体而存。

距今 5300 年的浙江杭州良堵古城，有学者推算古城当时居民达 20 万之多。距今 3300 多年前的河南安阳殷墟古城，当时居住了 10 万人口，是迄今发现的世界最古老的城市遗址之一。这让我们开启了想象的空间。兴建这种城池既是人工奇迹，更是人喜好群居的天性使然。人们"随大流"的性格，实际是人的从众心理的表现。在如今的互联网时代，看手机的"低头族"，几乎涵盖了男女老少所有人。剖析来看，每个"低头族"人，是否都有与大千世界保持联结的心态，甚至展现出了人类拒绝孤独寂寞而追逐合群的心理状态。

（二）和合行为植根人性

有句老话说得好，"人以群分，物以类聚"。那么人群何以区分，标准是什么？我以为区分标准是人性的善恶。孔孟之仁道，揭示了人间大德。善是人的本性，孔子说："中也者，天下之大本也。"《三字经》有言："人之初，性本善。"

"善"的内涵是什么？可以有丰富多彩的概括，例如人性有道义，正直的人；人性有味道儿，甜美的人；人性有温度，温顺的人；人性有德性，厚道的人；人性有磁力，聚人；人性有仁义，爱人；人性有美丽，悦人；人性有情感，怡人；人性有海含，容人……不胜枚举。其中任何一种人性，都可引爆一个小型心灵"原子弹"的震撼力。它足以让你动心，令你动情，催你默默流泪。

这里我想举《长津湖》电影为例证。

抗美援朝战场上的长津湖战役是志愿军第 9 兵团参与的。我的老部队第 26 军 78 师就是九兵团辖属的一支部队。老首长、老战友常跟我讲，他们在朝鲜战场零下 40 多度战斗的故事。我也曾亲眼看到一位没有耳朵的孙念诗团长，他就是在长津湖战场上被冻掉耳朵的英雄。《长津湖》电影最令人震撼的镜头是"冰雕连"。此情节是第 20 军一个连，卧伏在零下 40 多度的雪堆里，严阵以待，扣着扳机准备随时打响战役。当打扫战场时，一队美国官兵发现雪窝里仍扣着步枪扳机的志愿军"冰雕群"时，他们一下子就被这壮烈的场面惊呆了！当他们反过神来，一个长官带头举起右手，向冰雕英雄群致以崇高的军礼！

是什么力量瞬间折服了世界上不可一世的美军？

我们还是回到现场找原始谜底。中国人民志愿军战士"冰雕群"给人的震撼之感，折服了美军的心灵。那时，他们或许能深切地感受到这才是一群真正的英雄！于是他们瞬间化解敌意，崇拜英雄，甘拜下风，立刻回归善良本性了！

这一幕，中美两军在朝鲜战场上突然放下手中武器"站在一边"的心灵对话，无可辩驳地证明了一条世间伟大的真理：和合文化是人性文化，也是人类的共性文化。换言之，善良人性是相通的，是人类所共有的。

看来，这也只能用人性文化的力量来解读，其他都无解，也都显得苍白无力。

（三）和合文化植根人的理性

上述两条根都支撑人类集体行为，都真实有效，但是，相对偏于感性。如果升华理性之根，形成三足鼎立之势，必会行稳致远，永续历史延长线。世界四大古文明，只有华夏文明赓续绵延 5000 年，

图 11-10　感父母养育之恩

图 11-11　感党哺育之恩

就是我们文化自信的最好根据。为什么？回头遥望，那是我们的先人走出了一条渐次觉醒的学习线路三部曲："学而知，思而生，用而长。"恍惚可见"学生"一词源于此道，承前启后，一条文脉，源远流长。回望漫长历史过程，发展总是不平衡的，前进总是曲折的。正反对比，经验教训，集中到一个关键点上，那就是人们不仅要接受和合文化最核心的基因，更要掌握激活和合文化最核心基因的"密码"。

那么这个"密码"在哪？

在孔子手里。

对于"中国有无哲学家"这一问题，众说纷纭。世界上说"有"者寡，持否定者居多。好在也有客观公正的评说，推崇两位伟大的中国古代哲学家，一位是孔子，另一位是老子。巴黎世界 100 位名人墙上，孔子名列前茅。我赞成这个基本判断。孔子的著述不仅是治理社会秩序的"武库"，而且是充满哲理的殿堂。其中"和而不同，同而不和"八个字，既有极富纲领的哲学张力，又有充满实践的无限活力，它应该就是解开人类为何抱团取暖、琴瑟和谐相处之锁的密码。虽然距今已两千五百多年的悠远历史，但在当下，孔子哲学依然散发着真理光辉。诺贝尔获奖者在巴黎聚会时讨论"如何面向21 世纪"，给出结论：向孔子求教。

回头看，一路走来，我有得有失。之所以能够有所得，是因为父母谭成梅、张元英言传身教的无字书，以"穷"为主题给我染了人生底色；后来党的有字书，哺育了我一些理性抓手，比如，"世上的事最怕认真，也最怕具体，天下哪碗饭都不好吃"两种务实求真底色；"战略思维的"四大"格局，即"从国家发展战略'大'方向上选准'大事情'，'大事情'靠'大家干'，争夺为人民服务的'大硕果'"；学习线路三部曲："学而知，思而生，用而长"；工作线路三部曲："是什么，为什么，怎么办"；生活线路三部曲："见物是物，知足常乐，价值人生"，等等。因此，我念兹在兹一定用行动，回报父母养育之恩，回报党哺育之恩。

后 记

　　我的"老学生"作业终于要付梓了，我不想说个中的难处，只想记下感恩的故事。

　　首先我要特别感谢——东华大学出版社出手凌厉，决定尽快于共和国 75 华诞出版《时尚觉醒：中国服装业黄金十年三十问》，百忙中的周德红总编还专程从上海到北京围绕书稿和我进行具体和深入的探讨。责任编辑高路路全身心投入，巧妙修改书名。后来，出版社决定此书跨年出版，用心良苦，一举两得。

　　我请原国家科委秘书长、国务院参事室原参事石定寰同志作序，可他已住进医院，好在他依然气色红润，思维敏捷。出乎所料，三天后，他夫人张阿玲传来定寰同志那苍劲的序言手稿，顿时催我热泪盈眶。也正是这篇序言，我才知道三十多年前，宋健国务委员为国计民生高瞻远瞩的决策内幕。

　　同时，必须感谢众多挚友多年来相知相助，也要感谢家人无私奉献，尤其我老伴周宝英，半为你我，半为助手。我先后三次向责任编辑高路路提出封面设计建议，最终锁定透视本书灵魂——环向思维之环，与符号性人物皮尔·卡丹灵动互补的多彩场景。原国家邮票艺术总监郝旭东认同此思路，王小珂也出手两款有价值的构图。我又动员全家老中少九人，包括六岁孙儿本本齐上阵，网上评说二儿媳欧阳琦设计的三款图式，你言我语，快乐学习。

　　封底"院长嘉宾组合推荐《时尚觉醒》"方案推出，受邀十位院长，总揽大局，笔墨审慎，评书又评人，多有肯定与鼓励，也确有溢美之词。因方寸篇幅，责编择其要者。为尊重院长们的心血恩赐，我后记全文。

　　外交学院原院长赵进军，又是贯彻外交工作以经济建设为中心，支持服装业走出去的原中国驻法大使，他的点评是"谭会长：对有使命感的人我们一向敬重，预祝新书顺利出版发行！推荐人：原中国驻法大使、原外交学院院长，2024.8.7"

速写作者：刘元风 2010 年 1 月于北京服装学院

　　清华大学美术学院原院长，中国服装设计师协会原主席李当岐的点评是"见证激情燃烧的岁月，亲历服装产业崛起步履；温故知新，致敬探路者；继往开来，共圆复兴梦——拜读谭安先生《时尚觉醒：中国服装业黄金十年三十问》，李当岐 2024.8.12 于清华园"

　　享誉海内外服饰文化学者华梅的点评是"《时尚觉醒》一书出自新中国服装界亲历者和领导者之手，无疑是最为真实可信的，最为宏观客观的，是难得的时代见证。——华梅，天津师范大学美术与设计学院原院长、服饰文化学者，2024.8.13"

　　北京服装学院原院长、敦煌服饰文化研究暨创新设计中心主任刘元风的点评是"谭安先生是我国改革开放以来服装业界的老领导、老前辈，我们都称他为'谭老师'。谭老师对我国服装业的发展，对服饰文化的中外交流，对服装设计人才培养等付出了探索性努力。他既是我国近期服装业的开拓者之一，又是当今时尚领域的引领者之一。

　　谭老师的《时尚觉醒：中国服装业黄金十年三十问》所谈及的内容均为谭老师亲历与见证，所思所想其内涵丰富而深刻，将对我们研究服饰文化与产业发展具有重要的价值。期待谭老师的新书出版发行，祝谭老师的服饰文化研究之树长青，愿谭老师及师母生活愉快，幸福美满！——刘元风，原北京服装学院院长，2024.8.20"

中国美术学院东方设计研究院院长吴海燕的点评是"谭安先生是中国纺织服装产业改革开放的先行者和探索者、中国式时尚体系创建的先驱者和思想者、中华服饰文化走出去的先锋者和推进者之一。——中国美术学院吴海燕 2024.8.23"

来自东华大学两位新老院长的点评是"科技驱动、设计赋能,点亮了服装制造业迈向时尚创意产业的中国式通路。谭安先生的《时尚觉醒》专著让我们沉思他作为开拓先驱的革新智慧,同时面向未来也将是引领美好生活、美丽事业的时尚力量。——东华大学设计与艺术学院院长李俊、原院长李柯玲 2024.9.3"

来自中央美术学院的点评是"谭先生是我国服装领域的前辈。他以亲身经历、直接参与、切身体会写就此书。这部著作是帮助我们了解现代中国服装业在不同发展进程中,曾发生的那些事的精心之作。不仅具有学术性,更具有历史文献价值。书如其人,读此书能体味出谭先生的谦和、务实、激情与睿智。他是此领域的亲历者、践行者、开拓者与见证者!此书值得深读!——中央美术学院艺术设计研究院院长强勇,2024 年 9 月 6 日"

来自武汉纺织大学的点评是"世界主流时尚的核心价值是什么?中国服饰文化的显著特质有哪些?文化为何是服装的灵魂……时尚拓荒者谭安老师用理性的思辨结合时代创新的实践,为中国服装业崛起的黄金时代进行了深刻诠释。中国服装业《时尚觉醒》的历史给人启示,值得回味。——武汉纺织大学服装学院院长陶辉 2024.9.8"

来自法国巴黎的点评是"我最美好的回忆之一,也是我职业生涯中最重要的事件之一,是我代表法国女装成衣协会的第一次中国之行。

我不仅参观了许多工厂,这些工厂是中国新兴成衣行业的象征,而且有机会荣幸地与谭安先生会面,他随即理解了时尚行业发展的重要性,并尽其所知和智慧来促使其蓬勃发展。

我能够与他分别代表我们两国的形象建立互利关系,我为此感谢他。

我还要向苏葆燕致敬,她促进了我们双方的关系。

阿兰·萨尔法蒂

巴黎高等时尚营销学院副董事长,法国女装成衣协会副主席,2024.9.6"

日本文化女子大学三吉满智子教育长、法国高级服装技术学院院长俄克莱尔和美国 FIT 纽约时装学院常务副院长斯垂特等均在受邀院长之列,非常遗憾我们只能用另一种方式相约:别了,亲爱的朋友,请相信凡是对中国发展作出贡献的外国友人,我们都感谢你们,也永远不会忘记你们。

　　为了促进本书出版发行，我们也邀请知名设计师、艺术家张肇达，刘洋、王新元、梁明玉、吕越、吴海燕、吴简婴、刘丽丽、房莹、刘薇，以"时尚觉醒"为主题，设计文化衫，抒发怀念那激情燃烧的豪迈情怀。设计师们欣然上阵，再立新功，青岛即发集团愉快承担监制。

　　在本书收官窗口期，我诚请几位学者朋友帮忙把关，竟然发生反客为主一组小而暖的故事。仅举一例。我本想邀请1986年"服装流行预测发布研究"课题组骨干成员、如今著名服装专家吴简婴把关流行趋势章节，事后我才得知原来此刻她正患眼疾，可是她竟然审读了全部书稿，订正多处差错。她又主动让我尽快把原照片和相关书刊快递到南京，她用高像素扫描仪，夜以继日地精心修复100多幅照片，平添了一份光影艺术享受。